북한
자료의

수집과
활용

북한 자료의

자료의

수집과

활용

송승섭 지음

한국학술정보(주)

머리글

해방공간의 대립은 한국전쟁으로 이어지고 그 비극은 60년이 지난 현재에도 깊은 상흔으로 남아 있다. 아니 현재 진행형이기도 하다. 2000년 6 · 15공동선언에 힘입어 남북한 간의 화해와 협력을 통한 교류가 시작되나 싶더니 2010년에 다시 천안함 피격사건으로 한반도는 그 어느 때보다도 더 깊은 수렁에 빠지게 되었다. 슬픈 일이다. 그러나 이러한 남북 간의 충돌은 어제 오늘의 일이 아니고 앞으로도 계속될 것이다. 따라서 어찌 보면 일희일비할 일은 아니다. 그럴수록 북한에 대해 보다 객관적이고 폭넓은 이해를 위해 준비할 것은 준비하고 대비할 것은 대비해야 할 것이다.

과거 북한에 대한 적대감은 사실 오늘날의 절망감과는 차원이 달랐다. 따라서 무조건적인 반공과 레드 콤플렉스가 오랜 세월 한국 사회를 압도했다. 북한에 대한 정보와 자료는 근접할 수 없었다. 그것이 무엇이든 이적표현물이 될 수 있었다. 그러나 1980년대 들어서면서 북한은 이미 경제적 경쟁관계에서 힘을 잃었고 사회주위권의 몰락과 함께 이념적으로도 고립되어 갔다. 이에 비해 대한민국은 '88올림픽의 개최'와 함께 세계 10대 무역 대국으로 국제사회에서 그 위상을 높이고 있었다. 이에 노태우 대통령의 북방정책과 맞물려 발표된 것이 1988년의 7 · 7선언이었다.

이 7 · 7선언의 핵심 내용은 대북 자신감을 통해 중국, 구소련 등 사회주의권 국가와의 교류를 위한 것이었지만 북한 및 공산권자료의 공개와 개방의 지침이 되었고, 그 실현 방안의 하나로 통일부 '북한자료센터'가 개관하게 되었다. 지금 보면 당연한 역사의 흐름으로 이해될 수 있겠지만 첨예한 적대 관계 상황에 놓여 있던 당시로서는 북한자료의 공개는 대단히 전환기적 사건이 아닐 수 없었다.

필자는 이 역사적 선언에 참여한 것은 아니지만 그 임무를 수행하는 한 사람으로 여전히 '북한자료센터'를 지키고 있다. 21년이 지난 지금 더 많은 북한자료가 들어왔고 많은 이용자들이 다녀갔다. 과거의 '북한자료센터'는 상징적 존재의 의의가 컸지만 이제 많은 학생과 연구자, 전문가들 그리고 우리 국민이 아끼는 북한 전문도서관으로 그 실제적 입지가 확대되었다. 필자는 司書로서 이 자리를 지키면서 강산이 두 번 바뀐 그 세월의 애환을 알고 있다. 간략하게 정리하면 이렇다.

'북한자료센터'는 1989년 5월 22일 서울 한복판 광화문 사거리에 있는 광화문우체국 건물 6층에 7만여 권의 장서를 보유하고 자리를 잡았다. 일반 시민 누구나 쉽게 자료를 이용할 수 있도록 교통이 편리한 곳에 위치한 것이다. 1990년 3월부터는 북한영화도 상영했다. 매월 마지막 주 금요일 오후 2시에 북한영화 한 편을 상영했다. 그때 시청각실의 정원은 80명이었는데 800여 명이 몰려들었다. 1층 로비뿐만 아니라 대로변까지 줄을 섰다. 물론 지금은 그렇지 않다. 그 당시에는 워낙 남북관계가 막혀 있다 보니 영화를 통해서나마 북한을 보고 싶은 실향민이 많았고 북한을 가까이할 수 없었던 만큼 관심도 컸다. 그러나 이때만 해도 자료 공개는 하지만 초기 단계라 대단히 제한적이었다. 국가정보원이 마련한 '특수자료취급지침'에 의해 신분과 이용 목적을 확인받은 후에 지정된 장소에서 열람만 할 수 있었다. 당시에는 '특수자료취급인가증'이라는 것이 있어서 이 인가증을 소지한 사람만이 복사나 대출을 할 수 있었기 때문이다. 그러던 것이 1998년 김대중 정부의 100대 국정과제의 하나로 '북한자료의 공개 및 공급확대' 정책이 시행되고, 2003년 7월에는 '특수자료취급지침'이 일부 개정되면서 이용절차가 상당 부분 개선되었다. '특수자료취급인가증' 제도가 폐지되고, 비이념성 자료는 북한자료라 하더라도 국내의 일반자료처럼 취급할 수 있게 되었다. 이를 계기로 북한자료에 대한 접근성과 편의성을 좀 더 높일 수 있게 된 것이다.

지금의 나를 있게 한 '북한자료센터'의 역사를 잠시 되돌아 보았다. 필자는 이 책에서 이데올로기 측면의 북한자료에 대해서 논하지 않았다. 여기에 대해서는 깊이 있는 지식도 없고 객관적인 서술 능력도 부족하다. 다만 현장을 지킨 사서로서 많이 개방되기는 했지만 아직도 접근하기엔 불편한 감이 없지 않은 북한자료들을 다양한 분야의 사람들이 조금이나마 더 친근하고 쉽게 접할 수 있는 방법은 없을까 하는 고민에서 이 글을 쓰게 되었다. 이에 따라 전체적인 북한자료의 현황을 종류별로 정리하여 그 대강을 이해할 수 있도록 설명하고자 했다. 국내외 여러 기관에 소장되어 있는 북한 관련 자료를 소개함으로써 연구자들의 북한자료에 대한 접근성을 높이고자 했다. 북한자료를 수집하고 있는 도서관과 다양한 형태의 '특수자료취급기관' 관계자를 위해서는 다양한 자료수집 경로를 살펴보고, 관련 규정을 분석하여 제공하였다. 북한 연구자들을 위한 북한자료 이용의 활성화를 위한 국가적 모델을 제안하기도 하였다. 끝으로 민족통일의 실현과정에서 북한자료를 포함하는 통일사료의 의의를 정의하고 그 실현방안을 통일부를 중심으로 살펴보았다. 축적된 통일사료들은 당대의 이용뿐만 아니라 후대에 전해서 역사적 평가를 받게 될 것이다. 부록에서 북한을 연구하기 위한 참고정보원으로 북한의 분야별 잡지 현황, 김정일 노작 일람표, 북한의 출판사 현황, 북한의 분야별 연구소 및 유관기관 현황, 북한의 대학 현황 등을 소개하였는데 어쩌면 이 부록의 정리된 자료들이 본문 이상의 가치를 가질 수 있을 만큼 중요한 내용을 담고 있고, 그만큼 많은 노력이 들어가는 일이었다.

필자는 20년 넘게 북한자료를 수집하고 정리하고 이용하게 한 사서로서 이제 '북한'이라는 특수성에 '세계'라는 보편성을 더해 전문성과 개방성을 갖춘 북한 전문도서관을 운영하고자 한다. 여기에 이 북한자료들이 북한의 죽은 역사로 남아 있는 것이 아니라 우리 민족의 희망과 미래를 보여주는 살아 숨 쉬는 자료들로 널리 이용되기를 소망한다.

2011년 8월 10일

佛岩齊에서 著者 드림

일러두기

이 글은 지난 10여 년간 여러 학회와 학술기관에 게재한 몇 편의 논문들을 정리하여 재편성한 것입니다. 이러한 과정에서 참고문헌이나 각주의 표기 방법이 다른 경우가 많은데 가급적 일치시켰지만 완벽하지 못했습니다. 또한 본문과 부록의 기술에 있어서도 우리나라의 맞춤법과 띄어쓰기가 전혀 다른 북한식 표현을 다루다 보니 약간의 혼란이 있었습니다. 이에 따라 원문을 이해하는 데 있어 북한식 표현을 그대로 두는 것이 좋다고 판단된 경우에는 그대로 기술하였고, 우리말 표현으로 이해시키는 데 좋을 것 같다고 생각되는 경우에는 우리말로 일부 수정해서 표기했습니다. 그리고 이 책의 많은 부분이 북한 관련 참고문헌을 주제별로 소개하는 것이기 때문에 본문에서 다룬 서지사항들은 가급적 전체 참고문헌에서 표시하지 않았습니다. 끝으로 많은 내용을 정리하다 보니 편집 과정에서 각주를 정확하게 반영하지 못한 부분이 있는 것에 대해서는 양해해주시기 바랍니다.

■ 차 례

제4장   북한자료의 이용확대를 위한 개선방안

제5장　'統一史料'의 수집과 관리

〈표 목차〉

〈그림 목차〉

제1장

북한의 출판물 현황과 특징

1. 들어가는 글

우리나라는 북한과의 정치, 경제적 상호 교류뿐만 아니라 2000년 이후에는 사회 문화적인 교류의 폭을 넓히면서 그 관심 분야도 확대하여 왔다. 과거 7 · 7선언1)부터 6.15 남북 공동성명에 이르는 동안에도 많은 우여곡절이 있었지만 정부 간 교류뿐만 아니라 민간 부문의 남북한 교류도 지속되었다. 학술교류 또한 제한적이지만 독도문제나 동북공정 같은 역사적 현안과 그들의 핵심 관심사인 IT 분야를 중심으로 그 폭을 확대해 왔다. 따라서 양자 간의 출판물 교류도 제한적이지만 이루어지고 있고, 특히 북한의 관심 분야에 대한 지원도 물심양면으로 이루어져 왔다. 그러나 북한 체제의 특성상 진정한 의미의 학술교류 또는 상호 협력이라기보다는 북한을 개방체제로 이끌어 내기 위한 고육지책의 지원이 대부분인 것도 사실이다. 이렇다 보니 이제 7 · 7선언이 이루어진 이후 20년이 더 지났지만 출판물 분야의 속 시원한 개방은 이루어지고 있지 않다.

또한 이러한 사정으로 북한의 출판물에 대한 이해가 부족한 것도 사실이다. 북한의 출판물은 그 발행 목적과 사명에서 우리나라의 일반 시

---

1) 노태우 대통령은 '민족자존과 통일번영을 위한 대통령 특별선언'을 1988.7.7. 발표했다. 이 7 · 7선언에서 자주, 평화, 민주, 복지의 원칙에 입각하여 민족구성원 전체가 참여하는 사회, 문화, 경제, 정치공동체를 이룩함으로써 민족자존과 통일번영의 새 시대를 열어 갈 것이라고 하면서 1. 남북동포 상호 간의 상호 교류 및 해외동포들의 자유로운 남북왕래, 2. 이산가족들의 생사확인, 상호 방문, 3. 남북한 교역문호개방, 4. 비군사적 물자에 대한 우방의 대북교역 용인, 5. 남북 간 대결외교 종결, 6. 북한의 미일 관계 개선 협조 등 6개 항을 밝혔다.

민이 생각하는 것과는 근본적으로 다른 생산방식과 통제 체계를 갖고 있다. 북한의 출판물은 기본적으로 노동당의 강력한 선전선동의 수단이 된다. 김일성은 출판물의 성격에 대해 "출판물은 당과 대중을 연결시키는 중요한 수단이며 당이 내세운 정치·경제·문화건설의 과업실천에로 근로대중을 조직 동원하는 힘 있는 무기"라고 규정하고 있다.[2] 북한은 김일성의 이러한 '교시'에 따라 출판활동에 있어 다음 세 가지 원칙을 견지하고 있다. 첫째, 주체의 원칙을 근본 초석으로 삼는 것이다. 둘째, 당의 지도 밑에 출판보도 활동을 진행하는 것이다. 셋째, 종자를 바로 쥐고 속도전을 힘 있게 벌이는 것이다. 종자라는 용어는 작품의 핵으로서 '사상적 알맹이'를 말한다. 북한은 이상의 원칙을 철저히 관철할 때만이 출판물의 당성, 노동계급성, 인민성을 높이 발양할 수 있고 보도성과 정론성, 과학성과 진실성을 확고히 보장할 수 있다고 강조하고 있다.[3] 그러나 그렇다고 북한의 출판물이 출판물로서의 본질적인 의미나 일반적인 정보가 전혀 없는 것은 아니다. 다만 그 형식과 내용에 있어서 우리나라를 비롯한 세계 여러 나라들의 출판물의 속성과는 매우 다른 부분이 있다는 것이다. 이 장에서 소개할 그 개괄적인 내용을 미리 정리해 보면 다음과 같다.

북한에서 출판되는 각종 자료들은 기본적으로 모두 기관지이다. 국내에도 상당 부분 입수되어 있지만 그 총량이 어느 정도 되는지는 알 수 없다. 대표적인 단행본으로는 북한이 지향하는 세계가 어디에 있는가를 잘 나타내고 있는 『김일성저작집』, 『김일성전집』 및 『김일성회고록』과

---

2) 김일성. 1980. 『김일성저작집』 제10권. 평양: 조선로동당출판사. p.296.
3) 북한에서의 출판물들은 "경애하는 김정일 장군님의 현명한 령도 밑에 온 사회의 주체사상화를 실현하며 강성대국을 건설하기 위한 벅찬 투쟁으로 전체 인민들을 고무 추동하는 힘 있는 교양선전자, 사람들의 문화적 소양을 높이고 세계 여러 나라들과의 친선·교류를 발전시키는 위력한 정보수단"으로서의 역할을 수행하는 것으로 해석된다(재일본 조선인총연합회. 월간 『조국』. 2005년 11월호. p.5.).

『김정일선집』등이 발행되고 있다. 잡지 또한 조선로동당 이론지인『근로자』를 비롯하여『조선문학』,『경제연구』,『과학원통보』,『조선예술』등 각 분야별로 100여 종이 있는데 현재 70여 종이 국내에 들어오고 있다. 이 중에서『금일의 조선』,『조선무역』등은 외국어판으로서 해외에도 배포되고 있다. 이 외에 국제문제 시사전문 계간지인『민족문화 유산』, 대외선전용 잡지 화보로는『조선』이 있다. 또한 매체로서의 형식은 북한도 세계적인 추세에 맞추어 다양화하고 있다. 북한에서도 책을 CD나 파일의 형태로 만들어서 읽는 e-Book(전자책) 활용도 점차 커지고 있다.4) 세세한 내용은 부문별로 다시 정리하기로 한다.

북한의 주요 출판사로서는 사상혁명과 관련된 도서출판을 주로 하는 조선노동당출판사, 금성청년출판사 등과 과학기술도서를 출판하는 사회과학출판사, 문학작품을 취급하는 문학예술출판사, 사전을 출판하는 과학백과사전출판사 등이 있다. 또한 교육도서를 출판하는 교육성 산하의 김일성종합대학 출판사, 고등교육도서출판사, 교육도서출판사와 해외선전 책자를 출판하고 있는 외국문출판사가 있다.

그러나 북한자료에 대한 이러한 정보는 주로 재일본 조선인총연합회가 제공하는 일부 자료5)와 인터넷을 통해 얻을 수 있을 뿐이고 직접적이며 구체적이지 못한 것이 사실이다. 또한 상호 간의 교류와 관심에도 불구하고 북한자료를 직접적으로 접할 수 있는 기회도 대단히 부족한 실정이다. 필자는 여러번 북한을 방문했지만 자유롭게 북한 책을 사거나 복사할 수 없었다. 거의 홍보 자료 성격의 자료만을 제공하기 때문이다. 국내에서 북한자료를 접하는 경우에도 통일부 소속의 북한자료센터

---

4) 앞에 주 월간『조국』11월호는 또한 "요즘 조국(북한)의 책방과 책매대에 가보면 쉽게 볼 수 있는 것 중 하나가 바로 전자출판물"이라며 "정보산업시대의 흐름에 발맞춘 조국의 출판계에서 하나의 변화"라고 소개했다.

5) 주로 재일본조선인총련합회(http://www.chongryon.com/index-kk.htm)가 발행하는 월간『조국』, 일간신문『조선신보』(http://www.korea-np.co.jp/) 등이 있음.

와 국립중앙도서관, 국회도서관 등 몇몇 국가기관을 제외하고는 북한자료를 만져 보기조차 어려운 것이 현재의 실정이다.[6]

　이러한 상황에서 북한자료를 좀 더 체계적으로 이해할 수 있도록 다음 장에서는 먼저, 북한의 정기간행물 등 축차간행물을 중심으로 종류별로 정리하고, 이어서 김일성, 김정일 노작을 중심으로 한 북한의 주요 단행본, 그리고 비도서 자료와 전자자료 등의 내용과 특징들을 분석, 소개하고자 한다. 끝으로 이들 자료들을 출판하고 있는 출판사 현황과 그 내용도 살펴보았다.

2. 북한발행 신문 현황 및 특징

2.1. 북한의 주요 신문 현황

2.1.1. 해방 전 시기

〈표 1-1〉 해방 전 북한의 주요 신문 현황

간행물명	창간일	성격	주요내용
새날	1928.1.	새날소년동맹 기관지	새날소년동맹, 반제청년동맹, 공청, 부녀회 조직들에서 학습교재로, 대중선전선동 수단으로 이용 * '71.4. 복간 이후 '73.6.부터 중학교 4학년~6학년 대상으로 발간
서광	1937.5.	인민군 대내기관지	주간정치신문으로 인민군과 공산주의자들의 정치교양으로 이용
종소리	1937.12.	인민군 대내주간지	정치군사 학습자료와 일제만행 폭로기사를 통해 반일 수단으로 이용
철혈	1939. 말	인민군 대내의 반일청년동맹기관지	속보형식의 주간신문으로 반일사상교양 수단으로 이용

---

6) 북한자료를 공식적으로 볼 수 있는 기관은 '특수자료취급기관'이라 하여 전국에 175개 기관이 있지만 대부분은 일반인에게 공개하지 않고 있으며, 공개 기관이라 하더라도 많은 자료를 소장하고 있지 않다.

북한에서 처음으로 발행한 『새날』은 청소년들과 광범위한 군중들을 대상으로 일제에 대한 반대와 계급사회의 모순 등의 강조를 통해 체제 결속을 도모하기 위하여 편찬된 것이다. 그 내용의 예로 "지주는 어떻게 생겨났는가" 등이 있다. 또한 『서광』, 『종소리』, 『철혈』 등은 항일의 주체세력으로서의 인민군의 역할과 사명의식을 고취시키기 위한 학습자료와 교양자료를 통해 체제결속을 도모하는 것으로써 "조선공산주의자들의 임무"(서광), "나는 왜 유격대에 입대하였는가"(종소리), "나는 앞으로 학습을 더 잘 하겠다"(철혈) 등의 제목과 내용들이 들어 있다. 1930년대 후반에 발간된 인민군을 주요 대상으로 한 신문들은 주간지로 발간되면서 보다 계획적인 편집이 가능하였을 것으로 보인다.

2.1.2. 해방 후 시기

〈표 1-2〉 해방 후 북한의 주요 신문 현황

간행물명	창간일	성격	주요내용
로동신문	1945.11.	당 중앙위원회 기관지	당 노선과 정책 해설, 주체사상에 대한 선전, 건설, 교육문화를 비롯한 각 분야의 성과 선전 등 * 매일 6면 150만 부씩 발간
민주조선	1946.6.	최고인민회의 상임위 및 내각 기관지	법령, 규정 등 정부정책의 해설 및 대외 선전 등 * 주 6회(4면 4회, 6면 2회) 발간
청년전위	1946.4.	김일성사회주의 청년동맹기관지	주체사상 해설 선전, 청년동맹조직들의 사업 소개 선전 등 * 주 6회(4면) 발간
평양신문	1957.6.	수도신문	당의 입장 대변, 계급교양과 집단주의 교양자료, 생활편의 자료게재 등 * 주 6회(4면, 월요일 제외)
교원신문	1948.4.	교육부문 신문	당의 교육방침 해설, 교원의 혁명화 노동계급화를 위한 모범사례 소개 선전 등 * 주 1회(4면) 발간
문학신문	1956.12.	조선작가동맹 중앙위 기관지	주체적인 문예사상과 문예이론 해설, 문학예술부문의 작품 편집소개 등 * 주 1회(4면) 발간
통일신보	1972.8.	무소속대변지	국내외 동포 대상으로 통일과 남한문제 취급, 소개 선전 등 * 주 1회(6면) 발간

<표 1-2>의 주요 신문과 지방신문의 내용을 좀 더 구체적으로 정리하면 다음과 같다.

① 로동신문

조선노동당 중앙위원회 기관지로 노동신문사에서 발행하고 있는 노동신문은 1945년 11월 1일 『정로』라는 제호로 창간되었으며, 동년 9월 1일 현재 이름으로 개칭되었다. 북한 언론의 '총참모부'라고 지칭되고 있는 이 신문은 "위대한 수령의 혁명사상, 주체사상의 요구대로 사회와 인간을 혁명적으로 개조하고 전당과 전체 인민을 김정일의 주위에 철석같이 묶어세우며 당 대열의 정치사상적 통일을 보장하기 위하여 투쟁하는 것"을 기본임무로 하고 있다.[7]

또한 노동신문은 대내외 주요 현안이나 어떤 문제가 발생할 경우에 정론이나 사설 등을 통해 북한의 입장을 대변하고 있다. 노동신문은 간

〈그림 1-1〉 컴퓨터 화면으로 본 로동신문

7) 백과사전출판사 편. 1998. 『조선대백과사전』 제7권. 평양: 백과사전출판사, p.489.

지 2면 포함 총 6면으로 발행되는 일간신문이다. 노동신문사의 기구와 편제는 조선기자동맹 위원장직을 자동으로 겸직하는 책임주필이 최고 책임자로 있고, 책임주필 밑에 고문 부주필과 3~7명의 부주필이 있으며, 그 아래 편집국, 당 역사 교양부, 당 생활부, 혁명교양부, 남조선부, 국제부 등의 부서가 있다.

노동신문사는 신문 발행뿐만 아니라 계기 시마다 기념행사를 개최하는가 하면 주요 사설논집, 대내·대외일지, 노동통신원 등의 출판물을 발간하는 사업을 전개하기도 한다. 2005년 11월 1일 노동신문 창간 60돌을 맞이하여 창간 60돌 기념보고회를 개최하고 '선군혁명위업실현을 위한 투쟁에서 사상적 기수로서의 사명을 수행해 나갈 것임' 등을 천명한 바 있다.

② 민주조선

민주조선은 1945년 10월 15일 평안남도 인민위원회 직속기관지인 『평양일보』로 출발하여 1946년 6월 4일 북조선임시인민위원회 기관지인 『민주조선』으로 창간되었다. 그 후 1948년 9월부터 북한의 최고인민회의 상임위원회와 내각의 기관지로 발행되고 있다.

민주조선은 "국가, 경제기관 일군들과 근로자들을 김일성의 혁명사상, 주체사상으로 튼튼히 무장시키며 그들을 당과 수령의 두리에 굳게 묶어 세워 당정책 관철에로 힘 있게 조직 동원함으로써 온 사회의 주체사상화의 위업 수행에 적극 이바지하는 것"을 기본 임무로 하고 있다.[8]

조직은 책임주필·부주필 4명과 편집국, 인민행정부, 공업부, 사회문화부, 지방서한부, 사진부, 경리부 등으로 구성되어 있다. 민주조선에 실리는 기사들은 행정부 기관지의 특징상 당 관계 기사보다는 행정관련

8) 백과사전출판사 편. 1999. 『조선대백과사전』 제10권. 평양: 백과사전출판사, p.97.

기사가 비교적 많이 실리고 있다. 민주조선은 조선중앙통신사와 노동신문 보도부, 국제부를 비롯한 각 부서에서 제공하는 자료에 주로 의존하고 있으며 통상 4면으로 제작되고 화요일 및 금요일과 특별한 날에는 6면으로 증면하여 발행된다.

③ 청년전위

청년전위는 '김일성사회주의청년동맹' 중앙위원회의 기관지로서 1946년 1월 17일 『민주청년』이라는 제호로 창간되었다. 1964년 5월 12일 조선민주청년동맹 제5차 대회에서 동 연맹의 명칭이 '조선사회주의노동청년동맹'으로 바뀌자, 기관지명도 『노동청년』으로 개칭되었으며, 1996년 1월 '조선사회주의노동청년동맹'이 '김일성사회주의청년동맹'으로 바뀜에 따라 1월 19일 『청년전위』로 명칭이 바뀌었다. "청년들 속에 불멸의 주체사상을 해설 선전하며 그들을 당과 수령에게 끝없이 충실한 주체혁명위업의 믿음직한 계승자로 키우며 청년 대중을 당의 노선과 정책관철에로 힘 있게 조직 동원하는 것"에 그 임무를 두고 있다.[9] 『청년전위』는 청소년들이 당의 방침대로 행동하도록 하기 위한 조직사업과 선전·선동사업의 일부를 담당하고 있는 당의 선전도구라고 할 수 있다.

④ 기타 지방신문

지방신문은 각 시·도당위원회 기관지로 시·도 내의 근로자들을 대상으로 발간된다. 지방신문은 "시·도 안의 당원들과 근로자들을 김일성의 혁명사상·주체사상으로 무장시키며, 김일성·김정일의 지시 관철에로 조직 동원함으로써 혁명과 건설을 다그치고 온 사회의 주체사상

---

9) 백과사전출판사 편. 1999. 『조선대백과사전』 제21권. 평양: 백과사전출판사, p.31.

화를 실현하는 데 이바지하는 것"을 주된 임무로 하고 있다.[10]

지방신문의 기사는 정책적인 면에서는 당의 지도와 통제를 받고 사무적 · 기술적인 면에서는 내각 출판총국의 지시를 받는다. 현재는 평양신문(1957.9.23), 평남일보(1945.10.1), 평북일보(1945.11.27), 함남일보(1945.9.23), 함북일보(1945.12.28), 자강일보(1949.3.11), 양강일보(1955.1.1), 강원일보(1945.12.28), 황남일보(1945.9.6), 황북일보(1946.9.6), 개성신문(1952.2.19), 남포시신문(1985.12.1) 등 12개가 있는 것으로 나타났으나 국내에는 반입되고 있지 않다.

1945년 10월 노동당 창건 이후 당 기관지를 중심으로 해서 내각 기관지, 근로단체 기관지 등이 다양하게 발간되었으나 주요 내용은 당 노선과 정책을 구현하는 것을 일차적인 사명으로 하는 점에서 공통적이며, 부분적으로 각 신문의 특성에 맞게 편집되지만 북한이 내세우는 주체의 원칙을 지키고 철저히 당의 지도를 받고 있는 점에서 볼 때 각 신문 내용의 본질 면에서는 다양성이 결여되어 있음을 알 수 있다.

이 밖에도 다른 여러 신문이 있을 수 있는데 최근에 창간 50주년을 맞아 소개된 ≪체육신문≫에 대한 북한방송의 내용을 보면 다음과 같다.[11]

조선에서 ≪체육신문≫이 창간된 때로부터 50년이 되었다. 혁명투쟁에서 출판물이 차지하는 중요성을 깊이 통찰하신 위대한 김일성주석께서는 주체49(1960)년 1월 ≪체육신문≫을 창간하도록 하여주시고 인민들의 체육문화 생활에 참답게 이바지하도록 이끌어 주시였다. 위대한 김정일동지께서는 신문의 특성을 잘살려나갈데 대하여 가르쳐 주시고 편집사업을 개선 강화해 나가도록 현명하게 령도하여 주시였다. 신문은 지난 기간 주체체육 발전에 쌓아올리신 절세위인들의 불멸의 업적과 체육 선수들이 국제 경기들에서 이룩한 자랑스러운 성과들을 보여주는 수많은 기사, 편집물들을 실어 체육인들과 근로자들을 혁명적으

10) 백과사전출판사 편. 1998. 『조선대백과사전』 제6권. 평양: 백과사전출판사, p.306.
11) 평양 2010.1.25일발 조선중앙통신.

로 교양하고 그들의 체육 열의를 높여주는데 적극 기여하였다. 또한 여러 가지 체육 상식들과 세계 체육계에서 주목되고 있는 문제 등을 폭넓게 편집함으로써 독자들의 사랑을 받는 길동무로 되었으며 체육인들은 물론 근로자들과 청소년 학생들 속에서 인기 있는 출판물로 그 수요는 날을 따라 높아가고 있다.

2.2. 북한 신문의 특징

북한은 신문의 사명에 대해 "모든 사회성원들을 주체형의 공산주의자로 만드는 데 이바지하는 것"으로 규정하고 있다. 이러한 기본 인식에 따라 북한의 신문들은 대부분 관보의 성향을 띠고 있다. 북한의 신문학 이론서인 '신문리론'[12]은 신문의 기능으로 이데올로기 무장을 위한 선동선전자적 기능, 사회주의 혁명을 위해 대중을 조직하는 조직자적 기능, 공산주의적 인간을 양성하는 문화교양자적 기능을 제시하고 있다. 이는 신문이 수령과 당의 방침을 주민들에게 연결시켜 주는 정치사회화의 도구, 계급투쟁의 사상적 무기로 동원되고 있음을 보여 주는 것이다. 북한은 이른바 '주체언론'의 관점에서 신문이 견지해야 할 원칙으로 노동계급성과 당성의 원칙, 인민성과 대중성의 원칙, 진실성과 전투성의 원칙을 제시한 바 있다.

북한의 중앙지로는 노동당 기관지인 『노동신문』을 비롯해서 최고인민회의 상임위원회 및 내각 기관지인 『민주조선』, 김일성사회주의청년동맹(청년동맹) 기관지 『청년전위』 등 3대 신문이 있다.

지방지로는 앞서 살펴본 각 도(직할시) 당위원회와 도(직할시) 인민위원회의 기관지가 15개 정도 있으며, 주제 분야별로 『체육신문』, 『교원신문』, 『철도신문』 등 각 분야별 신문이 나오고 있다. 또한 조선인민군 기

---

12) 북한의 신문 이론은 다음 자료를 참고함(김응섭. 1966. 『편성리론과 실천』, 출판인쇄과학연구소, p.267.: 배순재, 라두림, 1967. 『신문리론』, 재일본조선언론출판인협회, p.176).

관지『조선인민군』, 무소속 대변지인『통일신보』가 있으며 영자지로는 매주 토요일 발행되는『The Pyongyang Times』가 있다.

북한 언론매체는 속보경쟁을 하지 않고 사건사고를 보도하지 않는다는 당국 보도지침에 따라 이 원칙을 엄격히 준수하고 있다. 따라서 신문의 기사내용도 거의 동일하며 다만 정치적인 해석의 강도만 조금씩 다르다. 대부분의 기사는 조선중앙통신에서 공급하는 기사를 전재하고 있기 때문에 논설이나 해설 등에서 약간씩 차이가 있을 뿐이다.

기사 작성도 당에서 사전검열을 하며 "기자, 편집원들의 기사는 각자의 당에 대한 충실성을 검열받는 과정"으로 규정되어 있어 다양한 접근보다는 누가 더 당의 지침에 충실한가가 중요하다. 각 부서에서 작성된 기사는 먼저 소속부장, 편집부국장과 편집국장, 부주필과 주필의 검열을 단계적으로 거친 다음 내각 직속의 출판지도총국 신문과의 검열을 통과해야만 최종단계인 노동당 중앙위원회 선전선동부 신문과의 검열을 받을 수 있다. 따라서 전날 낮 12시경에 기사작성과 편집이 완료되어야 오후 5시경 초판이 인쇄에 들어갈 수 있다. 이렇게 해서 발행된 신문은 대개 다음 날 10시에서 14시 사이에 정해진 배포선에 따라 우편으로 독자들에게 배달된다.13)

북한은 해방 전에는 주로 항일투쟁 내용을 다룬 신문을 발행하다가 해방 이후에는 당의 노선을 관철하거나 북한식 사회주의 체제의 공고화를 위한 수단으로 다양한 신문을 발행하고 있다. 주요 신문으로 해방 전에는『새날(1928년)』을 비롯하여『서광(1937년)』,『종소리(1937년)』『철혈(1939년)』등이 발행되었고, 해방 이후에는 노동당 기관지인『정로』(1945년),『노동신문』(1946년)을 비롯하여『민주조선』(1946년),『노동자신문』

13) http://www.nkchosun.com/glossary/glossary.html?ACT=word&enc_id=388&encres_id=&mode=search_f&INDEX=&keyword=신문&page=[2007.2.12. 검색].

(1946년), 『농민신문』(1946년), 『청년』(1946년), 『소년신문』(1946년) 등이 발행된 것으로 나타났다.[14] 현재 이들 신문 중 국내에서 구독이 가능한 신문은 노동신문, 민주조선, 청년전위, 평양신문, 교원신문, 문학신문, 통일신보 등인 것으로 조사되었다.

3. 북한의 잡지 현황 및 특징

북한은 앞서 살펴본 주요 신문뿐만 아니라 일반적인 학술정보를 포함하고 있는 잡지류를 비롯하여 출판되는 모든 자료가 당의 철저한 통제하에 여러 단계의 엄격한 검열과정을 거치기 때문에 주체사상에 반하는 사상적 내용이나 당의 방침에 맞지 않는 출판물들은 원천적으로 발간할 수 없게 되어 있다. 따라서 사실상 자유롭고 독창적인 학술활동은 제한되며, 학술정보라고 할지라도 과학기술과 경제의 병진정책에 따라 사회주의적 생산성을 높일 수 있는 학술적 가치를 무엇보다 중시하고 있다.

북한의 학술잡지를 먼저 알아보기 위해 먼저 과학기술 연구체계를 살펴보면 <그림 1-2>와 같다. 과학원을 중심으로 위로 당 중앙위원회와 당 과학교육부의 정책을 내각이 받아 과학원 산하의 직할연구소와 연구 분원 및 지방 분원으로 전달하고, 또 다른 한편으로는 교육성을 통해 각 대학으로, 보건성을 통해 의학과학원으로, 농업성을 통해 농업과학원으로, 보건성을 통해 의학과학원으로, 원자력총국을 통해 원자력연구단지로 전달하여 집행하게 된다. 본 장에서는 과학기술 정보와 통보기관의 의미를 살펴보고 분야별로 학술잡지의 종류와 그 내용을 살펴보고자 한다.

---

14) 『正路』는 1946.9 『노동신문』으로, 『청년』은 1996.1 『청년전위』로 제호를 변경하였다.

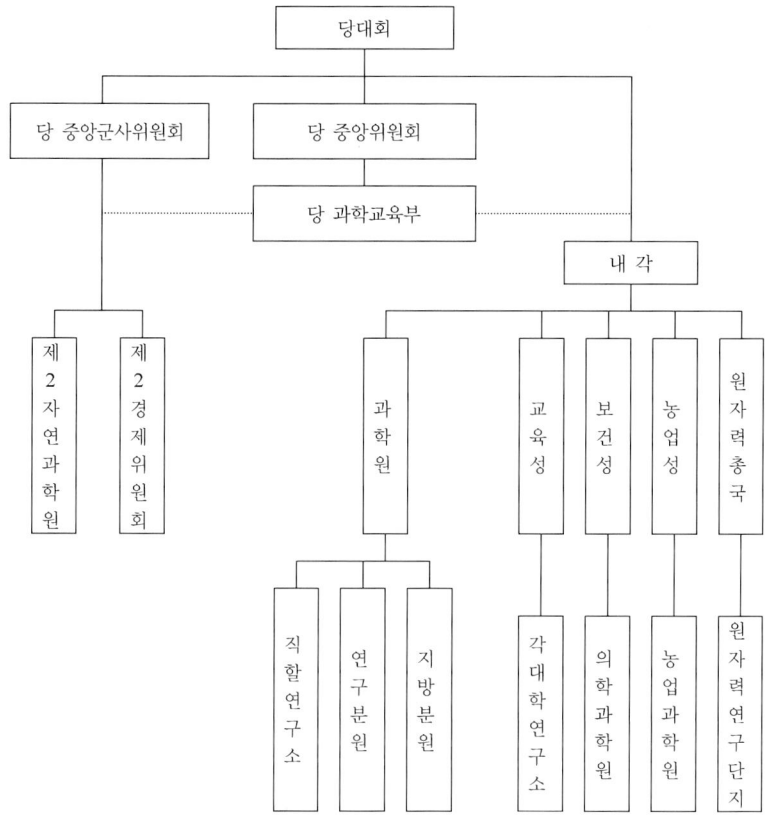

〈그림 1-2〉 북한의 과학기술 연구기관 체계

3.1. 북한의 과학기술정보 잡지와 통보기관

먼저, 북한에서의 '과학기술 정보'란 무엇인가에 대한 사전적 정의를 통하여 북한의 과학기술 자료의 수집에 대한 의의를 알아보자. 그 설명을 보면 다음과 같다.

과학연구사업과 실험설계, 과학기술적 문제의 해결을 위하여 여러 가지 과학기술 정보원천들 가운데서 필요한 정보를 얻어내는 일. 과학기술 정보수집은 과학기술 통보활동에서 첫 공정으로 된다. 모든 과학기술 통보활동이 수집된 정보자료들을 가지고 진행되기 때문에 정보수집사업을 잘 하는가 못하는가 하는 것은 과학기술 통보사업 전반에 큰 영향을 미친다. 과학기술 정보에 대한 수집사업은 당의 정책적 요구와 해당 통보기관의 기능과 사명에 맞게 세계적 규모에서 체계적으로 진행하여야 한다. 정보수집 방법에는 정기예약에 의하여 국내외 출판물들을 수집하는 방법과 구입에 의한 수집방법, 교류에 의한 수집방법 등이 있다. 여기에서 가장 중요한 것은 예약에 의하여 국내외의 과학기술 도서, 잡지들을 체계적으로 수집하는 것이다. 이와 함께 국내외의 발명창의 고안자료, 학위론문자료, 공업까달로그, 규격자료 등을 빠짐없이 수집하는 것이다.[15]

이상에서 볼 수 있듯이 북한에서의 학술 유통의 근간이 되는 과학기술 자료의 수집은 이른바 과학기술 통보사업으로 불리며, 주 정보원은 국내외의 과학기술 도서, 잡지들을 비롯하여 국내외의 발명창의고안자료, 학위논문자료, 공업카탈로그, 규격자료 등을 빠짐없이 수집하여 유통하는 것이다. 이러한 과학기술 통보사업을 주관하는 '과학기술 통보기관'의 의미에 대한 북한자료의 설명을 보면 다음과 같다.

과학기술 통보활동과 과학기술 통보분야의 과학 연구 사업을 하는 전문기관과 또는 그런 단위. 과학기술 통보기관은 나라의 과학기술발전에 필요한 국내외의 과학기술 자료들을 체계적으로 수집하여 그것을 분석, 가공, 종합, 축적하고 해당한 부문에 제때에 통보해주며 과학기술 통보분야의 과학리론을 연구하고 발전·완성시키는 임무를 수행한다. 과학기술 통보기관은 과학기술 자료를 통하여 과학기술과 생산, 과학자. 기술자들과 생산자들 사이의 련계와 협조를 실현시킨다. 우리나라의 과학기술 통보기관은 중앙적 기능을 수행하는 중앙과학기술통보사와 정무원 위원회, 부 및 기타 중앙기관들에 조직된 부문별 과학기술 통보기관, 각 도 행정경제위원회에 조직된 지역별 통보단위, 공장, 기업소 및 과학연구기관들에 조직된 말단 통보단위 등으로 구성되어 있다. 과학기술 통보기관은 과학기술 자료의 통보활동을 통하여 나라의 과학기술 발전과 생산 실천에서 나서는 과학기술적 문제들을 성

15) 백과사전출판사 편. 1996. 『조선대백과사전』제4권. 평양: 백과사전출판사. p.492.

과적으로 해결하는데 적극 이바지한다.16)

위에서 설명한 바와 같이, 북한의 과학기술 통보기관은 과학기술 지식을 단위별로 통보하는 활동과 과학기술 통보분야의 과학연구 사업을 하는 전문기관이다. 우리나라의 도서관이나 학술기관과 마찬가지로 북한의 과학기술 통보기관도 북한에서 생산되거나 해외에 수집된 각종 자료들을 체계적으로 수집하여 그것을 분석, 가공, 종합, 축적하여 2차 자료를 생산하고, 필요한 기관에 통보해 주는 기능을 기본적으로 수행하고 있다. 또한 과학기술 통보분야에 관한 이론을 연구하는 임무를 수행한다. 북한의 과학기술 통보사업은 전체적으로 국가가 일괄적으로 관리하고 통제하기 때문에 불필요한 중복이나 혼란이 없다. 당의 정책을 집행하는 내각을 비롯한 각 기관은 과학기술 자료를 통하여 과학자, 기술자들과 생산자들 사이를 연계시킴으로써 상호 간 협조 체계를 만들어 놓았다. 북한의 과학기술 통보기관은 위에서 설명한 바와 같이 중앙적 기능을 수행하는 중앙과학기술통보사와 내각의 위원회, 부 및 기타 중앙기관들에 조직된 부문별 과학기술통보기관, 각 도 행정경제위원회에 조직된 지역별 통보단위, 공장, 기업소 및 과학연구기관들에 조직된 말단통보단위 등으로 구성되어 있어 부문별 계층별로 이루어졌으며, 상하 간에 유기적인 관계를 형성하고 있다.

결국, 이러한 과학기술 통보기관에서 입수된 학술정보들이 최종적으로 과학기술 통보잡지로 만들어져 각 기관별 수요자에게 전달되게 된다. 다음은 북한의 "과학기술통보잡지"에 대한 그들의 설명이다.

과학기술 발전추세 및 과학기술 성과 자료들을 추려서 편찬하는 잡지.

---

16) 백과사전출판사 편. 1996.『조선대백과사전』제4권. 평양: 백과사전출판사. p.493.

나라의 과학기술 발전과 인민경제 발전에 의의 있는 국내외의 과학기술 정보자료들을 제때에 수집하고 분석 연구하여 과학자, 기술자들에게 알려주기 위한 목적으로 발행된다. 과학기술 통보잡지는 거기에 수록되는 과학기술 자료의 내용에 따라 번역 및 추세 잡지, 색인잡지, 초록잡지 등으로 나뉘어지며 과학기술 자료의 원천이 자기 나라의 것인가 또는 다른 나라의 것인가에 따라서 국내과학기술통보잡지와 외국과학기술통보잡지로 나뉘어진다. 중앙과학기술통보사에서 발간하는 국내 과학기술 통보잡지에는 우리나라에서 이룩된 발명, 기술혁신 자료 등을 싣는다. 외국 과학기술 통보잡지는 물리, 수학, 생물학, 자동화 등 과학부문별로 나뉘어 발간된다. 외국 과학기술 통보잡지는 다른 나라의 과학기술 발전추세와 과학기술 성과자료들을 번역하여 편작자료, 초록자료, 색인자료 등으로 편집된다. 과학기술 통보잡지는 새로운 과학기술성과자료들을 과학자, 기술자들 속에 제때에 소개 선전함으로써 과학연구사업과 기술혁명을 다그치는데 적극 이바지하고 있다.17)

이상의 설명과 같이 과학기술 통보잡지는 북한에서 생산된 과학기술 발전 추세(동향 연구) 및 과학기술 성과를 담은 자료들을 추려 내어서 편찬한 잡지를 말한다. 이 또한 국내외의 과학기술 정보자료들을 수집하고 분석·연구하는 과학자, 기술자들에게 제공하기 위한 목적으로 발행된다. 북한의 과학기술 통보잡지도 수록되는 과학기술 자료의 내용에 따라 번역 및 추세(trend) 잡지, 색인잡지, 초록잡지 등으로 구분되기도 하며, 과학기술 자료의 생산지에 따라 국내 과학기술통보잡지와 외국 과학기술통보잡지로 분류되고 있는 것을 볼 수 있다.

---

17) 백과사전출판사 편. 1996. 『조선대백과사전』 제4권. 평양: 백과사전출판사, p.494.

<표 1-3> 북한의 과학기술문헌의 종류

형 태	1차문헌	2차문헌
출판된 문헌	도서 및 소책자	
	교재, 공식출판물, 학술론문집	참고도서(백과사전, 편람)
	련속출판물	
	정기간행물, 축차간행물, 신문	서지 및 초록출판물, 개관출판물
	특수기술문헌	
	특허문헌, 규격문헌, 공업까달로그	발명색인(초록), 규격색인(초록), 공업까달로그색인
출판되지 않은 문헌	과학연구사업총화자료, 설계문건, 학위론문	연구론문색인(초록)카드, 학위론문색인카드, 설계문건색인카드

* 조선대백과사전 제4권 p.489 참조

북한의 중앙과학기술통보사에서 발간하는 국내 과학기술 통보잡지는 북한에서 이루어진 발명, 기술혁신 자료 등을 주로 싣게 되며, 외국 과학기술 통보잡지는 물리, 수학, 생물학, 자동화 등 과학부문별로 나누어져 발간된다. 외국과학기술 통보잡지는 다른 나라의 과학기술 발전 추세와 과학기술 성과자료들을 번역하여 편작자료, 초록자료, 색인자료 등으로 편집된다고 한다. 실제적으로 과학기술통보의 대상이 되는 자료는 과학기술 분야의 잡지가 주 대상이 되고 있지만 전체적으로는 과학기술 문헌 진체가 대상이 된다. 북한에서 말하는 과학기술 문헌의 종류를 보면 <표 1-3>과 같다.

3.2. 북한의 분야별 잡지 현황

북한에서 발행되는 전체 잡지는 <표 1-4>에서 부문별로 정리하였다. 전체적으로 개관해 보면, 주요 잡지로는 『근로자』(조선노동당 중앙위원회 기관지, 46년 10월 창간), 『천리마』(대중교양지, 59년 1월 창간), 『노동자』(조선직업총동맹 중앙위원회 기관지, 48년 2월 창간), 『농업근로자』

(조선농업근로자동맹 중앙위원회 기관지, 65년 4월 창간),『청년생활』(김일성 사회주의청년동맹 중앙위원회 기관지, 48년 1월 창간),『조선문학』(조선작가동맹 중앙위원회 기관지, 46년 9월 창간),『조선예술』,『조선건축』,『조선영화』(98년부터 폐간),『청년문학』,『아동문학』,『시문학』,『극문학』,『조선어문』,『철학연구』,『역사과학』,『정치지식』,『당 생활』,『당 초급간부』,『조선여성』,『인민교육』,『경제관리』,『과학의 세계』,『체육』,『우리나라 무역』,『주체농법』,『전자공학』,『자동차공학』 등이 있다.

〈그림 1-3〉 국내에 반입되고 있는 북한 정기간행물

북한의 경우에 잡지 역시 기관지화되어 있고, 일반 대중 잡지는 『천리마』 하나밖에 없다. 당 기관지로는 『근로자』가 있고, 주요 기관·단체별로 잡지가 하나씩 출판되고 있는 실정이다. 또 같은 분야, 같은 부문에서 잡지가 두 종류 이상 발행되는 것은 국가적인 낭비라고 보기 때문에 한 종류씩만 발간되며 그 결과 북한에서 발간되는 연속간행물의 종수는 최근 70~80여 종으로 축소되었다. 몇몇 주요 잡지를 소개하면 다음과 같다.

월간지 『근로자』는 월 30만 부씩 발행하는 당중앙위원회의 이론 기관지로, 지질은 중질지에 분량은 90쪽 내외이다. 1946년 10월 창간 당시는 노동신문사에서 발간하였으나 현재는 조선노동당 출판사 산하의 근로자사에서 발행하며, 1992년부터 해외 배포용은 발행을 중단했다. 발행 목적은 당 간부를 주 대상으로 수시로 제기되는 노동당의 시책과 그 관철을 위한 방도제시, 당의 노선과 정책 선전, 김일성 유일사상체계 확립에의 기여, 당 간부와 당원, 근로대중의 공산주의 교양에 이바지, 당 중앙위원회의 조직·선전자 역할 수행 등이다. 이 같은 방향에 따라 당 정책 홍보와 집행을 위한 논설·논문이 주로 게재되고 있으며, 주제는 주로 당 정책의 이론적 해설, 혁명의 원리, 우상화와 족벌세습의 정당화, 국제공산주의 경험, 통일문제 등이 되고 있다. 논설 외에도 김일성과 김정일의 문헌·담화·서한·연설 등의 내용도 게재되는데 1991년에 실린 김정일의 논설 '인민대중 중심의 우리식 사회주의는 필승불패이다'가 대표적인 예이다.

월간지 『천리마』는 북한에서 발행되는 유일한 대중교양 잡지로 문학예술종합출판사 천리마편집위원회에서 간행되고 있으며, 지질은 중질지에 분량은 90쪽 내외이다. 1959년 초에 천리마운동의 대중화를 목적으로 발행하기 시작하였고, 주요 임무는 주민들의 공산주의 교양에 이바지, 당의 노선과 정책, 특히 수시로 제기되는 시책을 선전, 그 관철을 위한 주민들의 투쟁을 고무하고, 주민들이 사회주의 노력경쟁운동에 적극 참여토록 독려하는 것이다. 기사의 내용은 크게 체제 찬양·통일문제·일반 생활상식 등으로 나뉘고 있으며, 수기·기행문·혁명유물 소개·지상연단·시·연재소설·만평 등의 형태로 게재되고 있다. 특히 근래에는 여성들의 옷 입는 법이나 화장법, 머리 모양 등에 관한 기사가 연재되어 흥미를 끌기도 하였다. 이 밖에 북한의 명승지 및 유적에 관한 기사도 게재되며, 사진은 대개 20컷 내외가 실린다.

<표 1-4> 북한의 학문 분야별 잡지 현황

과학기술 전문지	건설, 건설·운수, 경제관리, 과학원통보, 과학의 세계, 광업, 경공업, 광업석탄, 금속, 금속 및 채굴공학, 기계, 기계공학, 기술혁신, 기계제작, 김일성종합대학학보(자연과학 등), 농기계, 농업, 륙운해운, 림업, 물리, 물리·수학, 발명 및 특허, 발명공보, 방사성동위원소리용, 방직, 분석, 분석화학, 산림과학, 석탄, 생물학, 수산, 수산업, 수의축산, 수학, 수학과 물리, 식료, 약학, 의학, 일용품, 전기자동화공학, 자동차공학, 전자자동화, 전력, 전자공학, 조선건축, 주체농법, 주체의학, 중공업, 지리과학, 지질, 지질과학, 지질 및 지리과학, 채굴공학, 철도, 펄프종이, 화학, 화학과 화학공학
정치이론 잡지	국제생활, 근로자, 농업근로자, 남조선문제, 노동자, 당생활, 정치지식, 당초급간부
문학예술 잡지	극문학, 시문학, 아동문학, 조선문학, 조선미술, 조선영화, 조선예술, 조선음악, 청년문학
인문·사회 분야학술지	경제연구, 력사과학, 문학어학습, 사회과학, 조선고고연구, 조선어문, 철학연구, 인민교육
청소년 및 여성잡지	대학생, 사로청사업, 새세대, 새희망, 소년과학, 소년단지도원, 우리동무, 조선, 청년학생, 조선녀성, 청년생활, 체육
종합잡지	천리마
화보	조선
해외발행잡지 및 기타잡지	조선청년, 조선학술통보, 조선, 조선화보, 통일평론, 주체사상, 주체사상연구회, 민족교육, 체육, 우리나라 무역

3.3. 북한의 학술지 간행 동향 분석

북한의 학술지 가운데 발행 종수와 발행량이 가장 많은 것은 외국의 학술지 중에서 필요한 논문을 선정, 번역하여 재출판하는 "외국과학기술통보"이다. <표 1-5>에서 보는 바와 같이 자연과학 전 분야를 포함하고 있고, 발행주기도 국내 학술지보다 짧다. 외국과학기술통보는 모두 중앙과학기술통보사에서 발행한다. 이에 비해 북한의 국내 학술지의 발행주기는 외국과학기술통보에 비해 긴 편이다.[18]

현재 <표 1-6>에서와 같이 국내에서 확인된 과학기술 분야의 북한의 학술지는 23종인데 한국의 학술지와 다른 것은 이들 대부분이 논문 투고자의 소속을 명기하지 않고 있는 것이다. 이들의 출판은 과학기술출판사를 중심으로 몇몇 출판사가 분담하고 있다.

〈표 1-5〉 북한의 외국과학기술통보 발행 동향

번호	명 칭	발행주기	비 고
1	건 설	월간, 격월간	1990, 건설을 격월간으로 전환
2	교통운수	격월간	1998, 건설, 교통운수를 건설·운수로 합본,
3	건설·운수	격월간	1999, 건설로 변경
4	식 료	월간, 계간, 격월간	1990, 식료, 일용품을 계간으로 전환
5	일 용 품	월간, 계간, 격월간	1991, 식료, 일용품을 격월간으로 전환
6	방 직	격월간	1998, 식료, 일용품, 방직을 경공업으로 합본
7	경 공 업	격월간	
8	광 업	계 간	
9	지 질	월간, 격월간, 계간	1989, 지질을 격월간으로, 1994, 계간으로 전환
10	광업·석탄	월간, 격월간	1991, 광업·석탄을 격월간으로 전환
11	광업·지질	격월간	1998, 광업·석탄, 지질을 광업·지질로 합본
12	기 계	월 간	
13	기계제작	월 간	1990, 금속을 격월간으로 전환
14	금 속	월간, 격월간	1998, 기계제작, 금속을 기계·금속으로 합본
15	기계·금속	월 간	
16	농 기 계	격월간	
17	농 업	격월간	

18) 이 단원의 '표' 등 주요한 내용은 2000년 주요 연구 성과로 발표된 이춘근·김계수 공저의 연구보고서 "북한의 국가연구개발체제와 과학기술인력 양성체제"(과학기술정책연구원, 2001, p.238), 중, 제6장 북한의 학술활동 부분, pp.136~151.)을 정리한 것임.

18	물 리	격월간	
19	수 학	격월간	1998, 물리, 수학을 물리·수학으로 합본
20	물리·수학	격월간	
21	발명 및 특허	격월간	
22	방사성동위원소리용	계 간	
23	생 물 학	격월간	
24	석 탄	계 간	
25	수 산	월간, 격월간	1990, 격월간으로 전환
26	수의축산	격월간	
27	약 학	격월간, 계간	1994, 계간으로 전환
28	의 학	격월간, 계간	1990, 계간으로 전환
29	전 력	월간, 격월간	1990, 격월간으로 전환
30	전자공학	월 간	
31	전자자동화	월 간	
32	철 도	월간, 격월간, 계간	1989, 격월간으로, 1990, 계간으로 전환
33	팔프 종이	격월간, 계간	1990, 계간으로 전환
34	화 학	월간, 격월간	1990, 격월간으로 전환

* 모두 중앙과학기술통보사에서 발행함

〈표 1-6〉 북한의 국내 과학기술 분야 학술지 발행 동향

번호	명 칭	출판	발행주기	비 고
1	과학원통보	1, 2	격월간	
2	과학의 세계	3	격월간	
3	금 속	2	계 간	1998, 금속, 채굴공학을 금속 및 채굴공학으로합본
4	채굴공학	2	계 간	
5	금속 및 채굴공학	2	계 간	
6	기계공학	2	계 간	
7	기술혁신	3	월 간	1991, 연구자 소속 표시
8	김일성종합대학학보(자연과학)	4	월 간	
9	물 리	1, 2	계 간	
10	발명공보	3, 5	격월간, 계간	1994, 계간으로 전환
11	분 석	7, 2	계 간	
12	분석화학	1	계 간	
13	산림과학	6	반년간	

14	생 물 학	1, 2	계 간	
15	수 학	2	계 간	
16	수학과 물리	1	계 간	
17	자동화공학	2	계 간	
18	전기·자동화공학	2	계 간	1997년부터 자동화공학이 개명된 것임
19	전자공학	2	격월간	
20	지리과학	2	계 간	1994, 지질과학을 계간으로 전환
21	지질과학	2	격월간, 계간	1998, 지리과학, 지질과학을 지질 및
22	지질및지리과학	2	계 간	지리과학으로 합본
23	화학과화학공학	2	격월간	

* 출판사: ① 과학백과사전출판사, ②과학기술출판사, ③ 중앙과학기술통보사, ④ 김일성종합대학출판사,[19]
⑤ 발명총국, ⑥ 산림과학원, ⑦ 과학백과사전종합출판사

또한 특징적인 것으로『식료』와『일용품』의 경우 1991년을 기해 계간
에서 격월간으로 발행 부수가 오히려 늘어났다는 것이다. 이것은 당시
의 극심한 식량난과 소비재 부족으로 각종 대용품을 찾는 과정에서 나
타난 일시적 현상이라고 볼 수 있을 것이다. 따라서 소위 북한이 말하는
'고난의 행군'이 어느 정도 해소된 1998년을 기해 식료와 일용품, 방직
을 경공업으로 합본하는 조치를 취했다.

〈표 1-7〉 북한의 국내 과학기술문헌 초록 발행 동향

번호	명 칭	발행 주기	비 고
1	중공 업	격 월 간	
2	경공업	격월간, 계간	1994, 경공업과 농업·림업·수산업을 계간으로 전환
3	농업·수산업·림업	격월간, 계간	1998, 중공업, 경공업, 농업·림업·수산업을 국내
4	국내 과학기술문헌초록	계 간	과학기술문헌초록으로 합본

* 모두 중앙과학기술통보사에서 발행함

19) 김일성종합대학학보는 자연과학분야 이외에도 계간으로 경제학·력사·법학·어문학·철학 등 분야별로 잡지
가 발행되는 유일한 학보이다.

이들 외에 구분되는 학술잡지로는 북한 국내의 학술지 투고 동향을 초록으로 빠르게 보급하는 과학기술 문헌초록으로 <표 1-7>과 같다. 그러나 <표 1-7>에서와 같이 1997년까지 중공업과 경공업 등 3종류가 출판되었는데 1998년부터는 합본으로 한 종류만이 출판되었고, 발행주기도 연장되었다.

세계 각국의 학술지 종류와 발행 부수가 크게 증가하는 것과 달리 북한에서는 1980년대 말부터 학술지 종류와 발행 부수가 크게 감소하였다. 1990년에는 주로 중앙과학기술통보사에서 발행하는 외국과학기술통보의 발행 기간이 연장되었고, 1994년에는 국내 학술지를 포함해서 또한 번의 발행기간 연장이 있었다. 이후 <표 1-8>에서 보는 바와 같이 1998년에도 상당수의 학술지를 합본하여 발행 종수를 줄이는 등, 1989년 기준으로 발행 종수는 53종에서 43종으로, 발행량은 380권에서 282권으로 줄어들어 계속적으로 학술활동을 위축시키는 결과를 초래해 왔다.

외국과학기술통보가 대폭 감축된 것은 사회주의권의 붕괴로 이들 국가에서 저렴하게 들어오던 학술지 공급이 단절되었기 때문이라 생각된다. 특히 물리, 수학 등 이과분야와 건설, 경공업 등 전통 산업 분야가 대부분이었다. 그러나 전자공학과 전자자동화는 1990년대 북한의 중점 분야로서 월간의 발행주기를 지속적으로 유지하고 있다. 이것은 IT 분야 등 북한 최고지도자의 관심 분야가 학술지 발행량에도 그대로 반영되어 있는 것으로 볼 수 있다.

<표 1-8> 1990년대 북한의 학술지 축소 동향

구 분		1989		1998	
		종 수	연 발행량	종 수	연 발행량
외국과학기술 통보	월 간	14	168	4	48
	격월간	12	72	12	72
	계 간	3	12	7	28
	합 계	29	252	23	148
국내 과학기술 분야 학술지	월 간	2	24	2	24
	격월간	6	36	4	24
	계 간	12	48	12	48
	반년간	1	2	1	2
	합 계	21	110	19	98
국내 과학기술문헌 초록	격월간	3	18	0	0
	계 간			1	4
	합 계	3	18	1	4
총 계		53	380	43	252

* 자료: 앞의 〈표〉로부터 계산함

　　위와 같은 과정을 거쳐 2011년 현재 국내에 소개되고 있는 북한 잡지의 전체 현황은 <표 1-9>와 같다. 각종 연감을 제외한 정기간행물은 전체 65종으로 집계되었는데, 2000년 이후 증가된 북한의 의학 관련 잡지들과 2011년부터 신간으로 입수되고 있는 계간 <조선료리>와 <하나> 등 5종, 그리고 반년간으로 발행되는 <생물학학회지>가 눈에 띈다. 북한의 잡지를 분야별(주제별)로 대상을 고려하여 분류하면, 대략 과학기술 전문지, 정치이론잡지, 종합잡지, 문학예술잡지, 인문・사회분야 학술지, 청소년 및 여성잡지, 화보, 해외 발행 잡지로 분류할 수 있다. 이상에서 논의한 잡지와 과거 해방 전후시기부터 지금까지 북한에서 발행된 잡지들을 종류별로 정리한 내용은 부록 1과 같다.

<표 1-9> 국내에 반입되고 있는 북한잡지 현황

순번	간행물명	발행처	발간주기
1	금수강산	오늘의조국사	월간
2	기술혁신	중앙과학기술통보사	월간
3	김일성종합대학학보: 자연과학	김일성종합대학출판	월간
4	아동문학	문학예술출판사	월간
5	조선(화보-조)	조선화보사	월간
6	조선문학	문학예술출판사	월간
7	조선예술	문학예술출판사	월간
8	천리마	천리마사	월간
9	청년문학	문학예술출판사	월간
10	DPR of Korea(영)	외국문출판사	월간
11	KoreaToday(영)	외국문출판사	월간
12	고등교육	교육신문사	격월간
13	과학원통보	과학기술출판사	격월간
14	과학의 세계	중앙과학기술통보사	격월간
15	기상과 수문	농업출판사	계간
16	꽃봉오리	교육신문사	격월간
17	농업수리화	농업출판사	격월간
18	등대	등대사	계간
19	조선민주주의인민공화국 발명공보	발명종국	격월간
20	인민교육	교육신문사	격월간
21	정보과학	과학기술출판사	계간
22	조선건축	공업출판사	계간
23	화학과 화학공학	과학기술출판사	계간
24	경제연구	과학백과사전출판사	계간
25	교원선전수첩	교육신문사	계간
26	금속(계간)	과학기술출판사	계간
27	기계공학	과학기술출판사	계간
28	기초의학	과학기술출판사	계간
29	김일성종합대학학보: 력사, 법학	김일성종합대학출판	계간
30	김일성종합대학학보: 어문학	김일성종합대학출판	계간
31	김일성종합대학학보: 철학, 경제학	김일성종합대학출판	계간
32	력사과학	과학백과사전출판사	계간
33	문화어학습	과학백과사전출판사	계간
34	물리	과학기술출판사	계간

35	민족문화유산	조선문화보존사	계간
36	분석	과학기술출판사	계간
37	사회과학원학보	사회과학출판사	계간
38	생물학(계간)	과학기술출판사	계간
39	수학	과학기술출판사	계간
40	예방의학	의학과학출판사	계간
41	예술교육	2.16예술교육출판사	계간
42	전기,자동화공학	과학기술출판사	계간
43	정치법률연구	과학백과사전출판사	계간
44	조선고고연구	사회과학출판사	계간
45	조선어문	과학백과사전출판사	계간
46	조선약학	의학과학출판사	계간
47	조선의학	과학기술출판사	계간
48	지질 및 지리과학	과학기술출판사	계간
49	채굴공학	과학기술출판사	계간
50	철학연구	과학백과사전출판사	계간
51	Foreign Trade of the DPRK	무역출판사	계간
52	교양원	교육신문사	연3회
53	내과	의학과학출판사	계간
54	소아산부인과	의학과학출판사	계간
55	외과	의학과학출판사	계간
56	경공업과학	과학기술출판사	계간
57	계량 및 규격화	과학기술출판사	계간
58	전자공학	과학기술출판사	계간
59	조선녀성	근로단체출판사	월간
60	조선료리(신간)	조선료리협회	계간
61	하나(신간)	통일신보사	계간
62	생물학학회지(신간)	과학기술출판사	반년간
63	농업과학원보(신간)	농업과학원 과학기술통보연구소	계간
64	구강, 안과, 이비인후과(신간)	의학과학출판사	계간
65	불멸의 꽃(신간)	외국문출판사	계간

* 여기서 '신간'이라 하는 것은 국내에 처음 입수된 잡지를 뜻하며, 북한에서의 창간시기와는 매우 다를 수 있다.

4. 김일성·김정일 로작 및 주요 자료 현황

북한에서 발행된 100여 종의 정기간행물을 제외한 단행본 등 도서 자료들은 북한자료를 가장 많이 소장하고 있는 통일부 북한자료센터를 기준으로 볼 때 약 1만여 종 정도가 국내에 들어와 있는 것으로 추산할 수 있다. 이 밖에 북한의 비디오, CD, DVD, 지도 등 비도서 자료들에 대해서는 다른 단원에서 다시 다루고 본 장에서는 북한 사회의 담론을 실질적으로 지배하고 있는 김일성, 김정일 저서와 관련 자료, 참고서적 그리고 국내 자료처럼 쉽게 볼 수 있는 북한발행 자료의 일부 목록을 소개하고자 한다.

4.1. 김일성 로작집

북한에서 쓰고 있는 '로작'은 우리나라 표현법으로는 노작(勞作)이다. 노작이라 함은 김일성 주석과 김정일 국방위원장의 사상적·이론적 지침을 담은 모든 출판물을 가리키는 포괄적인 명칭이다. 노작이란 말의 의미는 당초 "전날에, 힘을 들여 지은 저작이나 작품"을 일컫는 말이었다. 그러다가 김일성 유일체제가 구축되면서 이와 궤를 같이해 "로동계급의 혁명이론 발전에서 커다란 리론 실천적 의의를 가지는 고전적 저서"20)라는 의미로 달라졌다. 북한에서 지도자의 통치구상을 밝히는 모든 발표문을 지칭하는 것으로 한정된 것이다.

북한은 김일성과 김정일의 모든 저작, 작품, 연설문 그리고 회의 결론까지를 '고전적 노작'으로 일컫고 있는데 이 역시 넓은 의미에서 '노작'에 포함시키는 것이다. 북한 측 주장에 따르면 "현시대와 공산주의 미래의 전역사적 시대를 대표하는 주체의 사상, 이론, 방법이 집대성되어 있

---

20) 사회과학출판사 편. 2006. 『조선말대사전(1)』. 평양: 사회과학출판사. p.1410.

으며 민족해방과 계급해방을 위한 투쟁, 공산주의 건설 및 세계혁명 등 혁명과 건설에서 제기되는 모든 리론 실천적 문제들과 그것들을 해결하기 위한 방도들이 밝혀져 있다"라고 김일성의 노작들에 대해서 설명하고 있다. 물론 북한 사전에서는 노작에 대해서 남한에서 사용하는 것처럼 '힘을 들여 지은 저작이나 작품', '힘을 들여 부지런히 일하는 것'이란 뜻도 있다고 밝히고는 있다.

또한 김정일이 발표하는 논문이나 저작들도 노작으로 부르고 있다. 1994년 7월 김일성 사후 현재까지 김정일은 많은 담화와 논문, 그리고 서한을 발표했다. 북한이 그의 대표적 노작으로 꼽고 있는 것 가운데는 1994년 11월 1일에 발표한 "사회주의는 과학이다"와 1995년 6월 19일의 "사상 사업을 앞세우는 것은 사회주의 위업수행의 필수적 요구이다"가 있다. 그리고 또한 1995년 10월 2일에 발표한 "조선로동당은 위대한 수령 김일성 동지의 당이다"도 자주 회자되는 노작이다. 다음 8·4노작으로 알려진 논문 "위대한 수령 김일성동지의 조국통일 유훈을 철저히 관철하자"(1997.8.4.)는 최근에 가장 알려진 노작 중의 하나이다.

다음은 김일성의 주요 노작집의 종류와 내용을 정리한 것이다.[21]

4.1.1. 김일성저작선집

'선집'이란 개별적인 인물 또는 일정한 부문의 논문과 작품들 가운데서 가장 대표적인 것들만을 추려 묶은 책이므로, 해당 부문 또는 시대의 사상과 이론, 작품들을 집중적으로 깊이 있게 연구하는 데 유용하다.

북한은 "위대한 수령 김일성동지의 불후의 고전적 로작들을 수록한 『김일성저작선집』과 위대한 령도자 김정일동지의 고전적 로작들을 수록한 『김정일선집』에는 위대한 혁명사상과 우리 당의 로선과 정책들이 전

---

21) www.nkchosun.com의 NK데이터베이스 '시사백과' 코너의 자료를 수정, 보완하였음[2010.2.13. 검색].

면적으로 담겨져 있다"라고 소개하면서 각 선, 전, 저작집들이 영어, 중국어를 비롯한 세계 각국어로 번역되어 널리 보급되어 있다고 주장하고 있다.

1996년 백과사전출판사에서 펴낸 『조선대백과사전』은 그중 『김일성저작선집』에 대해 "『김일성저작선집』은… 김일성 동지의 불후의 고전적 로작들을 수록한 문헌집… 해방 이후부터 사망 시까지 김일성 주석이 혁명투쟁과 건설사업, 세계혁명 위업을 승리로 이끄시기 위하여 제시하신 독창적인 사상과 리론, 방침이 담겨져 있는 불후의 고전적 로작들 가운데서 일부 대표적인 중요 로작들을 선택하여 종합적으로 수록한 혁명과 건설의 대백과전서적인 총서이다"라고 평하고 있다. 『김일성저작선집』은 1967~1994년 사이에 제1권부터 제10권까지 국판으로 조선로동당출판사에서 발행되었다. 여기에는 기존에 발행된 『김일성선집』 제2판에 들어 있는 노작들 가운데서 일부 중요 노작들과 『김일성선집』 발행 이후 발표된 고전 노작들 중 중요한 것들이 수록되었다. 『김일성저작선집』에는 노작들이 발표연도순으로 수록되어 있으며, 1975년 10월에 제1권~5권까지의 2판이 발행되었다.

〈표 1-10〉『김일성저작선집』 발행연표

권별	발표연대	수록 건수		발행연도
1권	1945년~1956년	38건	1967년 4월	1975년 10월 제2판
2권	1957년~1960년	21건	1968년 4월	1975년 10월 제2판
3권	1961년~1963년	15건	1968년12월	1975년 10월 제2판
4권	1964년~1967년	19건	1968년 9월	1975년 10월 제2판
5권	1968년~1970년	17건	1972년 2월	1975년 10월 제2판
6권	1971년~1973년	21건	1974년 9월	
7권	1974년~1977년	21건	1978년 4월	
8권	1978년~1981년	23건	1982년 4월	
9권	1982년~1986년	28건	1987년 4월	
10권	1987년~1992년	33건	1994년 1월	

『김일성저작선집』에 실려 있는 노작들은 크게 6가지 주제로 구성되어 있다. 첫째는, 해방 후 6·25와 전후복구시기를 거치는 과정에서 사회주의 이론의 독창적인 노선, 방침 및 투쟁전략이다. 둘째는, 주체사상의 혁명적 본질과 기본요구, 철학적 원리, 사회역사원리, 지도적 원칙이다. 셋째는, 당을 창건하고 당 대열을 조직 강화하는 문제, 영도예술, 혁명과 건설에 대한 당의 지도방침, 당의 강화발전 방침이다. 넷째는, 해방후 반제반봉건 혁명으로부터 사회주의혁명, 사회주의, 공산주의 건설에 이르는 역사적 단계에서 혁명과 건설에 대한 이론, 노선 및 방침이다. 다섯째는, 조국통일문제의 본질과 성격, 자주, 평화, 민족대단결의 3대원칙, 고려연방제 등 통일에 대한 당의 방침과 방안들이다. 여섯째는, 기타 대외적으로 방위력을 강화하기 위한 문제, 해외교포운동 확대를 위한 방침 등 혁명과 건설의 일반적 분야에 대한 내용이다.

『조선대백과사전』은 또한『김일성저작선집』에 대해 "실로 혁명의 진리, 투쟁의 앞길을 휘황히 밝혀주는 혁명과 건설의 위력한 사상적 무기이며 성스러운 주체혁명 위업의 승리를 앞당기기 위한 우리 인민의 투쟁을 힘 있게 고무 추동하는 불멸의 전투적 기치로 되고 있다"고 평하고 있다.

4.1.2. 김일성저작집

북한의 설명에 따르면,『김일성저작집』은 북한의 사회주의혁명 전 과정에 대한 김일성의 저작들을 체계적·전면적으로 집대성한 '혁명과 건설의 대백과전서적인 총서'이다. 『김일성저작집』의 출판사업은 로동당 중앙위원회의 조치에 따라 조선로동당출판사에서 전당, 전국가적 의의를 가지는 중대 정치사업으로 진행되었다. 김일성저작집은 1979년 4월부터 1997년 2월까지, 총 47권의 국판으로 출판되었다. 총 47권 중 44권까지 김일성이 사망한 1994년 7월까지의 내용이 수록되어 있고 이후 45권부터는 회고록 '세기와 더불어'가 출판되고 있다.

'주체사상의 총서이자, 혁명의 교과서'로 불리고 있는 『김일성저작집』에는 기존에 발행된 『김일성선집』, 『김일성저작선집』, 부문별 문헌집, 단행본들에 수록된 노작들과 함께 출판되지 않은 새로운 노작들이 다수 수록되어 있으며, 김일성의 활동과 관련한 사진들도 포함되어 있다. 『김일성저작집』은 『김일성저작선집』과 마찬가지로 각 노작의 발표 순서에 따라 순차적으로 수록되어 있다. 현재 1권(수록연도 1930.6.~1945.12. 발행연도 1979.4.)부터 44권(수록연도 1992.12.~1994.7. 발행연도 1996.6.)까지 발행되었으며, 45권부터는 회고록 형식의 『세기와 더불어』 1권부터 47권 회고록 『세기와 더불어』3까지 발행되었다.

『김일성저작집』은 『저작선집』과 마찬가지로 6개의 큰 주제에 따라 노작들을 수록하고 있는데, 주체사상, 항일혁명투쟁시기 이후의 사회주의 혁명과정에 대한 사상 및 이론, 독창적인 노선과 방침, 통일의 방안 및 방침, 시대의 특징 및 국제혁명운동발전 이론과 전술, 인민대중에 대한 당의 혁명적 영도이론 및 방법, 실현을 위한 과업과 방도, 해외교포운동 확대발전 방안 등에 대한 구성은 『저작선집』과 거의 그대로 같지만, 군사이론과 유격전 및 현대전의 전략전술 등에 대한 내용이 포함되어 있다는 점이 다르다. 앞서 본 『조선대백과사전』의 설명에 따르면 『김일성저작집』에 대해 "…담겨진 모든 사상과 리론, 로선과 방침들은 투쟁속에서 창시되고 실천을 통하여 그 진리성이 확증된 혁명의 귀중한 량식이며 인류사상사의 보물고를 끝없이 풍부히 하는데 커다란 공헌을 한 불멸의 사상리론적 재부이다. 실로 민족해방, 계급해방, 인간해방의 강유력한 무기이며 주체혁명위업의 종국적 승리를 위한 투쟁에서 튼튼히 틀어쥐고나가야 할 백전백승의 강령적 지침이다"라고 평가하고 있다.

4.1.3. 김일성전집

김일성의 탄생 80주년에 즈음하여 조선로동당출판사에서 발행하기 시작한 고전노작 종합문헌집이다. 『조선대백과사전』의 설명에 따르면 "『김일성전집』에는 위대한 수령 김일성동지께서 일찌기 조선혁명의 진두에 나서신 때로부터 오늘에 이르는 70성상 혁명발전의 매 시기, 매 단계마다에서 우리 혁명을 승리에로 이끄시기 위하여 내놓으신 독창적인 사상과 리론, 전략 전술적 방침들과 그 구현을 위한 투쟁에서 이룩된 풍부한 경험들이 담겨진 로작들이 종합적으로 수록되어 있다"라고 소개하고 있다.

『김일성전집』은 '기본편'과 '속편'으로 구성되어 있는데, 먼저 '기본편'은 정치, 경제, 문화, 군사를 비롯한 모든 분야의 노작들 중에 이론 실천적으로 중요한 의의를 가지는 것들을 선별하여 연대기적으로 묶어 출판하며, '속편'은 그 외의 노작들을 부문별로 엮어 출판하도록 계획되었는데 2011년까지 총 93권이 발행되었다. 이 전집에는 또한 김일성이 항일혁명 투쟁시기에 발표했다는 노작들을 비롯하여 혁명과 건설의 각 시기에 발표한 연설, 보고, 결론, 담화, 훈시, 지시, 축사, 강의 등이 포함되어 있다.

4.2. 김정일 로작집

4.2.1. 김정일선집

앞서 언급한 것처럼 김정일로작은 김정일이 집필했다는 논문 및 서한, 연설이나 간부들에 대해 언급한 담화 등을 말하며, 이를 노동신문사나 평양방송 등 북한의 공식 언론기관에서는 『노작(勞作)』이라고 표현하고 있다.

『김정일선집』은 1992년 2월, 김정일의 50회 생일을 맞아 처음 출간되었다. 『김정일선집』1권은 김정일이 김일성종합대학을 졸업하고 처음 당 생활을 시작한 1964년 4월부터 1969년 9월 사이에 발표한 각종 연설문 및 담화를 비롯한 46건의 문헌들을 편집, 수록하여 제작되었다.

『김정일선집』2권은 1993년, 김정일의 1970년부터 72년까지의 총 29건의 연설, 담화, 논문을 담아 만들어졌다. 북한은 1993년 『선집』2권이 출판된 당시, 아버지 김일성에서 김정일로 이어지는 후계체제 공고화를 위해 대학생들을 대상으로 매달 초 개별 정독과제와 발표과제를 주고 과제이행 정도를 세밀하게 검열하기도 했다. 이처럼 북한은 『김정일선집』과 『주체혁명위업의 완성을 위하여』등을 중심으로 청년들의 교양사업 강화를 위해 경주해 왔으나, 경제난이 극심해지면서, 학습을 지도하는 청년동맹 초급단체 비서들이 동맹원들의 기본적인 질문에조차 제대로 답하지 못하는 등 여러 가지 문제점들이 발견되었다.

1997년 『청년전위』에서는 이러한 세태를 지적, '정치이론의 빈곤이 가져온 결과'라고 비판했다. 대량 아사자가 속출했던 1998년의 유래 없는 식량난 이후 김정일은, 자신의 노작들을 모아 놓은 『김정일선집』뿐만 아니라, 자신의 생모인 김정숙의 노작에 대한 사상교육에까지 심혈을 기울이기 시작했다. 김정일은 1998년 4월 종래 대학의 전공학과에서만 실시해 오던 『김정숙혁명력사』과목 교육을 모든 학교로 확대할 것을 지시, 같은 해 연말부터 1999년 4월에 걸쳐 유치원 높은 반부터 대학에 이르는 모든 교육단위에서 『김정숙혁명역사』과목 교육이 시작됐다.

또한 김정일의 2000년 4월 지시에 따라 각 대학에서 '김정숙노작' 교육도 시작됐다. 노동당 창당 65주년인 2010년 현재 『김정일선집』은 15권까지 발간되었다. 2000년 6월 남북정상회담에 따른 화해무드가 조성되면서 '지식공작소', '을유문화사' 등 남한의 출판사들이 『김정일선집』을 기본 자료로 한 김정일 관련 도서들을 연이어 출간하기도 하였다.

김정일의 공식적인 등장은 1980년 10월 조선노동당 제6차 대회였지만, 김정일의 노작은 이 대회에 공식 등장한 이후 계속 발표되어 왔다. 첫 번째 노작은 1982년 3월 31일 평양에서 열린 전국 주체사상 토론회에서 발표된 "주체사상에 대하여"라는 논문이었다.

노작 발표와 그 존재를 판명하는 형식은, 공식적인 보도로 노작 내용 및 전문이 공개되는 것과 노동신문 기사에 노작의 해설이 게재된 경우에 그러한 노작의 존재를 확인하고 내용 및 개요를 알 수 있는 것 등 다양하다. 최근 북한방송 등을 청취하여 북한동향을 종합하여 주재국 관청 등에 배포하는 라디오 프레스는『북조선정책동향』2010년 2월호에 김정일 노작을 종합 정리하여 발표한바, 그 내용을 번역한 것을 부록 3에 수록하였다. 여기에서는 김정일의 공식 등장 이전부터 그 존재가 알려진 노작을 연대별로 정리한 것으로 1952년부터 2010년까지 총 600여 편의 목록을 게재하였다.

4.3. 기타 북한의 주요 자료들

일반적으로 단행본들을 그 내용이나 범위가 방대하기 때문에 정기간행물처럼 일반화하여 소개할 수 없고, 수많은 자료들을 부문별로 정형화시키기도 쉽지 않다. 따라서 좀 더 구체적인 자료들은 북한자료의 수집과 관리에 관한 문제를 다룬 후에 다른 장에서 '북한자료의 활용편'으로 다시 다루기로 한다. 다음은 북한의 출판물을 이해하는 데 기초가 될 만한 자료들을 개관한 것이다.

① 조선중앙년감

조선중앙년감은 북한 연구의 가장 기초가 되는 참고자료이다. 1972년

이전에는 북한의 각 분야별 통계가 직접적으로 서술되어 있는 경우가 많았지만 이후에는 소개되고 있지 않다. 주로 당해연도 노동당과 정부의 정책, 국내 국제정세를 종합적으로 묶어서 출판한 책이다. 1949년부터 조선중앙통신사에서 발간하기 시작하였다. 특히 김일성 주석과 김정일 국방위원장의 연설문, 논문 및 이들의 행적과 국가 행사, 정치, 경제, 사회, 문화, 외교 등의 내용이 수록된다.

예시적으로 『조선중앙년감』(1999년)을 보면 '조선의 지리와 역사', '정치', '경제', '사회문화', '대외관계', '조국통일과 북남관계', '미제식민지 남조선', '총련과 재일동포' 등으로 나누어진 '국내편'과 '국제편', 문건 및 자료편 등으로 구성되어 있다. 또한 조선중앙년감은 김일성, 김정일의 연설문이나 담화 이외에도 정부와 외무성 명의의 성명서 및 최고인민회의 결정서와 같은 중요 문헌들이 수록되어 있다.

② 조선대백과사전 등 사전류

북한의 정치, 경제, 사회, 문화 등 전반을 개관할 수 있는 종합적 참고자료이다. 과학백과사전출판사에서 2006년 1월 중순 완간된 전 30권의 『조선대백과사전』은 편찬 준비 작업이 시작된 지난 1964년부터 계산하면 38년 만에 마무리된 것이다. 『조선대백과사전』은 김일성의 '특별한 관심과 직접적인 지도'에 의해 1964년부터 진행되어 왔으며 1988년부터 본격적으로 편찬이 이루어졌다고 한다. 연합뉴스의 보도 내용을 정리하면 다음과 같다.[22]

◇ 구성 및 분량: 조선대백과사전은 북한과 세계 여러 나라들의 역사와 정치, 경제, 군사, 문화, 자연, 지리, 풍속, 전설, 인물들과 최신 과학기술 자료들이 수록되어 있으며 10만여 개의 주제어가 자모순으로 배열돼

---

22) 연합뉴스(2006.12.17).

있다. 각 권의 분량은 평균 650페이지, 2백 자 원고지로 1만 5천 매 정도이며 직관물(삽화)과 사진은 2만 5천여 점이 수록되어 있다.

이 분량은 북한 측의 설명에 따르면, "하루에 올림말을 10여 개씩 찾아본다고 하면 근 30년이 걸려야 조선대백과사전의 모든 올림말을 다 읽어볼 수 있는 것"이라고 한다. 사전에 등재된 인물은 5천200명이고 이 가운데 북한 사람은 1천 500여 명이다. 색인은 마지막 권인 30권에 수록되어 있으며 과학백과사전출판사와 조선컴퓨터센터에서 현재 조선대백과사전을 전자출판물로 만드는 작업을 진행하고 있다.

◇ 편찬 의미: 북한 측의 설명에 따르면, "노동당 시대가 민족사와 인류사에 쌓아올린 빛나는 공적이며 우리 수령, 우리 제도의 위대성, 우리 국력에 대한 힘 있는 과시로 된다"라고 우선 그 의미를 부여했다. 또한 북한은 이 사전의 편찬을 계기로 "과학기술과 문화발전 수준 및 국력에 있어서 당당하고 위력한 강국이며 또 우리 민족이 긍지 높고 자랑 높은 민족이라는 것을 보여 주었다"라고 강조했다.

◇ 편찬 과정: 1964년 김일성의 지시에 의해 준비 작업이 시작되었고 1988년부터 '편찬위원회'가 조직되어 본격적인 편찬 작업에 들어갔다. '편찬위원회'는 수십 개의 부서에 수백 명의 기자 편집원들, 수천 명의 과학자 전문가 기술자들로 구성됐으며 이들은 "조국과 민족 앞에 지닌 중대한 역사적 사명을 간직하고 이 사업에 적극 떨쳐나서 애로와 난관이 많았지만 그것을 완강히 극복하면서 수십만 개의 자료들을 취재 확인하고 수십만 매의 원고를 집필하고 정리하는 데서 애국적 헌신성을 높이 발휘했다"는 것이다. 김정일도 편찬사업의 전 과정에 깊은 관심을 가지고 20여 차례에 현지지도가 있었던 것으로 알려져 있다.

③ 기타 국내 자료처럼 활용할 수 있는 다양한 자료들

북한자료 중에는 정치적 이념성이 거의 없어 국내에서 발행된 일반 자료처럼 자유스럽게 활용할 수 있는 다양한 자료들도 많다. 다른 단원에서 보다 구체적으로 다루겠지만 북한 관련 전문 서점들이 여럿 있다. 대표적인 북한 책 전문서점은 2001년 2월 서울에서 개점한 '대훈서점'이다. 그러나 아쉽게도 판매 부진 등 여러 가지 이유로 2009년에 문을 닫게 되었다. 이 서점에서 수입한 북한 서적이 4,000여 종 24만 권 정도였는데 이 중 외부에 소개된 주요 자료들의 목록을 간략하게 소개하면 다음과 같다. 이들을 통해 특수자료 성격의 북한자료가 아닌 국내에 들어온 비이념성 북한자료의 면모를 개괄적이나마 확인할 수 있을 것이다.

<4개 국어 생물학 용어사전>(1994), <고구려시조 동명왕>(1992), <고대 일본 가나이 지방의 조선계통 문벌들에 관한 연구>(1993), <고려의학 참고자료>(1993), <고려치료경험(내과편)>(1996), <고전문학선집(51)−리규보 작품집(2)>(1990), <고전문학선집(61)−림제, 권필 작품집>(1990), <고전문학선집(66)−박지원 작품집(1)>(1991), <고전문학선집(71)−김려 작품집>(1990), <고전문학선집−옥루몽(1)>(1958), <고전문학선집(34)−김만중 작품집>(1991), <고전문학선집(40)−보심록>(1991), <고전문학선집(41)−춘향전>(1991), <고전문학선집(44)−토끼전>(1992), <고전문학선집(67)−박지원 작품집(2)>(1995), <고전소설 해제(2)>(1991), <금강산 일화집>(1992), <김해진전(고전소설)>(1994), <누구나 할 수 있는 고려치료>(1994), <라진−선봉 자유경제 무역지대 투자환경>(1995), <리조시기 회화>(1995), <리조실록 400권>, <본문언어학>(1995), <맛좋은 국수>(1990), <민족가극 '춘향전' 종합총보>(1991), <백두산 천지>(1995), <백두산 총서(동물)>(1993), <백두산 총서(지질)>(1993), <사회주의 생활문화백과(2)−옷과 옷차림>(1991), <새로운 옷 형태와 가공(9)>(1993), <세계 문학선집(3)−중국 고전시선>(1991), <세계 문학선집(22)−근대 영국시선>(1991), <세계 문학선집(29)−제인 에어>(1993), <어린이 피아노 교측본(2)>(1994), <언어학 론문집(10)>(1991), <영조 의학용어 조성사전>(1991), <루이제 린저−옥중일기>(1993),

<우리나라 민속놀이>(1995), <우리나라 지리와 풍속>(1991), <인구학 개론>(1996), <작물병리 사전 (1992)>, <장세납 교측본>(1991), <재미 있는 민속놀이>(1994), <조선고고학전서 원시편(석기시대)>(1990), <조 선대백과사전(1)~(30)>(1995~2005), <조선부문사-조선수군사>(1991), <조선과학기술발전사(해방 후편-1)>(1994), <조선기술발전사(1)-원 시고대편>(1996), <조선기술발전사(5)-리조후기편>(1996), <조선도자 사연구(삼국~고려)>(1995), <조선동의어, 반의어, 동음어사전>(1993), <조선료리전집(1)~(4)>(1994, 1995, 1996), <조선말 대사전(1)(2)>(1992), <조선문화가 초기 일본문화 발전에 미친 영향>(1991), <조선민요의 유 래(1)>(1992), <조선민주주의 인민공화국 문화유물 보호법>(1995), <조 선민주주의 인민공화국 사회주의 헌법>(1998), <조선민주주의 인민공 화국 화학공업사(1)>(1994), <조선부문사-조선공예사(2)-현대편>(1991), <조선부문사-조선과수업사(2)>(1991), <조선부문사-조선교통운수사 (자동차운수편)(3)>(1991), <조선부문사-조선수산사(2)-현대편1>(1991), <조선부문사-조선수산사(3)>(1991), <조선부문사-조선조각사(2)-현 대편>(1991), <조선부문사-조선풍속사(3)>(1992), <조선속담집>(1992), 조선식물지(1)~(3)>(1996,1997), <조선약용식물(원색)>(1993), <조선어 빈도수사전>(1993), <조선어 어름론 연구>(1995), <조선어 정보처 리>(1994), <조선유적유물도감(15)-리조편(3)>(1993), <조선유적유물 도감(16)-리조편(4)>(1994), <조선의 민속전통(1)-식생활>(1994), <조 선의 민속전통(2)-옷차림>(1994), <조선의 민속전통(3)-주택과 가족 생활>(1994), <조선의 민속전통(4)-로동생활>(1994), <조선의 민속전 통(5)-민속명절>(1994), <조선의 민속전통(6)-민속음악과 무용>(1995), <조선의 민속전통(7)-구전문학과 민속공예>(1995), <조선중세건축유 전연구(삼국편)>(1995), <조선출판문화사(고대~중세)>(1995), <조선화 그리기(소나무)>(1994), <조선화 그리기(참대)>(1994), <중세조선말사 전(1)>(1993), <침구 처방학>(1994), <침뜸치료의 묘리>(1995), <침치료 경험방>(1994), <학생 식물사전>(1991), <토끼와 자라(조선민화집)>(1989), <팔만대장경해제(1)~(15)>, <현대 일조 외래어사전>(1991), <현대 조 선문학 선집(14)-1920년대 시선(2)>(1992), <혼자서 배울 수 있는 조 선말>(1994)

5. 북한의 비도서 및 디지털 자료 현황과 특징

북한은 우리에게 잘 알려져 있는 각종 연감류와 총류 성격의 단행본, 그리고 신문과 정기간행물 이외에도 각종 영상자료와 전자자료도 발간하여 보급하고 있다. 특히 영상자료는 사회주의 국가의 성격상 국가이념이나 정책 홍보, 교육매체로 대단히 중요시하고 있다. 또한 국가의 발전전략으로 IT 산업에 대한 지대한 관심 속에 전자도서관이나 전자 자료에 대한 관심도 커서 많은 노력을 기울이고 있지만 그 성과는 크지 않은 것 같다. 다음에서는 북한의 영상자료와 전자자료를 구체적으로 살펴보고 아울러서 북한의 웹DB 현황과 그 특징을 알아보기로 한다.

5.1. 북한의 영상자료

북한의 영상자료로는 영화, 방송, 실황 녹화물 등이 있다. 북한의 영상자료를 세분하여 보면 다음과 같다.

첫째, 영화이다. 북한의 영화는 크게 예술영화, 기록영화, 과학영화, 아동영화로 구분하는데, 일반적으로 영화라고 할 때는 예술영화를 지칭한다. 각각의 영화 유형에 따라서 영화제작처가 다르다. 극영화인 예술영화는 조선예술영화촬영소와 조선인민군 4.25예술영화촬영소(구 조선2·8예술영화촬영소)에서 주로 촬영하며, 만화영화로 불리는 아동영화는 4·26아동영화촬영소(구 조선과학교육영화촬영소)에서 제작한다. 북한 영상자료로서 영화의 종류는 다음과 같다.

① 예술영화: 예술영화는 우리가 일반적으로 이야기하는 극영화이다. 예술영화에 대한 사전적인 정의는 "인간과 그의 생활을 인물들의 말과 행동을 통하여 형상적으로 반영하는 영화의 한 종류"이다. 예술영화는

다시 길이에 따라서 '장편 예술영화', '중편 예술영화', '단편 예술영화'
로 나누어진다. 또한 북한에서 예술영화는 특별한 목적이나 주제에 따
라서 여러 편이 시리즈로 제작된 다부작 영화가 있다. 묘사 대상의 미학
적 성질과 표현기법에 따라서 '정극영화', '비극영화', '희극영화' 로 나
누어지며, 표현 수단 및 기법에 따라 '음악 예술영화', '인형영화', '지형
영화', '만화영화'로 분류하기도 한다. 북한 예술영화의 대표작으로는
『도라지 꽃』,『안중근 이등박문을 쏘다』,『꽃파는 처녀』,『민족과 운명』
시리즈,『춘향전』등이 잘 알려져 있다.

② 기록영화: 기록영화는 역사적 사실에 대한 기록을 담은 영화이다.
특정한 사건이나 큰 행사를 진행하면서 그와 관련된 사건을 기록하는
것이다. 기록영화의 대상이 되는 것은 김일성과 김정일의 행적이다. 주
로 김일성의 현지 방문 지도나 김정일의 실무지도, 해외 순방, 각종 정
치행사나 건설현장의 모습, 외국국빈방문, 영웅칭호 수여기록 등을 담
는다. 또한 자연 풍경이나 역사물에 대한 촬영 등 주로 보존적인 성격이
강한 영화도 기록영화에 속한다. 『백두산』,『사계절 아름다운 나라』등
이 대표적인 작품이다.

③ 과학영화: 과학기술 지식의 보급과 대중화를 위한 목적으로 만들
어진 영화이다. 과학영화는 "과학기술과 생산 방법 및 법칙과 원리들을
흥미 있고 알기 쉽게 보여" 줌으로써 과학적 인식을 확산하고 인민들의
생활을 개선하는 데 목적이 있다. 따라서 과학영화는 과학에만 해당되는
것이 아니라 일상생활과 관련된 각종 계몽이나 홍보가 주를 이룬다. 구
체적으로는 농업이나 축산, 위생, 과학, 경제, 문화에 걸쳐 인민들이 필요
한 정보, 유익한 정보를 제공한다. 대표적인 과학영화로는 『우리나라 노
루와 사슴』,『천연기념물 3호』,『불개미와 산림보호』,『야산을 리용한
풀밭조성』,『전기』,『옥수수』,『비날론』등이 있다.

둘째, 아동영화이다. 우리는 만화영화라고 하지만 북한에서는 아동영화라고 한다. 아동영화는 대상에 따른 구분이다. 제작형식에 따라 구분하여 '만화영화', '인형영화', '지형영화'로 나누어진다.

① 만화영화: 만화영화는 종이 위에 필요한 동작을 하나하나 그린 다음 하나하나씩 찍어서 빠른 속도로 돌린다. 영화와 마찬가지로 눈의 잔상효과를 이용하여 연속적인 동작으로 인식한다. 영화에 필요한 컷을 셀이라고 하여 셀 애니메이션(Cell Animation)이라고 한다.23) 북한의 만화영화는 국제사회에서 높은 평가를 받을 만큼 부드럽고 제작수준도 높은 것으로 알려져 있다. 만화영화는 북한에 대한 이해나 청소년들을 위한 영상자료로 많이 활용되고 있다. 대표적인 만화영화 『령리한 너구리』는 너구리를 주인공으로 다른 동물과의 갈등을 통해 권선징악과 과학적 생활을 주제로 한다. 『호동왕자와 낙랑공주』는 75분 길이의 작품으로 우리에게도 친숙한 호동왕자와 낙랑공주의 이야기를 소재로 하여 만든 작품으로 특히 수채화 같은 배경처리를 특징으로 한다. 『나비와 수탉』은 대사 없이 동작만으로 이어지는 8분 길이의 만화영화이다. 숲 속에 나비들과 곤충들이 평화롭게 살고 있었는데 인근에 있던 수탉 한 마리가 한가롭게 노는 나비를 쫓으려 한다. 나비는 수탉을 여유롭게 피하면서 오히려 닭을 놀린다. 잡힐 듯 잡힐 듯 도망하던 나비가 지쳐 수탉에게 잡히게 되었을 때 다른 동료 나비와 곤충들의 도움으로 나비는 살아나고 닭은 물속에 빠져서 물속의 개구리와 물고기들에 의해 골탕을 먹는다는

---

23) 셀 애니메이션은 영상에 필요한 그림을 일일이 손으로 그려야 하기에 그림이 많이 들어갈수록 동작이 부드럽다. 디지털 카메라도 영상을 재현하는 화소가 선명도를 가름하듯이 많은 그림이 들어갈수록 연결이 부드럽고 동작이 자연스럽다. 그렇다고 무한정 많은 그림이 들어갈 수는 없다. 가장 이상적인 것은 1초당 24개의 프레임(Frame)이 들어가는 것이다. 잔상효과가 1/24초이기에 더 이상의 그림을 사용해도 인지하지 못한다. 셀 애니메이션은 잔상효과를 이용하는 만큼 많은 같은 시간 안에 많은 그림이 들어갈수록 인물들의 움직임이 자연스럽고 부드럽게 보인다. 그러나 눈의 인지속도가 있기 때문에 무조건 많이 들어가는 것만이 능사가 아니다. 가장 이상적인 것은 1초당 24장의 그림이 들어가는 것이다. 실제 촬영의 경우 24장이 그림을 쓰는 경우는 제작에 따른 막대한 비용이 소요되므로 이보다는 적은 그림을 사용한다.

내용으로 수탉의 동작과 미술처리가 뛰어난 작품이다.

② 인형영화: 스톱모션 애니메이션인 인형영화는 셀 대신 인형을 사용하여 한 동작 한 동작을 찍어 만든 영화를 말한다. 스톱모션 애니메이션은 그림이 아닌 인형을 이용하는 만큼 만화영화에 비해 제작기간과 비용이 많이 들어간다는 단점이 있지만 2차원적인 만화영화에 비해 3차원의 입체감을 살릴 수 있는 장점이 있다. 북한의 대표적인 스톱모션 애니메이션으로는 『용감한 아동단원』, 『손해 본 너구리』 등이 있다.

③ 지형영화: 지형영화는 종이로 만든 인형을 조정하면서 애니메이션 효과를 내는 것으로 먼저 영화에 등장하는 주인공들을 종이에 그린 다음 그것을 중심으로 본을 뜬 다음 조정할 수 있도록 조정 장치를 달아 갖은 동작과 형태로 조정하면서 만든 영화이다. 지형영화는 상대적으로 적은 비용과 인원으로도 제작할 수 있다는 장점이 있다. 지형영화의 대표적인 작품으로 『버들그네』, 『꾀 있는 개미』 등이 있다.

셋째, 방송물이다. 북한의 방송은 국영체제로 운영된다. 국가의 필요에 의해 인민교양에 도움이 되는 방송만 한다. 북한의 방송은 조선중앙위원회의 지도를 받아 크게 북한 주민들을 위한 방송, 대남방송, 국제방송으로 나누어진다. 통일부 북한자료센터에서는 북한방송 자료를 녹화하여 자료로 활용하고 있는데, 텔레비전 방송으로는 조선중앙텔레비전을 비롯하여 교육문화텔레비전, 만수대텔레비전, 개성텔레비전이 있다. 북한의 텔레비전 방송은 대남방송을 제외하고는 남측의 NTSC 방식이 아닌 PAL방식으로 송출한다. 북한의 대표적인 방송인 조선중앙텔레비전은 평일에는 오후 5시부터 11시까지, 일요일과 공휴일에는 오전 10시～오후 1시, 오후 3시～11시 30분으로 11시간 30분 동안 영화, 스포츠, 뉴스, 아동영화, 음악 등의 프로그램을 방영한다. 조선중앙텔레비전의 위성방송은 특별한 명절을 제외하고는 일반적으로 매일 오후 4시 30분부터

11시경까지 방송한다. '민족 최대의 명절'인 태양절과 김정일 생일, 신정, 당창건기념일 등의 날에는 오전부터 방송을 시작한다. 교육문화텔레비전은 김정일의 55회 생일이었던 1997년 2월 16일을 기해 신설한 텔레비전 방송으로서 평양 일원을 시청권으로 하고 있다. 주요 방송내용은 교육, 과학지식과 일반상식, 사회문화생활, 국내외 체육경기, 예술공연, 영화 등을 주로 방영한다.

만수대텔레비전은 텔레비전 방송 가운데 평양 주민들이 가장 좋아하는 방송으로 1983년 12월 1일 개국했으며 평양 시민과 외국인을 대상으로 토요일과 일요일에만 오전 9시부터 오후 1시, 오후 4시부터 10시까지 예술공연과 영화, 스포츠 등을 주로 방영한다. 외화도 많이 방송되는데, 최근에는 러시아 영화와 중국의 TV드라마 등을 방영하기도 한다. 개성텔레비죤방송은 개성에 위치한 개성텔레비죤방송국에서 1971년 4월 15일 방송을 시작하였으며, 1991년 10월부터 컬러방송을 시작한 대남전용 텔레비죤 방송이다. 북한 방송사들의 텔레비죤 송출방식이 PAL인데 비해 개성텔레비죤방송은 남측과 같은 NTSC방식으로 5Kw로 송신하고 있다. 북한 인민들은 볼 수 없으며, 남측에서는 시청이 가능하다. 평일에는 오후 5시부터 10시까지 5시간을, 일요일이나 공휴일에는 오전 9시～12시, 오후 3시～10시 등 각각 10시간을 방영한다.

넷째, 실황녹화물이다. 실황녹화물은 북한에서 명절이나 기념을 맞이하여 진행되었던 각종 행사를 녹화한 것과 각종 공연행사를 녹화한 자료가 있다.

다섯째, 다큐멘터리물이다. 자연풍경이나 비정치적인 영상물이다. 최근 우리민족끼리 비데오사에서 제작한 『냉면』, 『조선수예』와 같은 비디오물은 제작과정이나 창작과정을 영상으로 옮긴 것이다.

5.2. 북한의 e-Book과 CD롬 자료

아마존의 전자책(e-Book) 리더기 '킨들'의 성공에 이어 애플 '아이패드'의 등장으로 전자책 시장이 크게 주목받는 가운데 북한에서도 이미 상당한 수준의 전자책 시스템이 가동되고 있는 것으로 확인되었다. 북한은 최근 전자책 시스템인 '전자서고 미래2.0'을 공개했다. 마이크로소프트 윈도에서 '미래2.0' 프로그램을 돌리면 우리의 도서관 검색 시스템과 비슷한 구성의 첫 화면이 뜬다. 왼쪽의 분류 항목에는 '주체사상', '문학작품', '조선노래집', '글쓰기 참조', '문학대사전', '조선말대사전', '상식대사전' 등이 나열되어 있는데 이를 클릭하면 다시 하위 목록이 펼쳐지는 식이다. 예컨대 '문학작품' 항목은 다시 '조선고전문학선집', '조선현대문학선집', '조선단편집', '세계문학선집', '세계아동문학선집', '조선문학작품', '외국문학작품', '아동문학작품' 등으로 세분화되어 있다. 또한 '세계문학선집' 항목을 클릭하자 '일리아드', '수호전', '쉑스피어(셰익스피어) 희곡선', '동끼호테(돈키호테)', '제인에어', '레 미제라블', '고리끼(고리키) 작품집', '바람과 함께 사라지다' 등 남한에서도 익숙한 외국 작품 목록이 나왔다. '셰익스피어 희곡선'의 경우 북한 조선문예출판사가 1991년 출간한 책 내용 전체를 컴퓨터 모니터상에서 볼 수 있다.

첫 화면의 '미래2.0 개요'를 선택하자 "문학유산의 보존, 정리, 연구, 증가, 보급에서 혁신을 이룩하고 늘어나는 대중의 문화적 수요를 충족시키며 전문가들의 집필활동을 효과적으로 돕기 위해 제작된 우리나라 최초의 전문 열람기"라는 설명이 나온다. 이 시스템에는 정치, 문학 등 분야의 도서 1천 500여 권과 약 35만 건의 정보가 수록돼 있는데, 북한 현대문학을 비롯해 상당 부분은 아직 국내에 알려지지 않은 것들로 추정된다. '미래2.0'은 또 음성인식 시스템도 갖춰, 상단의 '읽기' 아이콘을 클릭하면 화면에 나타난 전자책 내용이 비교적 자연스러운 여성의 목소리로 흘러나온다. 이 밖에 '미래2.0'은 수록된 책, 노래 가사, 사전 등의 내용을 각종 키워드로 검색하는 기능도 갖추고 있다. 대북관련 관계자에 따르면, "북한에서는 저작권 문제가 남한보다 덜 복잡하고, 출판사들도 당국의 직접적인 영향력하에 있어 비교적 빨리 방대한 전자 콘텐츠를 확보한 것 같다"라고 분석하고 있다. 북한은 2006년 1월 김책공업종합대학에 컴퓨터로 도서와 자료를 열람할 수 있는 전자도서관을 처음 개관했고, 그 후 주요 대학과 도시의 기존 도서관도 전자도서관으로 리모델링하거나 아예 전자도서관을 신설한 것으로 알려졌다.24)

다음 <표 1-11>은 북한이 현재 CD-ROM으로 제작한 북한의 정기간행물로서 과학기술 분야의 주요 잡지들이 거의 전부 포함되어 있다. 북한은 이 밖에도 『조선중앙연감』(1970~2005)과 『조선문학예술연감』(1985~2003), 『혁명의 성산 백두산』, 『과학기술대사전 광명-2003』 등을 CD-ROM으로 제작하여 발간한 바 있다. 국내에서는 통일연구원과 (주)동방미디어가 공동으로 『김일성저작집(전 47권)』과 『김정일선집』을 제작하여 국내 대행사를 통해 판매한 바 있다.

〈표 1-11〉 북한발행 연속간행물 과월호 CD-ROM 목록

순번	잡지 명칭	수록 연도
1	경제연구	1986~2005
2	김일성종합대학학보 력사 법학	1997~2005
3	김일성종합대학학보 어문학	1997~2005
4	김일성종합대학학보 철학 경제학	1997~2005
5	력사과학	1977~2005
6	문화어학습	1977~2005
7	민족문화유산	2001~2005

24) 연합뉴스(2010.2.4).

8	사회과학원학보	1997~2005
9	정보과학	1991~2005
10	정치법률연구	2003~2005
11	조선문학	1977~2005
12	조선어문	1987~2005
13	천리마	1977~2005
14	철학연구	1996~2005
15	청년문학	1977~2005
16	과학원통보	1957~2005
17	금속	1989~2005
18	기계공학	1989~2005
19	김일성종합대학학보 자연과학	1991~2005
20	물리	1962~2005
21	발명공보	1966~2005
22	분석	1989~2005
23	생물학	1975~2005
24	수학	1962~2005
25	예방의학	2001~2005
26	전기 자동화	1991~2005
27	조선약학	2002~2005
28	조선의학	1989~2005
29	지질 및 지리과학	1989~2005
30	채굴공학	1969~2005

5.3. 북한 신문의 메일링 서비스 및 웹 데이터베이스

5.3.1. 로동신문 등 메일링 서비스

북한의 로동신문은 현재, 육로 수송의 경우에 발행 당일보다 3일~7일의 시차가 발생하고 있는데 로동신문 메일링 서비스를 이용하게 되면 발행 당일 오전 9시에서 오후 1시 사이에 최단시간 메일로 수신할 수 있는 서비스이다. 『로동신문』에 대한 메일링서비스는 중국의 '中國圖書文化中心'에서 취급하고 있으며, 국내 특수자료 대행업체인 '아시아저널'과 일본

측에서 자료를 제공받고 있는 '코리아콘텐츠랩'에서 중개하고 있다. 당일 『로동신문』기사와 『조선중앙통신』기사를 위주로 하며, 『민주조선』과 주간 『통일신문』도 서비스 대상에 포함되어 있어 북한 관련 정보 분석을 위한 핵심자료들을 한번에 받을 수 있어 즉각적인 분석과 대처가 필요한 국가기관과 연구기관에는 대단히 유용한 서비스이다. MS워드 및 아래 흔글로 제공되며, 조선중앙통신의 경우에는 사진자료도 제공된다. 북한 측의 사정에 따라 메일서비스가 일정하지 않은 경우도 있으나 아직까지 큰 문제는 발생하지 않고 있다.25)

5.3.2. 『북한학술정보』및 『북한 학술지』웹데이터베이스 서비스

국내 북한 관련 웹 DB업체로는 CNC(www.yescnc.com)와 코리아콘텐츠 랩이 있다. CNC는 북한학술정보 DB를 갖고 있고 코리아콘텐츠 랩(http://www.kclab.com/)에는 북한학전자도서관 북한학술지통합DB (http://www.kpjournal.com/)가 있다. 이들은 북한과 직접적인 전자출판계약을 했거나 (사)남북경제문화협력재단의 중재하에 저작권 계약을 맺어 합법적인 범위 내에서 북한 원전을 웹서비스를 통해 직접 독자나 기관에게 제공하고 있다. 대부분 이념성이 없는 과학기술 분야의 자료들이다. 먼저 CNC 북한학술정보 DB의 주요 내용을 보면 <표 1-12>와 같다. 이들 자료들은 개별적인 DB로 판매되기도 하며, 웹서비스 구독계약이나 연간 라이센스 계약을 통해 최신 정보를 갱신하여 제공하기도 한다. 기관 서비스의 경우에는 인터넷을 통한 IP 대역 방식으로 제공한다.

---

25) 2009년 3월부터 국내 서비스가 시작했으며 월 10만 원 정도의 서비스료를 부담하였으나 현재는 연간 금액으로 240만 원 정도를 받고 있다.

〈표 1-12〉 북한학술정보 DB 종류

번호	DB명	내용
1	북한 법률	최근 북한 법전, 북한 법규집, 남북합의서 등
2	북한 어학	어학사, 어휘론, 의미론, 어음론, 문법론, 문체론, 명칭론
3	북한 요리	주식요리, 전통요리, 연회요리, 식사요리, 사냥물·지방특산 등
4	전통민속	가정생활, 주택, 생활풍습, 옷차림, 전통 민속, 전통무용, 공예 등
5	북한속담성구사전	북한에서 사용 중인 8,700여 개의 속담과 6,000여 개 성구 수록
6	북한유적유물	원시시대에서 고려시대까지 미술품과 도구양식 등 수록
7	북한중앙역사 박물관	조선 역사, 도자 공예, 기와벽돌 공예, 나무 공예, 금속 공예 등
8	북한 백두산	백두산의 동물, 지질, 미생물, 통양, 지형, 식물, 기상수문
9	북한 금강산	금강산의 자연, 역사와 문화, 명승, 한자시선, 기행문 등
10	북한고생물화석	북한의 생물, 지질 참고자료(동물화석 103점, 식물화석 51점)

　　북한 학술지 통합데이터베이스는 코리아콘텐츠랩이 개발한 북한학술자료 원문사이트로 1945년 이후의 북한의 학술지, 논문, 단행본, 전집 등의 원문을 전자책이나 웹DB로 구축하여 공공 및 대학도서관, 연구소, 국가기관 등에 IP 제한 방식으로 서비스한다. 개인을 대상으로 하는 전자구독료 지불방식의 회원제 서비스도 시행하고 있다. 북한학술지 통합데이터베이스는 코리아콘텐츠랩과 민족21(남), 조선출판물수출입사(북)가 함께 구축하되 코리아콘텐츠랩은 개발 및 판매를, 민족21은 남북 간의 법적 절차에 따른 접촉과 실무를, 조선출판물수출입사는 선성한 콘텐츠의 수집 및 진행에 필요한 내부 협의를 각각 주관하도록 되어 있다.

〈그림 1-4〉 북한학술정보 DB 홈페이지

　북한학술지 통합데이터베이스 구축사업은 남북 최초로 제3국을 통하
지 않고 평양에서 직접 합의서와 계약서를 교환하고 개발하는 문화콘텐
츠 전송사업으로 북한이 베른협약에 가입한 이후에 공식적으로 체결한
첫 계약이다. 저작권 조항에 신설된 '전송권'의 개념과 원칙을 남북한이
공유하였다는 점도 의미 있는 사실이다. 현재 구축된 주요 학술지는
<표 1-13>과 같다.

〈표 1-13〉 북한의 주요 학술지 원문 구축 현황

순번	잡지 명칭	발행주기	원문구축 대상기간
1	과학원통보	격월간	1960~현재
2	금속	분기	1962~현재
3	수학	분기	1962~현재
4	생물학	분기	1974~현재
5	발명공보	격월간	1986~현재
6	물리	분기	1986~현재
7	분석	분기	1989~현재

8	기계공학	분기	1989~현재
9	채굴공학	분기	1989~현재
10	화학 및 화학공학	격월간	1989~현재
11	지질 및 지리과학	분기	1989~현재
12	조선의학	분기	1989~현재
13	기초의학	분기	1989~현재
14	김일성종합대학학보	월간	1991~현재
15	전자공학	격월간	1991~현재
16	전기, 자동화공학	분기	1991~현재
17	조선약학	분기	2002년~현재
18	예방의학	분기	2002년~현재

5.3.3. 『북한 자연 · 인문지리 DB』 서비스

북한에서는 정권수립 이후 60여 차례에 걸쳐 행정구역 개편이 있었기 때문에 과거의 지도나 자료를 가지고 특정지역을 파악하기는 어려운 상황이다. 그동안 국내에서 나온 북한의 행정구역관련 자료들은 8·15해방 전 자료이거나 그 후 간헐적으로 나온 것이 대부분이었고, 지도의 경우도 위성사진을 토대로 제작되었지만 지명의 불일치나 부정확한 구획설정 등으로 대부분 정확도가 매우 떨어진 것이었다. 이 같은 배경에서 통일부 산하 등록단체인 '평화문제연구소'는 지난 1999년 중국 '조선민족문화연구소'의 주선으로 북측 사업 주체인 '과학백과사전출판사'와 수차례에 걸쳐 협의한 결과, 공동 편찬키로 합의하여 2004년 『조선향토대백과』 20권을 완간하였다. 그동안 북한의 자연·인문 지리정보는 북한의 폐쇄정책으로 인해 다른 분야에 비해 매우 취약한 형편이었으나 『조선향토대백과』의 간행으로 북한지역에 대한 정보를 최대한 확보할 수 있는 계기가 마련되어 북한 연구 및 남북교류 협력사업에 중요한 길잡이 역할을 하게 되었다는 점에서 그 시사하는 바가 크다.

'북한 자연·인문지리 DB'는 『조선향토대백과』를 기본 자료로 하여

'평화문제연구소'(www.ipa.re.kr)가 북한 측의 저작권 동의를 얻어 내어 국가지식관리사업(정통부·행안부)으로 '06~'08년간 구축한 북한지리 관련 최대의 DB로 연구자뿐만 아니라 일반 국민에게 웹DB를 통해 무료로 제공하는 서비스이다. 현재 텍스트 48만 면, 사진 2만 8천 장, 동영상 340편을 '북한지역정보넷'(www.cybernk.net)을 통해 제공하고 있으며 북한자료센터 홈페이지(unibook.unikorea.go.kr)에서도 검색할 수 있다. 또한 '북한지역정보넷'은 북한의 전 지역 정보를 디지털화한 국내 최대의 정보포털사이트로 행정구역, 자연·인문지리, 유물유적, 민속문화관 등으로 운영되고 있어 검색 및 이용이 편리하다.

6. 북한의 출판기관 현황과 특징

6.1. 북한의 출판사업

북한에서는 출판사업 역시 언론과 마찬가지로 노동당의 강력한 선전 선동 수단이자 무기로 간주된다. 주체의 원칙은 당의 지도 아래 출판보도 활동을 진행하며 종자를 바로 쥐고 속도전을 힘 있게 벌여 당성, 노동계급성, 인민성을 높이 발휘할 수 있고 보도성과 정론성, 과학성과 진실성을 확고히 보장할 수 있다고 주장하고 있다.[26]

북한의 신문, 잡지, 도서 등을 보면 사소한 오·탈자도 찾아보기 힘든데 북한 언론계에 종사했던 탈북자들에 따르면 북한 출판물의 완벽한 표기는 수차례의 교정과 검열 절차에 따른 것이다. 출판물에 대한 검열은 기관마다 약간의 차이는 있지만 크게 4단계로 나누며 검토범위는 사

---

26) 이 단원의 주요 내용은 다음 자료(연합뉴스 편. 2000. 『북한연감2001』. pp.782~785.)에서 발췌하여 정리한 것이다.

상성으로부터 맞춤법·띄어쓰기까지 모든 것을 포괄하고 있다. 우선 1차적으로 부서 책임자와 담당 주필(국장)의 검토를 거쳐 각 언론사에 상설되어 있는 검열부의 검열을 받아야 한다. 검열부는 기관 안의 모든 원고를 검토한 후 확인도장을 찍는다. 2차 원고검열은 평양시 중구역 역전동에 위치하고 있는 출판검열총국에서 담당하고 있다. 세 번째 단계는 각 출판사와 언론사에서의 3차에 걸친 교정쇄 수정이다. 마지막으로 공장에서 인쇄한 '검열본'을 담당기자가 검토한다. 검열본은 1호본과 일반본으로 구분되는데 그 차이는 종이의 질에 있다. 이처럼 북한의 모든 출판물들은 여러 단계의 엄격한 교정과 검열을 거치기 때문에 노동당 정책에 거슬리는 글은 물론 사소한 오·탈자도 찾아보기 힘들다.

다음 6.2.는 북한의 주요 출판사들을 간략하게 정리한 것이다.

6.2. 북한의 주요 출판사

북한의 주요 출판사로는 '조선로동당출판사'(45년 10월 창립), '외국문종합출판사'(49년 12월 창립), '외국문도서출판사'(75년 4월 창립), '문학예술종합출판사'(46년 9월 창립), '금성청년출판사'(46년 4월 창립), '근로단체출판사'(46년 2월 창립), '과학백과사전종합출판사'(53년 9월 창립), '공업종합출판사'(48년 8월 창립), '농업출판사'(46년 9월 창립), '중앙과학기술통보사'(63년 8월 창립), '고등교육도서출판사'(60년 12월 창립), '교육도서출판사'(45년 11월 창립), '예술교육출판사'(74년 2월 창립), '철도출판사'(51년 12월 창립), '체육출판사'(87년 12월 창립) 등이 있다.

북한의 모든 출판사는 당·내각·사회단체의 소유이며 개인이 조직하거나 운영할 수 없다. 1945년 10월 평양에서 창립된 '조선노동당출판사'는 북한에서 가장 권위 있는 노동당 직영 출판사로 당 문헌들을 여러 가지 형식으로 발행하고 있다. 북한의 대표적인 출판사인 조선노동당출판사는 김일성 주석의 회고록『세기와 더불어』와『회상실기』들을 연대별·부문별로 분류해서 전자화했고, 문학예술출판사에서는 총서『불멸의 력사』,『불멸의 향도』를 비롯한 총서 작품들과 새로 창작된 소설, 시, 서사시, 등 문학예술작품들, 비전향 장기수들을 원형으로 한 장편실화소설들을 CD로 제작하였다고 한다. 또한 국내에서 가장 영향력 있는 책으로 많이 인용되고 있는 총 30권 분량의 조선대백과사전도 CD로 제작하는 사업을 추진하고 있으며 중앙과학기술통보사에서는『혁명의 성산 백두산』,『과학기술대사전 광명 — 2003』등을 제작하였으며 국내에도 반입된 바 있다. 한편 최근 들어서는 전자책을 내부 통신망을 통해 공급하는 서비스도 인기를 모으고 있다고 한다.27) ≪광명≫ 홈페이지에서는 정보·과학기술 제공과 함께 신간도서와 잡지들을 온라인으로 제공하고 있으며 주체사상 로작학습실과 새 기술 소식란, 신문, 잡지 열람실, 전자도서 보급실을 만들어 다양한 정보를 제공하고 있다는 사실도 이미 필자의 다른 논문에서 소개된 바 있다.28) 편집위원회와 편집국, 편찬국, 총무국의 3개국이 있고 그 아래 편집부, 노작부, 문헌부 등 수 개의 부서가 있다. 이 출판사는 53년부터『김일성선집』을, 67년부터『김일성저작선집』을, 1979년부터는『김일성저작집』을 편찬해 오고 있다. 또한 조선노동당 중앙위원회 기관지인『근로자』, 당원들을 대상으로 한 잡지『정치지식』등을 매월 발간한다.

'외국문종합출판사'는 1949년 12월 '새조선사'로 출발한 외국어 번

---

27) ≪내 나라≫, ≪광명≫, ≪남산≫ 등 홈페이지에서는 전역을 연결하는 통신망을 통하여 출판물들을 제작·보급하고 있다(월간『조국』11월호. p.19).

28) 특히 최근의 새로운 현상으로 이 같은 서비스가 인기를 끌면서 평양신문사는 홈페이지를 통해 기사를 공급하는 서비스를 실시하고 있다고 하며 이 신문사는 신문지상에 실리지 않는『력사와 일화』,『인생의 진리 가화만사성』등의 코너와 광고주문 코너까지 두고 있다고 한다.

역·출간 전문출판사이며 북한 사회주의체제를 해외에 선전하는 것을 주 임무로 하고 있고, 발간되는 간행물은 노동당의 심의를 받는다. 이곳에서 발행하는 대표적인 연속간행물로는『오늘의 조선』, 화보『조선』(5개국어판),『조선통보』(서반아어판) 등이 있고, 대외용 신문인『평양시보』(영어판, 불어판) 등이 있다. 이 출판사는 단행본도 출간하는데 김일성, 김정일 저작물 및 관련 서적, 그리고 북한의 문예물을 번역·발간하고 있다.

외국도서 번역전문 출판사로 창립된 '외국문도서출판사'는 중학교부터 대학교 교육용 외국어 교과서와 사전 및 참고서 등의 어학 서적과 외국의 과학기술·경제 분야 서적 등을 번역·출간하여 외국어 학습과 외국의 선진과학기술을 필요로 하는 각급 학교·행정기관·연구소 등에 공급하고 있다.

'문학예술종합출판사'는 1961년 3월 작가동맹출판사·국립문예출판사·조선음악사·조선미술사 등이 통합돼 발족된 문예물 전담 출판사로 현재『조선문학』,『조선예술』,『청년문학』,『천리마』등 월간지와『시문학』,『극문학』등 계간지를 발행하고 있다. 출판사별 주요 내용은 부록 3과 같다.29)

7. 주요 내용 정리 및 시사점

북한의 각 출판물 현황을 정기간행물을 중심으로 일반 도서까지 개관하여 그 종류와 특징을 살펴보았다. 그 결과의 주요 내용을 정리하면 다음과 같다.

북한의 주요 신문은『새날』,『서광』등 인민군 중심의 해방 전 신문과

---

29) 여기 부록에 기재된 대부분의 자료는 2001년 연구된 "남북한 학술정보 교류방안"(한상안 외, KERIS)에서 조사된 내용에 필자가 미조사 자료를 최근 추가한 것으로 북한 측 자료의 대부분은 조선대백과사전 제1권부터 제30권까지를 전수 조사하여 확인한 것이다.

『로동신문』,『민주조선』 등 당과 내각이 중심이 된 해방 후의 신문으로 나누어 볼 수 있으나, 체제유지를 위한 선전 기능 수행에 1차적인 목표가 있으며 다음, 북한체제의 정당화를 위한 여론조작 기능을 통해 선전 선동의 도구로서 이용되고 있음을 알 수 있다.

북한에서의 학술 유통의 근간이 되는 과학기술 통보사업은 전체적으로 국가가 일괄적으로 관리하고 통제한다. 중앙과학기술통보사에서 발간하는 국내 과학기술 통보잡지는 북한에서 이루어진 발명, 기술혁신 자료 등을 주로 싣게 되며, 외국 과학기술 통보잡지는 물리, 수학, 생물학, 자동화 등 과학부문별로 나누어져 발간된다. 외국 과학기술 통보잡지는 다른 나라의 과학기술 발전추세와 과학기술 성과자료들을 번역하여 편작자료, 초록자료, 색인자료 등으로 편집된다.

북한의 학술지는 지금까지 100여 종 정도가 확인되고 있는데 김일성종합대학학보(철학, 경제학, 어문학), 철학연구, 조선어문, 조선고고연구, 력사과학, 사회과학원학보, 조선문학 등 일부 인문사회과학분야의 학술지를 제외하고는 대부분이 과학기술 분야로 치중되어 있다. 분석이 가능한 과학기술관련 학술지 60여 종 중에 절반 이상이 외국의 과학기술 논문과 특허 등을 번역해 전파하는 역할을 수행하고 있고, 이것 또한 1990년대 와서 사회주의권의 붕괴와 무역 단절로 위축되어 그 발행량이 크게 감소하였다. 또한 북한의 국내 학술지 발행량도 크게 감소하였고, 투고 논문에서도 이론이 증가하고 질적인 수준이 크게 떨어졌다. 참고문헌은 러시아와 일본, 중국 3개국에 거의 의존하고 있었으나, 1990년대 이후 러시아가 감소하고 영어권 문헌이 증가하고 있다. 그러나 지속적으로 인용하고 있는 문헌은 일본과 중국이 압도적으로 많아 재일 동포들의 학술지 지원이 큰 역할을 하고 있는 것으로 나타났다.

북한의 도서 출판체계는 북한의 정치, 경제, 사회, 문화, 교육, 과학기술 등 전 분야의 전 사회적인 담론을 일사분란하게 지배하고 있는 김일성과 김일성의 유일사상에 귀속되어 있다. 이들의 언행을 담은 김일성, 김정일의 소위 '로작'을 중심으로 일원화된 노동당의 지침과 검열 속에서 모든 책자들이 발행됨으로써 다양하고 개성 있는 출판물은 원천적으로 봉쇄되어 있다. 따라서 주요 서적으로는 김일성, 김정일의 저작과 당 문헌과 이에 근간을 둔 각 분야별 자료들이 있다. 그러나 제한적이기는 하지만 고전문학류, 과학기술문헌, 유물유적 관련 서적, 동의학과 민속전통 분야, 생활 관련 도서 등 일부 자료들은 나름대로 가치와 의미를 부여할 수 있는 수준이며, 우리나라 도서처럼 유통되고 이용할 수도 있다.

북한에서의 출판사는 당·내각·사회단체의 소유이며, 언론과 마찬가지로 노동당의 강력한 선전선동 수단이자 무기로 간주된다. 주요 출판사로는 북한에서 가장 권위 있는 노동당 직영 출판사로 당 문헌들을 발행하고 있는 조선로동당출판사, 북한자료의 번역과 출판을 맡고 있는 외국문도서출판사, 종합적인 문학관련 문학예술종합출판사, 어린이 청소년 대상의 금성청년출판사, 근로자 중심 서적의 근로단체출판사 등이 있다.

제2장

북한 관련 자료의 수집

1. 들어가는 글

북한자료는 오랫동안 일반 국민들에게 공유되지 못했다. 남북한이 분단의 역사를 갖게 된지 60년이 지났고, 남북한의 화해와 협력을 위한 여러 조치들이 진행되고 있지만 여전히 직접적인 북한 정보 공유에는 많은 한계가 있다. 앞선 단원 머리글에서 언급한 바와 같이 1988년 노태우 대통령의 7 · 7선언으로 제한적이지만 북한자료가 일반 국민들에게 공개되기 시작하였고, 1998년의 특수자료취급지침의 개정과, 김대중 정부의 북한자료 공개 및 공급확대정책(100대 국정과제) 등 나름대로 규제가 완화되고, 접근점이 확보되는 등 상당 부분 노력도 적지 않았다. 21세기에 들어와서도 6.15남북공동선언 이후, 정부간 또는 민간 차원에서 남북교류가 상당부분 활성화되었고, ㄱ 가운데 남북한간이 출판물 교류를 위한 시도도 있었고, 북한TV 시청 허용[1] 등 북한자료 개방조치도 있었다. 그러나 아직까지 일반 국민의 피부에 와 닿는 실질적인 조치로 볼 때는 부족한 면이 많이 있다.

다른 한편, 이러한 가운데서도 북한 문제가 우리나라 매스컴의 집중적인 관심과 국제적인 이슈로 부각되면서 북한의 실상을 북한 자료를 통해 직접적으로 알고자 하는 일반 국민의 의식은 높아 가고 있고, 통일

---

[1] 1999년 10월 22일부터 북한 위성TV의 시청이 사실상 전면 허용되었다. 정부는 이날 신문 · 방송 등 언론사가 북한 위성TV를 직접 수신해 활용하고, 일반 국민도 수신시설을 갖춘 정부기관이나 집에서 자유롭게 시청할 수 있도록 하는 개방조치를 공식 발표했다(중앙일보 1999.10.23 (종합) 뉴스 01면 10판).

을 대비한 남북한 학술교류 등 분야별 학문적 연구의 대상으로서도 그 가치가 상승해 왔다.

이제 북한 문제는 금기의 대상에서 극복해야 할 해결의 과제로 본질적인 방향을 잡았다. 통일교육지원법의 공표는 이를 반영하는 것으로 자라나는 세대들에게 올바른 국가관과 통일관을 심어 주려는 교육적 의도가 그 출발점이다. 따라서 북한 문제는 이데올로기 경쟁과 같은 안보논리의 차원을 떠나 새로운 교육과 연구의 과제로 정착하고 있고, 무엇보다 이를 지원하기 위해 북한관련 정보 및 자료수집 기관들은 적극적으로 북한관련 자료를 수집하고, 이를 제공해야할 위치에 왔다고 할 수 있다.

그러나 이러한 당위성에도 불구하고 앞서 언급한 바와 같이 아직까지 북한 자료를 일반 국민 모두가 쉽게 공유할 수 있는 제도적 여건과 그 기반이 성숙되지는 못하고 있다. 먼저 기초적인 자료 수집에서부터 이용에 이르기까지 많은 법적 제도적 제약이 있고, 과거의 잘못된 인식이 이용을 저해하는 등 여러 가지 어려움을 낳고 있다.

이에 따라 본 장에서는 북한자료와 특수자료의 의미, 특수자료취급기관 현황, 북한자료 취급과 관련된 관계 규정과 제도를 먼저 살펴본 다음, 북한 자료의 수집과 관련된 현황들을 폭넓게 고찰하고자 한다.

2. 북한자료와 특수자료 관련 규정

2.1. 북한자료와 특수자료

일반적으로 '북한자료'라 할 때는 '북한에서 생산된 자료'로 한정하거나, '북한관련 자료' 또는 '북한 및 통일관련 자료'를 포괄적으로 정의할 수 있다. 그런데 이러한 사전적인 정의와는 달리 북한자료는 과거 '불온 간행물'이라는 이름으로 불리어지다가 현재는 '특수자료'라는 이름으로 규정되어 『특수자료 취급지침(이하 '지침'으로 줄임)』2)에 따라 운용되고 있다. 이 지침에 의한 '특수자료'의 정의는 다음과 같다.

> 제2조 (용어의 정의) 이 지침에서 사용하는 용어의 정의는 다음과 같다.
> ① "특수자료"라 함은 간행물, 녹음테이프, 영상물, 전자출판물 및 전자파일, CD, DVD 등 모든 디지털 방식의 자료(이하 "디지털 콘텐츠"라 한다)를 포함한 일체의 대중전달 매개체로서 관련기관에서 비밀로 분류한 것을 제외한 다음 각 호에 해당하는 자료를 말한다.
> 1. 북한 또는 반국가단체에서 제작, 발행한 정치적・이념적 자료
> 2. 북한 및 반국가단체와 그 구성원의 활동을 찬양, 선전하는 내용
> 3. 공산주의 이념이나 체제를 찬양, 선전하는 내용
> 4. 대한민국의 정통성을 부인하거나 자유민주주의 체제를 부정하는 내용 등

따라서 '특수자료'란 "북한에서 생산된 정치적 이념적 자료와 반국가 단체에서 발행한 자료로 이적성이 있는 표현물"로 정의 할 수 있다. 이렇게 볼 때 북한자료의 개념이 특수자료의 정의보다 포괄적이다. 북한자료 중에서 정치적 이념성이 없는 자료는 특수자료에서 제외되기 때문이다. 그러나 많은 특수자료취급기관3)에서 모든 북한자료를 특수자료와 일반자료로 구분하여 사용하지 않고, 북한자료를 특수자료와 동일시하는 경향이 많은 것이 현실이다.4) 또한 위에서 본 정의의 개념에서 알 수 있듯이 특수자료에는 북한에서 생산된 자료뿐만 아니라 반국가 단체로 규정된 기관에서 편찬한 간행물도 포함되기 때문에 이를 북한자료로

---

2) 이 지침은 대통령령 제15136호 『정보 및 보안업무 기획조정규정』제4조 제6호 및 제5조에 의거하여 1970년 2월 16일 제정되어 2011년 7월 1일까지 일곱 번의 개정을 거쳐 오늘에 이르고 있는데 전문 13조와 별지 서식으로 구성되어 있다.

3) 『특수자료취급지침』에 의거 특수자료의 취급인가를 받은 기관, 단체 및 업체를 말한다.

4) 특수자료를 취급하는 대학도서관 36개관 중에 23개관(63.9%)이 북한자료 전체를 특수자료로 지정하고 있다(홍선표 2007, 62).

정의하는 데에도 모순이 있다.

그러나 본 저술의 목적은 크게 북한 생산물 및 북한관련 자료를 다루는 것에 의의를 두고 있고, 북한자료를 취급하는 연구소 및 도서관 등을 '특수자료취급기관'이라고 명명하는 만큼 특수자료와 북한자료를 반드시 필요한 경우가 아니면 구분하지 않고 통용하는 것으로 하였다.

2.2. 전국의 특수자료취급기관 현황

특수자료취급기관은 한때 전국적으로 200여개 이상의 기관이 있는 것으로 알려져 있었으나 자료 이용 저조와 관리상의 문제로 많은 기관들이 인가 취소를 한 것으로 보인다.5) 현재는 <표 2-1>과 같이 전국적으로 22개 부처 산하에 173개 기관이 산재해 있다.6) 이를 통해 업무 특성상 북한자료를 많이 다루는 부처 산하에 특수자료취급기관이 많이 있다는 것을 알 수 있다. 전체 특수자료취급기관을 보면, 방송국 등 언론기관이 많이 속해 있는 방송통신위원회(12개소), 각종 북한관련 연구기관과 대학도서관이 주로 속해 있는 교육과학기술부(55개소), 통일연구원 등 국책연구기관이 속해 있는 국무총리실(10개소), 북한자료 공개정책을 수행하고 있는 통일부(17개소), 국방연구소 등 대북정책 수행과 관련 연구기관이 대다수인 국방부(18개소), 북한관련 출판업체와 각종 연구소가 포함되어 있는 문화체육관광부(34개소) 등에 많이 소속되어 있다.

---

5) 북한자료 개방정책(7.7선언)을 선포한 1988년에는 전국에 97개 특수자료취급기관이 16만427건의 특수자료를 보유하고 있었다(신영석 1988, 40).
6) 전국 특수자료취급기관 현황은 2009.12.1 특수자료취급지침 제6차 개정 당시에 국가정보원에서 집계. 발표한 현황임.

<표 2-1> 전국 『특수자료취급기관』 현황

연번	감독부처	담당 부서	취급기관(173)
1	국가정보원	국가안보전략연구소	1
2	방송통신위원회	비상계획관실	12
3	인권위원회	인권자료실	1
4	민주평화통일자문회의	자료관실	1
5	국무총리실	총 무 과	10
6	국가보훈처	보훈연구담당관실	1
7	기획재정부	비상계획관실	3
8	교육과학기술부	학술연구진흥과	55
9	외교통상부	운영지원과	4
10	통 일 부	북한자료센터	17
11	법 무 부	특수법령과	1
12	국 방 부	정보본부 보안정책과	18
13	행정안전부	운영지원과	3
14	문화체육관광부	출판인쇄산업과	34
15	농림수산식품부	농어촌공사	1
16	지식경제부	운영지원과	4
17	국토해양부	운영지원과	2
18	문화재관리청	연구지원과	1
19	농업진흥청	지식정보화 담당관실	1
20	기 상 청	북한기상전담팀	1
21	국 회	장서관리과	1
22	대 법 원	법원행정처 사법정책연구관실	1

2.3. 『특수자료취급지침』의 변화과정과 그 의미

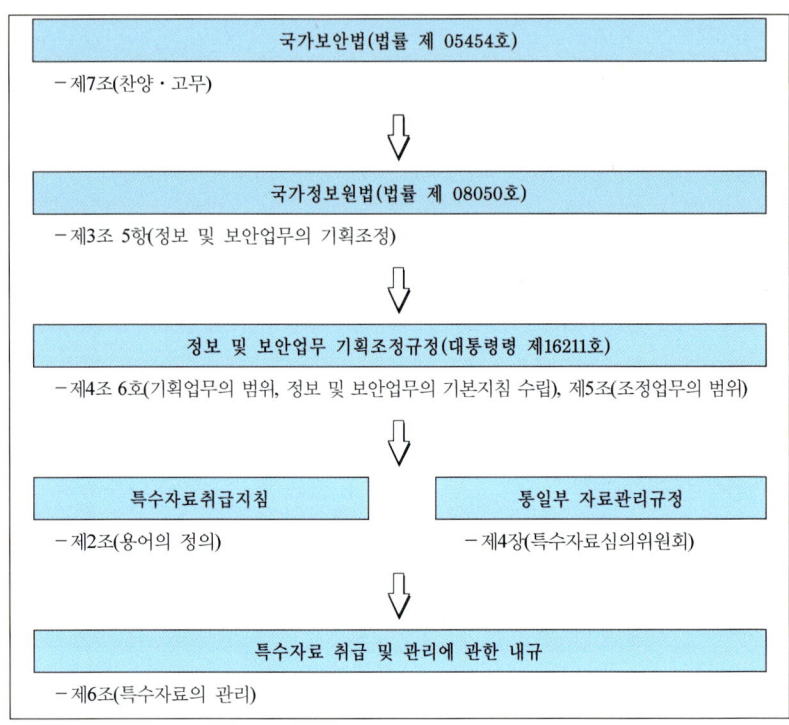

<그림 2-1> 특수자료취급지침 규정체계 및 관련 조항[7]

특수자료취급지침은 <그림 2-1>과 같이 법체계상 '국가정보원법'과
'정보 및 보안업무기획조정규정'하에 있지만, 본질적 내용은 '국가보안
법' 제7조 제5항에 근거를 두고 있다. 이 조항은 "반국가 단체를 찬양·
고무·동조하기 위해 또는 국가 변란을 선전선동하기 위한 문서, 도화
기타의 표현물"을 '이적표현물'로 정의한 것으로 사실상 '특수자료'의
의미와 '이적 표현물'을 동일하게 보고 있다. 따라서 특수자료취급지침

---

7) 이 밖에 관련 법령으로 남북교류협력에 관한 법률 및 시행령, 남북한 왕래자 휴대품 통관에 관한 고시(관세청),
   남북한 왕래자의 휴대 금지품 및 처리방법(통일부 고시) 등이 있다.

의 본질은 이적 표현물의 통제적 관리에서 출발한 것으로 자유로운 사
상과 표현의 자유를 결정적으로 침해할 소지가 있는 태생적 한계를 갖
고 있는 것으로도 볼 수 있다.

<표 2-2> 『특수자료취급지침』의 변화과정[8)]

연월	제정 및 개정	특수자료 기준	특수자료 이용
1970. 2. 16	『불온간행물 취급지침』제정	북한 및 공산권 자료	·열람 : 업무상 필요한 최소 인원으로 한정 ·대출 : 불가
1977. 12. 30	『불온간행물 취급지침』 1차 개정	북한 및 공산권 자료	·열람 : 공무원, 대학교수, 언론사 논설위원 등으로 대상 확대 ·대출 : 불가 ·취급인가증 제도 신설
1984. 6. 30	『불온간행물 취급지침』 2차 개정	북한 및 공산권 자료	·열람 : 공산권 관련 업무 종사자로 대상 확대 ·대출 : 북한자료를 제외한 공산권 자료에 대해 허가
1988. 9. 1	『특수자료 취급지침』 3차 개정	북한 및 반국가 단체에서 발행한 자료	·열람 : 신분과 열람목적이 타당한 자로 대상 확대 ·대출 : 취급인가자에게 허가
1998. 9. 1	『특수자료 취급지침』 4차 개정	북한 및 반국가 단체에서 발행한 정치적·이념적 자료	·대출 : 취급인가자 외에 행정기관, 공공단체장의 추천자 및 목적이 타당한 자로 대상 확대
2003. 7. 3	『특사자료 취급지침』 5차 개정	북한 및 반국가 단체에서 발행한 정치석·이념석 사료	·대출 : 신분과 목적이 타당한 자로 대상 확대 ·취급인가증 제도, 특수자료심의 위원회 구성 폐지
2009. 12. 1	『특수자료 취급지침』 6차 개정	북한 및 반국가 단체에서 발행한 정치적·이념적 자료	·대출 : 서약서 징구제도 완화, 디지털콘텐츠 보안대책 강구 ·특수자료 취급기관 인가해제 관련 직권 강화
2011. 7. 1	『특수자료 취급지침』 7차 개정	북한 및 반국가 단체에서 발행한 정치적·이념적 자료	·특수자료취급인가 기준 명시 ·감독기관 관리 기능 강화 ·디지털콘텐츠 보안대책 강화 ·특수자료 대출·회수관련 보안 대책 강화

---

8) 이 표는 홍선표(2007, 14)의 표를 바탕으로 필자가 추가, 보완하였다.

특수자료취급지침의 변천과정을 살펴보면 <표 2-2>와 같다. 특수자료 취급지침은 1970년 불온간행물취급지침으로 제정된 이후 2011년까지 총 일곱 차례 개정되었다. 제정 경위는 북한과 중국, 당시의 구소련 등 공산권자료의 국내 유입을 막고 그 활용을 통제하기 위한 것이었다. 1977년의 1차 개정은 '불온간행물취급인가증' 제도를 신설하여 이용 대상을 엄격히 제한하였다. 1984년의 2차 개정은 '불온간행물취급인가증' 이 없더라도 신분과 열람 목적이 분명한 관련업무 종사자에게는 열람이 허용되었다. 1988년에 있었던 3차 개정은 노태우대통령의 북방정책을 반영한 것으로 '불온간행물'이 '특수자료' 개념으로 대체되었고, 그 기준도 '북한 및 공산권자료' 전체를 대상으로 하던 것을 '북한 및 반국가 단체의 자료'로 축소하였다. 1998년 4차 개정에서 특수자료의 기준이 '북한 및 반국가단체에서 발행한 자료'에서 '북한 또는 반국가단체에서 제작, 발행한 정치적·이념적 자료'로 변경됨으로써 북한자료 중에 비이념성 자료들은 일반자료로 재분류될 수 있는 계기가 마련되었다. 2003년 5차 개정에서는 특수자료취급인가자로 구성된 '특수자료심의기구' 구성 조항이 삭제되고 취급기관장 책임 하에 자체적으로 분류할 수 있도록 하였으며, '특수자료취급인가증' 제도가 폐지되었다. 따라서 규정상으로는 신분과 열람 목적을 확인받은 후에 타당성이 인정되면 그 누구라도 자료 열람은 가능하게 되었다.9) 이후 2009년 6차 개정이 있었는데 특수자료 기준에 관한 변화는 없고, 디지털콘텐츠에 대한 내용 추가와 그 보안대책이 강조되었다. 또한 특수자료취급기관에 대한 직권 해제조건이 명문화되어 관리 측면이 강화된 것으로 평가할 수 있다. 마지막으로 2011년 7차 개정 이후에는 특수자료 복사의 원칙적 금지와 이

---

9) 홍선표. 2007. 『대학도서관의 북한자료 공개에 영향을 미치는 요인에 관한 연구』. 석사학위논문. 성균대학교 대학원. 문헌정보학과. 8-14.

용 실적이 저조한 특수자료취급기관에 대한 감독 기능 강화 등 전반적으로 보안관리 강화에 초점이 맞추어졌다.

이상의 내용에서 볼 수 있듯이 특수자료취급지침은 북방정책과 같은 국제적 흐름과 민주화와 같은 국내의 정치 환경 변화와 그 틀을 같이하며 통제적 관리 위주에서 개방적 공개방향으로 변화해 왔다. 그러나 여러 정부 간에 그 정책적 방향에서 차이가 있어왔고, 여전히 일반 국민이 북한자료를 활용하기 위해서는 열람 목적과 신분 확인이 필요하고 대출을 받기위해서는 서약서를 징구해야하는 등 번거로운 절차를 밟아야만 한다. 또한 1998년의 4차 개정이후 다소 완화되었다고는 하나 '정치적·이념적' 자료라는 자의성이 강하게 개입할 수밖에 없는 특수자료 분류기준과 제도적 조정 역할이 부재한 현 상황은 여전히 필요 이상의 통제가 가져오는 혼란의 연장선상에 있다고 할 수 있다.

2.4. 특수자료의 취급과 관리 규정의 적용

이상의 특수자료취급지침과 관련 규정의 내용을 현실적으로 적용하는 문제를 필자가 속해 있는 통일부 입장에서 기술하여 그 이해를 돕고자 한다.

첫째, 법령 체계는 특수자료취급지침과 관련 내규, 통일부자료관리규정, 북한텔레비젼영상자료취급규정에 따른다. 이 특수자료취급지침의 근거가 되는 상위법령은 국가정보원법(3조 2항)과 정보 및 보안업무 기획조정규정(대통령령 4조 6호, 5조)이지만 그 본질적 적용 기준과 내용은 국가보안법(제7조)에 있다.

둘째, 특수자료의 관리와 활용에 있어서, 특수자료의 분류는 지침 제2조 제1항에 따라 북한 또는 반국가단체가 발행한 자료 중에 정치적 이

넘성이 있는 자료를 선별하는 것을 원칙으로 한다. 다만, 그 내용이 모호하여 별도의 심의가 필요할 경우, 통일부자료관리규정에 따라 특수자료심의위원회를 통해 결정한다. 자료의 대출은 신청자의 신분·목적을 확인하고 타당성이 인정된 자에 한하여 허가하며, 무단복제·유통 방지를 위해 서약서(지침 별지 제6호 서식)를 징구한다. 대출에 대한 세부기준은 내규로 정하며, 신분과 열람 목적 확인 후에 별도의 추천서(내규 제1호 서식)를 제출받아야 한다. 북한 영화 등 영상자료의 대출은 『북한텔레비젼영상자료취급규정』8조 제④항에 따라 원칙적으로 금지하나 북한실상설명회, 통일교육 등 공공성을 갖는 행사에 한해서는 예외적으로 허용한다.

셋째, 특수자료취급지침 위반시에 제재 방법으로는 통일부 등 특수자료취급관련 감독기관은 지침 제10조에 따라 산하 기관을 지도·감독할 수 있으며, 지침 위반시에는 지침 제12조에 따라 경고, 시정명령, 인가취소 등 행정제재 조치를 할 수 있고, 기타 개별적 사안에 대한 위법 행위에 대해서는 국가보안법, 형법 등에 의해 처벌될 수 있다.

이상의 내용이 특수자료취급지침의 적용에 있어서의 주요 요점이다. 이러한 특수자료 취급의 적용에 있어서의 문제점은 다른 장에서 논하기로 한다.

3. 북한자료의 구입경로와 취급기관

3.1. 국내 북한자료 대행업체

북한자료의 입수는 앞에서 정의한 특수자료취급기관에서만 가능하기 때문에 일반적으로 판매기관(대행사)이나 입수기관이 모두 특수자료취급기관일 때 가능하다. 이렇게 볼 때, 현재 특수자료취급기관으로 북한자료 구입을 대행하는 국내 업체로는 남북교역(주)과 아시아저널(주)이 대표적이다. 이 두 회사 이외에는 대행사라기보다는 국내 북한도서 전문서점 1호로 더 잘 알려져 있는 대훈서적이 있다. 이들을 간략하게 소개하면 다음과 같다.

3.1.1. 남북교역(주)

사회과학출판사였던 일월서각이 모태가 된 남북교역(대표 : 김승균)은 1990년 12월 설립된 북한자료수입 전문 대행업체로 중국, 일본을 통해 입수된 북한의 신문, 잡지, 단행본, 비디오 등 각종 자료를 판매하고 있고, 남북한 상품 교역과 사업중개, 한국학 자료의 전세계 공급 등을 주력사업으로 하고 있다. 1994년에 특수자료 취급 인가를 받았다. 초기에는 주로 일본의 북한자료 총판격인 구월서방을 통해 자료 입수를 대행하다가, 2001년 8월부터 중국 베이징에 근거를 두고 있는 조선출판물수출입사 북경사무소를 통해 자료구입을 대행하고 있다. 이를 통해 신문 등 정기간행물 입수경로(북한 신의주-단동-북경으로 이어지는 기차화물)가 바뀌면서 북한 신문의 국내 입수가 3일 이내로 가능해졌다. 이 회사는 초창기에는 단행본 위주로 거래를 하다가, 최근에 와서 북한 신문과 정기간행물 쪽에서 강세를 띠면서 현재 유력한 북한자료 대행업체로 자리 잡고 있다.

그러나 연간 매출액 규모로는 아직 까지 국내 전반의 북한자료 구매력이 낮아 영세성을 면치 못하고 있다. 현재 홈페이지[10]를 통해 북한전문서적 쇼핑몰을 운영하고 있으나, 일반인이 인터넷을 통해 구입하는 자료에는 제한이 있어 활성화되지 못하고 있다. 2005년 이후에는 북측

---

10) http://www.nambook.co.kr/index.htm [2010.9.8. 검색]

자료의 독점권을 갖고 있는 『민족화해협의회』(민화협)으로부터 단독으로 북한의 간행물에 대한 총판(수입권) 계약을 맺어 정기간행물 공급권을 독점적으로 행사하기도 했다.

〈그림 2-2〉 남북교역주식회사 홈페이지

3.1.2. 아시아저널(주)

아시아저널(주)은 2002년 설립된 후발 주자지만 남북교역(주)과 함께 북한자료 전문 수입업체(대표 : 정정옥)로 현재 이 분야 시장을 양분하고 있다. 북한자료 뿐만 아니라 중국, 대만, 일본, 러시아권 자료 입수도 대행하고 있으며, 로동신문 메일링 서비스와 같은 북한 정보제공 사업도 추진하고 있다. 남북교역(주)에서 분리된 업체로 북한 자료관련 전문성도 있고, 관련 조직도 튼튼한 편이다. 과거 일본의 학우서방, 구월서방 등을 중심으로 자료 입수를 해 왔고, 최근에는 베이징에 근거를 두고 있는 조선출판물수출입사 북경사무소를 통해 자료구입을 대행하고 있다. 이 회사도 자체 홈페이지[11]를 통해 북한전문 서적 쇼핑몰을 운영하고 있다.

〈그림 2-3〉 아시아저널 주식회사 홈페이지

3.1.3. (주)우일도서무역(Will Trade)

우일도서무역은 (주)유 피 에이[12] 계열사로 특수해외간행물을 전문으로 수입하여 배포하는 회사이다. UPA는 외국 정기간행물의 수입 및 배포를 목적으로 1958년 창립된 이 방면 굴지의 회사로 일간신문, 시사·경제분야, 과학·의학분야 등 다양한 분야에서 많은 새로운 정보들을 다루는 600여종의 정기 간행물을 국내에 보급한 바 있다. 1990년대 이후 북한 정기간행물을 중심으로 한 북한자료의 수입 및 배포를 위해 계열사로 (주)우일도서무역을 설립하였고, 2000년대 초반까지는 남북교역(주)에 뒤지지 않을 정도로 국내 시장을 놓고 접전을 벌였으나 2000년 중반 이후 새로운 시장 정책에 따라 특수자료 취급분야 사업권을 반납했다.

---

11) http://www.asiajournal.co.kr [2010.9.8. 검색]

12) UPA:Universal Publication Agency, Ltd.(http://www.upa.co.kr) [2010.9.8. 검색]

3.1.4. 대훈서적

대훈서적은 국내 북한전문서점 1호로 2001년 2월 8일 서울역 앞에서 문을 연 후에 현재는 종로구 연지동 한국기독교회관 내에 입주해 있다. 대훈서적은 2000년 청주 인쇄출판박람회에서 145종의 북한 서적을 판매한 바 있고, 서울국제도서전을 통한 북한도서전을 여는 등 북한 서적 알리기에 가장 앞장서 왔다. 『리조실록』을 들여왔고, 전시회를 추진한 바 있는 북한의 대표적 문예월간지 『조선문학』(1947~2000년)을 통합 영인본으로 수입했다. 이 밖에도 『조선대백과사전』30권 전질을 들여와 판매하는 등 이벤트 성이기는 하지만 북한 도서 알리기를 통해 언론의 주목을 받았다. 그러나 초창기의 북한 자료 고가정책이 시장에 역효과를 불러왔고 결국 수요 부족으로 인한 경영난으로 지금까지 어려움을 겪고 있다.

대훈서적의 김주팔 대표가 북한자료 수집에 지대한 관심을 갖게 된 것은 "동서독 장벽이 무너진 후에 동독 출판사들이 망하고 관리가 안 돼서 동독에서 출판된 책을 구하기가 너무 힘들다"는 소리를 들은 후부터라고 한다. 그는 "우리도 언젠가는 통일이 될텐데 누군가는 북한 책을 모아두어야 하지 않겠나"하는 생각이 들어 북한 책을 수집하게 되었다고 한다. 결국, "10여년 간 책값으로 7억-8억 원을 썼으니 서점에서 번 돈을 다 쏟아 부은 것 같다"고도 말한 바 있다. 개인적으로 소장한 북한 서적이 3,500여 종에 7만 8,000여 권에 달한다고 하니, 일견 북한자료에 대한 그의 신념을 엿볼 수 있는 부분이다.[13]

대훈서적은 각종 북한도서를 중심으로 '특수자료취급기관'보다는 북한 전문가와 학생, 실향민 등 일반 국민을 상대로 판매활동을 펼치고 있다. 이곳에서 판매하는 북한 자료는 북한에서 생산된 특수자료 가운데

---

13) 한국일보 2001.3.12. 인물평/약력 27면(42판)

비정치적, 비이념적 자료로 재분류된 일반 자료가 대부분이다. 이러한 자료들은 국민 누구에게나 자유롭게 판매할 수 있고 자유로운 이용도 가능하다. 그러나 이러한 서점측의 많은 노력에도 불구하고, 2009년 김주팔 대표의 급작스런 서거와 판매실적 저조에 따른 경영악화로 문을 닫게 되었다. 이후 대훈서적은 Best Friend Book이라는 이름으로 상호를 변경하였고 북한자료 부문은 'NS One Korea'라는 이름으로 분리하여 특수자료 취급기관 인가를 받았는데 그 이후 아직까지 주목할 만한 활동 결과를 내놓지는 못하고 있다.

3.1.5. 기타 업체

이상에서 살펴본 업체 외에는 사실상 눈에 띄게 활동하는 업체가 없다. 중원기업과 동양물산기업이 문화체육관광부 산하 특수자료취급기관으로 등록되어 한동안 판매 활동을 한 것으로 알려져 있으나, 최근에는 특수자료 판매실적이 거의 없어 사실상 이 분야의 활동은 이루어지고 있지 않은 것으로 보고 있다. (주)오피플 닷컴[14] 같은 국내의 중개 무역상도 북한자료 입수에 한몫을 담당한 바 있는데, 2001년 2월 중국 헤이룽장(黑龍江)성 하얼빈(哈爾濱) 시에서 열린 북한도서전시회를 개최·지원한 바 있다. 이 전시회는 조선출판물수출입사와 중국 옌지휘포무역유한공사가 공동 주최하는 형태로 이루어졌는데, 이 같은 형태의 북한도서전은 중국 각처에서 매년 몇 번씩 열리고 있다.[15] 이 전시회에 출품된 책들 가운데 일부가 국내에 반입되어 국사편찬위원회 등 일부 기관에 판매된 바 있는데, 특히 400여 권의 북한 대학교재는 1950년대 이후

---

14) http://www.ohpeople.com/
15) 북한은 김일성생일(4.15)과 김정일생일(2.16)을 전후하여, 이를 기념하는 행사로 북한 지역은 물론, 중국 각처에서 북한도서전시회를 매년 개최하는 데, 김부자의 사진자료 전시와 김일성저작집, 김정일선집 등 소위 로작들을 중심으로 한 자료 전시로 이루어진다. 그 규모는 대략 20~30평의 전시장을 사용하고, 전시 책수도 2,500권 안팎으로 크지 않다.

의 한정본으로 사료적 가치가 있는 것이었다. 서울 본사와 중국 심양과 연변에 사무소를 두고 북한의 사회과학원 등과 중국을 통해 접촉하였다. 북한의 중앙과학기술통보사의 자료를 국내에 반입하는 등 북한자료의 국내 반입과 관련된 활동을 계속 하다가 최근 남북한관계가 어려움을 겪게 됨에 따라 사업을 축소하고 현재 (주)북피플 닷컴을 새로 차려 운영하고 있다.

(주)오피플 닷컴과 유사한 무역거래를 펴 온 회사로 (주)가든종합무역이 있다. 이 회사는 1990년대까지 북한자료와 북한 물품을 국내로 반입한 대표적인 회사였지만 최근에는 두드러진 활동이 없는 것으로 나타났다. 또한 특수자료취급인가를 받은 기관으로 동양물산(주) 문화사업부에서 북한 신문을 취급하고 있는데 활동 영역은 아직까지 미미한 것으로 나타나고 있다. 이 밖에 온라인 전문업체로 (주)엑시디언이 운영하는 Book4949(www.book4949.co.kr)가 있다. 이 업체는 홈페이지에 '특별서적'코너를 운영하고 있는데 여기에 있는 1,200여 권 자료 중에 북한 서적이 많이 포함되어 있다. 1950년대 전후의 전쟁관련 자료뿐만 아니라, 문학관련 자료 등 희귀본이 많이 있어 참고할만하다. 다만 이 업체는 특수자료취급기관으로 등록되어 있지 않아 개인이 특수자료를 구매할 경우에 문제의 소지가 있다.

3.2. 국외 북한자료 전문업체

국외 북한 자료 전문업체는 북한과 직·간접적으로 관계가 있고, 일정 부분 지휘감독을 받고 있다. 북한자료의 생산은 기본적으로 내각 소속의 출판지도국의 통제 하에 이루어진다. 그 체계를 보면, 아래 <그림 2-4>와 같이 출판지도국장 밑에 부국장과 출판물보급국장이 있고 다시 본부와 평양시, 도별 출판국으로 구분되어 체계적으로 관리되고 있다. 별도로 출판인쇄과학연구소가 있고, 인쇄기계공장과 인쇄화학공장도 있다.[16]

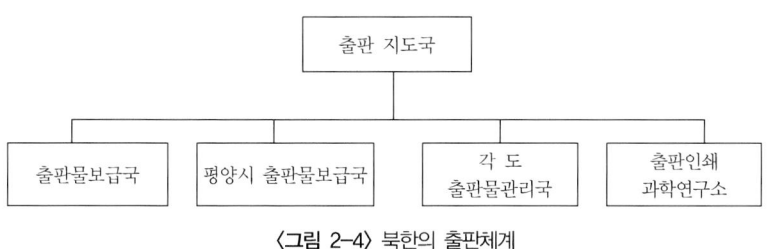

〈그림 2-4〉 북한의 출판체계

북한에서 생산된 출판물의 해외 수출은 출판지도국의 지도 감독 하에 조선출판물수출입사에서 총괄하고 있으나, 최근 평양출판사 등 개별 출판사들이 국내 출판사들과 접촉하는 등 해외 창구가 일원화되지 않아 여러 가지 문제가 야기되고 있다.[17] 현재, 북한 출판물의 해외 수집경로는 중국, 일본, 홍콩, 미국과 캐나다 등의 친북 단체가 운영하는 서점들이 대부분이다. 이들 중 중국,[18] 일본 등을 중심으로 현재까지 계속적으로 운영되는 주요 북한서적 전문 업체들을 지역별로 살펴보고자 한다.

3.2.1. 중국의 조선출판물수출입사 북경사무소

먼저, 조선출판물수출입사는 위에서 일부 설명한 것처럼, 내각 소속의 출판지도국(일명 출판총국, 출판지도국장은 부상급) 산하의 출판물무역회사로 전체 직원은 약 200명 정도로 알려져 있다. 총사장은 국장급

---

16) 〈그림 2-4〉관련 내용은 북한기관 · 단체별인명집(통일부, 2010)의 p.108.의 '출판지도국'관련 부서를 재구성한 것이다.
17) 북한의 저작권 사용과 북한 저작물의 국내 출판과 관련된 문제는 현재도 일부 분쟁의 대상이 되고 있고, 앞으로도 많은 논란의 여지가 남아 있는 중요한 문제로 다른 장에서 다룬다.
18) 필자는 2001년 2월 중국 하얼빈, 8월 연변, 2002년 5월 베이징에서 열린 '북한도서전'에 참가한 바 있으며, 조선출판물수출입사 부사장 신학철, 과장 김길현, 조선출판물수출입사 북경사무소 사장 홍룡길과 면담한 바 있다. 다음에 기술되는 중국관련 내용 중에는 이들과의 면담을 통해 지득된 사실이 상당부분 있음을 밝혀둔다.

대우를 받고 있다. 산하에 '고려문화사'라는 출판사를 두고 저작권자로부터 위임받은 저작물을 인쇄 출판하기도 하며, 특히 산하의 '고려전자출판물사'(2002년 설립, PC 30여대)를 통해 위임받은 저작물을 CD-ROM이나 인터넷용 자료로 가공하여 판매하기도 한다.

이 조선출판물수출입사의 북경사무소는 『베이징선영과무유한회사』라는 회사명을 사용하는데, 베이징선영의 '선영(鮮榮)'이란 말은 "조선이 영화롭다"는 뜻이다. 이 회사는 2001년 5월에 설립되었고, 직원은 8명이다. 2002년부터 베이징국제도서박람회의 북한도서전시회를 주관하기도 하였다. 이 회사(사장: 홍룡길)는 북한 출판물의 대외교역량 60% 이상을 장악함과 아울러 그 동안 북한저작물을 둘러싸고 발생한 모든 난맥상을 조선출판물수출입사와 그 대행사인 베이징선영과무유한공사를 중심으로 정리한 바 있다. 베이징선영과무유한회사는 조선출판물수출입사의 북경사무소 역할을 하고 있으나, 조선출판물수출입사가 투자한 회사가 아님을 고려하면, 서구적 개념으로 '지사'(Branch)라기보다 대행업자(Agent)로 판단된다.

과거 북한자료 입수의 주 경로는 일본이었지만, 2001년부터 조선출판물수출입사 북경사무소가 생김으로써 북한 자료의 국내 입수기간이 대단히 단축되었다. '로동신문'의 경우, 북한에서 북경으로 이동시간 1일, 국내 도착 1일, 통관 및 배포 1일로 서울 시내의 경우에는 최단기간 3일이면 받아볼 수 있고, 지방의 경우에도 4일 안에 배포가 가능하게 되었다.

현재, 인터넷을 통한 북한 자료 판매도 이루어지고 있는데, 『범태평양조선민족경제개발촉진협회』가 운영하는 『조선인포뱅크』[19]의 서브 메뉴로 조선출판물[20] 코너를 통해서도 거래가 가능하다. 그러나 조선출판

---

19) http://www.korean.dprkorea.com/ 현재 이 사이트들 대부분은 불법, 유해 정보로 분류되어 차단되고 있다.
20) http://www.book.dprkorea.com/korean/

물수출입사 북경사무소 홈페이지21)를 이용하는 것이 보다 효율적이다. 실제 구매가 가능한 목록들이 올라와 있기 때문이다. 그러나 인터넷상의 북한과의 접촉도 남북교류협력에 관한 법률에 의해 사전에 북한주민 접촉승인을 받아야 하는 등 아직까지는 절차적 어려움이 남아 있다.22)

국내의 남북교역(주) 및 아시아저널과 교역하고 있으며, 직거래도 가능하다고 한다. 다만, 개별 특수자료취급기관과 계약하여 직거래를 하는 경우, 자료 배송과 통관 문제를 자체적으로 해결해야 하고, 소수의 자료를 구독하는 기관은 단가 면에서 유리하지 않기 때문에 별다른 이익을 볼 수 없고, 업무량만 많아지기 때문에 세심한 고려가 필요하다.

중국은 접경지역을 포함하여 북한과 지리적으로 가깝고, 동북 3성을 중심으로 조선족이 상당수 거주하기 때문에 북경 이외에도 자료 수집에 필요한 주요 거점들이 있다. 특히 학술교류의 중개 지역으로 남북한 간의 가교 역할을 하는 연변지역은 중요하다. 연변의 조선족 출판사인 천지출판사, 연변출판사, 민족문화사 등 출판사와 신화서점 등 몇몇 북한서점과, 연변도서관, 연변대학중앙도서관도 북한자료 수집의 중요한 역할을 할 수 있다. 또한 심양의 조선족 밀집 거주지역인 서탑 등에도 북한서점이 있을 뿐만 아니라, 교통, 정보 등 기본 인프라 면에서 우수하여 연변의 대안지역으로 자주 거론되는 곳이어서 관심을 갖고 있을만하다. 물론 대부분의 북한서점의 경우, 현지 방문을 통한 직접거래 이외에는 직거래가 어렵고, 무엇보다 이들 서점이 최근 간행된 자료를 신속하게 입수하는 것은 아니기 때문에 신간을 입수하는 데는 별로 도움이 되지 않는다. 그러나 지역별로 입수가 용이한 자료가 따로 있는 것도 특

---

21) http://www.korea-publ.com/
22) 조선출판물수출입사 북경사무소와는 이메일(hong99@2911.net)을 통한 상담과 전화통화도 무리가 없다. 조선족 사장이고 한국말에 능통하다. 그러나 국적은 중국인이지만 북한 쪽 사람이라는 점에서 거래시 접촉과 관련해서는 관계 당국과의 의견 교환 등 사전에 사후발생 문제에 미리 대비하는 것이 좋을 것이다.

징이다. 예를 들어, 북한교과서 등 일부 자료는 베이징보다 연변지역에서 그 입수가 훨씬 수월하다. 따라서 거래처를 다양하게 확보하고 관심을 가지고 지켜볼 필요가 있다.[23]

3.2.2. 일본의 구월서방, 학우서방, 레인보우통상

일본은 북한과는 지역적으로는 중국보다 멀지만, 북한을 지원하는 면에서는 중국보다 가까운 곳이다. 재일조선총련합회(이하: 조총련)[24]를 중심으로 한 재일교포의 결속력이 강한데다 직접적으로 북한 정부의 지시와 감독을 받기 때문이다. 이러한 영향으로 일본의 조총련계 서점들은 북한에서 생산된 출판물을 보급하는 기능뿐만 아니라 직접 생산에서 판매까지를 책임지기도 한다. 현재 조총련의 사업체로서 대표적인 북한 관련 서점은 구월서방과 학우서방으로 조선신보사 도서부와 밀접한 관련을 갖고 운영되고 있다. 양 서점의 조직체계는 부사장과 고문단을 두고 있으며, 구월서방은 경영·보급부와 자료부를, 학우서방은 편집부와 출판국을 두고 있다.

학우서방은 1949년 5월 창립하여, 최초 『김일성선집』을 비롯하여 북한의 각종 도서들과 신문, 잡지들을 일본 전역에 보급한 출판사로 그 역사가 63년이나 된 가장 오래된 북한전문 서점이자 출판사이다. 현재는 조총련이 운영하는 초·중·고교 등 학교 교과서와 교재, 성인학교 교재를 전문적으로 다루고 있다.

구월서방은 1954년 4월 1일 창립한 조총련계 회사로 북한에서 생산하거나 제작하여 수출되는 모든 출판물, 비디오, CD, 게임물 등의 일본 총

---

23) 또 하나 고려해야 할 점은 북한은 중국 조선족의 일부업체에게 출판물의 판권을 위임하여 국내 출판인과 기업인을 상대로 판매하고 있는 것인데, 이 들 업체들은 북경(이춘일 :신흥영시문화발전유한공사 대표), 심양(전정환: 고려민족문화연구원 소장), 연길(권수동 :휘포경무유한공사 대표) 등에 적을 두고 활동하는 사람으로, 북한자료 입수에 중요한 역할을 하고 있다.
24) http://www.chongryon.com/index-k.htm

판을 책임지고 있는 서점이다. 남북교역(주)과 월트레이드도 과거에는 대부분 이 서점을 통해서 북한 출판물을 입수하여 국내에 배포하였다. 그러나 지금은 북경의 조선출판물수출입사 북경사무소의 자료 제공이 더 원활하고, 정기간행물 입수의 강점을 가지고 있기 때문에 과거만큼 국내에 미치는 영향이 크지는 않지만 개별적으로 북한을 연구하거나 특별한 자료를 구하고자 하는 기관에게는 여전히 유용한 북한 정보원이다. 실제로 많은 북한 연구자들이 일본에 들리면, 이 서점들을 반드시 방문하고 있다[25]. 최근에는 1995년부터 인터넷 도메인으로 사용하던 '코리아 북센터'라는 이름을 서점이름으로 바꾸어 자체 건물인 조선출판문화회관에서 '코리아 북센터'를 운영하고 있다.

이 밖에 최근 들어 그 활용도 면에서 이용 가치가 큰 서점으로 알려진 레인보우통상(レインボー通商)[26]이 있다. 북한, 중국 조선족의 서적을 취급하는 서점으로 일본 도쿄의 헌책방 거리인 간다 진보초(神田神保町) 뒷골목 한쪽에 있다. 일명 '리틀 평양'이라고 불리는 이 가게를 운영하는 사람은 일본인 미야카와 준(宮川淳)으로 북한에 대한 인식이 호의적이지 않은 일본인이지만, 그 자신의 업종 때문에 나름대로 일가견을 갖춘 '북한통'으로 통한다. 이 '미야카와' 운영자[27]는 어느 정도 한국말이 가능하며, 한글도 해석할 수 있어 전화 통화나 이메일을 통한 의사전달에 큰 어려움은 없다. 그가 북한과 인연을 맺게 된 것은 1992년 북한판 『조선왕조실록』 독점 판매권을 따낸 회사의 일을 거들면서부터라고 한다. 그는 그 후 일본인들의 북한 관광사업 등 여러 가지 '대북사업'에 발

---

25) 구월서방은 조선신보사(www.korea-np.co.jp/korea) 사장이 현재 운영권자이며, 별도로 코리아북센터(www.nrbook.net)를 1995년 11월부터 운영하고 있다. 인터넷 거래도 가능하다.

26) http://www.rainbow-trading.co.jp

27) 이 운영자는 북한을 1달에 2번 정도 방문하며, 대행사를 통해 쉽게 구할 수 없는 많은 북한 자료들을 국내 인사에게 제공한 바 있지만, 최근에는 일본에서의 언론 보도가 문제가 되어 별다른 활동을 보이지 않는 것으로 알려져 있다.

을 담그면서 자타가 공인하는 '북한통'이 되었다. 서점 판매뿐만 아니라 인터넷으로 거래가 가능하기 때문에 소수의 자료를 구매하기에 편리하다. 실제 이 운영자는 일본인으로 평양 출입이 자유로워 과거 북한관련 희귀 자료를 많이 구해와 제공하였기 때문에 북한 전문 연구자들에게는 상당히 알려져 있는 곳이기도 하다. 그러나 북한 자료 제공 과정에서 북한 당국과 마찰을 빚어 현재는 주로 조선출판물수출입사의 북경사무소인『베이징선영과무유한회사』의 자료를 주로 입수하여 제공하는 것으로 알려졌다.

〈그림 2-5〉 일본의 대표적인 북한 서점인 레인보우 통상 홈페이지

이 밖에 인터넷을 이용한 북한자료 구매가 가능한 곳으로 북한영화 등 비디오를 전문으로 판매하는 단군 아시아 필름28)이라는 곳이 있다. 북한비디오에 대한 목록과 이에 대한 자세한 소개와 설명이 되어 있어, 자료 구입 전에 이 홈페이지에 들어가 참고 항목을 살펴보면, 자료구입

---

28) http://www.tangun.co.jp/moviekr/

에 참고가 될 것이다.

이상 살펴본 바와 같이 일본지역에서는 조총련이 중심이 되어 소위 '조선민주주의인민공화국사업'이라는 이름으로 출판물의 생산 및 보급을 담당하고 있다. 일본은 역사적으로 오랜 전통을 갖고 있기 때문에 깊이 있는 북한자료를 입수하기 위해서는 이곳 서점과 출판사에 대한 좀 더 진지한 연구와 조사가 앞으로도 필요할 것이다.

3.2.3. 미국의 고려종합무역상사

고려종합무역상사는 조선출판물교류협회의 미국 대리점(15417 S. Western Ave., Gardena CA 90249)으로 알려져 있다. 이 무역상사의 대표는 남가주내 친북 인사로 1985년 이 회사를 설립하여, 북한 출판물뿐만 아니라 건강식품 등 북한 제품을 수입하여 미국 내에 판매하여 왔다. 그는 오랫동안 미국 내 도서관 및 대학에 북한 홍보물을 제공해 왔으며, 몇 년 전에는 LA에 북한 국영 TV 방송인 조선중앙TV방송국 설립을 추진하여 주목받은 바 있다. 2009년까지 북한 당국으로부터 '조선출판물교류협회'(신문, 잡지, 도서)와 '조선영화수출입사'(영화)와 같은 북한 국영회사제품의 미주 총판권을 확보하는 등 북한관련 사업부문에서 활발한 활동을 하였지만 최근에는 뚜렷한 활동은 보이지 않고 있다. 이 무역상사에 비치하고 있는 출판물은 인문, 사회, 미술, 무용, 영화, 각종사전, 연감, 화첩, 사진첩, 연구논문 등 북한의 각 분야 도서류 2만여 권과, 북한 영화 비디오 600여 편, CD·카세트 100여 종 등으로 북한 서점 가운데는 대규모에 속한다고 볼 수 있다. 현재, 인터넷을 통한 구입도 가능하다.29)

미국, 캐나다 등지의 친북 단체를 중심으로 북한자료 판매활동이 여

---

29) http://www.koreansuperpages.com/koryo_trad/default.html

러 곳에서 있었지만, 그 영세성과 북한측의 미비한 지원으로 별다른 성
공을 거두지 못했다. 현재도 고려종합무역상사 이외에는 별다른 활동을
보이는 곳이 없는 것으로 나타나고 있다. 특히 항공료 등 송료가 자료구
입비에 부담을 주기 때문에 북한 자료입수 경로로는 메리트가 없지만,
다른 지역보다 북한 서적이 자유롭게 유통된다는 측면에서 주의를 둘
만하다.30)

4. 국내 주요 기관의 해외 북한자료 수집 실태

4.1. 북한 관련 국내외 주요 간행물

국내에서 북한자료를 수집하는 기관은 국립중앙도서관, 국회도서관,
통일부 북한자료센터 외에도 전국적으로 173개의 특수자료취급기관이
있다. 그러나 특수자료취급기관이라고 북한에서 생산된 북한 원전만을
취급하는 것은 아니다. 오히려 북한 원전보다는 북한 관련 국내외 자료
가 더 많은 기관이 대부분이다. 다만 특수자료취급지침에 따라 북한에
서 생산된 자료를 별도의 특수자료실 서고에 분리하여 보관하는 것이
일반화되어 있을 뿐이다. 실제 연구 활동에 있어서의 활용 빈도는 오히
려 북한 원전보다는 북한관련 국내외 자료들이 높고 그 영향력도 큰 편
이다. 그러나 예산 지원 능력이나 관련 조직들이 만들어지지 않은 대부
분의 기관에서는 대행업체나 주요 서점을 통해 <표 2-3>과 <표 2-4>와
같은 소수의 북한관련 간행물을 구입할 뿐이지 현지 구입이나 직거래
등을 통한 적극적인 수서는 대단히 어려운 상황이다.

---

30) 미국에서의 일반적인 북한자료 유통은 원활하지 않지만 미국 국회도서관과 UCLA대학 등, 일부 도서관에서는
　 국내 도서관보다 훨씬 많은 북한자료를 수집하고 있다(미국 UCLA 도서관 속의 '작은 한국' /최용선, 오마이
　 뉴스 2002.1.16, www.ohmynews.com 참조).

북한관련 국내 정기간행물 중에는 <표 2-3>에는 나타내지 않았지만 가끔 북한관련 특집 기사를 내놓는 '월간 조선', '월간 동아' 등 국내의 모든 월간지 및 시사 주간지들과 각종 신문들이 모두 포함된다. 이들 신문과 잡지들이야말로 생생한 북한관련 소식과 분석 기사들을 제공하기 때문에 원활한 정보가 막혀 있는 북한과 관련한 최고의 정보 제공처이기도 하다.

<표 2-3> 북한 관련 국내 주요 간행물

순번	간행물명	발행처	발간주기
1	국가전략	세종연구소	4/Y
2	국방정책연구	국제문제연구소	4/Y
3	국제문제	한국국제문제연구원	12/Y
4	국제문제연구	국가안보전략연구소	4/Y
5	국제지역연구	한국외대국제지역연구센터	4/Y
6	남북교류협력동향	통일부	12/Y
7	동북아·북한 교통물류 브리핑	한국교통연구원(KOTI)	12/Y
8	동포사랑	북한이탈주민후원회	12/Y
9	민족21	㈜민족21	12/Y
10	민족화해	민족화해협력범국민협의회	6/Y
11	림진강	림진강출판사	6/Y
12	북녘마을	(사)NK지식인연대	부정기
13	북한	북한연구소	12/Y
14	북한 경제	한국수출입은행	4/Y
15	북한경제리뷰	KDI	12/Y
16	북한농업동향	한국농촌경제연구원(KREI)	4/Y
17	북한동향	통일부	12/Y
18	북한동향	통일연구원	12/Y
19	북한법률행정논집	고려대학교 법학연구원	1/Y
20	북한법 연구	북한법연구회	1/Y
21	북한사회	NK지식인연대	4/Y
22	북한연구학회보	북한연구학회	2/Y
23	정세와 정책	세종연구소	12/Y

24	정책연구	국가안보전략연구소	4/Y
25	자유마당	한국자유총연맹	12/Y
26	중소연구	한양대학교 아태지역연구센터/중국문제연구소	4/Y
27	통일과 문학	(재)코리아하나재단	4/Y
28	통일과 평화	서울대 통일평화연구소	2/Y
29	통일경제	현대경제연구원	4/Y
30	통일문제연구	평화문제연구소	2/Y
31	통일시대	민주평화통일자문회의	12/Y
32	통일정책연구	통일연구원	2/Y
33	통일한국	평화문제연구소	12/Y
34	亞太 FOCUS	亞太政策研究院	12/Y
35	한국논단	한국논단	12/Y
36	한반도 포커스	경남대학교 극동문제연구소	12/Y
37	ASIAN PERSPECTIVE	경남대학교 극동문제연구소	4/Y
38	International Area Review	한국외대국제지역연구센터	4/Y
39	International Journal of Korean Unification Studies	통일연구원	2/Y
40	NK Vision	(사)북한민주화네트워크	6/Y
41	KINU Insights	통일연구원	6/Y
42	KOREA and WORLD AFFAIRS	남북평화통일연구원	4/Y
43	The Journal of EAST ASIAN AFFAIRS	국가안보전략연구소	2/Y
44	VANTAGE POINT	연합뉴스	12/Y

이 밖에도 북한 및 통일문제를 다루는 주간지와 일간지 성격의 관련 자료들이 있지만 다 소개할 수는 없을 것 같다. 그 중에서도 한국국방연구원에서 발행하는 '주간 국방논단', (사)북한인권시민연합에서 발간하는 뉴스레터 형식의 '북한인권' 등은 많이 이용되는 자료이다. 또한 통일관련 전문지인 '통일신문' 과 실향민을 중심으로 발간된 '이북도민연합신문', '오도신문' 등도 특정지역 주민들을 통해 많이 활용되고 있다. 이 밖에 서울대학교 통일평화연구소, 경남대극동문제연구소와 통일연구원 등은 뉴스레터 형식의 북한관련 소식들을 제공하는 주요 정보원들이다.

북한관련 해외 간행물들은 <표 2-4>와 같다. 북한과 한국을 둘러싸고 역사적 이해 관계를 갖고 있는 미국과 일본, 중국과 러시아의 자료들이 대부분이다. 특히 조총련이 활동하고 있는 일본의 자료들이 많다. 또한 분단의 역사를 갖고 있는 독일의 자료와 북한관련 주요 군사 정보를 제공하고 있는 영국의 자료들도 포함되어 있다. 이 밖에 자세히 언급할 수 없는 공식·비공식으로 소개되는 각종 Intelligence Report 등도 북한 연구와 현안 분석을 위해 많이 활용된다. 대표적으로 알려진 것 중에 하나가 '넬슨 리포트'31)이다. 북한 문제가 정보 접근이 제한된 상태에서 첨예한 현안이 되다 보니 현실 정치에 가까운 많은 인사들이 과거의 경력을 바탕으로 각종 고급정보를 제공하고 있는 것도 사실이다. 넬슨 리포트 외에도 UN이나 국제지원단체의 도움을 받는 국내 북한관련 대북 방송매체32) 등 시민단체에서도 최근 좋은 보고서들이 나오고 있지만 정기 간행물 성격은 아니다.

---

31) '넬슨 보고서'는 1980년대 중반부터 아시아를 비롯하여 세계 많은 나라에 제공되기 시작했는데 이 보고서는 미국의 연방정부는 물론 의회와 학계·언론계·싱크탱크 곳곳에 포진한 1,000명 이상의 취재원이 보내주는 정보를 취합한 것이다. 크리스 넬슨은 1970년 하원 외교위원회에서 일하다 나중에는 아시아·태평양 소위원회의 전문요원으로 적을 두었고, 1997년부터 새뮤얼스 인터내셔널에 입사해서 넬슨의 이름으로 보고서를 제공하게 되었다. (http://cafe.naver.com/ArticlePrint.nhn 참조)
32) 현재 대북 라디오 방송에는 대표적으로 열린북한방송(www.nkradio.com), 북한개혁방송(www.reform.com) 등 4개의 방송국이 있다.

〈표 2-4〉 북한 관련 해외 주요 정기간행물

순번	간행물명	발행처	발간주기	국가
1	北朝鮮政策動向	ラヂオプレス	14/Y	일본
2	祖國	時代社	12/Y	
3	朝鮮民主主義人民共和國 『月刊論調』	朝鮮通信社	12/Y	
4	朝鮮民主主義人民共和国組織 別人名簿2009	ラヂオプレス	1/Y	
5	朝鮮新報	朝鮮新報社	156/Y	
6	統一日報	統一日報社	52/Y	
7	統一評論	統一評論社	12/Y	
8	キムイルソン主義研究	日本キムイルソン主義研究會	4/Y	
9	セセデ	朝鮮青年社	12/Y	
10	軍事研究	ジャパンミリタリーレヴュー	12/Y	
11	軍縮問題資料	宇都宮軍縮研究室	12/Y	
12	世界	岩波書店	12/Y	
13	東アジア經濟情報	東アジア貿易研究會	12/Y	
14	人民日報	中國共産黨中央委員會	DA	중국
15	求是	中國共産黨中央委員會	SM	
16	中華人民共和國國務院公報	國務院辦公廳	3/M	
17	Deutschland Archiv	Verlag wissenschaft und Politik	6/Y	독일
18	Pravda	Pravda	144/Y	러시아
19	Kore il'bo	Kore il'bo Co, inc.	52/Y	
20	ARMS CONTROL TODAY	ARMS CONTROL ASSOCIATION	10/Y	미국
21	FOREIGN AFFAIRS	COUNCILONFOREIGNRELATION, INC.	6/Y	
22	FOREIGN POLICY	CARNEGIE ENDOWMENT FOR INT'PEACE	6/Y	
23	COUNTRY REPORT :NORTH KOREA	Economist Intelligence Unitl	4/Y	영국
24	JANE'S INTELLIGENCE REVIEW	JANE'S INFORMATION GROUP	12/Y	
25	STRATEGIC SURVEY	TAYLOR & FRANCIS LTD.	1/Y	
26	THE MILITARY BALANCE	TAYLOR & FRANCIS LTD.	1/Y	

4.2. 국내 주요 기관의 북한 관련 국내외 자료 수집실태

앞에서 살펴본 북한관련 국내외 출판물들과 북한의 출판물들은 일반적으로 북한 자료 대행업체를 통해 국내에 반입되어 전국의 특수자료취급기관에 보내지게 된다. 그러나 정기간행물 70여 종 이외에 한 해 동안 북한에서 생산되는 출판물은 그리 많지 않다. 단행본 서적도 수백 종을 넘지 않고, 북한 영화 등 비디오 자료도 수십 종을 넘지 않고 있다. 또한 연구자들이 필요로 하는 북한 관련 대부분의 중요 자료들은 일반적인 간행물 형태로 출판되고 있지 않다. 이런 까닭에 소수기관이기는 하지만 북한관련 국가 수집기관이나 대학 연구 기관에서는 그동안 별도의 예산과 인력을 투입하여 해외 북한자료들을 많이 수집하여 왔다. 이 수집된 자료들은 일반적인 북한 원전보다는 미국, 러시아, 중국, 일본 등에서 한국전쟁 전후, 또는 이후 외교관계를 통해 얻은 정보나 다양한 문건들이 많이 있다. 그중에 공개된 1차 자료들이 대부분인데, 이들 자료들을 다시 수집하여 한국에서 번역·영인하거나, 인용하여 별도의 자료집으로 발간하려는 노력을 기울이고 있다. 이들 자료는 특히 북한의 체제 형성과 발전기에 초점을 맞춘 자료들이 많아 소장 가치가 높은 자료들이다. 다음 국내 주요 기관들의 해외 북한자료 수집실태와 관련 출판물들을 정리한 것이다.

4.2.1. 국회도서관과 국립중앙도서관

국회도서관은 1995년부터 미국, 중국, 일본, 러시아, 독일 등을 대상으로 한국 근현대사 관련 기록을 국가적 차원에서 중점적으로 수집해 왔다. 이 수집된 자료들은 마이크로필름과 마이크로피쉬 형태로 보존하고 있는데 그중 북한관련 내용은 미국 국무성의 비밀해제문서로서 "해외소재한국학관련자료DB"에 수록해 놓았다.33) 이 DB에는 미국, 일본, 중국, 독일 등 각 국의 문서 보관소, 도서관 등에 소장되어 있는 한국관련 자료와 그 자료의 디지털 원문이 75개 분야로 나뉘어 구축되어 있으며, 원문이 구축되어 있지 않은 자료는 비도서자료목록DB에서 검색할 수 있게 되어있다. 이 상당수의 자료들은 소장 기관이나 상업적인 자료판매 기관에서 구입한 것이 대부분이다. 국회도서관은 자료수집 기능 이상으로 자료열람 서비스 기능을 대단히 중요하게 생각하여 별도의 공간을 만들어서 서비스를 제공할 정도로 북한 자료 이용에도 많은 관심을 보여주고 있다. 국회도서관이 발행한 북한자료 관련 목록집은 다음과 같다.

· 국회도서관. 1966. 『북한자료목록: 합불대학합불연경도서관소장』.
· 국회도서관 해외자료국. 1978. 『해외자료』.
· 국회도서관. 1982. 『북한의 조약집 1949-1982』.
· 국회도서관. 『해외소재 한국관련 자료』. 국회도서관DB.

이중 해외소재 한국학 DB에 포함된 자료로서 북한 연구에 주요 자료로 사용되는 것은 다음과 같다.

· <한국전쟁시 미군 노획문서>(미국 국립문서보관소 소장자료: MF 릴 101개)
· <Armed forces oral histories : Korea War Studies and after Action Reports>(미국 육군군사센터 소장자료; 마이크로피시 154매)
· <CIA Research Reports, 1946-1976>(미국 트루만 대통령도서관 소장자료; MF 릴 1개)
· <Defense history program studies prepared during the Korean War period>(미국 국립문서보관소 소장자료; MF 릴 1개)
· <Records of U.S. Department of State Relating to the Korea>(미국 국립문서보관소 소장자료; MF 릴 수십 개)
· <The Korean War>(미국 육군군사센터 소장자료; MF 릴 15개)

_____
33) 국회도서관 사이트는 http://www.nanet.go.kr/dl/index.html 이다.

이에 반해 국가도서관인 국립중앙도서관은 그동안 지속적인 북한자료 수집은 없었지만 최근에 북한관련 NARA 기록물을 마이크로필름으로 입수하거나 전자기록화하여 일반에게 제공하고 있어 북한관련 자료 이용자에게 좋은 기회를 제공하고 있다. 2010년에는 "NARA 기록으로 보는 6·25"라는 특별 전시회를 통해 관련 자료의 사본과 동영상을 공개하였다. 또한 국립중앙도서관 소장 6.25관련 목록을 홈페이지를 통해 제공하고 있다. 또한 『해외 한국학도서관 동향 보고서(Trends in Overseas Korean Studies Libraries)』를 반년간으로 발행하고 있는데 이를 통해 해외 한국학 사서들과 각종 정보를 교환하고 있는데, 여기에 북한관련 정보도 포함되어 있다.

4.2.2. 국사편찬위원회

국사편찬위원회는 1946년 설립되어 국가의 공적 사료연구 편찬기관으로 그 역할을 충실히 수행하고 있다. 특히 2001년부터 100억 원의 예산을 투입하여 '해외자료수집 이전 5개년 계획'을 추진하면서 미국 국립문서보관소에 있는 한국관련 기록물들을 대거 반입한 바 있다. 이 과정에서 해외사료 조사위원을 35명이나 해외 현지에 파견하였다. 이처럼 국사편찬위원회는 자료수집 예산과 지원 인력이 타 기관에 비해 월등히 많고 장기간에 걸친 기록수집 관련 전문성이 축적되어 있는 기관이다. 러시아, 중국, 미국, 일본 등에 사료조사위원을 위촉한 상시적인 기록수집 활동과 전문연구원을 장기간 현지에 파견하여 집중적으로 자료를 수집하고 있다.

지금까지의 주요 성과를 살펴보자. 1982년부터 소위 노획문서[34]를 중

---

34) 한국전쟁 당시 미군이 북한에 진주하였을 때 노획한 문서들로 1945~50년에 걸친자료들이다. 현재 미국 국립 공문서관(NALA)에 보관되어 있는 노획외국문서(National Archives Collection of Foreign Records Seized~), 분류 항목 중 Record Group 242에 속하는 1,340상자, 160여만매 자료중의 일부임

심으로 한 6.25전쟁 이전의 북한 사료와 이후의 북한 원전, 그리고 최근에는 과거 인민일보에 소개되었던 북한 관련 기사 등의 내용들로 북한 관련 연구의 핵심 자료들을『북한관계사료집』으로 엮어냈다. 현재 63권까지 발간되었다. 1994년 이후부터는 폭을 넓혀『남북한관계사료집』을 발간했다. 이 자료집은 전 25권으로 휴전회담회의집(1권-10권), 한국전쟁시기 한미정치관계문서와 북한군 포로관계문서, 미중앙정보국 평양방송 청취 일일보고서, 대한민국 내정에 관한 미국무부 문서(16권-19권), 북한포로심문보고서(21권-25권) 등 한국전쟁을 둘러싼 북한의 원자료, 남북한 관계와 한미 관계의 주요 문서들의 내용을 담고 있다. 또한 대표적 사료집으로 1987년부터 1998년까지 발간된 총 42권의『대한민국사자료집』이 있는데 이 자료집에는 이승만 초대 대통령의 오랜 친구이자 공보 고문을 지낸 로버트 올리버 관련 문서(28집-37집)들이 있어 세간에 주목을 받은 바 있다. 2001년에는 해외소재『한국사자료 수집 목록집(Ⅰ∼Ⅵ)』과『해외 사료 총서』가 발간되었다.

2004년에는 러시아연방 국방성 중앙문서보관소에 소장되어 있는 해제문서를 수집하여『소련군정문서, 남조선 정세보고서 : 1946-1947』을 출간하였고, 소련 극동군 정치위원으로 북한 주둔 소련군을 지휘한 바 있는 테렌티 포미치 스티코프 중장이 남긴 일기 중에 한반도 관련 내용을 발췌하여『쉬띄꼬프 일기(1946-1948)』를 번역 출판하였다.

· 국사편찬위원회.『남북관계사료집』. 1∼20(휴전회담 문서, 북한군 포로 심문서)
· 국사편찬위원회.『남북한관계사료집』. 1∼25(한국전쟁 관련 자료).
· 국사편찬위원회.『대한민국사자료집』. 1∼41(U.N. 한국임시위원단문서, 주한미군 정치고문 문서, 이승만 관계 서한자료집).
· 국사편찬위원회.『북한관계사료집』. 1∼63(노획문서 자료, 인민일보에 실려 있는 북한관련 내용 등).
· 국사편찬위원회.『북한역사논저 목록집』.

· 국사편찬위원회. 1995. 『한국관계 해외자료소장목록집-미국편』.
· 국사편찬위원회. 『한국독립운동사』 (대한민국임시정부관계 문서, 미국 전략국
  　　(OSS)의 미주 및 중국 관내 한국독립운동 관련 문서).
· 국사편찬위원회. 1986. 『해외 한국사 연구문헌 목록』.
· 국사편찬위원회. 『해외소재 한국사자료 수집 목록집』. 1～5.

　국사편찬위원회의 여러가지 목록집과 북한 관련 자료집은 접근성이
떨어지는 북한 원전에 대한 1차적인 접근을 용이하게 하는데 크게 기여
하였다. 특히 북한 연구를 위한 기초자료로써 『북한관계사료집』, 『남북
한관계사료집』, 『대한민국사자료집』의 내용은 북한 연구자들에게는 필
수적이어서 대단히 중요하여 각 사료집의 목차를 정리한 목록이 널리
활용되기도 하였다.

4.2.3. 국방부 군사편찬연구소

　1964년 8월 전사편찬위원회로 발족한 국방부 군사편찬연구소는 1992
년 1월 전쟁기념사업회 부설 국방군사연구소, 1999년 1월 한국국방연구
원부설 국방군사연구소로 개편되었다. 다시 2000년 9월 1일 국내 유일의
군사사 연구편찬을 위한 전문기관으로 국방부 직할 군사편찬연구소로
창설되었다. 이 연구소는 국방관련 연구기관으로서의 전문성을 바탕으
로 한국의 군관련 자료들만 선택하여 집중적으로 수집·축적해오고 있
다. 1996년부터 매년 방대한 양의 한국전쟁 자료총서들을 발간하고 있다.
군사편찬 연구소가 발간한 목록집에 따르면 많은 외국 자료들이 수집되
어 활용되었다.[35] 주요자료 목록은 다음과 같다.

---

35) 김광운(2002)에 의하면, 문서자료 1,086건, MF 1,421건, 마이크로 피치 222건 등이 수집되었다("해외소개 한
　　국자료의 수집·이전사업에 관하여", 『사학연구』, 제6호. p.132.).

〈그림 2-6〉 국방부 군사편찬연구소 홈페이지

· 국방부 군사편찬연구소. 2002. 『러시아의 한반도 군사관계사』.
· 국방부 군사편찬연구소. 2001. 『북한군사관계사료집 1·2』.
· 국방부 군사편찬연구소. 2001. 『소련 군사고문단장 라주바예프의 6,25전쟁 보
　　고서 1~4』.
· 국방부 군사편찬연구소. 2002. 『중국군의 한국전쟁사 1』.
· 국방군사연구소 엮음. 1996. 『한국전쟁 자료총서 1~3: 미 국가안전보장회의
　　문서 1947~1954』.
· 국방군사연구소 엮음. 1997. 『한국전쟁 자료총서 4~13: 미국무부 정책기획실
　　문서 1947~1954』.
· 국방군사연구소 엮음. 1997. 『한국전쟁 자료총서 14~17: 미국 중앙정보국 정보
　　보고서 1947~1954』.
· 국방군사연구소 엮음. 1997. 『한국전쟁 자료총서 18~22: 미국무부 한국정치회
　　담 문서』.
· 국방군사연구소 엮음. 1997. 『한국전쟁 자료총서 23~24: 미국무부 정책연구과
　　문서』.
· 국방군사연구소 엮음. 1998. 『한국전쟁 자료총서 25: 미국무부 극동국 중국실
　　문서 1950~1954』.
· 국방군사연구소 엮음. 1999. 『한국전쟁 자료총서 26~37: 미국무부 정책연구과
　　문서』.
· 국방군사연구소 엮음. 1999. 『한국전쟁 자료총서 38~57: 미 국무부 한국 국내 상황관
　　계 문서 50.1~51.6』.

· 국방부 군사편찬연구소 엮음. 2001, 『한국전쟁 자료총서 58~62: 미 국무부 한
  국 국내 상황 관계문서 1951.6~1952.2』.
· 국방부 군사편찬연구소 엮음. 2002. 『한국전쟁 자료총서 63~67: 미 국무부 한
  국 국내 상황관계 문서 1952.3~1952.7』.

4.2.4. 한국학중앙연구원

　1978년 6월 한국정신문화연구원으로 개원하여 2005년 2월 한국학중
앙연구원으로 명칭을 변경하였다. 한국학중앙연구원은 지난 100여 년간
의 근대화 역사가 남긴 성취와 한계, 그리고 유산을 정리하고, 그 바탕
위에 새로운 100년의 미래사를 준비한다는 취지하에서 대외 관계사를
포함한 우리나라 현대사에 대한 종합적이고 체계적인 연구를 지속해 왔
다. 이에 따라 한국학중앙연구원은 국학진흥연구사업 근현대사연구실
(1992 · 1997)이라는 프로젝트팀과 현대사연구소(1997~1998) 및 근현대
사연구팀(1999년 이후)이 해외자료 기록 수집을 담당해 왔다. 한국학중앙
연구원은 해외자료 기록수집에 끊임없는 노력을 기울인 연구기관으로서
북한관련 개인 연구자들도 다수 소속되어 있다. 그 결과, 이 연구원은 미
국소재 해방 전후 한국관련 자료, 푸에블로호사건 관련자료, 한국관련 러
시아 극동문서보관소 소장자료, NALA 문서 등을 소장하고 있다. 세부적
으로 보면, 미국 국립문서기록보존소의 문서군 59의 국무부 일반문서의
일부, 그리고 워싱턴 DC의 미 육군 군사 센터가 소장하고 있는 역사 수고
문고 가운데 『한국전쟁 파일』 등을 스칼라리 리소스사(Scholarly Resources)
가 제공하는 마이크로필름 형태로 소장하고 있다. 한국전쟁 파일에는 '전
투사'를 중심으로 한 북한군대사(1952. 150쪽 가량)와 한국전쟁 시기 첩
보 및 방첩(55쪽) 등에 관련된 문서들이 포함되어 있다.

　특별히 소개할 아래 자료는 편자가 구 한국정신문화연구원 재직 당시
에 중화민국의 國史館, 中央研究院近代史研究所, 中國國民黨史委員會 등에서

수집한 대한민국임시정부를 중심으로 한 중국 대륙에서의 한국독립운
동사 관계 자료와 그 후에 보완 수집된 자료, 그리고 방선주 교수를 통
하여 입수한 미국국립문서보관소에 소장된 한국광복군 관계 문건을 종
합 정리한 것으로 그 의의가 있다.

· 윤병석 편. 1993. 『한국독립운동사자료집-중국편』.

4.2.5. 한림대학교 아시아문화연구소

한림대학교 아시아문화연구소는 민간 차원에서 북한관련 미국 자료
의 국내 반입을 위해 주목할 만한 역할을 수행해 왔다. 1984년 발족과
함께 국외에 있는 한국사 관계 자료수집에 힘써 그동안 많은 자료를 발
굴·수집해 왔다. 그 가운데 미국의 각 정부기관에 보관하고 있는 한국
관계 문서 중 해방 후 3년간 미군정부의 극비문서들을 체계적으로 수집·정
리하고 해설과 색인을 붙여, 1988년부터 자료총서 시리즈로 간행하여 학계
에 제공해 왔다. 특히 1994년부터 이 연구소는 북한사 연구를 중심으로 추진
하였다. 해방직후부터 휴전까지(1945-1953)의 북한 연구를 체계적인 자료발
굴과 함께 심층적인 조사 분석으로 총체적인 통일대비 북한사 연구의 전
기를 마련하였다. 대다수 많은 자료집은 이 연구소 객원교수로 수년간 한
국의 근·현대사 자료 발굴과 수집에 노력하고 있는 방선주 박사에 의해
이루어졌다. 방선주 박사의 업적은 '한국현대사 연구'의 자리에서 으레
회자될 만큼 영향을 미쳤다. 방선주 박사는 미국의 각 정부기관에 보관
중인 해방직후의 남북한 관계 자료들 중에 기밀 해제된 것으로 입수 가능
한 자료들을 모아 해당 분야별로 많은 자료들을 엮고, 해제를 붙였다. 이
들 자료는 한국전쟁에 이르는 국내적 배경을 밝히는 데 귀중한 자료들로
서, 아래와 같은 많은 자료들이 수집, 활용되어 제공되고 있다.

· 한림대 아시아문화연구소. 1987. 『미국의 대한정책 1834~1950』.
· 한림대 아시아문화연구소. 1989. 『미군사고문단 정보일지』 1~2.
· 한림대 아시아문화연구소. 1999. 『미국극동군사령부 G-2 일일정보요약』1~10.
· 한림대 아시아문화연구소. 1995. 『미군정기 정보자료집: 노동관련보고서』.
· 한림대 아시아문화연구소. 1995. 『미군정기 정보자료집: 시민소요, 여론조사보
　　고서』 1~2.
· 한림대 아시아문화연구소. 1995. 『미군정기 정보자료집: CIC(방첩대)보고서』. 1~3.
· 한림대 아시아문화연구소. 1995. 『미군정기 정보자료집: 하지문서집』. 1~3.
· 한림대 아시아문화연구소. 1996. 『북한경제관련문서집, 1946~1950.1』.
· 한림대 아시아문화연구소. 1994. 『북한경제통계자료집, 1946~1948』.
· 한림대 아시아문화연구소. 1996. 『빨치산 자료집』(1-7).
· 한림대 아시아문화연구소. 1996. 『아베 노부유키 조선총독심문서(1945.12.11)』.
　　『아시아문화』제12호.
· 한림대 아시아문화연구소. 1993. 『조선공산당문건자료집(1945~46)』.
· 한림대 아시아문화연구소. 1990. 『주한미군 북한정보요약』. 1~4. 1990.
· 한림대 아시아문화연구소. 『주한미군 정보일지』. 1~8. 1988~1990.
· 한림대 아시아문화연구소. 1989. 『 주한미군 주간정보 요약』 1~5.
· 한림대 아시아문화연구소. 2000. 『한국전쟁기 중공군 문서』 1~4.

　이외에도 방선주 편. 『북한논저목록』(2003), 『한국현대사와 미군정』
(1991), 『한국전쟁기 삐라』(2000), 『KLO-TLO문서집: 미극동군사령부 주
한연락사무소』(2001) 등이 있다.

　또한 아시아문화연구소에서는 소련과학원 동방학연구소가 1917년부터
1970년까지 소련에서 연구 발표된 한국에 관한 문헌들을 모아 1981년에 출
간한 『韓國學研究 文獻目錄』(Bibliografiia Korei, 1917-1970)을 입수하기 시
작하여 총 2,369편의 논저 중에서 1,672편(MF:53릴)을 현재 보유하고 있
다. 이 자료들은 이 연구소 논문집 『아시아문화』제6호부터 완역되어 해
제와 같이 연재되고 있다.

4.2.6. 통일부

통일부 북한자료센터는 1989년 5월 22일 우리 정부의 특수자료 공개 정책에 의해 설립되었다. 『북한자료센터』는 일반국민은 물론 국내외의 북한 및 통일문제 연구자에게 북한관련 정보자료를 제공하고, 연구의 활성화를 도모하고자 개관한 통일 및 북한관련 분야의 전문도서관이다. 현재 북한에서 발행된 자료를 비롯하여 10여 만권의 북한 및 통일관련 자료를 보유하고 있다. 1990년대 말까지는 전국의 200여 개 북한관련 특수자료취급기관 전체의 종합목록을 발간하는 등 북한관련 자료의 조직화와 특수자료취급기관간의 공유, 대국민 공개와 서비스 제공을 위해 노력해 왔다. 그러나 IMF를 거치면서 조직변화와 전국적인 전산화 사업에 따른 영향으로 명맥을 유지하던 전국 특수자료취급기관의 종합목록 발간은 1997년을 끝으로 종료되었다. 그동안 통일부에서 발간한 북한관련 주요 자료집과 목록은 다음과 같다.

〈그림 2-7〉 통일부 북한자료센터 홈페이지

· 국토통일원. 1970.『추려서 엮은 미국국회도서관소장 북괴자료목록집』.
· 국토통일원 역. 1987.『조선의 해방』.
· 국토통일원. 1989-1997.『미군정 정보보고서』. 1~8.
· 국토통일원. 1983.『북한간행물 마이크로필름 목차집』.
· 국토통일원. 1985.『북한관계 마이크로필림 자료목록(미국 공문서보관소 소장분)』.
· 국토통일원. 1987.『북한자료 마이크로필름 목록(6.25당시 노획한)』.
· 국토통일원. 1988.『북한최고인민회의자료집. I~IV』.
· 국토통일원 역. 1988.『소련과 북한과의 관계 -1945~1980』.
· 국토통일원. 1988.『조선노동당대회자료집』. I~IV. 1980.
· 국토통일원. 1989.『북한 및 공산권 자료목록』.
· 국토통일원. 1990.『북한 및 공산권 자료목록: 추록 I(1989.1~1990.6)』.
· 통일원. 1991.『북한자료목록(사회주의권): 추록II(1990.7~1991.6)』.
· 통일원. 1992.『북한자료목록(사회주의권): 추록III(1991.7~1992.6)』.
· 통일원. 1993.『북한자료목록(사회주의권): 추록IV(1992.7~1993.6)』.
· 통일원. 1994.『북한자료목록: 추록V(1993.7~1994.6)』.
· 통일원. 1995.『북한자료목록: 추록VI(1994.7~1995.6)』.
· 통일원. 1996.『북한자료목록: 추록VII(1995.7~1996.6)』.
· 통일원. 1997.『북한자료목록: 추록VIII(1996.7~1997.6)』.
· 통일원. 1994.『북한의 주요원전 색인목록 (I): 김일성저작집』.
· 통일원. 1995.『북한의 주요원전 색인목록 (II): 정기간행물 1993-1994』.
· 통일원. 1996.『북한의 주요원전 색인목록(III): 정기간행물 1991~1992』.
· 통일원. 1996.『북한의 주요원전 색인목록(IV): 로동신문 사설: 1986-1995』.
· 통일교육원. 1997『북한의 주요원전 색인목록(V): 로동신문 사설 1966~1985』.

1988년 통일부에서 발행한『소련과 북한과의 관계-1945~1980』는 소련의 과학아카데미 동양학연구소에서 1981년 간행한 연구를 통일부에서 번역 발간한 것이다. 여기에 수록된 문헌과 자료들은 일본 식민지 통치로부터 조선 인민을 해방시키는데 있어서 소련 군대가 한 역할, 또한 조선민주주의인민공화국의 인민경제 복구발전에 대한 소련의 원조, '미국침략의 격퇴와 평화적이며 민주주의적인 조선의 통일'에 대한 소련의 외교적 투쟁 등을 보여주고 있다. 또『소련의 해방』(1987)도 소련의 과학아카데미 동양학연구소에서 1976년 간행한 연구를 번역한 것으로, 제

2차 세계대전 말기 소련군의 북한지역 점령에 직접 참여하였던 "I. M. 치스쨔코프" 대장(북한주둔 소련군사령관) 등 11명의 장성 및 장교들에 의해 집필된 회고록이다. 본 서에는 1945년 8월 9일 소련의 대일 선전포고 이후 극동소련군이 만주와 북한 땅에서 전개한 군사작전에 관한 내용이 자세히 서술되어 있으며, 북한 점령이후 '民政'이라는 명분하에 실시한 소련군정에 관한 미공개 자료가 상당부분 수록되어 있을 뿐만 아니라, 특히 주목할 것은 1945년 북한의 해방이 소위 '빨치산'에 의해서가 아니라 소련군에 의해서 가능했다는 점을 강조하고 소련의 북한에 대한 각종 원조를 크게 부각시키고 있다는 점이다.

통일부는 통일부 본부를 비롯하여 통일교육원과 남북회담본부 등 각 부처에서 매년 정기적으로 간행물을 발행하고 있다. 1973년부터 발행한 『남북대화(South -North Dialogue in Korea)』를 비롯하여 매년 갱신하고 있는 『통일백서』, 『통일문제 이해』, 『북한 이해』, 『북한방문 길라잡이』, 『북한 기관단체별 인명집』, 『북한의 주요인물』, 『북한 주요행사 예정표』, 『북한 권력기구도』, 『북한개요』 등이 있고, 기타 『통일교육지침서(학교용)』, '통일교육지침서(일반용)』 등을 비롯하여 필요할 때마다 많은 자료들을 발간하고 있다.

또한 용역보고서의 경우, 1970년대 이후 3,000여 건의 자료들이 있는데 이 중 2,000여 건은 북한자료센터(unibook.unikorea.go.kr) 홈페이지를 통해 e-Book으로 제공되고 있다. 2003년 이후의 최근 연구 용역보고서 120여 건은 통일부홈페이지(www.unikorea.go.kr) '정책자료코너'에서 다운받아 볼 수 있다.

통일부는 최근에는 북한의 1950년 전후의 기록을 담고 있는 영상자료를 입수하였는데 이 시기의 북한과 주변 관계를 연구하는데 귀중한 자료가 될 것으로 생각된다. 그 주요 내용은 <표 2-5>와 같다.

<표 2-5> 북한의 1950년 전후 기록 영상자료

No	영상 세부내용	분량 (시간)	유,무성
1	제목: 용광로(극영화, 1949년작), 35미리(총10릴) －제공: 조선중앙영화배급소 －후원: 산업성 －촬영: 국립영화촬영소 －만든사람들/ －지도: 주인규, 연출:민정식, 각본(씨나리오):김영근, 촬영:최순홍. －연기자: 박학(주역), 문예봉, 유현, 안상현, 김영, 홍형두, 심양, 리재현, 리재덕, 김혜석, 기광운, 박동언 등. －내용: 황해제철소에서 일본인이 파괴한 용광로를 노동자와 기술자가 합작하여 노력 끝에 회복하는 줄거리. 그 중 파괴분자의 사보타지행위도 보임. 전체 내용에 극적 전개가 없음.	90:39:00 (1:30:39)	발성
2	제목: 인민군대(북조선국립영화촬영소, 1948.3) －행사내용: 조선인민군 창건식 실황(1948.2.8), 인민위원회창립2주년 기념행사와 동시(겸) －기념식장소: 평양역전 광장 －특기내용: 김일성기념연설(육성), 최용건 총사령관 연설, 태극기 게양, 애국가 연주(올드렌싸인곡), 열병 및 분열식, 시가행진(시민40여만 환영), 단상에 스티코프(소련군사령관) 등 참석	15:13	발성
3	조선시보 11호(릴:1-5) －전국종합체육대회실황(1948. 10.31-11.3): 북조선정권창립기념--김일성, 김두봉위원장 및 기타 정부요인 참석, 평양시경기장에서 개최, 대회장: 남일, 마라톤경기중계(관심), 마스게임으로 종료 －소련군 철수환송(1948. 10.19), 기념식에 김일성, 김두봉, 홍남표위원장 참석, 3.8탁아소 아동 및 인민학교 아동공연, 가극 춘향전 공연, 전국 각 단체(기독교연맹, 불교도연맹 등) 선물마련, 감사 선물 만들기(수공예품, 자수, 조각품, 회화작품, 미술품등 기념품 제작), 감사 메시지 및 편지서명, 축기증정 감사표시 －10월19일환송식: 소련군 민정사령부에서 김일성, 김두봉, 소련군지휘부 참석: 조선해방기념장 수여: 소련군에게 조국해방기념 메달수여(육해공군: 홍남표위원장이 수여): 조선해방기념장 수여 －소련군 귀환 환송식 계속: 평양시민 환송인파(스탈닌거리) －평양역 뒤 시민환송(환송사, 답사) －두만강 하류 국경지역(아오지역 이정표)	28:48:00	발성

No	영상 세부내용	분량 (시간)	유,무성
4	조소 양국의 영원한 우의(릴1-5)	17:07	발성
	-1945. 8. 9 소련군 대일전쟁 활동상, 소련군 북조선 진공 상황, 북조 선 소군진주 시민들의 환영실황, 소련기술자등의 활동상, 인민위원 회 창립화면: 김일성참석 인계인수장면, 일제파괴시설장면, 소련 기 술자들의 자동차수리지원, 물자지원, 철도복구 사업지원 활동		
	-소련농업기술지원, 소련교수 및 학자들(16명내방)의 기술인재 양성 교육, 의료지원사업, 조소친선활동상, 김일성대학에서 강의, 농촌의 료활동, 2회째 미소공동위원회 스티코프 소련군대장 활동장면, 최고 인민회의(1948.4.25), 최고인민회의대의원 인민투표(8.25), 양국군(소 련군,미군)철수제기(9.10), 소련군에게 주는 감사문 전달		
5	-뉴-스: 인민대표회의 대의원들의 참관활동(각계각층 대표 572명 대 의원): 본회의에 앞서	7:43	발성
	-평양일대 산업문화시설 시찰 중앙종합병원, 노동신문사 신축공사, 김일성종합대 신축공사 등 시찰과 평양 제1고급중학교, 제9인민학 교등 참관, 최고인민회 개최 경축인민체육대회 참관, 각 직장문화예 술단체 공연참관		
	-본회의(3일간 개최): 최고인민회의 제1차 인민대표회의 장면(1948.9.2: 모란봉극장): 김일성, 김두봉, 강량욱, 등 참석, 최고령자 정운영의 개 회사로 개막, 의장: 허헌, 부의장: 김달현, 이영 피선		
6	-산업시설 소개: 황해제철소 모범기업소로 표창(김책 부위원장): 유 성(여자)	7:08	발성
	-축산승리의 길로: 국립순천 종양장(면양) 소개, 생산품 사리원방직공 장으로		
	-산업시설소개: 황해제철소 모범기업소로 표창(김책 부위원장): 유성 (여자)		
	-축산승리의 길로: 국립순천 종양장(면양) 소개, 생산품 사리원방직공 장으로		
	-3.8탁아소를 찾아서(평양: 북조선민주여성동맹설치): 2살 미만 탁아 생활 및 난방시설소개		
7	-인민대표자회의(4차회의: 1948.2.6-7): 김일성연설보고 및 토론답변 (육성)(1947년도 인민경제부흥 총 결과 및 1948년도 인민경제발전 계획에 대하여)	6:52	발성
	-같은날 조선임시헌법 초안심의 채택(각 출판물에 발표)		
	-인민학교의 하루(소년단활동, 도서실, 예체능활동 등)		
	-1946년 11월 3일 선거(무성 영상)		
8	연출조수: 문규삼, 촬영조수: 노근영, 조명조수: 백인기, 편집조수: 황경숙	7:41	무성
	내용: 1946년 11월3일 민주선거 소개(선거 3일전실황): 벽보포스터, 그 림, 선거구호		
	11월1일 저녁: 김일성연설(무성: 민주선거연설보고대회, 장소: 소련군 대구락부)		

No	영상 세부내용	분량 (시간)	유,무성
8	11월2일: 선거에 앞서 시민경축대회(14만명 운집) 11월3일: 선거장면	7:41	무성
9	공업도시: 흥남 제목: 승리의 개가올린 <흥남인민공장> < 2:52> －1947년도 인민경제계획생산예정숫자돌파 경축대회(1947.2.27) －김책위원장, 상업국장 인사말: 이문환 제목: <우리나라 돈 진정한 인민의 돈이 나왔다> <2:31> －1947년 12월6일 최초 화폐발행소식 제목: 낙후된 생활 박차고 생산전선으로 가는 <화전민> <2:21> －1947.11.25 맹산군 애전면의 화전민들이 생산전선으로 출발 －화전민들 농촌, 광산지역으로 이주 제목: 청년들의 의기를 선양하는 국제청년절 출발(1947,평양) <2:19> －이날 밤 햇불봉화 행진	9:52	발성
10	－1949년 중앙아시아조선인들의 집단농장생활상(우즈베키스탄) －<극성>의 생활의 삶(타시겐트 영화촬영소제작(1949년), 조선어판 녹음: 모스크바) －농장위원장 김병하(사회주의 노동영웅 및 우즈베키스탄공화국 최고소비에트 대의원) －<극성>집단농장 10년 역사	9:24	발성
11	－1947년 5.1절경축 기념실황: 김일성 참석 등 －국제민청회의(체코) 참석대표단 34명 도착소식(1947.9.19도착). －10.11 개선환영 체육경기(축구) 행사 －개원식: 민주조선 교육사상에 영원히 빛날 평양혁명자유가족학원 (애국열사자녀) 개원식 (1947.10.12), 신축공사 및 만경대유가족위로행사장면: 김일성참석 연설 －황해제철소제3용광로 출선식(1947.12.3):김일성참석, 스티코프대장 축사	8:41	발성
12	－소련군 북조선철수, 스티코프대장 시민들과 악수, 시민들의 환송모습(무성) －최용건(총사령관), 외무상 등과 군부 수뇌들이 두만강(함경북도 홍의역: 접경지역에서 환송) 조소국경지대에서 소련군 수뇌 철수 환송(1948.12.31): 마지막 철수 화면(두만강 얼음). (통과 역전: 사회역-홍의역-구룡평역) －최용건 국경설치 바리켓이트 직접내려서 고정시킴	6:15	무성
13	조선시보 제16호(여성 해설): 국립영화촬영소 제작	10:25	발성

No	영상 세부내용	분량 (시간)	유,무성
13	- 문예총(문학예술총동맹) 제3차대회 실황(1949. 2. 27 모란봉극장에 서): 한설야위원장 연설화면: 7개분야 동맹참가, 사업결산보고, 규약 개정 통과	10:25	발성
	- 국제부녀절 38주년기념대회(1949년3월8일): 박정애 연설: 평양에 있 는 소련, 중국 등 여성 함께 참석		
	- 약진하는 서평양철도공장: 건설신축공사(공사비 2억3천8백20여만 원) 소개: 열차수리 재생소개, 철도노동자 휴식시간에 체육활동 및 오락장면	10:25	
	- 제1차 교통성산하 종업원 및 교통 노동자 직업동맹 열성자대회(제1 차 1949. 2.16-17개최)		
14	<조소친선과 소비에트문화순간> 음악회	8:23	발성
	- 일시: 1949.10.22-23		
	- 장소: 국립예술극장		
	- 관현악 협주연주(피아노 반주, 지휘자)		
	- 바이올린 독주(인민군): 소련음악		
	- 인민군 연합합주 및 합창(남녀혼성 합창): 소련노래		
15	- 남한 영상물	7:45	무성
	- 후생복표 추첨		
	- 전북호비행기 헌납식(이승만)		
	- U.N한국위원단 사무국장 내한		
	- 고육군중령 정종근 장례식		
	- 북한괴뢰 공산군 월남귀순병 국군편입식		
	- 지남호에 싣고온 적십자 구호제품		
	- 전국학도호구대 간부훈련생 졸업식		
	- 외국무역에(1949. 6.27) 계란도 한몫(인천, 홍콩)		
	- 여수지구 육해공군 시가행진: 이승만 사열		
	- 대한민국수립 1주년기념식(1949.8)		
	- 발전하는 금포공항 한미가 공동관리		
	- 이승만대통령 화환을 증정 이부통령 82회 탄신일 기념		
16	특보 제6호(북조선국립영화촬영소 제작(1949. 6. 25)	10:34	발성
	- 조국통일민주주의전선결성대회 개막(1949. 6. 25-28: 평양 모란봉극 장회의실, 남북조대표자 71개 정당 676명 참석): 김일성, 김두봉, 허 헌, 박헌영, 여운형 등 연설: <10분30초: 유성>		
	- 김두봉개막식개회, 41명주석단피선, 대표자격심의, 허헌보고연설, 김두봉폐회		

No	영상 세부내용	분량 (시간)	유,무성
17	국립영화촬영소 제작(1948. 9) −남포조선소에서 450톤 철강선 <신흥호> 진수식(1948. 6.23): 김일성, 김두봉의장 참석 −신학년도 준비사업(1948. 6월부터 9월까지): 각계각층교육열성자 대회: 학교신축공사에 노동자 및 학생참여, 학용품준비, 학생활동 및 교육활동	7:34	발성
18	제목: <북조선에서> 제작: 적기훈장받은 중앙기록영화촬영소(모스크바, 1950년) 감독: 이. 크랍추놉쓰끼, 촬영기사: 이. 벨랴꼬브, 편곡: 브. 꼬똡쓰끼 내용: 해방탑(소련군 해방기념탑), 정부청사 및 사회시설, 역사박물관, 흥남화학공장복구, 노동작가 이북 명작가(노동현장을 작품에 반영), 탁아소, 노동자휴양소, 농촌, 추수광경, 교육활동내역(향학열), 직업 학교에서 작가 <정율>소련문학 수업, 조소문화교류 협회위원장 이기영 축사, 내각부수상 홍명희 소련문화예술인 공항접견(작가, 음악가, 배우), 북한의 발전상등 홍보	16:40	발성
19	제목: 민청(북조선 민주청년동맹) 제3차대회 개막실황 −일시: 1948년 11월11일(4일간진행) −중앙민청 위원장: 현종민 개회사, 박헌영, 홍명희 등 참석 −각지역의 동맹원 평양모임 참석(전국 130만명 회원) −1947.6 푸라하에서 개최된 세계직업연맹회의(PIPLM) 참가하여 예술분야 1등상 수상: 소련(니끼따 예브 외 2인), 중국(장남상외 2인) 등의 청년단대표 입국 −김일성 명예의장 추대	9:04	발성
20	남북연석회의(국립영화촬영소,1948.5) −개최일시: 1948.4.19-23 −개최장소: 모란봉극장 −참석현황: 남북한 56개 정당 및 사회단체대표 695명 −김일성, 박헌영, 김구(4/22일축사), 조소앙, 홍명희등 축사 및 연설	33:15	발성
21	<고무공장> 소개(1948년도 상황 촬영) −고무신, 고무류 생산제품(호스, 지우개 등) 생산장면, 교량신축공사 장면	8:51	발성
22	−인민군과 국군의 모이전투, 부상인민군 구호,--무성 −소련군에의한 8.15해방 북한감옥의 해방(simulation)--유성 소련군 일본도 대량노획: 전체 무성이나 유성부분 약간	7:07	무성

No	영상 세부내용	분량 (시간)	유,무성
23	제목: <38도선>	38:17:00	발성
	제작일: 1948년 10월		
	내용: 일제시대의 고통스런 현장재현, 공출착취, 12-3세의 여공들의 노동모습, 일본군의 잔악행위(생매 장등 Simulation), 강제징용, 전쟁터에서의 죽음, 일제의 고문상황(물고문, 전기고문, 구타, 매달기, 손톱 밑 찌르기 등)		
	−남반부에서의 팟쇼테러 통치상황, 미소공위실황, 좌파 탄압, 쌀공출, 파고다공원에서 도박장면, 개성지역에서의 테러현장(Simulation), 인민봉기		
	−북한의 눈부신 발전상과 건설, 남한과 대비, 일제시의 영상물에는 당시의 자료를 이용한 흔적이 있음.		
24	조선시보 제21호(국립영화촬영소 제작)	10:22	발성
	(1) 우리의 수령을 우러러		
	−1949년11월3일 김일성동상 제막식(강동군 승호리 승호공원에서)		
	−홍명희 부수상, 허정숙 문화선전상, 백남운 교육상 참석		
	−민주선거 3주년 기념하여 동상제막		
	−강동군 인민위원장 김종식 개막식 식사		
	−평안남도 인민위원장 전창용 동상 제막		
	(2) 의거 입북한 함선 스미스호		
	−1949.5.20 부산항을 떠나 오후6시 남포항 스미스호(2,000톤급) 입항 (58명승무원과 함께 안관재 선장 25일도착)		
	−5.25 승무원 남포시민 환영대회		
	(3) 중화인민공화국 수립 만세		
	−9월말 북경에서 중국 인민정치 협상회의 제1차회의에서 중화인민공화국 중화인민정부 수립(모택 동 주석)		
	−1949.10.3 평양국립예술극장에서 평양주재 중국인들 경축대회		
	−중국동북상업대표: 문사정 연설, 북조선화교연합회 부위원장: 마오정 등 1,000여명 참석		
	(4) 세계평화를 옹호하여		
	−1949.10.2 평화옹호국제투쟁일을 맞아		
	−평양 김일성광장 등 4개소에서 30만시민 운집 군중대회 개최		
	−한설야(평화옹호전국위원회 위원장)의 과업보고 연설		
	−노동자, 농민, 여성대표자 보고 설명		

No	영상 세부내용	분량 (시간)	유,무성
25	특보 제8호 제작: 북조선국립영화촬영소(1949.10) 제목: 인민의 원쑤 <호림부대>인민재판 공판일시:1949년 9월 11일(오전10시), 장소: 평양 모란봉극장(조선민주주의인민공화국 특별법정) −관련자(전 호림부대원): 전월성, 이한기, 조석풍, 고찬식, 김인환 −강원도 인제군지역에서 활동하다 양양지역에서 체포된 남한의 호림부대원들의 재판 −오후 8시 재판장 판결낭독: 전원 사형언도	17:58	발성
26	(1) 1949. 5.5의거입북 <5:21> −6여단8연대 1대대(춘천지역): 표무원(제1대대장), −6여단8연대 2대대(홍천지역): 강태무(제2대대장)가 대대원들을 이끌고 화천과 인제방면으로 의거 입북(5.5). −1949.5.7평양시민(30만)환영대회--역전광장으로부터(스타린거리) 서평양역까지 카퍼레이드 (2) 1949. 5.12 해군 제2특무정대 사령부소속 기함 제2특무정대 장병들 입북(5.10일 부산항출발 5.12일 원산항 입항),평양시민들 열렬환영 <1:23> (3) 조국통일민주주의전선 제1차준비위원회 <1:21> −1948.5.25 평양 모란봉회의실에서 개최 −준비위원장: 김두봉, 위원장: 허헌, 홍명희, 김달현 −남북조선 51개 정당사회단체 68명대표 참가 −조통일결성준비위원회 지도부 및 서기부를 선거 −준비계획서를 6월초에 개최될 제2차회의에 제출할 것을 지도부에 위임	7:49	발성
27	제7호 뉴-스, 도자기 및 요업공업 생산현장, 방직공장 소개	3:25	발성
28	<수풍땜> :중앙년감(1950)에 소개된 다큐멘터리 −1949.6.5 에푸롱공사 준공	16:31	무성
29	조선시보 제25호(국립영화촬영소 제작, 1950년초기) (1) 조·중 체신개통식(촬영: 한창해): 1950년 2월 1일 <2:42> −1949.12.25. 조·중간 체결된 체신협정에 의하여 조·중 양국간 전신전화개통식 거행 (1950.2.1 체신성회의실) (2) 농민시장(촬영:조창서) <1:16> −토지개혁 4주년기념하여 3월5일을 기하여 농민시장 개설 −평양시 제1농민시장, 함흥농민시장, 원산등 여러 도시에 개설	9:31	발성

No	영상 세부내용	분량 (시간)	유,무성
29	-국영상점에서 생필품을 구입 -도, 농간의 물자거래 원할을 기함 (3) 체코 해방 5주년기념 조선대표단출발(촬영: 홍일성) <1:10> -출발일:1950.4.19 -부수상 홍명희, 문화상 허정숙, 교육상 백남운 등이 나와 환송 -참가 대표: 교육성 부상: 남일, 작곡가: 이면상, 노동자: 황일녀 (4) 교통일꾼에 국기훈장 및 공로메달 수여식(촬영: 홍일성) <1:39> -1950.2.19 교통성 회의실에서 김두봉(최고인민회의 상임위원 위원장)이 수여 (5) 교통성 종업원 직맹열성자대회(촬영: 류만준) <2:53> -제2차 교통성 산하 종업원 및 직맹열성자대회 -1950. 2.20-21 국립예술극장에서 성대히 개최 -박인환 교통성부상 연설, 운수국장 18인 토론과 참석 -대회 2틀째(2.21) 김일성 참석하여 "2개년인민경제 계획실행 있어서의 임무"에 대하여 연설	9:31	발성
30	북조선국립영화촬영소 제작(1948.4) **1947. 8.15경축대회 실황(해방2주년) -평양시민 김일성광장 모임 -기념식 단상: 김일성을 위시한 내외관계자 참석 -군중들 박수와 함께 함성, 태극기 입장 -참여 군중들중 소련군대 전사자추도 "해방탑" 앞에 꽃다발 증정 -30여만명 군중 시가행진 -8.15경축 체육축전: 평양시경기장에서 -8.15경축 전람회개최 -8.15경축 음악회 -태극기를 보이면서 끝남	10:57	발성
31	조선시보 제3호 제작: 북조선영화촬영소(1948.3) (1) 국제직업연맹 대표단 일행 <3:20> -1947. 4.1 국제직업연맹대표단 방북 -4.2 대표일행 김일성(북조선임시위원회 위원장)위원장실에서 환담 -일행 평양연초공장 방문 -대표단 환송대회 4월 2일 저녁 7시 평양역전 광장에서 개최 (2) 북조선인민회의 제3차회의 <2:24> -1947. 11.18-19(2일간)개최--- 최승희 참석(회의장도착) -김두봉의장이 <조선임시헌법제정 준비에 관한 보고>	10:00	발성

No	영상 세부내용	분량 (시간)	유,무성
31	-조선법전초안작성위원회 조직 결성(21명) (3) 북조선직업총동맹 제2차중앙대회 <1:16> -1947.12.20 평양국립극장에서 개막(12.20-23) -21일 김일성 회의장 참석 연설 -김책 부위원장 북조선인민위원회에서 주는 깃발 수여 (4) 조선임시헌법초안 제2차제정위원회 통과(만장일치 통과) <2:45> -1947.12.20 인민회의원에서 개최(2일간) -서기장 김택영 구체적 보고 -김일성 참석 설명 -제2일에 만장일치로 통과 ***이후 인민군 훈련물 약간 있음(#5391의 초기 장면임)	10:00	발성
32	-인민군 훈련장면(무성) -각종 중화기(박격포 등)사격훈련, 동절기 야외 전투훈련	6:06	무성
33	-인민군 훈련 영상물(무성)	3:59	무성
34	-인민군 군사훈련 영상물(해군 인계): 무성 -대포, 자주포사격훈련, 총기집체훈련, 사열, 부대기인수인계, 마차 부대	7:11	무성
35	-국군, 미군포로들 서울지역(?) 인솔행진(인민군 감시), 인원점검	1:02	무성
36	-미국 포로들의 수용소 생활(6분)	5:55	무성
37	인민군과 국방군의 모의전투 연출(시뮬레이션)	11:35	발성
38	인민군과 국군의 교전(Simulation) 국군침공, 인민군대기, 헌병이 국 군을 감독하면서 진공 도망가는 국군을 헌병이 사살	7:38	무성
39	<인민군 훈련 영상물> 나팔 불다, 군인들 막사(산중턱)에서 나온다. 체조, 냇가에서 세면, 권총사격훈련: 장교급 등(인민군 의 일상생활)	7:11	무성
40	<인민군훈련 영상물> -기마차 지나감, 냇가에서 세탁장면, 병사들 제식 및 집총훈련, 사 열진행, 기총사격훈련, 진공습격연습, 포사격훈련. -부녀자들의 위문, 군민과 합작하여 참호구축, 고지에서 내려다본 인근산야	10:41	무성
41	(인민군 사기진작 홍보용) -막사에서 취사, 철봉체조, 국제가합창, 장교 2명이 훈시 인민들께 감사하라, 인민들의 위문품 분배, 위문편지 소개(낭독), -이하Simulation. 남쪽의 인민학살 생매장 민중항쟁, 북한의 건설상, 청년남녀의 인민군 지원상, 미국 고문관들의 서툰 한국어로 남한 지도자들께 훈시	9:02	발성

No	영상 세부내용	분량 (시간)	유,무성
42	<인민군의 활동양상> －고지에서 보초지키는 장면(야간), 남한군 진공, －인민군 창건 2주년기념(1950. 2): 제5초급단체, 연대민청위원회 현수막 －인민군 해군의 사열식과 활동상황, 무대오락 및 군내생활 및 군사교육, 사열 등	10:46	무성
43	인민군 사격연습, 진공훈련, 여군구호연습(Simulation), 남한군 침공교전 －인민군 창건실황 보임(일부장면), 시가행렬, 트럭이 끄는 대포들의 행렬	5:13	무성
44	인민군 구보행진, 야외훈련, 군사교육(제식훈련, 총검술, 체조 등), 휴식, 각 사회단체 시가행진, 인민군 사열, 탱크 및 대포, 신식무기 등을 망라한 평양역전 광장에서 인민군 사열식 －인민군 경축 군사퍼레이드(1950년 중순경(5.1절행사로 판단됨) －최용건 총사령관 말 타고 사열점검 및 연설, 폭죽발사 축하 －단상에 김일성을 비롯한 북한지도층 배석	10:58	무성
45	제목: <대만주국 국지전모(大滿洲國國之全貌)> －만주지역에서의 일본군의 활동상 1. 봉천성 경비사령관: 干芷山 上將 －봉천성 경비사령부 고문단 막사전경 －남만주의 치안대--중앙육군 훈련처 －기초훈련 화면(제식훈련, 검도, 기마훈련 등) 2. 길림성 경비사령부 －길림성 경비사령관: 吉興 中將 －길림 제2교도대 소개 3. 하얼빈 －강방비대 사령관: 尹祚乾 小將 4. 제제합이(齊齊哈爾) －흑룡강성 경비사령부 －흑룡강성 경비사령관: 張文鎬 中將 5. 점가철(店家錢) －몽고군의 모습 －흥안성 군사고문단 －소년군 소개	66:03:00 (1:06:03)	무성

No	영상 세부내용	분량 (시간)	유,무성
45	6. 비행훈련(애국기) 완성기의 황군의 병영 비적토벌 전우의 영혼위령 근무: 잔원의 훈련 기관총대의 맹훈련 등등	66:03:00 (1:06:03)	무성
46	#비상시일본/12/101:00/발성 1. 제목: 비상시일본(非常時日本) 2. 제작처: 대판 매일신문사 3. 제작년도: 소화8년(1933년) 4. 제작지도: 일본육군성 신문반 (육군보병학교, 육군기병학교, 육군공병학교, 육군야전포병학교, 제4사단, 육군호산학교군악대, 비행학교) 5. 소요시간(분량): 101분(1시간41분) 6. 내용: 1931년 9.18사변후의 일본의 비상대책	94:56:00 (1:34:56)	발성

4.2.7. 외교통상부

외교통상부가 소장하고 있는 대표적인 자료로는 김영삼 전 대통령의 모스크바 방문시(1994년 6월 1일부터 6월 4일까지)에 러시아의 옐친 대통령이 제공한 비밀문서(러시아연방 대통령문서보관소와 러시아외무부 외교정책문서보관소 소장 문서)를 들 수 있다. 외교통상부 외교사료과에서 『한국전쟁(1950. 6.25) 관련 러시아문서: 기본문헌, 1949~53』, 『한국전쟁(1950. 6.25)관련 러시아문서: 보충문헌, 1949~53』이라는 표제 아래 소장하고 있는데, 원본은 216건 548페이지 분량이며, 번역본과 합치면 약 1,100쪽에 달하며, MF 형태로 보관되어 있다. 그런데 이 자료들은 러시아가 임의로 선별하여 제공한 것이므로 전쟁의 전체상을 객관적으로 그리는데는 한계가 있다. 특히 한국전쟁 발발 전후인 1950년 5월 15일부터 6월 30일 사이의 원문서(러시아 외무성 관계자가 작성한 것을 근거로 대한민국 외무부가 번역한 요약과 내용 구성에는 6월 23일부터 30일 사이)는 빠져 있다. 소련 문서가 역사적 사실을 완전히 날조하려고 하지는 않았을지라도 그들의 입장을 정당화하기 위해 은폐했을 가능성은 충분히 있으므로 전적으로 신뢰하기보다는 사료적 비판이 필요하며, 한국전쟁의 발발에서 김일성의 개전 의지를 부각시켜 그 책임을 김일성에게만 전가시키려고 선별적으로 공개한 것은 아닌가 하는 의구심이 들게 한다. 또한 미국의 우드로우 윌슨 센터 등의 주도로 구소련 시대의 비밀문서 발굴 작업이 행해졌는데, 그 가운데 한국전쟁 관계 자료는 한국 외무부 소장 자료와 상당 부문이 유사한 것으로 밝혀지고 있다. 이들 러시아 자료는 이상에서 제기한 문제점에도 불구하고 매우 귀중한 자료임이 분명하다.

외교통상부는 산하에 외교안보연구원을 두고 있는데 이 연구원을 통해 북한관련 각종 자료도 발행하고 있다 대표적인 발간물로 '주요국제문제분석', '정책연구시리즈', '외교안보연구', 'IFANS Review', 'IFANS Brief', 'IFANS FOCUS', '국제정세전망' 등이 있다.

4.2.8. 통일연구원

통일연구원은 1980년대 후반 이후 구소련의 해체와 동구권의 붕괴 등 국제정세의 급변에 따라 우리나라의 통일 환경도 변화됨으로써 통일논의의 확산과 체계적, 전문적 종합연구기관의 필요성에 의해 1991년 4월 개원되었다. 현재 국내·국제 학술회의, 워크숍을 활발하게 추진하고 있다. 또한 Studies Series(연 6~7권), 국문논총 『통일정책연구』(연 2회), 영문논총 『International Journal of Korean Unification Studies』(연 2회), 『통일정세분석보고서』(수시), 『월간 북한동향』, 『KINU insight』(계간), 『북한인권: 국제사회 동향과 북한의 대응』(반년간), 『연례정세전망보고서』(연간), 『KINU 연차보고서(연간)』, 『북한인권백서』(White Paper on Human Rights in North Korea: 연간)를 발간하는 등 북한관련 자료의 축적과 발행, 연구를 수행하는 대표적인 국책 연구기관이다.

통일연구원에서는 2002년부터 일본 외무성이 소장하고 있는 자료 중, 비밀 해제된 문건을 약 6,500쪽 복사·수집하였는데 이 문서는 북한의 사회주의 형성과정뿐만 아니라 북한과 일본의 관계, 북한과 중국, 러시아와의 관계를 제3자적인 입장에서 어떻게 파악하고 있는가를 이해할 수 있게 하는 좋은 자료로 평가되고 있다. 또한 2002년 12월부터 독일의 여러 문서보관소의 기밀자료를 수집하였고 특히 2003년 5월 문서 이전 동의서를 받아 2004년까지 '구동독과 북한간의 비공개 공식 외교문서, 7만여 쪽을 독일 외무성문서보관소에서 입수하였다. 이밖에도 구동독 당과 대중단체 보관문서 5천 쪽 이상, 구동독 국가공안국 문서보관소 자료, 연방공문군사서관 문서 1만 쪽 이상을 입수하였으나, 그 정확한 목록은 알려져 있지 않다.

2010년에 와서 통일연구원은 대외경제정책연구원의 협력을 받아 북한의 정보체계에 대한 전반적인 조사보고서를 내놓았다. 이 보고서는 경제·인문사회연구회 협동연구총서로 총 3권으로 발간되었다. 이 책에는 북한의 외교, 군사, 대남정책, 경제, 사회·문화, 인권 등 각 분야의 정보체계 현황과 특징 등을 세부적 사례를 통해 다루고 있어 북한 연구자들에게 대단히 유용한 정보원이 될 것이다.[36]

현재 통일연구원은 28개 국책연구기관(한국개발연구원, 한국국방연구원 등) 및 11개 민간사회단체(세종 연구소, 국방대 등)가 참여하는 『통일정책연구협의회』를 관리하는 『사무국』을 운영하고 있고, 북한·통일관련 정보자료·연구실적 공유(www.tongmoon.or.kr) 사이트를 운영하고 있다.

---

36) 통일연구원 편. 2010. 『북한정보체계 실태조사(상·하·총괄)』. 서울: 통일연구원.

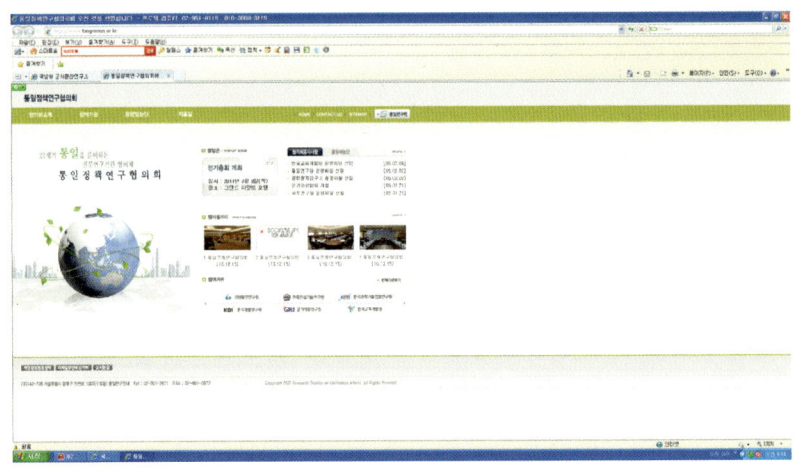

〈그림 2-8〉 통일정책연구협의회 홈페이지

4.2.9. 국가기록원

국가기록원은 1969년 총무처 소속의 정부기록보존소로 설립되어 2004년 4월 국가기록원으로 명칭을 변경하기까지 부단히 발전해 왔다. 현재는 국사편찬위원회와 함께 해외에 있는 북한 자료를 수집하는 대표적인 국가기관이다. 비록 그 출발점은 2000년대 이후로 늦었지만 향후 가장 자료수집 능력이 높은 기관이 될 것으로 보인다. 2002년 북한관련 문서 96권, MF 2,937롤, 도안류 419점, 시청각 560점, 서신 124점 등을 입수하였다. 또한 중국의 북한 자료를 국내에 반입하는데도 중요한 역할을 하였는데 중국의 당안을 담당하는 행정당국과 정보교환을 추진하였다. 이를 통해 2002년 『한국전쟁과 중국』이라는 단행본을 번역·출판하였고, 중국의 한국전쟁 관련 자료들을 선택적으로 발췌하여 국내 연구자들이 활용할 수 있도록 자료집을 발간하였다. 이는 한국전쟁 당시 중국이 공개적으로 발표한 문건과 80년대 말 이후에 중국이 공개한 비밀 전문들을 망라한 한국 최고의 한국전쟁 관련 중국문서 자료집이다.

국가기록원은 또한 2006년 5월 그동안 수집한 영상자료를 통해 『러시아 시각으로 본 해방과 전쟁, 그리고 외교』라는 주제로 1차 시사회를 가졌고, 2006년 9월 28일 다시 『러시아 영상으로 본 북한의 기억』이라는 주제로 제2차 시사회를 개최한 바 있다. 제1차 시사회가 북한의 정치사를 중심자료로 한 것이라면, 제2차 시사회는 북한 사람들의 삶과 문화, 그리고 전후 복구 등 제1차 시사회 이후 추가로 수집한 북한의 사회와 경제를 중심으로 한 영상자료였다. 이 러시아 정부 소장 북한관련 영상기록은 시기적으로 일제말기 아동들의 강제노동부터 1960년대 재일동포의 '北送' 까지, 북한 정치사 이외에 1940·50년대 북한의 일상적인 모습을 다양한 각도로 생동감 있게 보여주고 있다는 점에서 그 가치가 중요한 자료이다. 제2차 시사회를 통해 공개되는 러시아 소장 북한관련 영상기록은 북한의 민속경기와 각종 운동경기, 단군릉(檀君陵), 북송 관련 기록, 북한의 전후복구 광경, 전시 지하공장의 모습, 전시 지하당원들의 회의 장면, 전쟁직후인 1953년 김일성의 중국·소련 방문 기록 등이 포함되어 있다.

국가기록원은 2007년에도 광복절을 앞두고 정부중앙청사에서 '1945~1961, 평양으로의 시간여행'이라는 주제로 시사회를 개최하고 북한정권의 형성과정, 북한주민의 생활상, 평양시의 변천사 등을 처음으로 일반에 공개했다. 이들 자료는 해외에서 수집한 영상기록 가운데 그동안 국내에서 소개되지 않은 희귀 북한 자료로써 조선인민군 창건식 광경, 강건(인민군 총참모장) 장례식, 김일성 동상 제막식, 만경대혁명유자녀학원 개원식, 북한과 소련의 국경선 확정식, 호림부대(북파부대) 재판광경, 토지개혁 이후에 북한 소작인의 생활변화, 북한의 화폐개혁, 한국전쟁 후에 북한의 복구과정 등이 포함되어 있다.

이처럼 국가기록원이 러시아 소장 북한 자료를 입수할 수 있게 된 것

은 2006년 9월 러시아 연방기록관리청 및 국립문서보존소·국립사회정
치사문서보존소·사진영상기록보존소 등과 기록교류 협정을 체결했기
때문이다. 국가기록원은 현재 홈페이지(국가기록원 나라기록 포털
http://contrnts.archives.go.kr/) 국정분야별검색 메뉴에서 '국방/병무' 분야
로 들어가면 북한관련 자료들을 입수할 수 있다.37)

4.2.10. 주요 언론기관

우리나라 주요 신문사 중에 북한관련 자료에 처음 주목한 신문사는
중앙일보사였다. 중앙일보사는 통일 기반 조성을 목적으로 한 통일문화
연구소를 운영하고 있다. 이 연구소를 통해 독자적인 위상을 확보하고
있는 북한관련 다양한 현대사 자료를 소장하고 있는 것으로 알려져 있
다. 1991년부터 3년여에 걸쳐 러시아와 중국 등을 통해 북한의 당·정·
군 관련 사료와 사진을 발굴하여 국내에 반입하였다. 또한 북경, 모스크
바 등지에서 북한의 전직 고위 인사들과 해외 인사들을 만나 북한의 외
교 비사에 관한 증언을 수집하였고, 이를 통해 『김일성 외교비사』(1994)
를 출판하였다. 러시아측 자료를 통해 해방직후에 북한지역의 공산화와
김일성의 집권은 당시 소련의 영향력이 결정적으로 작용하였다는 것을
보여주었다. 다음 서울신문사에서는 1995년 러시아가 소장하고 있었던
방대한 양의 미공개 문서(총 950건 3천여 쪽)를 입수하여 한국전쟁에 관
한 진실을 규명하는 사료로 활용할 수 있도록 그 토대를 제공하였다. 이
밖에도 경향신문, 조선일보 등 여러 신문사에서도 북한관련 해외 사료
발굴에 관심을 갖고 있으며, KBS, MBC, SBS 등에서도 영상자료 중심으
로 자료를 모으고 공개하고 있다.

---

37) 국가기록원은 2009년에도 러시아 소장 한국관련 기록물 중 비밀문서 1,256매를 입수 하였고, 향후에도 비밀 해
제 요청을 지속적으로 확대할 것으로 알려졌다. 여기에는 공개기록물 뿐만 아니라, 비공개·비밀 해제 기록물도
포함될 것으로 보인다(한겨레신문, 2009/08/15, 8면)

4.2.11. 대학 부설 연구소 및 기타 기관

남북관계가 변화 발전하면서 북한 자료에 관한 수요는 계속 증가하고 있지만 북한자료 수집과 관련된 종합적인 네트워크 시스템은 마련되지 못했다. 앞서 살펴본 대로 나름의 조직과 예산을 갖고 있는 공공기관으로 국가기록원, 국사편찬위원회, 국회도서관, 국방부 군사편찬연구소, 국가보훈처, 외교통상부 외교사료과, 한국학중앙연구소를 비롯하여 특수목적 국가기관으로 민주화운동기념사업회, 과거사진상위원회, 독립운동사연구소 등 각 부처의 지원을 받는 기관들이 있다. 그 중에 대표적인 기관이 한국문화관광연구원(www.kcit.re.kr)이 있다. 이 연구원은 북한 문화동향을 종합하여 반연간으로 발행하는 『KCTI 문화동향』을 비롯하여, 북한의 문화시설, 교류협력분야 등 폭넓은 주제의 프로젝트를 진행하여 각종 간행물들을 내놓고 있다.

또한 많지는 않지만 각 분야에서 독자적인 활동을 벌이고 있는 기관이나 개인도 많다. 여기에는 정책적으로나 학문적으로 북한 자료 발굴의 중요성을 인지하고 관련 분야 학회에서 중요한 역할을 하는 단체들도 있다. 북한연구학회, 한국전쟁연구회, 한국근대사연구회, 기록학회 등이 그 중심이 되고 있다. 또한 대학부설 연구소로써 대외적인 영향력을 발휘하고 있는 기관으로 앞서 살펴본 한림대 아세아문화연구소를 비롯하여 연세대학교 현대한국학연구소가 있고 최근에는 경남대 극동문제연구소와 서울대 통일평화연구소가 주목받고 있다. 경남대 극동문제연구소는 정기간행물 『Asian Perspective』『한국과 국제정치』『동북아연구』 등을 발간하며 국내외적인 북한연구와 관련된 활동을 하고 있다. 서울대 통일평화연구소도 정기간행물 『통일과 평화』총서 시리즈 『통일학신서』와 『통일학연구총서』를 발간하며 북한연구의 지평을 넓혀가고 있다. 현재 북한관련 대학 부설 연구기관은 전국 80개 기관에 달하며 그 현황은 부록 6과 같다.

4.2.12. 개인

북한관련 자료의 부족과 사회적 네트워크 현상이 부족하다 보니 자생적으로 또는 유학이나 현지 조사 등 독자적인 자료 수집을 통해 성과를 낸 연구자들도 적지 않다. 초기에는 북한연구소를 창립하여 학문적 성격의 '북한학'이론을 정립한 김창순 소장이 있고, 독립운동과 공산주의 연구를 바탕으로 북한학의 체계를 만든 서대숙 박사38) 등이 있지만 이후 잘 알려져 있지는 않지만 나름대로 중요한 성과를 통해 결실을 맺은 주요 저작들이 있다. 그 목록을 소개하면 다음과 같다.

· 김국태. 1984. 『해방 3년과 미국 Ⅰ: 미국의 대한정책 1945-1948』. 서울: 돌베개.
· 김학준. 1990. 『한국정치론사전』. 서울: 한길사.
· 예프게니 바자노프 저. 김광린 역. 1998. 『소련의 자료로 본 한국전쟁의 전말』. 서울: 도서출판 열림.
· 신복룡. 1991. 『한국분단사자료집』. 서울: 원주문화사.
· 신복룡. 1992 『한국현대사관계 미국관문서자료집 상·하』. 서울 : 원주문화사.
· 신복룡. 2001. 『한국분단사 연구 1943-1953』. 서울: 한울.
· 신복룡 · 1992. 김원덕. 『한국 분단 보고서 상·하』. 서울: 풀빛.
· 이길상. 1992. 『해방전후사자료집 1.2』. 서울: 원주문화사.
· 이길상. 1990. 『미군정활동보고서』. 전 34권. 서울: 원주문화사.
· 이길상. 『미군정청 관보 자료집』
· 정용욱. 1994. 『해방 직후 정치·사회사 자료집』전 12권. 서울: 다락방.
· 정용욱 · 이길상. 1996. 『해방 전후 미국 대한 정책사 자료집』. 서울: 다락방.
· 정용욱. 2003. 『미군정 자료 연구』. 서울: 도서출판 선인.
· 국학간행회 편. 1998. 『미국 국립공문서관 소장 북한 해방 직후 극비자료(1945. 8-1951.6)』전6권. 서울: 고려서림.
· 돌베개 편집부. 1988. 『북한'조선로동당'대회 주요 문헌집』.
· 돌베개 편집부. 1988. 『주한미군사』.

---

38) 김창순과 서대숙은 초기 북한관련 연구에 공로가 큰 분들로, 그 연구분야도 다양하며 각각 30여권의 저작이 있을 정도로 방대하여 여기에 그 목록을 다 게재하지 못했다.

· 한국정신문화연구원 편. 2002. 『 '주한미군사'와 미군정기 연구』. 서울: 백산
서당.
· 일월서각 편집부 편. 1986. 『미군정 정보보고서(G-2 REPORT)』 전15권. 서울: 일
월서각.

이렇게 개인이나 일부 사회과학 출판사들의 노력도 있었고. 신문사의
특집 기사들도 주요한 정보원이었다. 예를 들어 월간조선 1991년 8월호
에 게재되었던 『毛澤東의 전쟁지휘 전문들』과 같은 자료는 1950년 7월
까지의 중국의 참전과 5차례에 걸친 전투 시기에 모택동이 보낸 작전
관련 전문 및 정세 인식과 관련된 문건을 소개한 것으로 중국군의 참전
의도·목적, 작전의 원칙·방향을 알게 해주는 명령문을 최초로 공개한
자료라는 점에서 그 의의가 적지 않을 것이다.

4.2.13. 방북자 및 탈북 인사의 저서

남북간의 군사적 대치 상황임을 감안 할 때, 방북자들의 기행문이나
여러 형태의 저서, 특파원이나 외교관 및 유학생들의 체험에 의한 저술
등은 수집 대상 북한 자료로써 상당한 가치를 지닌다고 평가할 수 있다.
그것은 이 저술 속에는 북한의 주요 정보를 갖고 있는 고위층도 속해 있
고, 외교관으로써 정보기관의 업무를 수행한 인사도 들어 있기 때문에
보다 실제적인 정보·자료의 수집처 역할을 할 수 있기 때문이다. 지금
도 탈북 인사들의 저작들은 계속 나오고 있는데 다음은 현재 국내에 소
개되어 있는 여러 저작들 중 일부를 소개한 것이다.

· Peter Hyun. Darknews at Dawn : A north Korean Diary(Seoul : Hanjin Publishing
Co., 1981). 210p.
· C. I. Eugene Kim and B. C. Koh(eds.). Journey to North Korea : Personal
Perceptions(Berkeley : Institute of East Asian Studies, UC, 1983). 152p.

· 임 은. 1982. 『북한 김일성 왕조 비사』. 서울: 한국양서. 327p.

· 김원조. 1984. 『동토의 공화국』. 서울: 한국방송사업단. 395p.

· 허동찬. 1987. 『김일성평전』. 서울: 북한연구소. 391p.

· 허동찬. 1988. 『(속)김일성평전』. 서울: 북한연구소. 488p.

· 양은식 편. 『분단을 뛰어넘어』서울: 힘. 1988. 401p.

· 홍동근. 『미완의 귀향일기(상)』. 서울: 한울. 1988. 248p.

· 홍동근. 『미완의 귀향일기(하)』. 서울: 한울. 1988. 283p.

· 루이제 린저 저, 강규현 역. 1988. 『북한이야기』. 서울: 형성사. 250p.

· 조명훈. 1988. 『북녘일기』. 서울: 산하. 317p.

· 최은희 · 신상옥 공저. 1988. 『납북수기 김정일 왕국(상)』. 서울: 동아일보사.
    371p.

· 최은희 · 신상옥 공저. 1988. 『납북수기 김정일 왕국(하)』. 서울: 동아일보사.
    351p.

· 소련과학아카데미 편. 1989. 『레닌그라드로부터 평양까지』. 서울: 함성.

· 하라하라 로(추원료). 1990. 『서울과 평양』. 서울: 다나. 248p.

· 안동일. 1990. 『갈라진 45년 가서 본 반쪽』. 서울: 돌베개. 294p.

· 이우홍. 1990. 『가난의 공화국』. 서울: 통일일보사. 301p.

· 이우홍. 1990. 『어둠의 공화국』. 서울: 통일일보사. 336p.

· 아시아감시위원회, 미네소타 변호사 감시위원회 편. 송철복 외 역. 1990. 『북한
    의 인권』. 서울: 고려원. 271p.

· 이찬삼. 1990. 『평양 특파원』. 서울: 중앙일보사. 275p.

· 연합통신 편. 1991. 『北 행복도 강요되는 땅』. 서울: 연합통신. 476p.

· 란 코프. 1991. 『평양의 지붕 밑』. 서울: 연합통신. 226p.

· 한스 마레츠키. 1991. 『병영국가 북한. 정경섭 역』. 서울: 동아일보사.

· 조재길. 1990. 『북한은 변하고 있는가』. 서울: 삼민사. 332p.

· 고태우. 1992. 『통일, 미리 가 본 북녘땅』. 서울: 우아당. 359p.

· 고영환. 『평양 25시』. 서울: 고려원. 1992. 320p.

· 홍정자. 1992. 『내가 만난 북녘 사람들』. 서울: 힘. 312p.

· 미야즈카 도시오(宮塚利雄). 조범래 역. 1993. 『북조선 관광』. 서울: 신태양사.
    262p.

· 황병선 외저. 1993. 『기자들이 가 본 북한』. 서울: 다나. 364p.

· 세키가와 나쓰오(關川夏央) 저. 원홍태 외 역. 1993. 『마지막 신의 나라. 북조선』.
    서울: 연합통신. 384p.

· 강철환 · 안혁. 1993. 『대왕의 제전』(전3권). 서울: 향실.

· 황석영. 1993. 『사람이 살고 있었네』. 서울: 시와 사회사. 437p.

· 북한문제연구소편. 1993. 『북한의 현실』. 서울: 북한문제연구소. 196p.

· 채학선. 1994. 『정말 이럴수가』. 서울: 연합통신. 257p.

· 이영화. 1994. 『평양 비밀 집회의 밤』. 서울: 동아출판사. 274p.

· 남북문제연구소 편. 1994. 『탈북자가 증언하는 북한의 현실』. 서울: 남북문제연
　　구소. 198p.

· 월간조선 편. 1994. 『대동란의 공화국』. 서울: 조선일보사. 398p.

· 이충렬. 1995. 『상속받은 나라에 가다』. 서울: 살림터. 270p.

· Kil-Nam Oh. Das Paradies Ohne Sonne(Seoul : Institut für Wissenschaften an der Hanyang
　　Universitat. 1995. 365p.

· 이찬삼. 1995. 『옥화동무, 날 기다리지 말아요』. 서울: 중앙일보사. 303p.

· 김영성. 1995. 『오. 수령님 해도 너무합니다』. 서울: 조선일보사. 385p.

· 북한문제연구소 편. 1995. 『평양축전 참관자들을 통해 본 북한 실상』. 서울: 북
　　한문제연구소. 211p.

· 강명도. 1995. 『평양은 망명을 꿈군다』 서울: 중앙일보사. 311p.

· 이석렬. 1995. 『가고 싶은 고향 만나보고 싶은 사람들』. 서울: 전예원. 278p.

4.3. 주요 국가의 북한자료 소장 실태

북한자료를 수집하는 나라는 세계적으로 많이 있겠지만 가까이는 중
국과 일본이 있다. 그러나 그 규모나 내용 측면에서는 오래 전부터 미국
이 앞서 있고, 사회주의권이 개방되면서 러시아와 구동독 등 구 사회주
의권 국가들이 새롭게 떠오르고 있다. 다음은 국가별로 그 현황을 조사
한 것이다.

4.3.1. 미국

미국은 한반도 문제에 있어 당사자 국가로 말할 수 있을 정도로 한국
관련 기록이 많이 보관되어 있다. 173개 기관에 소장되어 있으며, 기록
물의 종류도 1,248종에 달하는 것으로 조사되었다. 앞서 본 것처럼 미국
의 정보공개법에 따라 공개된 미국국립문서보관소에 있는 북한자료는
상당수에 이른다. 이 이외에도 미국 국무성(Department of State), 미국의

회도서관(Library of Congress), 미국의회조사국(Congressional Research Service), 미국일반회계국(United States General Accounting Office), 미국 평화연구소(United States Institute of Peace), 전략 및 국제문제연구소 (Center for Strategic and International Studies), 노틸러스 연구소(Nautilus Institute), 몬터레이 국제문제연구소(Monterey Institute of International Studies) 등도 북한에 관한 연구를 수행하며 소장한 자료들을 체계적으로 제공하는 것으로 알려져 있다.

국립문서보관소에서 한국관련 문서가 가장 많이 집중되어 있는 부분은 국무부 일반문서(RG 59, General Records of the Department of State), 국무부 재외공관문서(RG 84, Records of the Foreign Service Posts of the Department of State), 그리고 전쟁, 군사, 방위, 정보와 직결된 문서군(예를 들어, RG 18, 28. 80, 94, 111, 127, 153, 160, 165, 179, 208, 210, 218, 238, 243, 262, 319, 330, 331, 332, 335, 338, 340, 341, 342, 349, 389, 395, 407, 500)이며, 이외에도 미국정부 일반문서(RG 11, General Records of the United States Government), 1941년 이후 노획문서 컬렉션[39])(RG 242, National Archives Collection of Foreign Records Seized, 1941-) 등이 중요한 문서군에 해당한다. 이 중 주요 사례를 보면 다음의 <표 2-6>과 같다.

〈표 2-6〉 NARA 소장 북한 관련 기록물 목록(RG 59)

Record Group 59 (General Record of the Department of State)	File	Item(건명)
	78D391 North Korea Political 1974	Statement of Korean chief delegate at UPU
		ROK statement on North Korean membership in IAEA
	78D391 North Korea-United Nations 1973	DPRK at the IAEA General Conference in Vienna

---

39) 이 글에서 '노획문서'란 미국국립문서보관소의 수집물 가운데 RG242로 분류되는 'Record seized by US. Military Forces in Korea'를 가르킨다. 이들 자료는 1977년 2월 비밀 해제되었으며, 1천 2백개의 문서상자에 보관되어 있다. 문서목록은 없으며, 주가 달린 785쪽의 선적리스트만 있다.

	79D391 NorthKorea. International Relations. ASIA (Includes Australia and N.Z.) 1972	The rising Nepal Kathmandu, March 18, 1972
		Japanese Interest in North Korea Developments
	78D391 Pol 3 N.K -who 1973	Telephone Discussion with Ambassador Kim Dong Jo Concerning North Korean Admission into WHO
		Guidelines for U.S. Support to ROK onNorth Korean Application for WHO
	POL 15-1 President Park	ROK President's Letter on UN Membership and ROK and the two Viet Nams
	POL 15-2 National Assembly	Your Meeting with six Korean National Assemblymen Friday, June 20-12 noon
	POL 15-3 UN Membership divided states 1975	ROK Approach Regarding UN Membership Issue
Record Group 59 (General Record of the Department of State)	POL 5-1 Domestic General July 1975	Memorandum on Korean Internal situation
	75D223 POL 23-7. Infiltration. Subversion. DMZ Incidents 1973	Official Informal Confidential
	North Korea General 1969	ROK Political Counselor Choi Kwang Soo
	74D209 8561 North Korea U.S. Contacts. 1971	U.S. Passport Restrictions on Travel to North Korea, North Viet Nam and Cuba
		CBS Trip to North Korea
		American Television Producer Visits North Korea
	North Korea International Relations. 1970	Establishment of North Korean Mission in Switzerland
	Relations. 1970	Effect of Chou en -lai's Visit onPyongyang's Belligerence Against the South
		Chinese Support for North Korean Belligerence
		British Views on Visit of Chou en -lai to Pyongyang
	North Korea Economic-General 1970	North Korean Manufacture of Railroad Locomotives

RG306:(Records of the U.S Information Agency)	P&L-54-35	Toward a United Korea

미국에 소장되어 있는 북한자료들은 국사편찬위원회 등 한국의 많은 기관들이 입수하여 소장하고 있으나 그 양은 많지 않다.40) 미국은 이외에도 한반도의 현대사의 전 과정에 참여한 인사들이 풍부한데다 기록에 대한 중요성을 일찍이 깨닫고 있었기 때문에 북한에 관한 구술 자료도 가장 많이 소장하고 있는 것으로 추정되고 폭넓게 활용하는 것으로 알려져 있다.

북한자료의 미국 소장 기관 중에 주목해야 할 곳이 한 군데 더 있는데 그곳은 하버드대학의 연경도서관이다. 이 하버드 연경도서관은 1928년 와이드너도서관에 수집되어 있던 동아시아 관련 도서 6천여 권을 옮겨와 동아시아학 전문도서관으로 첫발을 내디딘 이후 지금까지 발전해 왔는데 그 자세한 사항은 별도의 논문에서 보충하기로 하고 여기서는 북한자료 부분만 살펴보기로 한다.

현재 연경도서관 한국관의 북한자료는 3천 5백여 종으로 대부분 인문, 사회과학분야 자료들이고 30여 종의 정기간행물과 각종 마이크로필름들을 소장하고 있다. 그 중에는 캐나다의 UBC에서 한국문학을 강의하고 있던 로스 킹(Ross King) 교수가 하버드 대학원에 재학 중이던 1990년에 북한의 방언을 연구하러 러시아에 갔다가 수집한 자료들도 있다. 로스 킹은 당시 레닌그라드 국립중앙도서관 지하에 쌓여있던 구한말 한인들이 발간한 신문 잡지들을 발견하고 수차례의 협상 끝에 마이크로필름으

---

40) 이 자료들은 국사편찬위원회에서 출판한 『북한관계사료집』,『북한관계목록집』(1986)과 통일원에서 간행한 『6 · 25당시 노획한 북한자료마이크로필름목록』(1987) 등에 소개되어 있다.

로 입수할 수 있게 만들었다. 여기에 있는 자료들은 1900년대 초 제정 러시아의 연해주, 시베리아 지방으로 이민간 한인 단체들이 발행한 신문, 잡지들로 민족 운동 연구에 귀중한 자료들이다. 그 목록을 보면,『선봉』,『대동공보』,『레닌의 길로』,『권업신문』,『한인신보』,『대한인정교보』,『연해주 어부』,『광부』,『공격대원』,『레닌광선』,『당교육』,『동방꼼무나』,『동방로력자』,『해됴신문』,『청구신보』,『조선로동자』,『앞으로』,『레닌기치』,『레닌의 길대로』 등이 있다. 하버드 연경도서관 측은 북한 자료 수집을 위해 2002년 10월 연변대학을 직접 방문하여 소장 자료 대조작업을 벌인 바 있고, 이후 500여 종의 주요자료 목록을 선정하여 자료입수에 나섰으며, 1940-50년대의 역사, 문학, 법률 분야의 귀중한 자료들을 다수 입수한 것으로 조사되고 있다.

4.3.2. 러시아

미국 다음으로 발굴 대상이 많은 나라는 러시아가 아닌가 생각된다. 러시아 역시 북한에 미쳤던 그 영향력으로 인해 해방 후의 북한 현대사에서 러시아 자료가 지니는 가치는 대단히 크다고 할 수 있다. 러시아는 북한 지역을 직접 점령하여 북한 정권의 창출과정에 직접적으로 간여한 당사국이고 해방 후 3년간 소련군이 주둔하는 과정에서 무수한 문서와 자료들이 생산되었기 때문이다. 현재 이들 문서와 자료들은 러시아연방 대외정책문서보관소, 러시아연방국립문서보관소, 러시아연방대통령궁 문서보관소 등 여러 곳에 산재해 있다. 이 중 우리의 관심이 집중되는 곳은 러시아연방대통령궁문서보관소로 1917년 이래 최근까지 북한을 비롯한 한국 현대사 전반에 걸친 최고의 기록적 가치를 지닌 비밀문서가 보관되어 있는 곳으로 알려져 있다. 러시아의 북한자료와 관련 된 전반적인 소장처는 <표 2-7>과 같다.

소련과학원 동방학연구소는 1917년부터 1970년까지 소련에서 연구 발표된 한국에 관한 문헌들을 모아 1981년에『한국학 연구 문헌목록』(Bibliografiia Korei, 1917-1970)을 출판한 바 있다.[41]

〈표 2-7〉 러시아의 한국 관련 기록물 소장 현황

기관명	소재지	한국관련 문서소장 현황
러시아연방국립문서보관소	모스크바	한러관계사, 한국독립운동사, 북한사
러시아국립역사문서보관소	상-뻬쩨르부르그	한러관계사, 한국독립운동사
러시아군사문서보관소	모스크바	한러군사협력, 연해주지역독립운동
러시아국립해군함대문서보관소	상-뻬쩨르부르그	동북아군사정치정세
러시아국립경제문서보관소	모스크바	대북경제원조
러시아군사문서보관소	모스크바	대북경제원조
러시아국립블라디보스톡 극동역사문서보관소		재소한인관련
러시아국립음성기록보관소	모스크바	45~60 조선어 라디어 방송기록
러시아현대사문서보관센타	모스크바	일제시기 한국공산주의운동사
현대문서보관센타	모스크바	조선로동당, 한국전쟁 관련
러시아연방대외정책문서보관소	모스크바	소련군정, 한국전쟁
러시아국방성중앙문서보관소	빠돌스크	소련군정, 한국전쟁
러시아해군함대문서보관소	가치나	조소군사협력
러시아연방대통령궁문서보관소		1917년 이래 한국현대사에 관한 비밀기록
러시아국립경제문서보존소	모스크바	북한경제, 소련군정시기 자원반출관련
러시아기록필름문서보존소		소련군의 북한진주 관련
러시아국립중앙역사문서 쌍-뻬쩨르부르그보관소	상-뻬쩨르부르그	19세기 말~20세기 초 한국관련 기록

4.3.3. 중국

중국은 북한에 대한 영향력을 과거는 물론 현재도 가장 많이 갖고 있는 국가이다. 두 나라는 지정학적 인접성과 사상적 동지관계, 한반도를

---

41) 이 자료는 모두 2,369편의 논저이고 1,672편(MF 53릴)은 국내에 입수되었고, 논문집『아시아문화』제6호 (1990)부터 자료의 해제와 함께 완역하여 연재되었다.

둘러싼 역학관계, 그리고 6.25참전을 통해 맺게된 혈맹이라고 표현할 만큼의 돈독한 특수 관계를 갖고 있다. 이로 인해 북한의 사회주의 체제를 형성하고 발전시키는 과정에서 매우 귀중한 자료들을 축적해 왔다고 볼 수 있다. 2004년에는 『중국소재 한국사 자료조사보고Ⅰ』이 국사편찬위원회를 통해 간행되기도 하였다.

현재 중국의 북한연구 자료와 관련하여 가장 가치 있는 자료로서는 한국전쟁에 대한 모택동 관련 문건들이다. 이 자료들은 주로 중앙당안관, 해방군당안관, 외교부당안관, 항미원조전쟁기념관 등에 소장되어 있는데 대표적인 자료로 중공중앙문헌연구실에서 발간한 『建國以來毛澤東文稿』(1990)를 들 수 있다. 『毛澤東文集』과 『建國以來重要文獻選編』도 북한 연구에 많은 도움이 되는 내용을 포함하고 있다. 1954년 인민출판사가 펴낸 『偉大的抗美援朝運動』도 한국 전쟁 연구를 위해 중요한 자료집의 하나라고 볼 수 있다. 이 밖에도 중국에서는 한반도에 관련된 자료들을 정리하여 목록집으로 출판하여 중국의 한반도 정세에 대한 연구 동향과 입장을 파악하는 데 많은 도움을 주고 있다.

· 崔蓮, 金順子. 『中國朝鮮學-韓國學硏究文獻目錄(1949~1990)』(中央民族大學出版社, 1995년) : 중국 내에서 발표된 저서 1,067권, 역서 333권, 논문자료 7,947건, 역문자료 636건의 목록을 정리. 중국 내 조선족의 생활과 관련된 것이 많이 포함되어 있음. 그러나 신문기사 정도의 자료 제목도 많이 포함됨.
· 沈善洪. 1994. 『韓國硏究中文文獻目錄 1912~1993』. 杭州大學出版社 : 한국의 철학, 사회과학 관련 저서 및 논문 약 3,000건의 목록을 수록, 대우학술재단의 지원으로 출판됨. 1949년 이전의 자료가 주목됨.
· 劉金質 等. 1994. 『中國對朝鮮和韓國政策文件彙編』1-5(1949~1994). 中國社會科學出版社 : 人民日報, 신화사의 新華月報 등에 실린 기사와 자료 등을 중심으로 약 1,470건의 남북한 관련 정책 자료 등의 목록과 원문이 수록됨.
· 劉金質 等. 2000. 『中朝中韓關係文件資料彙編』, 上中下(1919~1949). 中國社會科學出版社 : 1919~1949년간 중국에서 출판된 각종 신문잡지 28종에 발표된

1,973건의 기사 목록과 내용을 정리.

· 세계지식출판사 편. 1957. 『중화인민공화국대외관계문건집』1-4집(1949~1957).

한편 흑룡강조선민족출판사에서 펴낸 『人民日報關于朝鮮韓國日本問題 資料滙編』(1997)이라는 자료집도 해방 직후의 한반도 정세에 관련된 인민일보의 기사들을 발췌하여 당시 중국의 시각을 파악하는데 많은 도움을 주고 있다.

4.3.4. 일본

일본은 식민지로서 한국을 36년간 지배한 역사가 있고 조총련계 재일 동포들이 상당수 거주하고 있어 많은 북한관련 자료가 축적되어 있을 것으로 추정되며, 지정학적으로도 가까운 거리에 있어 자료 접근이 용이할 것으로 판단된다. 2002년 국사편찬위원회에서 『일본소재 한국사 자료 조사보고 I 』편이 발행되기 시작되어 2007년 제3권까지 완료되었다. 시작은 늦었지만 다른 국가보다는 많은 진척이 있었던 것으로 보인다. 북한을 비롯한 한국사와 관련된 주요 소장 기관들은 일본 국립공문서관과 지방 공문서관, 외무성 외교사료관, 국립국회도서관 헌정자료실, 방위청 방위연구소 도서관, 국립도서관, 대학도서관 등에 산재해 있다. 여기에는 고문서, 고도서 등 한국의 귀중본들과, 식민지 지배를 위해 만들어진 총독부자료, 위안부 자료, 1945년 전후의 외교사료 등이 방대하게 소장되어 있을 것으로 보인다. 주목할 만한 자료로 인식되고 있는 사가현립대학 소장 『박경식자료』는 해방이후 1970년대까지 북한관련 기록, 1960-70년대 북한 발간물을 포함하고 있다. 일본의 여러 기관 자료 중에는 국회도서관이 입수한 외무성 외교사료관에 소장되어 있는 주요 문서(MF 131릴)와 육·해군성 문서(2,275건)가 있고, 조선/한국관련 신문기사(국립국회도서관 소장)도 MF형태로 정리되어 있다.

4.3.5. 독일

독일은 지정학적 측면에서 한반도와 별다른 관계가 없는 나라이지만, 동독 지역은 북한과 공식적인 외교관계를 갖고 있고 실제적으로 긴밀한 협조관계를 유지했다는 점에서 의의를 가질 수 있다. 동독의 마지막 평양주재 대사로『병영국가 북한』을 저술한 한스 마레츠키와 같은 전문가는 북한체제와 관련된 자료를 체계적으로 축적한 것으로 알려졌다. 또한 독일은 분단국 통일사례로 경험적 사례연구가 가능한 지역으로 통독 관련 연구는 국내에서도 많이 이루어지고 있다. 북한과 관련된 1차 자료는 주로 구 동독외무성보관소(MfAA)에서 이전되어온 것인데 독일외무성보관소에 편입되어있다. 확인된 북한관련 자료는 총 750개 파일이 있고, 마이크로 피시형태로 보관되어 있는 것이 2,000여 개 있다. 국내에는 북한 경제관련 700여개의 파일 중에 통일연구원 등에서 112개의 마이크로피시 8,000여 쪽을 입수하였다. 현재 독일에는 많은 공문서관이 있지만 독일외무성문서보관소, 연방공문서관내 동독 당과 대중단체 문서보관기관, 구동독 국가공안국 문서보관소, 연방공문군사서관 등이 비공개기관으로 분류되어 북한관련 자료 입수가 원활하게 이루어지지 않고 있다.

5. 주요 내용 정리 및 시사점

'북한자료'라 할 때는 '북한에서 생산된 자료'로 한정하거나, '북한관련 자료' 또는 '북한 및 통일관련 자료'를 포괄적으로 정의할 수 있다. '특수자료'란 "북한에서 생산된 정치적 이념적 자료와 반국가 단체에서 발행한 자료로 이적성이 있는 표현물"로 정의 할 수 있다. 북한 자료를 다루는 『특수자료취급기관』은 전국적으로 22개 부처 산하에 173개 기관이 산재해 있다.

『특수자료취급지침』은 법체계상 '국가정보원법'과 '정보 및 보안업무 기획조정규정'하에 있지만, 본질적 내용은 '국가보안법' 제7조 제5항에 근거를 두고 있다. 특수자료취급지침은 1970년 불온간행물취급지침으로 제정된 이후 2011년까지 총 일곱 차례 개정되었다. 특수자료취급지침은 북방 정책과 같은 국제적 흐름과 민주화와 같은 국내의 정치 환경 변화와 그 틀을 같이하며 통제적 관리 위주에서 개방적 공개방향으로 변화해 왔지만 아직도 자료이용에 있어 신분과 열람 목적을 확인 받아야 하고 복사나 대출을 받기위해서는 소속기관장의 추천서와 서약서를 제출하는 등 제한적인 요소가 많이 남아있다.

북한자료의 입수는 『특수자료취급기관』에서만 가능하기 때문에 일반적으로 판매기관이나 입수기관이 모두 『특수자료취급기관』일 때 가능하다. 이렇게 볼 때, 현재 『특수자료취급기관』으로 북한자료 구입을 대행하는 국내 업체로는 남북교역주식회사와 아시아저널이 대표적이다. 이 두 회사 이외에는 대행사라기보다는 국내 북한도서 전문서점 1호로 더 잘 알려져 있는 대훈서적이 있지만 현재는 활동하지 않고 있다. 해외의 입수기관으로는 중국의 조선출판물수출입사 북경사무소, 일본의 구월서방, 학우서방, 레인보우통상, 미국의 고려종합무역상사 등이 있다.

북한자료 입수에는 많은 예산과 조직을 갖추고 장기적인 투자를 해온 국사편찬위원회 등 국가기관과 대학 독자적으로 NARA 자료 입수와 번역, 해제 등 북한연구를 위한 기초자료 확보에 업적을 세운 한림대학교 아시아문화연구소 등 10여개 기관이 중심이 되어 활동하고 있다. 이러한 기관들을 통해 현재 해외 북한자료의 수집 활용에 관한 몇 가지 특성을 발견할 수 있다.

먼저 기관의 측면에서 보면 국사편찬위원회가 전문성, 예산, 인력 측면에서 다른 기관에 비해 월등히 우세하여 가장 활발히 해외자료 및 기록수집 활동을 전개하는 기관으로 손꼽히나 주로 한국사 연구에 치중되어 있어 북한관련 자료는 상대적으로 미흡하다. 국방부 군사편찬연구소는 한국전쟁과 관련한 주제를 집중 연구하고 있으며, 통일부는 북한자료센터를 운영하여 북한관련 자료목록집 형태의 자료들을 제공하고 있다. 그러나 이들 공공기관 외에 민간연구소나 개인연구자, 개별 출판사의 연구가 차지하는 비중도 적지 않다. 그중에서도 한림대학교 아시아문화연구소는 대학 부설 연구소지만 해방 직후 시기와 한국전쟁과 관련한 자료들을 20년 이상 꾸준히 수집, 정리, 편찬하고 있다.

다음, 수집 활용된 자료들이 포괄하는 시기는 해방 직후가 가장 많고, 그 다음이 한국전쟁, 해방직전, 한국전쟁 이후 순인데, 주로 해방직후(3년)와 한국전쟁 관련 문서들이 대부분이다. 관련 주제는 정치 분야가 가장 많으며, 그 다음은 군사관련 분야이다. 그리고 남북관계, 외교관련 분야도 상당하다고 할 수 있겠고, 경제관련 분야도 적지 않다. 전체적인 자료에서 미국측 자료가 차지하는 비중이 크며, 이는 미국측 자료들이 정치, 군사, 외교, 경제 분야에서 자료적 강점을 갖고 있음을 반영한다고 볼 수 있다.

또한, 국내의 북한 관련 자료는 미국측 자료에 거의 편중되어 있다. 특히 미국측 자료가 다루는 주제 범위와 관련하여 특기할 만한 것은 노획문서의 존재이다. 노획문서는 해방 이후 한국 전쟁기까지의 북한 역사를 연구하는데 있어서 가장 포괄적이고 기초가 되는 자료군이다. 따라서 북한을 포함해 전세계 어느 곳보다 이 시기에 북한에서 생산된 각종 문서와 간행물을 많이 포함하고 있다. 그러나 아직은 미흡하지만 구소련 및 동구권 국가의 정부문서 개방에 따라 일부 중요한 기초자료들이 공개되고 있는 것은 다행이다. 더불어 일본, 독일, 중국 등의 자료들을 활용한 국내연구나 정리된 자료는 매우 미약하다고 할 수 있다.

제3장

북한자료의 분류체계와 활용

1. 들어가는 글

북한에서 생산되는 출판물을 중심으로 그 현황을 전 장에서 체계적으로 살펴보았다. 또한 국내외적으로 수집되고 있는 북한 관련 여러 자료들의 특징과 입수경로도 고찰해 보았다. 그러면 이제 북한 관련 출판물을 어떻게 하면 편리하게 활용할 수 있는지를 알아보기로 하자. 이를 위해 먼저 기초적인 이론으로서 북한에서는 자료를 어떻게 분류하는지, 북한의 학문 체계는 어떠한 것인지 그리고 북한의 많은 자료들을 활용하기 위해서는 어떻게 접근하는 것이 좋은지에 대해 알아보는 것이 필요할 것이다.

그러나 북한의 도서 분류 체계에 대한 국내의 연구는 다음에서 살펴보겠지만 기초적 수준에 머물러 있고, 북한의 학문 분류체계 또한 최근에 연구되었지만 깊이 있는 논의가 이루어진 것은 아니다. 그렇더라도 과거보다 진일보한 것은 사실이다. 북한의 도서 분류 체계와 북한의 학문 세계를 미흡하나마 들여다봄으로써 그 이론적 대강을 짐작이나마 할 수 있겠기 때문이다. 하지만 또한 북한의 도서 분류나 학문적 분류체계를 이해한다고 해서 북한의 자료들을 현실적으로 쉽게 이용할 수 있는 것은 아니다. 그들의 도서관 장서 구성이나 학문적 접근 방식을 엿볼 수는 있겠지만 우리나라의 북한자료에 대한 정리방식이나 분류체계는 우리의 방식을 사용하므로 그들 자료에 쉽게 접근할 수 있는 것은 아니기 때문이다. 따라서 우리나라 방식으로 조직되어 있는 북한자료를 활용하는 방법도 별도로 익힐 필요가 있을 것이다.

이에 따라 본 단원에서는 먼저, 북한의 도서 분류 체계와 학문적 체계를 이론적 배경으로 살펴보고, 실제적인 면에서 어떻게 접근하는 것이 북한자료를 보다 쉽고 빠르게 접근할 수 있는지에 대해 알아보기로 한다. 북한 관련 자료의 현실적 활용을 위해서 북한 연구를 위한 기초 자료를 살펴본 후에 주제 분야별로 연구된 주요 논문과 관련 장서를 살펴보고자 한다. 다음 국내외적으로 쉽게 활용할 수 있는 북한 사이트들을 평가하고, 북한의 저작권 문제 등 북한자료를 활용하는 데 있어 문제가 될 수 있는 사항을 논의하기로 한다.

2. 북한 도서관의 자료조직과 장서 구성

북한에서는 자료조직의 대상이 되는 '도서관 장서'를 "도서관에서 수집 정리하여 놓은 출판물의 총체"로 정의한다. 앞에서 많이 언급된 바와 같이 북한의 기본 장서는 "위대한 수령님과 경애하는 김정일동지의 불후의 고전적 로작들과 혁명역사에 관한 책들"로 표현된다. 북한의 도서관 장서는 기본적으로 국내에서의 분류하는 체계와는 다른 독특한 특성이 있지만, 공통적으로는 기초과학, 응용과학, 사회과학 부문의 출판물들과 문예 서적들로 나누어진다. 또한 도서관 장서의 종류는 표현 방식에는 약간의 차이가 있지만 우리나라와 다를 바 없다. 종이인쇄 출판물에는 도서, 신문, 잡지 그리고 지도, 악보, 걸그림을 비롯한 낱장출판물, 규격자료, 특허자료를 비롯한 특수기술 자료들이 포함된다. 또한 전자출판물, 축소필림(MF), 소리판(음반), 록음테프(레코드 테이프), 록화테프(비디오 테이프), 베낀 책(복사·영인본), 기타 자료들도 들어 있다. 이처럼 출판물의 종류에는 차이가 없지만 표현 방식이 다르고, 특허자료 등 과학 관련 자료가 중시된다.

북한에서는 도서관 장서 구성의 기준이 되는 '장서편성기준표'라는 것이 있다. 이에 기초하여 구입, 기증, 도서교환, 문헌복사 등 여러 가지 방법으로 출판물을 계획적으로 수집한다. 또한 북한에서는 도서관 장서를 기본장서와 보조장서로 구분하여 조직하는데, 기본장서를 기본서고 장서라고도 한다. 기본장서는 전체 장서의 기초가 되는 장서로서 그 규모가 크며, 여기에는 해당 도서관에 있는 모든 종류의 책들이 다 집중되어 보관된다. 보조장서는 규모가 큰 도서관에서 이용 요구가 큰 책들을 독자들에게 가까이 접근시키기 위하여 조직하는 장서로서 우리나라로 말하면 신간도서와 이용률이 높은 장서를 말한다. 그러므로 보조장서에는 새로운 책들이 끊임없이 보충되고 거기에서 자주 이용되지 않는 책들은 기본서고로 옮겨지며 그 구성이 수시로 변한다. 이 밖에 북한은 도서관 장서를 전반적 과학기술부문의 책들을 다 포괄하는 종합장서와 일정한 과학기술부문의 책만으로 구성된 전문장서로 나누기도 하며, 출판물의 종류에 따라 단행본장서, 잡지장서, 신문장서, 특수기술 문헌장서 등으로 구분하기도 한다. 그리고 어문에 따라 국문도서 장서와 외국문도서 장서로도 나누기도 한다. 다음은 이러한 장서에 대한 북한의 분류체계와 장서 구성 현황을 설명한 것이다.

2.1. 분류체계

북한의 자료조직 체계로 사용되는 분류법은 성인공공도서관용의 '도서 및 서지 분류표'[1]와 학생도서관용의 '학생도서관 분류표'[2]가 있고

---

1) 도서관운영방법연구소 편. 1986. 『도서 및 서지 분류표』. 평양 : 도서관운영방법연구소.
2) 도서관운영방법연구소 편. 1983. 『학생도서관 분류표』. 평양 : 도서관운영방법연구소.

대학에서는 김일성종합대학 과학도서관이 1980년에 발표한 '도서 분류표'를 사용하며, 전문도서관용으로는 중앙과학기술통보사가 만든 '중앙과학기술통보사분류표'가 사용되고 있다. 분류표에 대한 자세한 기록은 없으나 전문도서관용 분류표가 다른 일반 분류표보다 세부적으로 나누어져 있고 대부분 십진분류표 형식을 쓰며 학생도서관용으로는 성인도서관용 분류표의 간이판도 사용하고 있는 것으로 알려져 있다.

북한에서는 도서 분류를 "도서관들에서 책들을 과학지식부문별로 갈라놓는 사업"으로 정의한다. 또한 도서 분류를 모든 도서관들에서 진행하는 기본사업의 하나이며 도서를 정리하는 데서 반드시 거쳐야 할 필수적인 사업공정으로 보고 있다. 이에 따라 책을 분류하는 목적을 다음과 같이 설명한다.

첫째, 서가에 책들을 과학지식부문별로 질서정연하게 배열·보관하려는데 있다. 책들이 과학지식 부문별로 배열·보관되어야 같은 부문의 책들이 한곳에 모이게 되고 도서관 일군들이 장서를 쉽게 요해하여 독자들이 요구하는 책들을 보다 신속 정확히 내줄 수 있다.

둘째, 분류 목록을 만들어 독자들에게 책을 과학지식 부문별로 소개하려는데 있다. 분류 목록을 만들어야 독자들이 그것을 이용하여 필요한 책들을 쉽게 선택할 수 있고 체계적인 자체 학습에서 최대한의 편리를 보장받을 수 있다.

셋째, 도서관 장서의 구성과 이용 정형을 과학지식 부문별로 통계·장악하고 분석하자는데 있다. 이렇게 하여야 인민들의 지향과 요구에 맞게 장서를 더욱 합리적으로 꾸리고 열람·대출사업을 개선해 나갈 수 있다.

이상과 같은 목적으로 도서 분류는 도서 분류표에 기초하여 진행하는데 북한의 모든 도서관에서는 국가에서 지정해준 도서 분류표를 적용하고 있으며 전국적 범위에서 도서를 분류하는 체계와 순서를 통일시키고 있다. 북한에서 도서 분류 작업은 책을 요해하는 단계로 이해하고, 분류하려는 책에 해당한 분류항목을 분류표에서 찾아내는 단계로써 책과 목록에 분류기호를 써넣는 단계로 진행된다. 이점은 우리나라의 분류 행위와 다를 바 없다고 볼 수 있다. 다만 북한은 도서 분류를 신속 정확하게 하기 위해서 도서관 직원들이 다방면적인 지식을 소유하고 여러 가지 외국어를 잘 알아야 하며 도서 분류표와 그 이용방법에 정통하며, 외국어 능력에 따라 사서의 자격 등급이 달라진다는 점을 강조하는 것이 특징이다. 이는 곧 분류에 있어서 외국어가 중요하다는 의미를 담고 있기도 하며, 외국어를 잘해야 급수가 높은 사서가 될 수 있다는 점을 나타내는 것이다.3) 다음은 북한 원전에 나타난 북한의 도서 분류표에 대한 설명이다.

[도서분류표] 각종 형태의 도서들을 과학지식 부문별로 갈라서 배열하고 소개 선전하는 체계와 순서, 방법을 규정해놓은 규범. 도서관들에서는 독자들과 근로자들에게 책을 체계적으로 소개 선전하고 그들의 학습을 적극 방조하며 책의 보관관리에서 정연한 체계와 질서를 세우고 그 이용률을 높이기 위하여 책들을 도서분류표에 약속된 규범대로 분류한다. 그러므로 도서분류표는 도서관 일군들의 기본적인 사업수단의 하나이다. 도서관 또는 도서실에서는 도서분류표에서 규정한 체계와 순서, 방법에 따라서 책을 서가에 배열하고 독자들에게 소개 선전하며 장서통계를 낸다. 도서분류표에는 여러 가지 종류와 형태가 있으나 그것들은 크게 세가지 유형 즉 계단식분류표, 조합식분류표, 혼합형분류표로 구분된다. 계단식분류표는 책을 분류함에 있어서 과학지식분야를 우선 몇 개의 1차 분류개념으로 나누고 그 개념을 다시 2차, 3차, 4차 분류개념으로 나누어가는 방법을 적용하도록 만든 분류표이다. 조합식분류표는 분류대상을 단위개념으로 분석하고 그

3) 백과사전출판사 편. 1998. 『조선대백과사전(6)』. p.253. 북한은 김정일 명의의 로작을 통해 '도서 분류'를 다음과 같이 정의하고 있다. "책을 그 내용에 따라 정확히 분류해 놓아야 독자들이 요구하는 책을 쉽게 찾아볼 수 있습니다. 책을 분류하는 것은 과학적 내용에 따라 구분하는 사업인 만큼 쉬운 일이 아닙니다. 도서관일군들이 외국어도 잘 알고 다방면적인 지식을 소유하여야 책을 제대로 분류할 수 있습니다."

단위개념들을 조합하여 얻은 합성개념으로 책을 분류하도록 만든 분류표이다. 혼합형분류표는 계단식분류표의 구성원리와 조합식분류표의 구성원리를 절충시켜 만든 분류표이다. 조합식분류표와 혼합형분류표는 책을 보다 상세시 분류하려는 시도에서 작성되었으나 그 도입적용에서 많은 복잡한 문제들이 제기되고 실용성이 적기 때문에 도서관사업실천에 광범히 도입되지 못하고 있다. 지금 세계의 대다수 도서관들에서는 계단식분류표를 쓰고 있다. 도서분류표에는 또한 한 개 나라의 범위 안에서만 사용하는 분류표와 국제적인 범위에서 사용하는 분류표가 있다. 우리나라에서는 위대한 수령 김일성동지의 혁명사상, 주체사상을 지도적 지침으로 하여 우리의 실정에 맞게 만든 가장 선진적이며 과학적인 도서분류표를 모든 도서관들에서 사용하고 있으며 일부 과학도서관과 과학기술자료들을 전문으로 취급하는 기관들에서는 국제적 범위에서 과학기술자료의 교류를 위하여 ≪국제10진분류표≫의 일부 류문들을 참고로 하여 쓰고 있다. 이 분류표들은 차례표, 기본표, 보조기호표, 찾아보기, 사용세칙 등으로 이루어져있다. 기본표에는 책들을 사상정치적 내용과 과학지식부문별에 따라 갈라놓기 위한 항목들이 논리적 순차에 의하여 쓰여 있다. 이 항목들은 그것이 기본표에서 차지하는 위치와 항목들 사이의 호상관계에 따라 류문, 강문, 목문, 세목문 등으로 구분된다. 도서관에 있는 모든 책들을 크게 몇 가지 부류로 갈라놓기 위한 항목을 류문이라고 하며 류문을 다시 갈라놓은 것을 강문이라고 한다. 그리고 강문을 다시 갈라놓은 것을 목문이라고 하며 목문은 또 세목문으로 갈라진다. 례를 들어 ≪기초과학≫이라는 큰 항목은 류문이고 그 한 부문인 ≪물리학≫은 강문이며 물리학의 분과들인 ≪광학≫, ≪음향학≫, ≪분자물리학≫, ≪핵물리학≫ 등은 목문이고 광학의 내용을 이루는 ≪발광현상≫, ≪적외선≫, ≪자외선≫, ≪렌트겐선≫ 등은 세목문이다. 보조기호표는 매개 과학지식부문 안에서 책들을 그 성격과 지역별, 년대별 등 여러 가지 표징에 따라 더욱 상세히 분류하기 위한 기호들로 되어 있다. 도서분류표는 각이한 성격과 규모의 도서관들에서 편리하게 사용할 수 있도록 편집된다. 우리나라에서는 과학도서관과 군중도서관에서 사용하기 위한 ≪도서 및 서지 분류표≫, 공장, 기업소의 소규모도서관들에서 사용하기 위한 ≪도서 및 서지 분류표≫(간략본), 학생도서관들에서 사용하기 위한 ≪도서분류표≫가 있다.

이상에서 북한도 국가에서 정한 표준 분류표에 근거하여 전국적 범위의 모든 도서관의 분류 체계와 순서를 통일시키고 있음을 알 수 있다.

북한의 중앙도서관이 1964년에 발행한 군중도서관용 도서 분류표 <표 3-1>을 대상으로 2000년과 2001년에 수행된 바 있는 국내 연구에서 밝혀진 주요 내용을 정리하면 다음과 같다.4)

1) 북한 도서관에서 사용되고 있는 표준분류표는 발행연도로 보아 1964년에 발행한 군중도서관용 도서분류표로 생각된다. 이 분류표는 차례표, 기본표, 보조기호표, 찾아보기, 사용세칙 등으로 구성되어 있는데 전체가 197쪽 정도로 대단히 간략화되어 있는 것을 알 수 있다.

2) 분류표의 류문은 43개의 주제로 구분되어 있으며, 전개식 열거와 100진식 분류 체계를 따르며, 기호법은 아라비아 숫자만의 순수기호법을 적용하고 있다.

3) 도서분류표의 분류단계는 류, 강, 목문까지를 기본으로 하고, 세목문은 주제 결정에 있어 부득이한 경우에만 사용하여, 문헌 발행량이 많지 않음을 시사하고 있다.

4) 맑스－레닌주의 사상에 이어 김일성 사상, 조선로동당관련 주제들이 분류표상 가장 앞에 있고, 과학을 상위에 배정하고 인문학을 후치시켰으며, 43개 류문 중 30개를 과학에 배정(70%)하여 유물론적 사고와 사회주의적 요소가 중심적으로 강조되고 있음을 알 수 있다.

5) 과학 중에서도 사회과학이 전체 28%, 과학 분야 40%에 해당하는 비중을 차지하고 있으나, 과학의 분류 방식이 우리나라와 크게 다른 것으로 나타났다.

6) 도서분류표에 채용된 보조기호표는 공통구분, 지리보조, 관계보조, 분석보조 등 4개이며, 사회과학부문에서 지역별, 국가별 분류 기호들이 형식구분에 사용되고 있다.

---

4) 남태우. 2000. 『북한의 군중용 '도서분류표' 연구』. 『한국문헌정보학회지』. 34(1) pp.71~92.: 강미정. 2001. 『북한의 군중도서관 도서분류표 연구』. 석사학위논문. 중앙대학교 대학원. 문헌정보학과.

<表 3-1> 북한의 군중도서관용 도서 분류표 류문

분류번호	주제명	분류번호	주제명
11/15	맑스-레닌주의, 김일성 동지의 저작	54	인쇄 및 사진기술 공학
21/23	맑스-레닌의 당, 조선로동당	55	수산업, 수렵업
30	자연과학 총기	56	건설, 건설공학
31	수학	57	운수, 운수공학
32	력학	60	농업, 농업과학 총기
33	물리학	61/62	농산
34	화학	63	과수 원림
35	천문학	64	산림업, 산림학
36	지질, 지리과학	65/66	축산, 수의
37	생물학	67/69	보건, 의학
40	응용과학 총기	70	사회과학 총기
41	공업, 공학 총기	71	력사, 력사과학
42	동력 및 전기공업, 동력 및 전기공학	72	경제, 경제과학
43	전자 및 자동화 공업, 전자 및 자동화 공학	73	사회, 정치생활
44	광업, 광업 공학	74	국가와 법, 법률 과학
45	금속공업, 금속공학	75	군사, 군사과학
46	기계공업, 기계공학	80/82	문화, 과학, 교육과학
47/48	화학공업, 화학공학	83/84	언어학, 문학작품
49	림업, 목재 가공 공업	85/87	예술, 예술과학
51	방직공업, 방직공학	89	철학, 철학과학, 심리학, 종교, 무신론
52	식료가공 공업	90	총류
53	일용품 생산, 기타 경공업		

<표 3-2> 북한의 군중도서관용 '사회과학' 분야 도서 분류표

분류번호	주제명(류문표)	세분류번호	류강표
11/15	맑스-레닌주의, 김일성 동지의 저작	111~119	맑스, 엥겔스 저작, 생애
		121~128	레닌, 쓰탈린 저작, 생애
		131~133	김일성의 저작 및 활동
		150~153	맑스-레닌주의 이론

21/23	맑스-레닌의 당, 조선로동당	210	국제공산주의운동, 국제로동운동
		220~229	조선로동당 관련
		235~238	각국의 공산당 및 로동당
70	사회과학 총기	700~704	사회과학총론, 통계학일반, 인구
71	력사, 력사과학	710~719	력사일반, 세계사, 조선사 개별국가력사, 고고학, 민속학, 기타 력사보조과학
72	경제, 경제과학	720~728	경제일반, 정치경제학, 부문경제학, 세계경제, 개별국가인민경제
73	사회, 정치생활	730~739	사회정치생활일반, 세계사회정치생활, 조선 및 각국의 사회정치생활
74	국가와 법, 법률 과학	740~749	국가와 법 일반 및 이론, 부문법, 각국의 법, 법의학, 범죄수사학
75	군사, 군사과학	750~759	군사과학일반, 군사학, 개별국가의 군대. 군사보조과학
80/82	문화, 과학, 교육과학	800	문화, 문화건설
		810~816	과학, 교육과학, 출판, 보도, 서지학
		820~829	군중문화, 영화, 도서관학, 박물관학, 향토지학, 체육
83/84	언어학, 문학작품	830~839	언어학, 조선어, 외국어, 고대어
		840~848	문학일반, 조선문학, 개별국가문학
85/87	예술, 예술과학	850~858	예술론, 조선예술, 개별국가예술
		860~866	조형예술, 건축, 조각, 회화, 무대미술
		871~875	음악, 악보, 무용, 연극, 영화
89	철학, 철학과학, 심리학, 종교학, 무신론	890~897	철학, 론리학, 륜리학, 미학, 심리학, 종교

이상 북한의 분류표의 특징을 볼 수 있었는데 무엇보다도 주제 영역 전반의 불균형과 심각한 주제 집중 현상이 우리나라와 차이가 있는 것으로 보인다. 다시 정리하면, 맑스-레닌과 김일성 사상관련 2개 류문, 자연과학 8개 류문, 응용과학 16개 류문, 농업 5개 류문, 의학 1개 류문, 사회과학 10개 류문, 총류 1개 류문 등 모두 7개의 주제 영역으로 크게 나누어져 있는 데 맑스-레닌주의와 김일성주의, 그리고 과학 분야가 전체 주제 분야의 70% 이상을 차지하고 있다. 이는 이 류문들이 모든

과학의 이론 및 방법론적 기초로써 실천 활동의 지침으로 작용하는 사회주의적 특성을 공고히 반영하고 있는 것으로 보인다.

2.2. 장서 구성

북한 도서관의 장서 구성에 대해 세부적으로 알려진 것은 없다. 다만 앞서 북한의 도서 분류표에서 보았듯이 북한의 장서 현황은 김일성사상을 중심으로 한 로작과, 자연과학 중심의 과학서적 중심으로 구성되어 있어 심각한 불균형을 이루고 있음을 알 수 있다. 다음은 북한에서 교사 생활을 한 탈북인사의 구술기록과 전언을 통해 북한의 대체적인 장서 구성 실태를 조사한 것으로 북한 도서관의 서고를 개괄적으로나마 짐작해 볼 수 있을 것으로 사료된다.

> 학생도서관과 성인도서관은 규모 면에서는 별 차이가 없다. 다만 한 가지 차이점이 있다면 학생도서관에는 각종 전문기술공학서적, 전문 과학서적과 같은 전문 분야의 책이 없다는 것이다. 이용 부문에 있어서는 성인도서관에는 소학교 학생들을 제외한 모든 사람들이 다 이용할 수 있으나, 다만 소학교 학생들은 학생도서관만을 이용해야 한다. 도서관에는 책을 분류하여 비치한 서가가 있으며 책을 빌려 그 자리에서 볼 수 있도록 열람실도 가지고 있다. 서가에 배열된 목록형식은 혁명 서적 편, 교육 도서 편(소학교, 중학교 학생들을 위한 참고서적, 교과서), 사회과학서적 편, 자연과학서적 편, 외국서적 편, 각종 사전 편, 시집과 음악서적 편, 소설 편, 만화와 동화 편으로 나누어져 있다. 구체적으로 '혁명서적' 칸에는 김일성저작선집, 회고록, 당정책 문헌 집, 교시 말씀집, 논문집, 김일성 동지 혁명역사, 김정일 동지 혁명역사, 주체사상에 대하여, 도록(圖錄), 항일 빨치산 참가자들의 회상기, 시기별 당정책 강연자료 등이 있다.
> '사회과학서적' 칸에는 국내 서적으로 동의보감, 세계역사, 조선역사, 미일 침략사, 세계과학자 전기, 사회주의 경제학, 자본주의 경제학, 세계동물서적, 각종 상식집, 세계 사상조류, 공산주의 도덕, 의류가공서적, 식료 가공, 교육학, 수수께끼, 고대사, 민족풍속, 영어문법과 회화

관련서적, 중국어, 독일어, 로어, 에스빠냐어, 프랑스어, 일본어 등의 학습교재가 있다. 반면에 외국서적 편을 보면, 대체로 중국, 러시아의 사회과학 서적을 원본 그대로 또는 번역한 서적들이 있는데 주로 마르크스-엥겔스-레닌의 철학서들이 기본을 이룬다.

'자연과학서적' 칸에는 국내서적 편에 기초물리학, 기하학, 전기물리, 전자물리, 원자물리, 핵 물리, 이론물리, 수리물리, 기계공학, 물리의 열쇠 1~2권, 천체물리학, 화학, 인체 생물학, 생물학, 압연공학, 제련공학, 열처리공학, 광학, 레이저 공학, 전자계산기, 컴퓨터 공학, 프로그램, 전자 공학, 전자기구, 유선통신공학, 무선통신공학, 의료기구, 의학, 프레스공학(압력) 등 다양한 자연과학 서적들이 비치되어 있다. 북한의 교과서와 과학서적5)들은 시기마다 외국으로부터 선진국의 교과서와 자연과학 서적들을 입수하여 심도 있는 연구를 한 이후에 편찬을 진행하며, 그때 그 시기마다 세계적 수준에 뒤처지지 않도록 출판사업에 많은 힘을 집중해 옴으로 하여 내용의 깊이에 있어서나 넓이에 있어서 세계적 수준에 전혀 손색이 없었고, 특히는 북한의 실정에 맞게 알기 쉽게, 깊이 있게 서술한 것이 북한 서적의 특징이다. 따라서 전공하고자 하는 분야의 참고서적 하나만 있으면 다른 사람의 지도를 받지 않고도 얼마든지 자습이 가능하도록 되어 있다. 외국서적 편에는 주로 러시아, 체코, 독일, 프랑스, 영국, 일본, 미국의 다양한 자연과학 서적들이 연대별로 원본 그대로 혹은 번역되어 사용되고 있다.

'교육 도서' 편에는 교육과 관련하여 교원과 학생들에게 해당되는 각종 참고서적, 각종 교과서 등이 비치되어 있다.

'소설' 칸, 먼저 국내소설 편에는 연애소설, 추리소설, 과학환상소설, 장편소설, 중편소설, 단편소설, 단행본, 김일성의 항일유격대 생활과 6·25전쟁을 소재로 한 혁명소설과 전쟁실화 소설, 각종 만화 등 다양한 소설책들이 소장되어 왔다. 외국소설 편에는 70년대 말까지 중국과 러시아 서적이나 소설책을 제외하고는 외국서적에 대한 강한 통제와 배척을 해오던 북한은 80년대에 들어서면서 러시아, 중국 소설책은 물론 이집트, 그리스, 프랑스, 영국, 이태리, 네덜란드, 일본의 소설책까지도 내용에 있어서 사회주의 사상에 어긋나지 않는 한 독자들이 읽을 수 있도록 정책을 바꾸었다. 그리하여 80년대에 들어서면서 북한의 도서관이나 책방에는 많은 외국 소설책들이 대거 유입되어 시중에 유통되었다.

대부분이 러시아의 소설책에 비중이 많았으며 그 다음으로 중국의 고전 소설이었고 일본과 영국의 탐정소설이나 추리소설, 이집트, 그리

---

5) 북한에서 대학 교재로 사용되었던 자연과학 교재 등 다양한 과학 기술서적들이 대거 국내에 입수되었다. 위에서 소개한 각 분야의 350여 종의 방대한 양이다. 발행연도는 1940년대 후반부터 1970년대까지로 과거 북한의 대학교육 수준을 알 수 있게 하는 귀중한 자료이다. 이 대학교재의 목록은 다음 사이트에 수록되어 있다 (http://delias.dongeui.ac.kr/mailing/bbs/opendata.html).

스, 영국, 이태리, 네덜란드의 고전 소설이었다. 대표적으로 고리끼의 어머니, 안나 카레리나, 손오공, 너도밤나무집의 비밀, 샬록 홈즈와 루팡, 성당의 비밀, 아버지와 아들, 철의 흐름, 축복, 몽테크리스토 백작, 전쟁과 평화, 괴멸, 부활, 레미제라불, 돈키호테, 아큐정전 등을 들 수 있다. '만화와 동화' 칸에는 모두 북한 자체 내의 주제를 다루어 제작한 작품들이 있다. 대표적으로 소년장수, 다람이와 고슴도치, 콩쥐와 팥쥐, 흥부와 놀부, 영리한 너구리, 토끼와 거북이 등의 과학환상만화, 고전만화, 대남 적대만화(6.25전쟁을 소재로 한 것, 간첩 잡이를 소재로 한 만화), 동물만화, 도덕성을 교양하기 위한 만화, 에너지를 절약하기 위한 교양만화, 학습의 중요성을 강조한 만화 등 다양한 동화와 만화가 있다. '각종 사전' 칸에는 영어사전, 노어사전, 일본어사전, 독일어사전, 프랑스어사전, 라틴어사전, 이태리어사전, 에스파니어사전, 기계용어사전, 전자편람, 반도체편람, IC편람, 전자용어사전, 세계지명사전, 옥편, 백과사전, 과학기술용어사전, 의학사전, 영영사전, 컴퓨터 용어사전 등 필요한 모든 분야의 사전들이 비치되어 있다. 공식집으로는 수학공식집, 물리공식, 기하공식집, 화학원소주기표 등이 있다. '시집, 음악서적' 칸에 시집으로는 고전 시를 기록한 고전시집으로부터 현 시기에 이르기까지의 북한에서 창작된 시들이 수록되어 있는 시집들이 있다. 이러한 시집이 만들어지려면 당 기관의 엄격한 심의를 거쳐야 한다. 음악서적에는 모두 국내의 음악서적이며 외국의 음악서적은 없다. 북한에서 창작된 노래들을 가사와 악보화하여 편찬한 책으로서 성악은 물론 현악, 관악, 민속악기에 필요한 다양한 악보와 음악서적들도 마련되어 있다. '잡지' 칸에서 보면, 신문, 정치잡지, 문화생활잡지, 경제잡지, 과학잡지, 농업잡지, 시대(時代: 조총련관련잡지), 시기적으로 찍어 내는 강연자료집, 남녀 간의 예의범절을 다룬 자료 등 다양한 자료가 놓여 있다.

이상은 탈북인사가 겪었던 북한의 도서관에 대한 과거 기억을 중심으로 한 것으로 완전하다고는 할 수 없다. 다만 북한의 도서관에서 어떻게 장서 구성이 이루어지고 있는지 그 대강을 다소 짐작할 수는 있을 것이다. 그 내용을 종합해 보면, 자료 구분 형식을 주제와 형식별로 범주화하여 혁명서적, 교육도서, 사회과학서적, 자연과학서적, 외국서적, 각종 사전, 시집과 음악서적, 소설, 만화와 동화 등으로 구분하여 서가 배열이 이루어지고 있는 것으로 보인다.

서적 이용과 관련한 특징적 사실은 북한은 1970년대 말까지 중국과 러시아 이외의 소설책을 제외한 외국 책에는 강한 통제를 가했지만 1980년대에 들어서면서는 사회주의 사상에 어긋나지 않는 한 이집트, 그리스, 프랑스, 영국, 이탈리아, 네덜란드, 일본 등 외국소설들이 대거 유입되어 유용되었음을 알 수 있다. 이와 더불어 컴퓨터 관련 서적이 열람순위 2위를 기록할 만큼 인기가 있었다고 한다. 북한에도 정보기술 관련 서적에 대한 수요가 많아지는 등 달라진 국제 환경에 따른 많은 변화도 엿보인다.

북한도서관의 장서는 1980년대 말까지만 해도 기술서적이나 일반 소설 등 이용 요구가 있는 서적들이 대부분 적기에 입수되었으나 1990년대 들어 경제난이 가중되면서 펄프 생산이 제대로 이루어지지 못해 각종 책들이 부족하게 되었다.6)

3. 북한의 학문 분류체계

북한자료의 단순한 열람이나 이용에는 북한의 학문체계나 도서 분류체계를 모른다고 해서 문제가 생기지는 않겠지만 북한에 관한 연구를 직접 수행하는 연구자나 연구를 지원하는 입장에 있는 사람들은 북한의 학문체계를 이해할 필요가 있다. 이는 북한자료의 효율적 활용을 위해서는 사회주의적 특성과 북한 고유의 특징이 반영된 사상체계나 자료조직 체계를 이해하는 것이 중요하기 때문이다. 또한 이를 통해 북한이라는 나라의 특성을 이해하는 데도 많은 도움이 될 수 있을 것이다. 더불어 북한 사회의 본질을 빠르게 파악하고 관심 분야의 북한 연구를 위한

---

6) 탈북인사의 전언에 따르면, 1997년 신의주시 당시를 회고해 볼 때, 식량 사정으로 도서관 이용률도 급격히 떨어지고 있었고, 한 학급의 50% 이상이 교과서를 배급받지 못했다고 한다. 북한의 종이 사정은 1997년 이후로도 전혀 나아지고 있지 않다. 이는 도서관의 장서 수급에도 악영향을 미칠 것으로 판단된다.

지름길을 발견하는 길이 되기도 할 것이다.

　그동안 북한의 학문 분야에 대한 연구는 그렇게 많다고 할 수는 없지만 일부 연구소에서 상당한 관심을 가지고 관련 연구를 추진해 온 바 있다. 먼저 서강대학교 동아연구소에서 1997년 북한의 분야별 학문체계를 다루는 연구결과를 학회지『동아연구』를 통해 특집 형태로 발간하였고, 이어서 1998년에도 '북한의 현실과 학문'이라는 제목아래 북한의 법학, 철학, 국문학, 경제학, 역사학 등의 이론과 정책, 그 결과에 대한 평가를 다루어 역시『동아연구』특집호를 통해 발표하였다. 이후 잇따른 몇몇 연구가 있었지만 이렇다 할 성과는 없었다. 2005년부터는 동국대 북한학연구소를 중심으로 한 일단의 연구진이 북한의 학문 분야별 분류체계 및 연구동향과 특성에 대한 연구를 한국학술진흥재단 프로젝트로 진행하였다. 이 결과는 2006년부터 북한연구소에서 발행하는『북한연구학회보』를 통해 2008년까지 발표되었다. 또한 이 결과물들은 종합적으로 편집되어 2009년 '북한의 학문세계'라는 이름의 단행본들로 발간되었다.[7]

　지금까지 연구된 '북한의 학문체계'에 대한 자료 목록은 다음과 같다. 먼저 1977년『동아연구』33호와 34호에 소개된 연구 자료이다.

· 한동완. 1997. 북한의 학문체계 1 : 북한의 국어학 체계 개관. 45~95.
· 성현경. 1997. 북한의 학문체계 1 : 북한의 국문학 체계 개관. 3~43.
· 정두희. 1997. 북한의 학문체계 1 : 북한의 역사학 체계 개관. 97~146.
· 박순성. 1997. 북한의 학문체계 1 : 북한의 경제학 체계 개관. 259~310.
· 박수혁. 1997. 북한의 학문체계 1 : 북한의 법(학) 체계 개관. 211~258.
· 엄정식. 1997. 북한의 학문체계 1 : 북한의 철학체계-그 사상적 개관. 147~209.
· 정두희. 1997. 학문연구에서의 남북한 이질성과 극복과제 : 북한의 역사서술에 나타난 조선왕조의 유산. 동아연구 34: 159~177.

7) 강성윤 편저. 2009.『북한의 학문세계(상)』. 서울: 도서출판 선인, p.563; 동국대학교 북한학연구소 편.『북한의 학문세계(하)』. 서울: 도서출판 선인, p.680.

다음은 1978년 『동아연구』35호에 소개된 연구 자료이다.

· 엄정식. 1998. 북한의 학문과 현실: 북한의 철학체계와 그 현실. 87~125.
· 박수혁. 1998. 북한의 학문과 현실: 북한법(학) 과 현실과의 관계. 127~157.
· 성현경. 1998. 북한의 학문과 현실: 북한에서의 국문학과 현실과의 관계. 3~41.
· 박순성. 1998. 북한의 학문과 현실: 북한의 경제학과 경제현실 - 북한 사회주의
　　경제발전의 이론, 정책, 성과를 중심으로. 159~213.
· 정두희. 1998. 북한의 학문과 현실: 북한의 역사학과 현실과의 관계. 65~86.
· 한동완. 1998. 북한의 학문과 현실: 북한의 국어학과 현실과의 관계. 43~63.

이 밖에 2000년대 이후에 연구된 자료를 보면 다음과 같다.

· 홍민. 2004. 시대와 더불어: 한국의 정치학자; 민병천, 북한학을 새로운 분과 학
　　문으로 만들다. 정치비평 12: 141~158.
· 원유동. 2004. 북한의 경영과학 교육에 관한 분석. 산업경제연구 17(1): 217~231.
· 강성윤. 2006. 북한의 학문분류체계. 북한연구학회보 10(1): 1~25.
· 김동한. 2006. 북한의 법학연구: 연구동향 및 특성. 북한연구학회보 10(2): 57~90.
· 김동한. 2007. 북한 법학: 이론의 현실 정합성, 남북 법학비교, 특성. 북한연구학
　　회보 11(2): 47~75.
· 전영선. 2008. 북한의 언어학 분류체계와 연구 동향 연구. 한민족문화연구 24:
　　45~83.
· 김용현. 2008. 북한의 군사관련 연구현황과 특징. 북한연구학회보 12(1): 49~71.

이상 각 분야에서 연구한 내용은 북한 연구를 위한 주제 분야별 자료
부문에서 다시 참고하기로 하고 앞서 언급한 북한 학문 분야의 분류체
계에 대해 다시 살펴보기로 한다.

'북한의 교육과 연구' 영역에서의 학문분류 체계를 종합화하고 하나의
시안을 만들기 위한 연구는 강성윤(2006)에 의해 이루어졌다. 이 연구에
의하면 북한의 학문 분류체계를 연구하기 위해 몇 가지 분류 기준이 되는
도구를 사용하였다. 먼저 북한의 교육·학술기관에서의 학문분류를 참고

하였다. 대학의 학과는 학문의 연구와 교수를 기본 사명으로 하고 있기 때문에 학문이 학과의 성격을 규정하는 결정적인 역할을 하게 된다. 또한 대학의 학과 편제도 학문분류 체계를 가늠하는 유용한 도구가 된다고 볼 수 있을 것이다. 다음, 학술연구를 위한 기구와 조직도 학문의 성격과 연구 대상을 정하는 특성을 볼 수 있어 그 변천을 통해 학문 분야의 흐름을 감지할 수 있다는 점에서 참고할 수 있을 것이다. 그 다음으로 문헌 및 사전적 개념과 학위분류를 참고하였다. 북한의 도서 분류표에 따른 문헌 분류, 그리고 학위분류는 기본적으로 학계의 객관성과 보편성을 인정받는 학문 분류에 기초하여 이루어진다는 점에서 유용한 방법으로 볼 수 있을 것이다. 끝으로 조선중앙연감에 나타난 분야별 연구 성과의 평가도 학문 전 분야를 포괄할 수는 없지만 매년 분야별로 평가하고 있어 사회과학의 특성을 파악하는 유용한 자료로 활용할 수 있다. 이와 같이 대학학과, 학술기관, 도서분류, 학위, 연구 성과 등의 사회과학 분야의 분류 체계를 종합, 비교한 것이 <표 3-3>이다.8)

〈표 3-3〉 북한의 학문 제 영역에서의 분류종합

학부	대학 학과	학술기관	도서분류		학위	연구성과 평가분류	
	김일성종합대학	사회과학원	류문	류강	박사/학사	분야	분류
철학	주체사상학과	주체사상연구소	김일성저작			주체철학	
	철학과	철학연구소	철학	철학		철학	철학일반
	김일성주의노작			미학			미학
				윤리학			윤리학
				논리학			논리학
				심리학			심리학
				종교			사회학
							종교학

8) 대학학과는 김일성종합대학의 편제 및 학부별학과현황, 학술기관은 사회과학원 연구소변천실태, 사전은 정치용어사전, 철학사전, 정치사전, 조선말대사전, 조선대백과사전, 연구성과에는 조선중앙년감이 학문 분류 도구로 활용되었다.

경제	정치경제학과	경제연구소	경제	경제일반	경제학	경제학	정치경제
	재정학과	경제관리연구소		정치경제			세계경제
	대외경제학과	무역경제연구소		부문경제			부문경영
	통계학과			세계경제			인구학
역사	김일성동지혁명	혁명력사연구소	조선로동당	당관련	력사학	혁명력사	
	김정일동지혁명			조선사		역사학	조선사
	종교학과		역사	세계사			세계사
	조선력사학과	력사연구소		력사일반			문화사
	세계력사학과	고고학연구소		고고학			인류학
				민속학		고고학	
						민속학	
법률	법학과	법학연구소	국가와 법	이론	법학	법학	법이론
	국제법학과	국제법연구소		부문법			부문법
	정치학과	국제관계연구소		법의학			
		통일문제연구소		범죄수사			
			사회 정치	정치생활	사회 정치학	정치학	정치이론
				각국정치			국제관계
		군사학연구소	군사	군사과학	군사학		
문학	조선어학과	언어학연구소	언어학	조선어	언어학		언어학
	조선문학과	주체문학연구소		외국어		언어학	
	한문학과			고대어			
	신문학과		문학	문학일반	문학		
	보도학과			조선문학			
	창작학과			개별국가		문예학	
	도서관학과		문화				
	도서정보학과						
	민족고전학과	민속학연구소					
외문	로어문학과		교육 과학	출판			
	중국어문학과			보도			
	영어문학과			서지			
	독일어문학과		예술	예술론			
	불어문학과			조형예술	예술학		
	에스파니아문학			음악, 무용			
교육	교육학				교육학		

<표 3-3>에서 보는 바와 같이 북한의 학문체계는 학문으로서의 보편성이라는 관점에서 공통성도 지니고 있지만 북한 나름대로의 국가적 특수성을 지니고 있다. 이 표를 통해 종합한 제 영역의 공통점을 분석하여 <표 3-4>와 같은 학문분류표의 시안이 만들어졌다. 이들 <표 3-3>, <표 3-4>의 내용에 대한 몇 가지 주요 사항을 정리해 보자.

먼저, 북한은 학문의 대상인 과학을 자연과학과 사회과학으로 양분하고 있고, 인문과학이란 개념과 용어를 사용하지 않기 때문에 크게 보아 이 분류표는 우리나라의 인문과학과 사회과학을 포괄하는 학문 분류체계이다.

둘째, 북한은 체제 이데올로기와 지도자에 관한 문제를 학문적 차원에서 접근하고 있다. 이로 인해 사회과학에 주체철학과 혁명력사학이 주요 탐구대상이 되고 있다. 이 밖에도 철학, 력사학, 고고학, 민속학, 민속고전학, 경제학, 법학, 정치학, 언어학, 문예학, 교육학, 군사학 등 총 14개 학문이 사회과학으로 분류되고 있다.

셋째, 학문영역의 폭이 넓지 못하여 분과 학문으로 분화하지 못하고 있다. 예를 들어 인류학, 사회학, 광고학 등에 관한 연구는 진행되지 않고 있고, 경영학, 회계학, 무역학, 행정학, 정책학, 신문방송학, 지역학 등이 분과 학문으로 위상을 확보하지 못하고 있다.

인간의 지식을 체계화한 것이 학문이라고 할 때 일반적으로 지식 체계를 인문과학, 사회과학, 자연과학으로 구분하여 설명하고 있는 것이 보편적인 상황이지만 북한은 많은 분과학이 발전하지 못하면서 인문과학이 사회과학에 통합되는 기현상이 일어나고 있고, 주체사상, 군사학 등 사회주의적 특성이 중심영역에 자리 잡고 있음을 알 수 있다. 이상의 연구 내용이 학문 분야 전반에 대해 분석하지 못했고, 활용 도구 및 자료의 제한성으로 인해 완벽하다고 볼 수는 없지만 북한의 학문 분류체계의 기본적 틀의 하나를 제공하고 있다고는 볼 수 있을 것이다. 따라서 북한의 학문 세계의 기초적 틀을 이해하고 북한자료를 활용하는 데 있어서는 기본적인 참고자료가 될 것으로 사료된다.

〈표 3-4〉 북한의 학문분류표 시안

대분류	중분류	소분류	교육과 연구 제 영역에서의 분류확인 종합
사회과학	주체철학	철학원리	대학학과/연구소/문헌(류문)/성과평가
		사회주의건설이론	
		혁명이론	
		통일이론	
		문헌연구(저작연구)	
	혁명력사학	김일성동지혁명력사	대학학과/연구소/문헌(류문)/성과평가
		김정일동지혁명력사	
		김정숙동지혁명력사	
		조선로동당사	
	철학	조선철학	대학학(부)과/연구소/문헌(류문)/성과평가/학위
		세계철학	
		논리학	
		윤리학	
		종교학	
		심리학	
		미학	
	력사학	조선사	대학학(부)과/연구소/문헌(류문)/성과평가/학위
		세계사	
	고고학		연구소/문헌(류강)/성과평가
	민속학		연구소/문헌(류강)/성과평가
	민족고전학		
	경제학	정치경제학	대학학(부)과/연구소/문헌(류문)/성과평가/학위
		세계경제학	
		부문경제학	
		전문경제학	

		인구학	대학학(부)과/연구소/문헌(류문)/
	경제학	통계학	성과평가/학위
	법학	법이론	대학학과/연구소/문헌(류문)/성과평가/학위
		부문법	
	정치학	정치이론	대학학과/연구소/문헌(류문)/
		국제관계	성과평가/사회정치학
	언어학	조선어	
		외국어	대학학과/연구소/문헌(류문)/성과평가/학위
		고대어	
사회과학	문예학	문학	대학학과/연구소/문헌(류문)/성과평가/학위
		음악	
		영화	
		연극	
		미술	
		기예	
	교육학		대학학과/문헌(류문)/학위
	군사학		대학/연구소/문헌(류문)/학위

4. 북한 관련 주제별 자료와 활용

북한자료의 효율적 이용을 위해 북한의 학문 분류와 도서관의 분류체계를 살펴보았다. 현재 북한의 학문 분야에 대한 연구는 앞서 살펴보았지만 사회주의적 특성이 발현된 매우 독특한 학문구조를 가지고 있다. 주체사상과 사회주의사상이 학문 분야의 핵심으로 자리 잡고 있고 군사학 같은 특정 학문이 중요시되고 있는 반면 실용적인 학문 분야는 거의 분화·발전되지 못했다. 이런 까닭에 북한의 학문 분야에 대한 연구도 대단히 부족한 실정이다. 지금까지 연구된 분야는 크게 북한의 국문학, 역사학, 경제학, 경영과학, 철학, 법학, 군사학, 그리고 필자가 연구한 바 있는 도서관학 등이 있을 뿐이다.

북한 관련 자료의 빈곤과 자료의 신뢰성은 북한 연구의 난관이 되고 있다. 북한은 기본적인 통계는 물론 주요 정책 결정 등도 내부용 문건으로 처리되어 거의 공개되지 않고 있다. 또한 공식적으로 발간된 문헌도 사실 왜곡과 선전적 측면이 강하기 때문에 객관적인 자료로 활용하기 어려울 때가 많다. 앞서 제1장과 2장에서 북한자료 현황과 수집 측면에서 살펴본 내용을 '자료의 활용'이라는 관점에서 다시 정리해 보기로 한다.

북한 연구의 가장 기초적인 자료는 북한 체제의 특성상 김일성과 김정일 명의의 각종 문헌이다. 이는 정부정강, 당대회 보고문, 시정연설, 담화문, 로작(연설문, 논문, 서한) 등의 형식을 취하고 있다. 이 문건들은 로동신문에 실리거나 매년 발간되는 조선중앙연감에 수록된다. 김일성의 문헌을 모아서 출판한 것으로는 『김일성선집』(1953~1954), 『김일성저작선집』(1967~1993), 『김일성전집』(1992~) 등이 있다. 또한 김정일의 문헌을 출판한 것으로는 『친애하는 김정일동지의 문헌집』(1992~), 『김정일선집』(1992~) 등이 있다. 이와 함께 북한 연구의 핵심 기초자료로는 조선로동당 중앙위원회 기관지인 『로동신문』, 주요 일간지 성격의 정부 기관지인 『민주조선』, 인민무력부와 총정치국 기관지인 『조선인민군』, 김일성사회주의청년동맹 기관지인 『청년전위』, 평양시 당위원회 기관지인 『평양신문』, 재일본조선인총연합회 기관지 『조선신보』 등이 있다. 다음 월간지로 조선로동당중앙위원회 이론 기관지인 『근로자』를 비롯한 각종 잡지로 『로동자』, 『농업근로자』, 『청년생활』, 『조선문학』, 『조선예술』, 『청년문학』, 『아동문학』, 『인민교육』, 『경제관리』, 『천리마』, 『력사과학』, 『과학의 세계』, 『체육』, 『우리나라 무역』, 『주체농법』, 『전자공학』, 『자동화공학』 등이 있는데 현재 국내에 입수되지 않고 있는 자료들도 많이 있다. 이와 함께 북한의 유일한 통신사이며 당과 정부의 공식 대변 기관인 조선중앙통신사의 발행 연감인 『조선중앙연감』이 있다. 한편 『정치용어사전』, 『정치사전』, 『력사사전』, 『철학사전』, 『경제사전』, 『조선로동당력사』 등 각종

사전류 및 조선로동당 출판물도 북한 연구를 하는 데 있어서는 자료 가치
가 높다. 이 밖에도 조선중앙방송과 평양방송 및 조선중앙텔레비젼방송
등 방송자료도 충분한 활용가치가 있다.[9]

　그러나 이러한 자료들은 그야말로 북한을 연구하기 위한 기초자료로
서 의미는 있지만 세부 주제에 대해 깊이 있는 연구를 위해서는 한계가
있을 수밖에 없다. 다음은 이러한 문제를 조금이나마 해소하기 위하여
주제별로 관련 내용과 목록을 조사했다. 깊이 있는 내용연구나 안내가
없는 분야는 단지 관련 목록만 수집하여 열거했다.

4.1. 북한 관련 통계

　북한과 관련된 연구나 분석 작업의 질을 높이고 좀 더 과학적이고 체
계적으로 접근할 수 있는 토대를 마련하기 위해서는 지속적인 북한 관
련 통계의 유지 및 갱신이 필요하다.

　북한의 통계와 관련된 시기는 통상 네 시기로 나눌 수 있다. 처음
1949년 이후부터 1962년까지는 공식 간행물을 통해 인구를 포함한 인
문, 자연지리 정보 및 통계에서부터 각종 경제 분야 및 사회보건 분야에
이르기까지 다양한 통계와 정보를 발표해서 일반적인 정보와 통계 수집
이 가능했다. 다음 1962년 이후 1987년까지는 학술적으로 이용가치가
있는 정보와 통계가 일체 발표되지 않았다. 『조선중앙연감』과 일부 학
술 서적에 관련 정보와 통계를 언급하기는 했지만 학술적으로 무가치한
언급이었다. 세 번째 시기는 1987년부터 1995년 사이이다. 1989년 UN에
제출한 '1946~1987 주민등록자료', 1994년에 제출한 '1993년 인구센서
스' 등과 같이 북한이 처음으로 외부 세계의 지원과 관련하여 자국의 구

───────────────

9) 정규섭. 북한자료의 효율적 활용방법 연구. pp.310~311.

체적인 통계와 정보를 제공하기 시작했다. 마지막으로 1995년 이후 시기이다. 북한은 국제사회의 인도주의적 지원을 받으면서 그와 관련된 자국의 정보와 통계를 외부 세계에 체계적으로 제공하기 시작했다. 이러한 시기를 거쳐 현재 수집 가능한 북한자료의 통계와 출처는, 북한의 공식 발표자료, 인도주의적 지원과 관련하여 북한이 국제기구 등에 제출한 자료, 북한 내부에서 활동 중인 외부 기관이나 관찰자들이 북한 당국 또는 북한 주민들과 접촉하면서 수집한 정보 및 통계, 북한 당국과 외부 기관이 공동의 프로젝트를 수행하면서 축적, 수집한 자료 등이다. 이러한 자료들을 앞서 제2장에서 살펴본 바와 같이 공식적인 수집 채널('중개상을 이용한 수집' 포함)을 통해 입수하는 것이 일반적이지만 '인터넷을 통한 수집'이나 보유자와 개인적 '커넥션을 통한 수집', 기타 '직접 방문을 통한 수집'을 통해 각종 통계를 확보할 수 있을 것이다. 한편 국제기관의 지원과 북한 당국 간의 협조를 통해 얻어진 자료들과, NGO의 활동 등을 통해 이루어진 자료들은 WFP를 중심으로 북한 관련 자료·통계를 종합, 활용한 이른바 'DPRK Map'을 제작하였다고 알려져 있다. 이러한 총괄적 DB가 발전된다면 보다 정확한 북한의 실상파악에 도움을 줄 것으로 생각된다.[10]

그러나 앞에서도 언급한 바와 같이 북한이 지금까지 발행하는 자료에서는 지속적인 통계를 입수하기에 어려움이 많다. 북한 자체에서 나오는 통계도 거의 없을뿐더러 정확성이 의심되기도 한다. 현재 통계로 활용할 수 있는 북한의 간행물과 국제사회 출판물은 다음과 같다.

---

10) 견용수. 이성수 편. 북한의 자료·통계수집 및 관리(북한포럼 정기세미나 KRIHS FOCUS). pp.102~107.

<북한자료>

· 조선중앙통신사 :『조선중앙연감』
· 교육도서출판사 :『조선지리전서』,『조선대백과사전』,『조선향토대백과사전』

<국제사회의 출간물>

· WFP, FAO 공동 : 북한의 작황과 식량공급 상황에 대한 공동조사단 보고서
· UNDP, UNEP(환경계획) : 2003년 - 환경생태
· FAO(국제식량농업기구) :
  1) FAO 무역연감
  2) FAO 농업생산연감
· UNODC(마약 범죄사무소) : 2004세계 마약 보고서 등
· 미 CIA: The World Factbook : North Korea
· JETRO(일본 무역진흥회) : 무역통계
· 중국 해관 : 월간『중국 해관통계자료』
· World Trade Atlas

　그러나 이러한 몇 가지 연감 종류만으로는 북한에 관한 포괄적인 정보는 얻을 수 있겠지만 세부 정보를 얻기에는 어려움이 있다. 또한 이러한 연감이나 백과사전조차도 필요한 정보를 계량화하거나 지속적으로 발표하는 경우가 드물어 역시 구체적인 정보로 활용하기에는 부족하다. 따라서 정보가 필요한 기관에서 필요한 정보를 찾아내서 DB화하거나 현황 중심 기초 데이터를 연도별로 배열하여 접근이 용이하도록 정리하는 방법밖에 별다른 대책이 없을 것이다. 유관 기관끼리의 협조나 국제기구의 협조를 얻는 방안도 있으나 이를 가시화하기에는 앞으로 많은 시간이 걸릴 것이다. <표 3-5>는 조선중앙연감이나 조선향토대백과사전 등에서 찾아낼 수 있는 통계유형을 정리해 본 것이다. 기본적인 통계가 부족한 상태에서 이와 같은 형식으로 자체 통계를 발굴하여 사용할 수

도 있을 것이다.

북한 통계와 관련된 여러 가지 문제점을 제시하고 그 현황을 분석한 연구총서가 통일연구원에서 나왔는데 북한 통계를 다루자면 한번쯤 검토해 볼 필요가 있을 것이다.

· 이 석. 2007. 『북한의 통계: 가용성과 신뢰성』. 서울: 통일연구원(연구총서 07 - 17)

최근에는 국내에서도 통계청과 통일부 등 국가기관이 나서서 많은 요구가 있는 북한 통계에 대해 일부나마 제공하고 있다. 통일부에서는 남북관계통계관리시스템을 구축하여 인터넷(http://stat.unikorea.go.kr/)을 통해 대국민 서비스를 실시하고 있다. 주요 자료의 내용은 '주제별 통계'를 통해 제공된다. 그 종류로는 남북인적 · 물적 왕래 분야, 남북 교류협력 분야, 개성공단사업 분야, 인도적 과제 추진 분야, 남북협력기금 분야, 남북회담 분야, 통일교육 실시 분야 등 각종 현황들이 있다. 또한 현재 통일부에서 발행하는 '통계간행물'에는 『남북교류협력동향』, 『통일백서』, 『북한과 통일관련 자료』, 『남북협력기금백서』 등이 있는데 이들 자료들도 이 시스템의 홈페이지를 통해 제공된다. 이 밖에 서울대학교 통일학 연구총서 6권(김병연 외 저. 2009)으로 발행한 『남북통합지수』(1989~2007) 등 북한 관련 통계를 지수화한 여러 자료들도 참고할 수 있을 것이다.[11]

---

11) 통일예측모형(통일연구원, 2003), 북한 · 통일 남북관계 예측: 측정지표 및 예측평가(배진수, 2006) 등 다양한 기초 통계자료를 통해 각종 지수 계발과 예측모델을 만들어 내려는 시도도 계속되고 있다.

<표 3-5> 기본 통계 작성대상(연도별)

대주제	주요항목	세부 주제
북한지리 현황	지리적 위치	
	자연 조건	
	자연 자원	지하자원
		생물자원
		토지자원
		전력자원
		수산자원
		동물자원
정치	김정일의 연도별 현지지도	
	김정일의 연도별 공연관람	
	김정일의 대표단, 인사접견기록	
	연도별 주요대회, 회의	
	혁명사적관 등 개관현황	
	답사행군현황	
	주요 기념일 행사	
경제	연도별 경제성과	국가예산집행 결산
사회문화	교육	
	사회과학	
	문학예술	
	영화예술	
	무대예술	연도별 작품목록
	대외공연	
	미술	전람회, 작품목록
	군중문화	
	체육	진행된 주요 경기
	출판보도	도서출판
		기념우표발행
		전람회
대외관계	김정일의 외국방문	
	주요 대표단의 외국방문	
	외국 주요대표단의 방북	
	연도별 수교국	
	연도별 결성된 친선단체	
	국제적 연대활동	

	로동신문 사설 등	
주요 문건 및 자료	명령, 정령, 결정	
	성명, 보도, 상보, 담화, 백서, 론고장, 고발장, 비망록, 진상공개장, 공개질문장, 결산서, 보고서, 호소문	
	발굴 역사유적	
일지	김정일의 월별 혁명활동일지	
	대외관계일지	
	북남관계일지	
	해외동포일지	
	국제일지	
시,군별기초통계	행정조직, 면적, 인구	연평균기온, 최고극기온, 최저극기온, 1월평균온도, 8월평균온도, 적산온도
		연평균강수량, 최대강수량,최소강수량,연평균일조율,상대습도, 안개일수, 첫서리, 마감서리, 연평균 풍속, 최대풍속
		산림면적, 유명산
기타	분야별연구소, 유관기관	
	대학현황	
	학술분야별 잡지현황	
	출판사별 주요 내용	

다음 국가통계포털을 운영하고 있는 통계청에서는 『북한의 주요 통계지표』(2009년) 등 남북한 관련 통계를 책자로 발행하여 왔는데 최근에는 KOSIS 국가통계포털 내에 '북한통계포털(http://kosis.kr/bukhan)' 사이트를 개설하여 북한 주요 통계지표를 제공하고 있다. 여기에서 제공하는 북한의 주요통계 지표에는 자연환경, 인구, 농림수산, 광공업, 대외거래 및 경제협력(경제총량, 사회간접자본), 교육, 에너지 및 통신, 보건, 남북한 교류 등의 현황이 포함되어 있다. 이밖에도 수교국 및 국제기구 가입현황과 남북협력기금 내용 같은 것도 알아볼 수 있다. 또한 별도의 '국외 북한 통계'를 통해 제공하는 항목에는 국토 및 인구, 농림어업, 광

공업 및 에너지, 보건·사회·문화, 대외거래 및 경제협력 등의 내용이 포함된다.

4.2. 북한의 철학 분야

일반적으로 사전적 의미에서 '철학'이라는 말은 "인간과 세계에 대한 근본 원리와 삶의 본질 따위를 연구하는 학문"을 뜻하며, 인식, 존재, 가치 등의 세 기준에 따라 하위 분야를 나눌 수 있다. 또는 자신의 경험에서 얻은 인생관, 세계관, 신조 따위를 이르는 말이다. 북한에서도 '철학'이라는 사전적 의미는 크게 다르지 않지만, 학문적 의미에서 북한의 철학 분야는 우리가 말하는 일반적인 의미의 학문보다는 마르크스-레닌주의와 흔히 주체사상으로 표현되는 김일성 주의와 김일성 사상으로 집약된다. 따라서 "오직 혁명적이며 진보적인 계급인 로동계급의 지향과 요구를 반영한 철학만이 인간의 운명개척에 커다란 역할을 할 수 있다"라고 주장한다. 또한 "로동계급의 세계관인 맑스주의 철학이 창시됨으로써 관념론과 형이상학이 타파되고 유물론과 변증법의 승리가 이룩되었다"고 보고 있으며, 김일성이 창시하고 김정일이 발전시킨 "주체철학에 의하여 사람중심의 세계관이 확립됨으로써 인류의 세계관 발전에서 혁명적 전환이 일어났으며 인민 대중은 자기 운명을 자주적으로, 창조적으로 개척해 나갈 수 있게 되었다"라고 선전하고 있다.[12]

현재 발행되는 주요 간행물로는 1949년부터 지금까지 김일성종합대학출판사에서 출판되고 있는 『김일성종합대학학보: 철학』과 과학백과사전출판사에서 나오고 있는 『철학연구』가 대표적이다. 이 밖에 과학백과사전종합출판사에서 펴낸 『철학논문집』이 있다. 참고사전으로는 『대

---

12) 백과사전출판사 편. 2000. 『조선대백과사전(20)』. 646-7.

중정치용어사전』(1959), 『철학사전』(1970, 1985)이 많이 이용된다. 다음
은 북한의 철학과 관련된 주요 연구 자료들을 정리한 것이다.

· 김교빈. 1998. 「남북한 철학의 비교와 반성」. 『인문과학연구』 제3호.
· 김교빈. 1992. 「남북철학계의 시각차와 북한 철학계의 변화에 대한 검토」. 『인
　　문논총』 제11집.
· 김영수. 1989. 「북한에서의 실학연구 실태: 주요 저작을 중심으로」. 『통일문제연구』.
· 김원식. 일신철. 한승완 공저. 2005. 「최근 북한의 이념 변화와 동향 - 철학연구
　　및 김일성종합대학 학보를 중심으로」. 『정책연구』 여름호.
· 김일성. 1983. 「김일성저작집 21권: 국가 활동의 모든 분야에서 자주. 자립. 자
　　의의 혁명정신을 더욱 철저히 구현하자」.
· 류병덕. 1997. 「남과 북의 철학관」. 『철학연구』 제60집.
· 선우현. 2000. 「민족통일과 북한철학 연구의 의미」. 『인문학연구』 제4호.
· 엄정식. 1997. 「북한의 철학체계: 그 사상적 개관」. 『동아연구』 33집.
· 엄정식. 1998. 「북한의 철학체계와 그 현실」. 『동아연구』 35집.
· 이영철. 1991. 「남한의 철학사조에 대한 북한의 인식」. 『민족문제논총』 제2집.
· 정세근. 1997. 「분단 50년 전후 이북의 철학과 문화」. 『철학과 현실』 34집.
· 정진석. 1962. 정성철. 김창원. 『조선철학사(상)』. 평양: 과학원출판사.
· 정성철. 1987. 『조선철학사2』. 평양: 과학백과사전출판사.
· 조선민주주의인민공화국 과학원 역사연구소 편. 1960. 『철학사(상)』. 과학원출
　　판사.
· 최봉익. 1986. 『조선철학사개요』. 평양: 과학백과사전출판사.
· 최봉익. 1991. 『조선철학사』. 평양: 백과사전출판사.
· 지교헌. 심경호 외. 1991. 『북한의 한국학 연구 성과 분석 - 철학 종교 어문편』.
　　한국정신문화연구원.
· 서대숙 편. 2004. 『북한문헌연구』. 경남대학교 극동문제연구소.
· 이상숙. 2004. 「북한문학의 민족적 특성론 연구」. 박사학위논문. 고려대학교대
　　학원 국문학과.
· 이종석. 1995. 『조선로동당 연구 - 지도사상과 구조 변화를 중심으로』. 역사비
　　평사.
· Aslanov. A. M. 1980. *Marxist - Leninist Aesthetics and the Arts*. Progress
　　Publishers.
· Edensor, Tim. 2002. *National Identity*. Popular Culture and Everyday Life. Berg.
· Stalin. J.. 1954. *Stalin. J. WORKS(7)*. Moscow : Foreign Languages Publishing
　　House.

4.3. 북한의 어문학 분야

북한의 여러 학문 분야 중에 그래도 많은 연구가 이루어진 분야의 하나가 북한의 어문학 분야가 아닌가 생각된다. 남북 간의 이질화 극복의 첫 번째 열쇠가 언어 소통의 문제에서부터 출발하기 때문에 더더욱 중요한 분야가 아닌가 생각된다. 이와 같은 사정에서 2006년부터 우리 정부의 지원을 받아 추진하고 있는 겨레말큰사전 남북공동편찬사업회의 활동은 그 의의가 크다고 할 수 있을 것이다. 북한의 어문학 분야에 접근하는 기본 자료로는 1956년부터 김일성종합대학출판사에서 발간하고 있는 『김일성종합대학학보(어문학편)』와 과학백과사전종합출판사 등 여러 곳에서 펴낸 바 있는 『조선어문』이 있다. 이 밖에 국내의 주요 연구와 북한자료 목록을 정리하면 다음과 같다.

<단행본>

· 강상호. 1989. 『조선어입말체연구』. 평양 : 사회과학출판사.
· 고영근. 1989. 『북한의 말과 글』. 서울 : 을유문화사.
· 김석향. 2003. 『북한이탈주민의 언어생활에 나타나는 북한 언어 정책의 영향』.
　　　서울 : 통일교육원.
· 김영황. 2006. 『민족문화와 언어』. 평양 : 과학백과사전출판사.
· 남성우. 정재영. 1990. 『북한의 언어생활』. 서울 : 고려원.
· 이옥련 외. 1997. 『남북한 언어 연구』. 서울 : 박이정.
· 장은하. 1997. 『김정일 시대의 북한 언어』. 서울 : 태학사.
· 전영선. 2006. 『다시 고쳐 쓴 북한의 사회와 문화』. 서울 : 도서출판 역락.
· 조오현. 김용경. 박동근. 2003. 『남북한 언어의 이해』. 서울 : 역락.

<논문>

· 김성준. 2002. 「위대한 령도자 김정일동지께서 밝히신 외국어 학습에서 단어를 많이 외우기 위한 방도」. 『김일성종합대학학보 어문학편』 제341호.
· 김수익. 1994. 「녀진문자의 제정과 사용과정에 대한 연구」. 『조선어문』 제3호.
· 김수익. 1994. 「우리 말 상접사와의 대비 속에서 본 만주어의 상어미에 대하여」. 『김일성종합대학학보 어문학편』 제229호.
· 김영황. 2002. 「초기 현대시에 대한 문화언어학적고찰」. 『조선어문』 제2호.
· 김정일. 「글을 알기 쉽게 통속적으로 쓰는 기풍을 세워야 한다 — 조선로동당 중앙위원회 조직지도부. 선전선동부 책임일군들과 한 담화(1977년 12월 12일)」
· 김형수. 1991. 「로어와 조선어의 어휘적 단위의 대응문제」. 『김일성종합대학학보 어문학편』 제194호.
· 류 렬. 1960. 「미제 강점 하의 오늘의 남조선 언어」. 『조선어문』 제5호.
· 리기원. 1999. 「남조선괴뢰도당의 <한자병용정책>을 론함」. 『조선어문』 제2호.
· 리기창. 1999. 「리두와 가나와의 관계에 대하여」. 『조선어문』 제2호.
· 리창룡. 1992. 「문맥의 본질과 외국어 교수」. 『김일성종합대학학보 어문학편』 제204호.
· 리창률. 1991. 「외국어습득에서 모국어의 중개작용과 간섭작용」. 『김일성종합대학학보 어문학편』 제190호.
· 영혜연. 2000. 「사람의 이름문화에 대한 몇 가지 고찰」. 『조선어문』 제4호.
· 오희적. 1996. 「위대한 령도자 김정일동지께서 밝혀주신 외국어문법학습을 잘 할데 대한 탁월한 사상」. 『김일성종합대학학보 어문학편』 제261호.
· 최정후. 1996. 『민족어발전에 관한 리론, 위대한 령도자 김정일동지의 사상리론: 언어하』. 평양: 사회과학출판사.
· 하치진. 1959. 「리두에서의 ≪양중≫과 ≪적중≫」. 『조선어문』 제3호.
· 홍기문. 1959. 「조선어와 몽고어와의 관계」. 『조선어문』 제6호.
· 홍아영. 1997. 「남북언어의 이질화 현상과 극복 방안」. 석사학위논문, 건국대 교육대학원

4.4. 북한의 법학 분야

북한법과 남한법은 구조적인 차이가 있다. 북한에서는 법의 제정 및 운용이 당의 정책에 예속되어 있고, 각종 성문법에 앞서 김일성, 김정일

등 최고위층의 교시와 지시, 조선로동당의 지침, 강령, 내각의 정령 및 결정이 최고의 법규범으로서 효력을 가지며 국가와 사회단체 및 주민들을 직접 규율하고 통제하는 수단으로 존재한다. 따라서 실정법이 제정·시행되어도 법이 현실적으로 적용되는 법규범 기능의 실효성 면에서는 미미하며, 대부분 선언적·형식적 규정으로 존재한다. 그 특징을 구체적으로 보면, 1) 북한법은 중국 및 베트남과 함께 아시아 사회주의 법계에 속하면서 주체사상에 입각한 특수한 법 문화권을 형성한다. 2)『조선노동당규약』이 헌법에 우선하는 독특한 법체계로 조선로동당의 결정이 모든 것에 우선한다. 3) 북한법은 정치권력자 또는 정치집단의 통치행위를 합리화하고 합법화하는 도구이다. 4) 법원에 관해서도 관습법은 봉건사회의 낡은 규범으로서 근로자들을 억압·착취하는 것이라 하여 그 법원성을 부정한다. 5) 관습법의 적용에 있어서도 성문법의 보충적 효력으로 인정하지 않는다. 6) 조리에 대해서는 사회주의의 의식, 혁명적 법의식 또는 공화국법의 요구 등으로 표현, 법원성을 인정하고 있다.[13]

다음은 실효성을 중심으로 한 남북한의 법체계를 비교한 것이다.

〈표 3-6〉 남북한의 법체계 비교

남 한	북 한
대한민국헌법→ 법률→ 대통령령→총리령·부령→ 지침	북측 최고위층 교시 → 노동당규약 →노동당강령·지침 → 사회주의 헌법 →내각의 정령·지침 → 성문법률

이상 북한법의 특징을 살펴보았는데, 북한의 법학 분야의 기본 자료로는 1956년부터 김일성종합대학출판사에서 발행하고 있는 『김일성종합대학학보(력사·법학)』가 대표적이며, 최근에는 과학백과사전출판사

---

13) 최종고(1996), 권재열(2004), 강원대(2003)의 분석 내용을 종합하여 정리한 것임.

에서 계간으로 발행하고 있는 『정치법률연구』지가 전문 학술지 역할을
하고 있다. 참고사전으로는 사회과학출판사에서 펴낸 『법학사전』이 있
다. 기타 기본자료 성격의 단행본을 보면 다음과 같다.

· 김동한 외. 2004. 『현대북한의 이해』. 서울 : 법문사.
· 방계문 외. 1964. 『공화국 법은 사회주의 건설의 강력한 무기』. 평양: 사회과학
   원출판사.
· 홍극표. 1986. 『조선민주주의인민공화국 법제정사』. 평양: 과학백과사전출판사.

   이 밖에 북한의 법학 관련 주요 특징들을 살펴볼 수 있는 주요 논문
을 정리하면 다음과 같다.

· 김일성. 1998. 「우리 당 사법정책을 관철하기 위하여 - 전국 사법. 검찰 일군회
   의에서 한 연설(1958년 4월 29일)」. 김일성전집 21.
· 김일성. 1983. 「우리의 인테리들은 당과 로동계급과 인민에게 충실한 혁명가가
   되어야한다 - 함흥시 대학교원들 앞에서 한 연설(1967년 6월 19일)」. 김일
   성저작집 21.
· 김원출. 2000. 「국가법률체계의 부분체계들에 대한 법률조종학적고찰」. 『김일성
   종합대학학보(력사 · 법학)』 46(1).
· 김원출. 2001. 「법률모형의 본질에 대한 조종학적 리해」. 『김일성종합대학학보
   (력사 · 법학)』 47(2)1.
· 리만수. 2003. 「법률 활동에서 콤퓨터망의 형성과 중요요구」. 『김일성종합대학
   학보(력사 · 법학)』 49(2).
· 원향림. 2003. 「해사분쟁과 그 해결제도에 대한 일반적 리해」. 『김일성종합대학
   학보(력사 · 법학)』 47(2).
· 김정일. 1987. 「주체혁명위업의 완성을 위하여 1~5(1964~1986)」. 평양: 조선
   로동당출판사.
· 김동한. 2006. 「북한의 법학연구: 연구동향 및 특성」. 『북한연구학회보』 10(2).
· 김정일. 2005. 「사회주의강성대국건설에서 결정적 전진을 이룩할 데 대하여」. 김정
   일선집 15(2000~2004). 평양: 조선로동당출판사.
· 김정일. 2005. 「선군시대에 맞는 사회주의적생활문화를 확립할데 대하여」. 김정일
   선집 15(2000~2004). 평양: 조선로동당출판사.

4.5. 북한의 군사학 분야

남북한의 군사적 대치 상황은 북한의 군사 분야에 대한 첨예한 관심을 갖게 하고 있지만 학문 분야로서는 상당히 취약한 한계를 갖고 있는 것으로 보인다. 먼저 이러한 현실론적 문제 때문에 학문적 차원보다는 정책적 차원의 접근이 우선시 되었고, 다음으로는 북한의 군사학이 과연 학문적 독자성을 확보할 수 있는가 하는 의심과 선입견이 있었기 때문이다. 또한 다른 분야 연구와도 일맥상통한 것이지만 북한의 철저한 자료통제로 원자료에 대한 접근이 사실상 어렵다는 문제가 있다. 이러한 사실들로 인해 그동안 북한 관련 연구가 부진했지만 동국대북한학연구소가 앞장서서 북한의 군사학에 대한 기초연구를 수행했다. 군사 분야의 역사적 사실에 대한 해석, 군사정책, 군사기술, 군사전술 등 분야가 포함된 것으로 이 연구에서 살펴본 자료들을 정리하면 다음과 같다. 이를 통해 북한의 군사학 분야의 대강의 자료들은 파악할 수 있을 것으로 생각된다.

· 고재홍. 2007. 「김정일의 북한 군부대 시찰 동선(動線) 분석」. 『군사논단』, 52.
· 고재홍. 2007. 「북한군의 차기 수뇌부 구성과 성격 연구」. 『국방연구』, 50(1).
· 박영택. 2007. 「북한군부의 위상 강화와 정책결정 영향력」. 『국방정책연구』, 78.
· 이달희. 2007. 「북한 국방비 지출의 은폐구조 분석」. 『국방연구』, 50(1).
· 함형필. 2007. 「북한의 고농축우라늄 핵개발 상황과 우리의 대응방향」. 『국방정책연구』, 78.
· 이민룡. 2006. 「북한 군부의 정치적 위상과 군대조직의 변화」. 『군사논단』, 45.
· 홍성표. 2006. 「북한의 군사과학 기술」. 『군사논단』, 41.
· 홍성표. 2006. 「북한의 미사일 개발능력과 전망」. 『군사논단』, 47.
· 고상진. 1999. 「위대한 령도자 김정일동지의 선군정치의 근본특징」. 『철학연구』, 1
· 김경숙. 2004, 「군인품성은 선군시대 인간의 정신도덕적 품성의 높이」. 『철학연구』, 2.
· 김경희. 「선군사상을 신념화하는 것은 우리 당의 선군정치를 충성으로 받들어

나가는 데서 나서는 중요요구」.『철학연구』, 2.

· 김광조. 1999.「임진조국전쟁시기 조선수군의 무기-무장의 우수성」.『력사과학』, 4.
· 김룡진. 2004.「주체사상은 선군정치의 뿌리」.『철학연구』, 2.
· 김문석. 2003.「선군시대 우리 인민의 주도적 사상 감정」.『철학연구』, 3.
· 김세익. 1965.「연개소문의 정치. 군사 활동」.『력사과학』, 1.
· 김용남. 1991.「경제의 군사화와 자본주의적 재생산」.『경제연구』, 4.
· 김재홍. 1967.「강감찬장군의 전략전술(2)」.『력사과학』, 1.
· 김춘남. 2005.「혁명적군인정신은 위대한 선군시대를 상징하고 대표하는 숭고
한 혁명정신」.『철학연구』, 3.
· 김혁모. 2003.「선군사상은 공화국의 룡성번영을 위한 백전백승의 기치」.『철학
연구』, 3.
· 로승일. 2003.「선군혁명로선은 나라와 민족의 자주적발전의 길을 밝혀주는 혁명
로선」.『철학연구』, 3.
· 류제일. 2003.「선군사상에 의한 혁명의 주력군문제의 새로운 해명」.『철학연구』, 2.
· 리금산. 2000.「임진조국전쟁시기 조직된 속오군의 편제에 대하여」.『력사과학』, 4.
· 리문일. 2005.「인민군대식은 선군시대의 위력한 창조방식」.『철학연구』, 2.
· 리선녀. 2004.「온 사회를 선군혁명사상으로 일색화 하는 것은 선군시대 사회
주의 위업수행의 합법칙적 요구」.『철학연구』, 3.
· 리영섭. 2004.「선군시대에 새롭게 밝혀진 주체혁명 위업완성의 주력군에 관한
사상」.『철학연구』, 1.
· 리영섭. 2004.「선군정치는 우리 식 사회주의의 생명선」.『철학연구』, 3.
· 리정철. 2004.「선군은 사회주의강성대국건설의 불패의 기치」.『철학연구』, 4.
· 리창식. 2004.「반제군사전선은 선군혁명의 기본전선」.『철학연구』, 1.
· 문병우. 1987.「고려시대 지방군의 지휘체계」.『력사과학』, 1.
· 문병우. 1988.「고구려 군사제도의 특징」.『력사과학』, 1.
· 박충일.「조국해방을 위한 조선인민혁명군의 총공격에 배합한 인민무장 조직들
의 배후련합 작전」.『력사과학』, 3.
· 서성일. 2004.「경애하는 김정일동지는 선군 혁명의 위대한 향도자이시다」.『철
학연구』, 1.
· 염창진. 2002.「리조 후반기 5영군제의 특징」.『력사과학』, 4.
· 윤상선. 2005.「주체사상과 독창적인 선군의 원리」.『철학연구』, 2.
· 조종천. 2003.「선군시대의 문화는 자주적 인간의 문화 정서적 요구를 완벽하
게 실현시켜 주는 우월한 문화」.『철학연구』, 2.
· 진문정. 2002.「총대는 곧 국력」.『철학연구』, 2.
· 최과룡. 2005.「주체의 선군사상에 의한 사회주의의 생명선에 관한 문제의 독창적
해명」.『철학연구』, 2.

· 최순옥. 2001. 「선군정치는 우리 당의 위대한 혁명방식」. 『철학연구』, 3.
· 최학근. 2003. 「우리 당의 선군혁명사상은 가장 철저한 반제자주사상」. 『철학연구』, 1.
· 한규훈. 1963. 「조국 해방을 위한 조선인민혁명군의 일제에 대한 최후공격」. 『력사과학』, 5.
· 황기영. 1993. 『임진조국전쟁 첫 시기 조선수군의 제3차 출격에서의 승리와 전술적 특징』. 『력사과학』, 1.

4.6. 북한의 경제 · 경영학 분야

북한의 경제문제에 대해서는 1947년 『북조선 인민경제 발전에 관한 보고』 이후에 최근까지 김일성과 김정일이 북한 경제에 대해 언급한 문헌(담화 · 연설문 등)을 1차적으로 조사하였다. 그 내용은 아래와 같다.

· 1947년도 북조선 인민 경제 발전에 관한 보고(1947년 2월 19일)
· 1947년 계획실행 총화와 1948년 인민경제발전 계획에 대하여(1948년 2월 6일)
· 인민경제부흥을 위한 1948년 계획실행 총결과 1949~1950년 계획에 관하여 (1949년 2월 1일)
· 모든 것을 전후 인민경제복구 발전을 위하여(1953년 8월 5일)
· 1954~1956 조선민주주의인민공화국 인민경제복구발전 3개년 계획에 관하 여(1954년 4월 23일)
· 조선민주주의인민공화국 인민경제발전 제1차 5개년(1957~1961)계획에 관한 법(1958년 6월 11일)
· 인민경제발전 제1차 5개년(1957~1961)계획 실행총화에 대하여(1960년 11월 22일)
· 조선민주주의인민공화국 인민경제발전 7개년(1961~1967)계획에 대하여(1961 년 9월 16일)
· 군농업협동조합 경영위원회를 내올데 대하여(1961년 12월 18일)
· 우리나라 사회주의 농촌문제에 관한 테제(1964년 2월 25일)
· 사회주의 경제건설의 당면과제(1966년 10월 5일)
· 조선민주주의인민공화국 인민경제발전5개년(1971~1976)계획에 대하여(1970 년 11월 12일)
· 세금제도를 완전히 없앨 데 대하여(1974년 3월 21일)
· 6개년 계획수행 총화와 인민경제발전 제2차 7개년(1978~1984)계획에 대하여 (1977년 12월 16일)

· 조선민주주의인민공화국 인민경제발전 제2차 7개년(1978~1984)계획을 완수한데 대하여(1985년 2월 16일)
· 조선민주주의인민공화국 인민경제발전 제3차 7개년(1987~1993)계획에 대하여 (1987년 4월 21일)

이상의 자료들은 북한 경제를 연구하는 데 기초자료로 살펴보는 자료이다. 이 밖에도 사회주의 경제관리 문제에 대하여『우리당의 선군시대 경제사상 해설(2005)』자료 등 단행본 형식의 주요 원전들과 아래 자료들이 있고,『경제연구』,『김일성종합대학보 : 경제학』,『과학기술통보』 등 북한에서 발행되는 북한 경제관련 정기간행물이 있다. 이들 자료에 대해서는 제1장 북한의 출판물 현황에서 본 바와 같다.

· 사회과학원 편. 1989.『공업에 대한 지도와 관리경험』. 평양 : 사회과학출판사.
· 사회과학원 편. 1985.『경제사전(Ⅰ, Ⅱ)』. 평양 : 사회과학출판사.
· 사회과학원 편. 1987.『로동행정사업경험』. 평양 : 사회과학출판사.
· 윤재창. 1991.『경제 분석과 계획 작성에서 수학적 방법의 리용』. 평양 : 사회과학출판사.
· 주성환, 조영기. 2003.『북한의 경제제도와 관리』. 무역경영사. 2003.

4.7. 북한 관련 자료 종합

북한과 관련 주제 분야별 서지를 체계적으로 작성하는 일은 향후 하나의 주요한 사업이 될 것이다. 아직 필자의 역량이 부족하여 구체적인 작업은 하기 어렵다. 다만 그 시도로 관련 참고문헌들을 분야별로 일부 구별해 보았다. 이상의 주제별 자료 외에도 북한 연구를 위해 종합적으로 검토해야 할 자료들도 많이 있다. 그 포괄적인 자료들을 다 섭렵하기는 어렵겠지만 한국전쟁과 분단사, 해방 전후사, 북한과 관련한 여러 나라의 자료들 등 현대 북한의 역사를 조명하고 자료를 수집하는 데 필요한 참고문헌들을 정리하면 다음과 같다.

· 김국태. 1984.『해방 3년과 미국 Ⅰ: 미국의 대한정책 1945~1948』. 서울: 돌베개.
· 김기석. 1988.『외국소장 한국 관련 자료 현황 및 활용방안』. 한민족발전연구위
　　원회 정책 보고서.
· 김기석. 1999.『한국학의 세계화를 위한 해외소재 한국학관련 사료 수집 및 정
　　보화 방안 연구』. 서울대학교.
· 김명섭. 2000.「한국전쟁 연구를 위한 다국 사료 교차 분석법과 그 국내적 기반」.
　　『정신문화연구』 23(2).
· 방선주. 1991.『한국현대사와 미군정』. 한림대학교 아시아문화연구소. 1991.
· 신복룡. 2001.『한국분단사 연구 1943~1953』. 서울: 한울.
· 신복룡. 1991.『한국분단사자료집』. 서울: 원주문화사.
· 신복룡. 1992.『한국현대사관계 미국관문서자료집 상·하』. 서울: 원주문화사.
· 신복룡·김원덕. 1992.『한국분단보고서(상·하)』. 서울: 풀빛.
· 예프게니 바자노프·나딸리아 바자노프 저. 김광린 역. 1998.『소련의 자료로
　　본 한국전쟁의 전말』. 서울: 도서출판 열림.
· 오규열. 2002.『한국전쟁관련 중국자료선집: 한국전쟁과 중국 Ⅰ』. 행정자치부
　　정부기록보존소.
· 와닌 유리 와실리비치.『러시아 대외정책문서보관소 소장 해방 직후 한국관계 자료
　　들』.『역사비평』 24호.
· 윤병석(편). 1994. 『한국독립운동사자료집 – 중국편』. 한국정신문화연구원.
　　1993.
· 이길상. 1993.『미군정청 관보 자료집』. 서울: 원주문화사.
· 이길상. 1990.『미군정활동보고서』 전34권. 서울: 원주문화사.
· 이길상. 1992.『해방 전후사자료집 1. 2』. 서울: 원주문화사.
· 이완범. 1989.『해방 전후사의 인식 4』. 서울: 한길사.
· 이완범. 2000.「중국의 한국전쟁 참전: 중국·러시아 자료의 비교를 중심으로」.
　　『정신문화연구』 23(2).
· 잭 선더즈. 1985.『한국현대사 1』(1945~1950년의 미국립문서처의 한국관계 자
　　료). 서울: 열음사.
· 정용욱. 1999.『미국 국립문서기록청의 한국근현대사 관련 자료 소장 현황과
　　이용 실태 조사』. 한국정신문화연구원.
· 정용욱. 2003.『미군정 자료 연구』. 서울: 도서출판 선인.
· 정용욱. 1994.『해방 직후 정치·사회사 자료집』 전 12권. 서울: 다락방.
· 정용욱·이길상. 1996.『해방 전후 미국 대한정책사 자료집』. 서울: 다락방.

· 고려서림 편. 1998. 『미국 국립공문서관 소장 북한해방 직후극비자료(1945.8~ 1951.6)』. 서울: 고려서림.

· 夏の書房. 1996. 『美國 國立公文書官 所藏 北朝鮮の 極秘文書(1945.8~1951.6). 上 · 中 · 下』.

· 돌베개 편. 1988. 『북한 '조선로동당' 대회 주요 문헌집』. 서울: 돌베개.

· 돌베개. 편. 1988. 『주한미군사』. 서울: 돌베개.

· 연세대대학원 북한현대사연구회 편. 『북한현대사: 연구와 자료』. 서울: 공동체. 1989.

· 일월서각. 『미군정 정보보고서(G-2 REPORT)』. 전 15권.

· 월간조선 편집부 편. 『毛澤東의 전쟁지휘 전문들』. 월간조선. 1991년 8월호.

· 국사편찬위원회 편. 『남북한관계사료집』. 1~25.

· 국사편찬위원회 편. 『대한민국사자료집』. 1~41.

· 국방부 군사편찬연구소 편. 2002. 『러시아의 한반도 군사관계사』.

· 국방부 군사편찬연구소 편. 2001. 『북한군사관계사료집 1 · 2』.

· 국방부 군사편찬연구소 편. 2001. 『소련 군사고문단장 라주바에프의 6 · 25전쟁 보고서 1~4』.

· 국방부 군사편찬연구소 편. 2002. 『중국군의 한국전쟁사 1』.

· 국방부 군사편찬연구소 편. 2002. 『러시아의 한반도 군사관계사』.

· 국방부 군사편찬연구소 편. 2001. 『소련 군사고문단장 라주바에프의 6 · 25전쟁 보고서 1~4』.

· 국방부 군사편찬연구소 편. 2002. 『중국군의 한국전쟁사 1』.

· 국방군사연구소 편. 1996~2002. 『한국전쟁 자료총서 1~67』.

· 국토통일원 역. 1988. 『소련과 북한과의 관계-1945~1980』.

· 국토통일원 역. 1987. 『조선의 해방』.

· 외교통상부 편. 1994. 『한국전쟁(1950. 6. 25) 관련 러시아문서: 기본문헌. 1949 ~53』.

· 외교통상부 편. 1994. 『한국전쟁(1950. 6. 25) 관련 러시아문서: 보충문헌. 1949 ~53』.

· 한국국제교류재단. 2002. 『러시아 국립문서보관소 소장 한국관련 문서 요약집』.

· 행정자치부 정부기록보존소. 2002. 『한국전쟁과 중국 Ⅰ』.

· 강성윤. 1999. 「북한학 연구의 현황과 과제」. 『분단 반세기 북한연구사』. 서울 : 한울.

· 강인구. 1996. 「상-뻬째르부르그에 위치한 러시아국립문서보관소와 우리 역사 자료들」. 『역사와 현실』. 22.

· 강정인. 1992. 『북한연구방법에 대한 새로운 제언』. 『역사비평』 여름호.

· 기광서. 『러시아연방 국방성중앙문서보관소 소재 해방 후 북한정치사 관련 자

료 개관』.
· 한국정신문화연구원 편. 2002.『해방 전후사 사료연구 Ⅰ·Ⅱ』. 서울: 선인.
· 김기석. 1996.『미국 내 한국자료 관련연구』.『국사관논총』. 73.
· 김기석. 1999.『한국학의 세계화를 위한 해외소재 한국학 관련 사료수집 및 정
　　보화방안연구』. 교육부 정책연구과제.
· 김광운. 2002.「해외소재 한국사자료수집·이전사업에 관하여」.『사학연구』. 65.
· 김광운. 2001.『현대사연구자의 북한역사학계 탐방』.『역사비평』. 55.
· 한길사 편. 2007.『해방 전후사의 인식(1-6)』. 서울: 한길사.
· 박지향, 김철, 김일영, 이영훈 편. 2006.『해방 전후사의 재인식 1-2』. 서울: 책
　　세상.
· 김 면.「독일 국립문서보관소 소장자료를 통해 본 북한과 구동독간의 경제협력」.
　　『북한연구학회보』. 제7권 1호. 2003.
· 김 면.「구동독의 대북한사회주의 건설지원」.『한국동북아논총』. 10권 1호.
　　2005.
· 김명섭. 2000.『냉전의 종식과 연구의 열전』.
· 한국전쟁연구회 편.『탈냉전시대 한국전쟁의 재조명』. 서울: 백산서당.
· 한국정신문화연구원 편. 2000.「한국전쟁 연구를 위한 다국사료 교차분석법과
　　그 국내적 기반」.『정신문화연구』. 23(2).
· 김익한. 1996.「일본 내 한국근대사 관련자료 이용법」.『역사와 현실』. 21.
· 김연철. 1998.「북한연구에서 인식론 논쟁의 성과와 한계」.『현대북한연구』창간호.
· 국사편찬위원회 편.『미국소재 한국사 자료 조사보고 Ⅰ-NARA 소장 RG59·
　　RG84 외-』. 과천: 국사편찬위원회.
· 명 드미트리. 2005.「한국전쟁(1950~1953)에 참전한 재소한인들」.『민족연구』. 14.
· 박명림. 2002.『한국 1950: 전쟁과 평화』. 서울: 나남.
· 반병률. 2004.「러시아 극동지역 한국학 관련기관과 한인자료 현황」.『역사문화
　　연구』. 20.
· 반병률. 2005.『러시아지역 한인신문 선봉과 1920~30년대 한인사회』.『역사문
　　화연구』. 55.
· 방선주. 1987.「미국 24군 G-2 군사실 자료해제」.『아시아문화』. 3.
· 심지화. 2000.「소련과 한국전쟁: 러시아 비밀해제 당안속의 역사진상」.『현대
　　북한연구』. 3(1).
· 송두율. 1988.「북한 사회를 어떻게 볼 것인가」.『사회와 사상』. 12.
· 송두율. 1997.『역사는 끝났는가』. 서울: 당대.
· 송승섭. 2002.「북한자료의 수집과 관리」.『국회도서관보』. 39(5).
· 서동만. 2004.『북조선사회주의체제 성립사 1945~61』. 서울: 선인.
· 안병영. 1983.『현대공산주의연구』. 서울: 한길사.

· 이완범. 2000. 『한국전쟁: 국제전적 조망』. 서울: 백산서당.

· 이종석. 1990. 『북한연구방법론: 비판과 대안』. 『역사비평』 가을호.

· 국사편찬위원회 편. 2002. 『일본소재 한국사 자료 조사보고 Ⅰ - 국립공문서관 국회도서관 헌정자료실 · 외교사료관 외』. 과천: 국사편찬위원회.

· 와인 유리 와실리비치. 1994. 『러시아 대외정책문서보관소 소장 해방 직후 한국관계 자료들』. 『역사비평』. 24.

· 오경숙. 2003. 「국내의 해외북한자료 수집활동실태 분석」. 『한국동북아논총』. 8(4).

· 윤택림. 2003. 『인류학자의 과거여행: 한 빨갱이 마을의 역사를 찾아서』. 서울: 역사비평사.

· 염인호. 2002. 「해방 직후 연변 조선인 사회의 변동과 6 · 25전쟁」. 『한국근현대사연구』 20(봄호).

· 전현수. 1993. 「해방 직후 북한사 연구의 몇 가지 문제에 대하여 - '러시아대외정책문서보관소 소장 북한관계자료의 검토'」. 『역사와 현실』. 10.

· 정상진. 2005. 『아무르만에서 부르는 백조의 노래』. 서울: 지식산업사.

· 정용욱. 이길상. 1995. 『해방 전후 미국 대한정책사 자료집 1 - 13』. 서울 : 다락방.

· 정혜경. 2002. 『해방 전후사 사료연구 Ⅰ · Ⅱ』. 서울: 선인.

· 정재정. 1997. 『일본의 한국관계 자료연구』. 『국사관논총』. 73.

· 정창현. 2002. 『인물로 본 북한현대사』. 서울: 민연.

· 정현수. 2004. 「중국 조선족의 한국전쟁 참전연구」. 『국민윤리학회보』. 57.

· 국사편찬위원회 편. 2004. 『중국소재 한국사자료 조사보고 Ⅰ: 중국지역 한국사 관련자료 현황』. 과천: 국사편찬위원회.

· 민족출판사 편. 1994. 『중국조선족발자취총서 6』. 북경: 민족출판사.

· 최유식. 1995. 「미국 대통령도서관 소장 한국관련 소장현황」. 『역사와 현실』. 17.

· 최완규. 1996. 『북한은 어디로: '북한적 정치현상의 재인식'』. 마산: 경남대출판부.

· 힌림대학교 아시아문화연구소 편. 2000. 『한국전생기 중공군문서 : 1949~1953』 1~4.

· 홍면기. 2002. 『중국의 한국전쟁에 대한 인식변화』. 『전사』. 4.

· 강인구. 이성미 외. 1991. 『북한의 한국학 연구성과 분석: 역사. 예술 편』. 성남: 한국정신문화연구원.

· 국사편찬위원회 편. 『북한의 역사학』. 과천: 국사편찬위원회. 2002.

· 동국대학교 국문학연구소 편. 『북한의 문학과 문예이론』. 서울: 동국대학교 출판부. 2003.

· 신일철. 『북한 주체철학 연구』. 서울: 나남출판사. 1993.

· 심교헌. 심경호 외. 『북한의 한국학 연구성과 분석: 철학. 종교 편』. 성남: 한국정신문화연구원. 1991.

· 和田春樹. 1995. 『朝鮮戰爭』. 東京: 岩波書店.

· Sokolov. A. P. 강인구 역. 2003. 『러시아문서보관소 소장 러시아-한국관계사 자료들 : 19세기에서 20세기 전반까지』. 서울: 한국학진흥원.
· Cohen. Leonard J. Shapiro(ed). Jane P. 1974. *Communist Systems in Comparative Perspective. New York : Anchor Books.*
· Oksenberg. Michael. 1969. "Sources and Methodological Problems in the Study of Contemporary China". A Doak Barnett(ed). *Chinese Communist Politics in Action. Seattle : University of Washington Press.*

5. 북한의 인터넷 사이트

5.1. 북한 운영 사이트 소개 및 평가

북한이 직간접적으로 운영하는 사이트들은 수십 개에 이른다. 그중 분명하게 북한이 직접적으로 개입되어 있다고 보이는 32개의 북한 사이트를 조사하였다. 내용의 정치적 이적성 등 이념적 문제 때문에 현재 많은 사이트들의 접근이 막혀 있는 경우가 많다. 앞으로 남북관계의 발전에 따라 그 공개 여부나 활용 필요성에 대해 좀 더 논의하겠지만. 여기서는 종류별로 그 공개 필요성만 검토하였다.

사실상 실질적으로 북한이 운영하는 '조선중앙통신', '조선인포뱅크', '우리민족끼리' 사이트 등은 이념적 성격의 내용과 사실성 자료의 특성이 쉽게 구분될 수 있도록 되어 있다. 또한 '조선신보'나, 단순 출판물의 소개와 같은 '코리아북센터', '조선우표', '조선출판물' 등의 사이트들은 비교적 사실보도에 근접하고 있어 자료 이용에 도움이 될 것으로 판단된다. 특히 '실리뱅크(북한과의 전자우편 중계센터)'나, '화려은행'은 이념성과는 무관한 사이트로 보인다.

그러나 '김일성방송대학'이나, '민족자주대학' 사이트는 내용 전체가 김일성가계의 혁명 역사와 관계되어 있고, 이외에 대부분의 사이트들

특히 한총련, 한통련 등 운동권 단체가 만든 사이트('통일학연구소', '백두넷', '구국전선', '민족시보' 등)들은 대부분이 이념성 자료에 치우쳐 있어 정보적 가치가 없는 것으로 판단된다.

　현재 북한 관련 사이트들은 『국가보안법』과 『전기통신사업법』 상에 문제가 있어 차단되거나 폐쇄조치 되어 있는 경우가 대부분인데 이에 따라 '친북사이트'의 기준, 헌법에 보장되어 있는 사상과 표현 자유의 범위, 정보소통의 자유 침해 등이 문제점으로 제기되기도 한다. 또한 남북한 간의 상호교류를 촉진하는 입장에서 인터넷상에서의 단순 정보 취득마저도 원천 봉쇄한다는 것은 매카시즘적 발상으로 비판받을 수 있는 여지도 있다. 현재 통일부에서는 북한에서 반입된 자료에 대해서는 '특수자료 심의회의'를 통해 그 이적성을 평가하고 있는데 북한 사이트에 대해서는 전문적인 평가기구가 없다. 좀 더 객관적이며, 구체적인 평가를 위해서는 전담 평가기관이나 대책 기구가 있어야 할 것이다. 이러한 기구를 통해 친북사이트의 평가 기준과 충분한 안전조치를 마련하여 현행법의 범위 내에서 국민의 북한자료에 대한 수요를 충족시켜 주기 위한 조치가 이루어져야 할 것이다. 다음 <표 3-7>은 북한이 사이트 운영에 관여하는 것으로 판단된 사이트들이다.

　북한의 인터넷 활용과정을 살펴보면, 먼저 북한은 1996년 10월 북한의 대변기관이자 유일한 국제통신사인 조선중앙통신사(1946년 12월 5일 설립)의 '조선중앙통신' 사이트를 일본에 개설하면서 사이버 공간에 데뷔하였다. 이 홈페이지 안내를 통해 조선통신사는 "조선로동당과 공화국정부, 그리고 해당기관의 중요조치, 립장과 견해를 천명"할 것이라고 밝힌 바 있는데, 이후에 속속 개설된 북한 사이트들도 기본적으로는 이와 같은 맥락에서 만들어진 북한체제 선전용으로 볼 수 있다. 그러나 금강산개발과 관련한 협력 사업을 지속적으로 추진해온 '세계평화통일가정연합'('통일교'로 더 잘 알려져 있음)의 지원으로 1994년 홍콩에 설립된 금강산국제그룹(Kumgangsan International Group)이 1998년에 '금강산국제그룹'이라는 웹사이트를 개설함으로써 '체제 선전용'에서 '관광객 유치용 및 투자 유치용'이라는 또 하나의 목적이 추가되었다. 이러한 경향은 몇 년 사이 10여만 명이 동원된 대규모 매스게임과 공연예술인 '아리랑 축전' 관광객 유치활동까지 계속되었다. 또한 2000년대 초에는 본격적인 전자상거래의 참여를 알리는 '천리마그룹'이라는 홈페이지를 개설하여 '인터넷을 이용한 무역거래'에 나섰다는 것도 새로운 특징이다. 이와 함께 민족 공조를 통해 외세를 배격하고, 핵문제를 해결하자는 의미를 함축하고 있는 '우리민족끼리'라는 홈페이지도 개설하였는데 이 사이트가 대남심리전의 주요 무대로 활용되고 있고 앞으로도 그러한 가능성이 큰 것으로 보인다.

북한은 잘 알려진 바와 같이 kp라는 국가 도메인 기호를 '아시아태평양지역 인터넷정보센터(APNIC)'로부터 부여받았으나, 북한이 등록한 인터넷 주소는 지금까지 하나도 없다. 따라서 공식적으로 북한은 아직도 인터넷 접속국가가 아니며, 우리가 접속할 수 있는 북한 웹사이트들의 거의 대부분이 대리인을 내세워 해외에 개설한 것이다. 현재 북한지역에서 김정일과 일부 국가기관에서 이용하고 있는 인터넷은 평양－신의주를 거쳐 단둥과 베이징으로 연결되는 중국의 국제 인터넷 망을 통해 비공식적으로 접속하고 있는 것이다.

그러나 내부적으로 북한은 '21세기＝정보산업시대', '첨단과학기술＝컴퓨터 산업' 등으로 등식화하면서 인민경제의 모든 부문의 정보화 없이는 강성대국 건설이 불가능하다고 역설하는 등 이율배반적인 모습을 보이고 있다. 그러한 가운데서도 지난 2001년 신년사를 통해, IT 산업 육성을 경제 회복을 위한 '단번도약'의 중심 고리로 집중 강조하면서 각종 과학기술 전시회, 정보화 연구토론회, 언론선전 등 다양한 방법으로 IT 산업의 중요성을 부각시키고자 노력해 왔다. 또한 2002년 11월부터 '조선체신회사'를 통해 평양시와 나선시의 휴대전화 개통과 더불어 전국적인 컴퓨터망 구축도 완료하여 통신서비스를 개시하고 있다고 한다. 2010년에는 휴대폰 이용자가 20만 명에 이른다는 뉴스도 있었다.

북한의 인터넷 활용 실태는 최근 북한 방문자들에 의해 조금씩 그 실체를 드러내고 있으나, 크게 볼 때, "북한이 기술적으로는 인터넷을 사용할 수 있으나 정책적으로는 아직 북한 내부에서 인터넷을 활용하는 것은 특수기관을 제외하고는 매우 제한되어 있다"는 평가가 적절할 것이다. 즉 평양과 군 및 정보관련 기관을 중심으로 전국적인 컴퓨터 통신망은 상당 부분 갖추어져 있고, 내부적으로 전자우편 이용도 가능하지만, 어디까지나 일반 주민들과는 거리가 먼 특수기관에서 이용하는 것이라는 지적이다.

북한은 체제 홍보와 상업적 고려, 정보 입수 등의 목적으로 중국과 일본, 호주, 캐나다 등지에 서버를 설치하고, 범태평양조선민족경제개발촉진협회나 친북인사, 그리고 교민들을 내세워서 홈페이지를 운영하여 왔다. 그 효과가 대외적으로 잘 알려져 있지는 않지만, 김일성 우상화와 주체사상 홍보 등 북한체제 선전 효과는 감소한 반면, 북한지역 관광과 아리랑축전과 같은 북한공연 등 외화벌이에는 상당 부분 역할을 하고 있다. 또한 최근에는 전자상거래에 눈을 떠, 카지노 사이트 개설에 이어 외국인을 대상으로 한 무역 사이트들을 개설하고 있다는 움직임이 보인다. 앞서 소개한 '천리마 그룹'이나 'DPRKorea-Trade'의 개설은 그 대표적인 예일 뿐이다. 북한은 해외 사이트 개설과는 별도로 오래전부터 컴퓨터 전문가 양성을 위해 애써 왔다. 1986년 평양 사동구역 미림동에 미림대학을 설립하여 인재를 육성한 바 있는데, 최근에 와서는 해커를 전문적으로 양성하고 있다는 보도도 있었다. 이러한 정치적·군사적 목적의 인터넷 사용이 이제 경제와 관련된 목적으로 우선순위가 바뀐 것으로 볼 수 있다. 또한 그동안 가입비와 이용료를 받고 북한 정보를 제공하던 '조선인포뱅크'를 대체하는 무료 사이트인 '우리민족끼리'를 개설함으로써 대남 심리전을 확대 전개하고자 하는 의도도 엿볼 수 있다. 최근에는 이에 더해 북한은 '우리민족' 트위터 계정(twitter.com/uriminzok)을 개설하여 사회적 논란을 야기하고 있다.14) 특히 인터넷 공간을 국가보안법이 무력화된 특별 공간, 인터넷 게시판은 항일유격대가 다루던 총과 같은 무기라고 한 것은 북한의 의도성이 확연해지는 부분이기도 하다.

이미 알려진 것과 같이 북한은 21세기에 들어서면서 인터넷 등 IT 산업에 정책적 우선순위를 두며, 경제 활성화에 총력을 기울이고 있다. 이러한 방향은 6·15선언 이후 김정일의 중국의 컴퓨터공장 등 관련 산업체 방문, 이후 11월에 조선첨단기술센터 발족, 2001년 남북한 협력사업으로 승인된 '평양정보과학기술대학' 건립 사업추진, 2002년의 남북 IT교류 확대 등으로 발전되어 갔다. 2003년에 들어와서도 조선중앙통신사, 노동신문사 등 주요 선전기관에 김정일의 컴퓨터 선물 전달모임(1.20), 김책공대의 5층 규모의 '전자도서관' 신설 등 정보화에 박차를 가하고 있는데, 최근의 북한 대학의 학제 개편을 통해서도 이러한 경향은 두드러지게 나타나고 있다. 1999년 김일성종합대학의 컴퓨터과학대학, 2002년의 김책공대의 정보과학기술대학, 2003년의 희천체신대학 등 대학의 지속적인 개편과 신설을 통하여 첨단과학 기술발전을 위한 교육기반을 강화하고 정보·기술 분야의 전문가를 집중적으로 육성하고 있다.

---

14) 방송통신심의위원회는 이 트위터 계정이 북한을 찬양하고 북한 정권의 정통성을 합리화하는 등 국가보안법을 위반한다고 보고, 국내 인터넷망사업자(ISP)들을 상대로 국내접속 차단조치를 취하는 시정요구를 의결한 바 있다(동아일보 2010.8.20. 2면, 조선일보 2010.8.20. 12면 등).

실제 언론에 보도된 북한 방문 인사들의 전언에 따르면, 평양시내 고려호텔 부근의 큰 건물 벽에는 "온 사회를 '인터넷'으로"라는 구호가 흰 바탕에 푸른 글씨로 적혀 있었고, 시내 거리의 벽에는 "당의 지시는 인민경제, 현대화, 정보화"라는 구호가 있었다고 한다. 북한의 경제개혁이 결국 IT 산업으로 귀착되고 있음을 알 수 있다. 이러한 환경 변화에 따라 국내에서도 북한과의 자유스러운 인터넷 접속을 허용하라는 요구가 시민단체에 이어 국회에서까지 나온 바 있다. '인터넷 사이트에서의 북한주민접촉 승인제 폐지를 위한 서명운동'도 일어났다. 이 운동은 각계 전문가와 시민운동가(유시민, 문성근, 김어준 등)들이 공동 발의한 가운데 시사월간 '피플'의 인터넷 사이트(www.zuri.co.kr)에서 이루어졌는데 이들은 "인터넷은 어느 국적이든 누구라도 자유롭게 회원가입을 하거나 접촉할 수 있지만 북한의 인터넷 사이트에 회원가입을 하기 위해서는 '통일부 장관의 사전 승인'을 얻어야 하는 것이 현실"이라며 "인터넷이라는 새로운 커뮤니티가 등장하면서 대북 교류에도 새로운 방식이 요구되고 있지만 실정법이 이를 따라가지 못하고 있다"고 주장하였다. 또한 북한이 인터넷 상거래로 실리를 얻고 경제문제를 해결한다면, 점진적으로 북한주민들에게도 인터넷을 개방할 것이고, 북한 신세대가 인터넷을 통해 남한 등 외부 세계와 교류하면 급속도로 개방화되고 자유화될 것이라는 논리도 있다. 그러나 법무부의 입장에서 보면 편지, 전화, 팩스 등에 대한 접촉 승인제도는 유지한 채 인터넷 접촉만을 특별 취급해서 승인제도를 폐지하는 것은 모순이라고 반대하고 있다.

어찌 모순이 이것뿐이겠는가. 분단의 모순은 많은 모순을 확대 재생산해 내고 있다. 북한과의 인터넷을 통한 교류 확대는 어쩔 수 없는 대세이지만 한편으로는 대남 심리전과 같은 그들의 노림수도 철저하게 봉쇄할 수 있어야 할 것이다. 인터넷은 양날의 칼이다. 교류와 협력에도 견제와 균형은 필요한 것으로 보인다.

<표 3-7> 북한 사이트로 분류된 목록

번호	사이트명
1	자주평화민족대단결: members.fortunecity.com/ym2
2	재미동포 전국연합회: www.kancc.org
3	민족통신: www.minjok.com
4	통일학연구소: www.onekorea.org
5	백두넷: www.baekdoonet.has.it
6	조선의노래: www.dprkoreamusic.com
7	조국통일21: www.tongil21.com
8	조국통일범민족연합(범민련): www.bommin.net
9	조선신보: www.korea-np.co.jp
10	민족자주대학: www.minjog.com
11	구국전선: ndfsk.dyndns.org
12	조선중앙통신: www.kcna.co.jp
13	재일본조선인총련합회: www.chongryun.com
14	코리아북센터: www.krbook.net/index-k.htm
15	모악산(조국통일을 논하는홈페이지): www.moaksan.net
16	통일한마음(조국평화통일협의회): www.jpth.net
17	재일한국민주통일연합: www.korea-htr.com/chuo
18	겨레사랑터: www.krsrt.com
19	코리아 네트워크: www.worldcorea.net
20	조선음악: www.big.or.jp/~jrldr/ index_html
21	조선대학교: www.korea-u.ac.jp
22	조선인포뱅크: www.dprkorea.com
23	우리민족끼리: www.uriminzokkiri.com
24	실리뱅크: www.silibank.com/Z, silibank/korea
25	조선우표: www.dprk-stamp.com
26	조선출판물: www.dprk-book.com
27	화려은행: www.hualibank.com
28	내나라: www.kcckp.net
29	재독일동포협력회: www.corea-news.com
30	민족시보: www.korea-htr.com
31	호주동포전국연합회: www.kca.net.au
32	김일성방송대학: www.ournation-school.com

5.2. 북한 및 통일 관련 국내외 사이트

북한 및 통일 관련 사이트는 현재 수백 개에 이른다. 북한 문제나 통일문제가 우리 민족의 지상 과제요, 공통 관심사이다 보니 전문가뿐만 아니라 일반 국민에서부터 어린 학생들까지도 관심들이 많다. 이 중 사이트의 전문성이나 내용의 충실성 등 신뢰도의 차이는 크겠지만 나름대로 각 기관이나 단체의 입장이나 특징을 반영하고 있다. 따라서 북한 관련 정보를 얻기 위해서는 이러한 사이트별 차이와 성격을 잘 파악해서 대처하는 것이 좋다. 다음의 사이트 안내는 가장 공신력 있는 국가기관과 전문성을 갖는 전문기관을 위주로 먼저 선정했다. 이에 따라 통일부 관련 사이트를 비롯한 국가기관, 국내외의 공공기관, 언론기관, 연구기관, 대학 및 부속 연구소 등이 중심이 되었다. 이 밖에는 사회통일단체 등 민간기관, 국제기구, 종교단체, 개인운영 사이트, 민간 기업, 기타 국내외 참고 사이트들도 망라하여 정리하였다.

<통일부 내 사이트>

· 통일부 http://www.unikorea.go.kr
· 통일부 영문 홈페이지 http://www.unikorea.go.kr/eng
· 북한자료센터 http://unibook.unikorea.go.kr
· 남북회담본부 http://dialogue.unikorea.go.kr
· 남북교류협력시스템 http://www.tongtong.go.kr
· 개성공업지구관리위원회 http://www.kidmac.com/
· 이산가족정보통합센터 https://reunion.unikorea.go.kr/reunion
· 통일교육원(Cyber 통일교육센터) https://www.uniedu.go.kr
· 남북출입사무소 http://peaceway.unikorea.go.kr/
· 통일부 뉴스브리핑 http://unikorea.korea.kr/gonews/main.do
· 남북교류협력지원협회http://www.sonosa.or.kr/home?bbs＝login&mode＝home

\<정부 공공기관\>

﹣국내﹣

· 강원도청 ﹣ 사이버DMZ http://www.korea﹣dmz.com/dmz_home/page/index.asp
· 경기도 비무장지대 http://www.dmz.ne.kr/
· 어린이 비무장지대(키즈 디엠지) http://kids.dmz.ne.kr/
· 교육부 ﹣ 인터넷평화학교 http://tongil.moe.go.kr/
· 국가정보원 http://www.nis.go.kr/main.html
· 국가정보원 ﹣ 북한정보 http://www.nis.go.kr/app/north/news/daily/list
· 국립중앙도서관 http://www.nl.go.kr/index.php
· 국무총리실 http://www.pmo.go.kr/
· 국방부 http://www.mnd.go.kr/Main_2009/index.jsp
· 국사편찬위원회 http://www.history.go.kr/
· 국회도서관 http://www.nanet.go.kr/main.jsp
· 국회 http://www.assembly.go.kr
· 외교통상통일위원회 http://uft.na.go.kr
· 대한무역투자진흥공사 ﹣ 북한경제정보 http://www.globalwindow.org/wps/portal/gw2
· 대한적십자사 http://www.redcross.or.kr/
· 동북아역사재단 http://www.historyfoundation.or.kr/
· 민주평화통일자문회의 http://www.acdpu.go.kr/index.jsp
· 북한과학기술 네트워크 http://www.nktech.net/index.jsp
· 북한문화재 자료관 http://north.nricp.go.kr/nrth/kor/inx/index.jsp
· 오두산 통일전망대 http://www.jmd.co.kr/
· 외교통상부 http://www.mofat.go.kr/main/index.jsp
· 이북5도위원회 http://www.ibuk5do.go.kr/
· 인터넷 평화학교 http://tongil.moe.go.kr/
· 청와대 http://www.cwd.go.kr/kr/index.php
· 통계청 ﹣ 남북한 경제사회상 비교통계
　　　http://www.kosis.kr/domestic/theme/do01_index.jsp?listid＝Q&listnm＝기타
· 한국수출입은행 ﹣ 남북교류협력 http://www.koreaexim.go.kr/kr/sn/
· 한국은행 ﹣ 북한경제자료 http://www.bok.or.kr/
· 한국학중앙연구원 http://www.aks.ac.kr/

- 미국 -

· 국가정보국(DNI) http://www.dni.gov/
· 국무부 동아시아 정보 http://www.state.gov/www/regions/eap/index.html
· 국무부 http://www.state.gov/
· 국방부 http://www.defense.gov/
· 백악관 http://www.whitehouse.gov/
· 상원 외교위원회 http://foreign.senate.gov/
· 의회도서관 http://www.loc.gov/loc/legacy/loc.html
· 주한 미국 대사관 http://korean.seoul.usembassy.gov/
· 중앙정보국 북한 https://www.cia.gov/redirects/factbookredirect.html
· 하원 외교위원회 http://foreignaffairs.house.gov/index.asp
· Intelligence Community http://www.intelligence.gov/index.html

- 중국 · 일본 · 러시아 -

· 중국 외교부 http://www.fmprc.gov.cn/chn/gxh/tyb/
· 중국 대외연락부 http://www.idcpc.org.cn/index_zhongwen.htm
· 주한 중국 대사관 http://www.chinaemb.or.kr/kor/
· 일본 납치문제대책본부 http://www.rachi.go.jp/
· 일본 내각관방 http://www.cas.go.jp/
· 일본 외무성 http://www.mofa.go.jp/mofaj/
· 일본 경찰청 http://www.npa.go.jp/
· 주한 일본 대사관 http://www.kr.emb - japan.go.jp/
· 러시아 외교부 http://www.mid.ru/
· 주한 러시아 대사관 http://www.russian - embassy.org/korean/

<언론 기관>

· 경향신문 - 북한/한반도정세
　　　http://news.khan.co.kr/kh_news/khan_art_list.html?code = 910303
· 동아일보(남북한관계) http://www.donga.com/

- 동아일보 - 통일네트 http://www.donga.com/
- 디지털 말 http://www.digitalmal.com/
- 문화일보(북한/통일) http://www.munhwa.com/
- 문화일보 통일시대 http://www.munhwa.com/
- 미주통일신문사 http://www.stouchdesign.com/chinese/tv/index.asp
- 민족21 http://www.minjog21.com/
- 서울신문(북한정보) http://member.seoul.co.kr/korea/NorthKorea.php
- 서울신문 - 북한 http://www.seoul.co.kr/news/newsList.php?section=north
- 세계일보 - 북한 http://www.segye.com/Articles/Main.asp
- 열린북한방송 http://www.nkradio.org/
- 오도신문 http://www.ibukodo.co.kr/
- 인물과 사상 http://inmul.co.kr/
- 자유북한방송 http://www.freenk.net/
- 조선일보 - NK조선 http://nk.chosun.com/Main/Main.html
- 중앙일보 - 북한네트 http://nk.joins.com/
- 통일뉴스 http://www.tongilnews.com/
- 통일신문 http://www.unityinfo.co.kr/
- 한겨레신문 - 북한.통일
    http://www.hani.co.kr/kisa/section - 001005000/home01.html
- 한국민족민주인터넷방송국 http://www.vop.co.kr/index.html
- 한국일보 - 북한.통일 http://news.hankooki.com/politics/north_korea.htm
- CNN - 코리아 http://edition.cnn.com/SPECIALS/2000/korea/
- KBS(남북의 창)
    http://news.kbs.co.kr/news/actions/BroadNewsAction?cmd=
    broadDailyIndex&menu_code=0189
- KBS(서울에서 평양까지) http://www.kbs.co.kr/1tv/nreport/
- KBS - 아름다운 통일 http://office.kbs.co.kr/tongil/
- MBC통일전망대 http://www.imbc.com/broad/tv/culture/unity/
- NY Times - Asia http://www.nytimes.com/pages/world/asia/index.html
- RFA http://www.rfa.org/english/
- YTN - 북한 관련 기사 http://search.ytn.co.kr/ytn_2008/index.php

<연구 기관>

－한국－

· 남북전략연구소 http://www.libertyclub.org/
· 대외경제정책연구원 http://www.kiep.go.kr/main01.asp
· 대한무역협회(북한정보) http://www.kotra.or.kr/wps/portal/dk
· 미래전략연구원 http://www.kifs.org/
· 북한연구소 http://nkorea.or.kr/
· 북한인권정보센터 http://www.nkdb.org/
· 삼성경제연구소(북한경제) http://www.seri.org/sd/sdMainL.html?menu＝sd0209
· 세종연구소 http://www.sejong.org/
· 외교안보연구원 http://www.ifans.go.kr/index.html
· 코리아연구원 http://knsi.org/knsi/kor/index/index.php
· 통일교육협의회 http://www.tongiledu.org/
· 통일문제연구협의회 http://www.tongmoon.or.kr/
· 통일연구원 http://www.kinu.or.kr/
· 통일정책연구소 http://www.koreascope.org/
· 평화문제연구소 http://www.ipa.re.kr/
· 평화재단 · 한국개발연구원(KDI)
· 한국개발연구원 북한경제 정보 http://epic.kdi.re.kr/
· 한국국방연구원 http://www.kida.re.kr/
· 한국농촌경세언구원 － 북한농업정보
        http://www.krei.re.kr/kor/info/infor01_nklist.php
· 한국문화관광연구원 http://www.kcti.re.kr/
· 한국발전연구원 http://www.hanbal.com/
· 한국사회문화연구원 http://www.kscir.org/
· 한국원자력연구원 http://www.kaeri.re.kr/aaaa/htm/index.htm
· 한국원자력통제기술원 http://www.kinac.re.kr/
· 한국은행 http://www.bok.or.kr/index.jsp
· 한국전략문제연구소 http://www.kris.or.kr/
· 한반도 통일연구소 http://www.hankorea21.com/
· 현대경제연구원 － 북한정보뱅크 http://hri.co.kr/
· KOTRA(북한경제) http://www.globalwindow.org/wps/portal/dknorth

· 21세기국가발전연구원 http://ndi21.com/about/greetings.html

— 미국 —

· American Enterprise Institute(AEI) http://www.aei.org/
· Asia Foundation http://www.asiafoundation.org/
· Atlantic Council http://www.acus.org/index.asp
· Brookings Institution http://www.brookings.edu/
· Carnegie Endowment for International Peace(CEIP)
       http://www.carnegieendowment.org/
· Cater Center http://www.cartercenter.org/
· Cato Institute http://www.cato.org/
· Center for a New American Security(CNAS) http://www.cnas.org/
· Center for International Policy(CIP) http://www.ciponline.org/
· Center for Strategic and International Studies(CSIS) http://csis.org/
· Council on Foreign Relations(CFR) http://www.cfr.org/
· Defense Forum Foundation(DFF) http://www.defenseforum.org/
· Foreign Affairs http://www.foreignaffairs.com/
· Foreign Policy in Focus(FPIF) http://www.fpif.org/
· Foreign Policy Research Institute(FPRI) http://www.fpri.org/
· Heritage Foundation http://www.heritage.org/
· Hoover Institution http://www.hoover.org/
· Hudson Institute http://www.hudson.org/
· Institute for Defense Analyses(IDA) https://www.ida.org/
· International Relations Center(IRC) http://www.irc—online.org/
· Korea Economic Institute(KEI) http://www.keia.org/
· Mansfield Foundation http://www.mansfieldfdn.org/
· National Committee on American Foreign Policy(NCAFP) http://www.ncafp.org/
· National Committee on North Korea(NCNK) http://www.ncnk.org/ncnk
· Nautilus Institute http://www.nautilus.org/index.html
· Peterson Institute for International Economics http://www.petersoninstitute.org/
· RAND Corporation http://www.rand.org/
· Stimson Center http://www.stimson.org/home.cfm
· US Institute of Peace(USIP) http://www.usip.org/
· US—Korea Institute at SAIS http://uskoreainstitute.org/

· Woodrow Wilson International Center for Scholars http://www.wilsoncenter.org/

· 몬터레이국제문제연구소 http://www.miis.edu/
· 미래전략연구원 http://kifs.org/
· 방위 및 국제안보연구센터 http://www.cdi.org/
· 스톡홀름 국제 평화 연구소 http://www.sipri.org/
· 코리아소사이어티 http://www.koreasociety.org/

　－중국－

· 사회과학원 http://www.cass.net.cn/
· 중국국제문제연구소 http://www.ciis.org.cn/
· 상해국제문제연구소 http://www.siis.org.cn/en/default.aspx
· 요녕성 사회과학원 http://www.lass.net.cn/
· 현대국제관계연구원 http://www.cicir.ac.cn/tbshome/default.asp

　－일본－

· 방위연구소 http://www.nids.go.jp/
· 일본국제문제연구소 http://www.jiia.or.jp/
· 아시아경제연구소 http://www.ide.go.jp/Korean/
· 게이오대학동아시아연구소 http://www.kieas.keio.ac.jp/

　<북한 관련 대학 및 부속 연구소>

　－한국－

· 경남대 극동문제연구소 http://ifes.kyungnam.ac.kr/
· 경남대학교 북한대학원 http://nk.ac.kr/kor/default.asp
· 경북대학교 평화문제연구소 http://webbuild.knu.ac.kr/~pri/
· 고려대학교 북한학과 http://nknology.korea.ac.kr/

· 고려대학교 아세아문제연구소 http://www.arc.re.kr/Front/Main/index.asp
· 관동대학교 북한학과 http://www.kwandong.ac.kr/~unikorea/
· 단국대 정책과학연구소 http://www.diss.or.kr/
· 대진대 통일대학원 http://grade.daejin.ac.kr/contents/cor/education5.html
· 동국대학교 북한학과 http://nk.dongguk.edu/
· 명지대학교 북한학과
　　　　http://new.mju.ac.kr/home/org/college/info?orgid=22&orgpath=|16|17|22|
· 서울대학교 통일평화연구소 http://tongil.snu.ac.kr/
· 연세대학교 통일연구원 http://web.yonsei.ac.kr/ikus/
· 이화여자대학교 대학원 북한학과 http://home.ewha.ac.kr/~nk21/
· 중앙대학교 민족통일연구소 http://cau.ac.kr/~cauind2/ku.html
· 충남대학교 통일문제연구소 http://web.chungnam.ac.kr/research/unikorea/
· 충남대학교 평화안보대학원 http://www.cnu.ac.kr/~peace/plan/planr2.html
· 하버드대학 한국학연구소 http://koreaweb.ws/
· 한국외국어대학교 국제지역대학원 http://www.gsias.hufs.ac.kr/
· 한양대학교 통일정책연구소 http://www.hanyang.ac.kr/code_html/H5EAJG/

　－미국－

· Fletcher School at Tufts University http://fletcher.tufts.edu/about/default.shtml
· George Washington University http://www.gwu.edu/
· Georgetown University http://www.georgetown.edu/
· School of Advanced International Studies(SAIS 존스 홉킨스 국제대학원)
　　　　http://www.sais-jhu.edu/
· Stanford University http://www.stanford.edu/

　－중국－

· 복단대학교(한국연구중심) http://www.fudan.edu.cn/
· 북경대학교(조선문화연구소) http://www.pku.edu.cn/
· 연변대학교(동북아연구원) http://www.ybu.edu.cn/

<민간기관(사회통일단체)>

· 6.25전쟁남북인사가족협의회 http://kwafu.org/
· 6.15 남북공동선언 실현과 한반도 평화를 위한 통일연대
　　　http://www.615tongilyoundai.org/
· 겨레의숲 http://greenonekorea.or.kr/index.php
· 경실련 통일협회 http://tongil.ccej.or.kr/
· 광주전남우리민족서로돕기운동 http://www.gjunipia.org/
· 국제 앰네스티 한국지부 http://www.amnesty.or.kr/index.htm
· 국제보건의료발전재단 http://www.kifhad.org/
· 국제사랑재단 http://ilovefound.or.kr/
· 국제옥수수재단 http://www.icf.or.kr/
· 국제인권옹호한국연맹 http://humanrights－korea.or.kr/
· 굿네이버스 http://www.goodneighbors.org/
· 그린닥터스 http://www.greendoctor.org/
· 기아대책 http://www.kfhi.or.kr/main.asp
· 나눔과평화재단 http://www.nobispacem.org/main.asp
· 나눔인터내셔날 http://www.inanum.org/
· 남북강원도협력협회 http://uni.provin.gangwon.kr/ic/pb00.html
· 남북경제문화협력재단 http://interkorea.org/
· 남북경협국민운동본부 http://www.casnec.or.kr/
· 남북공동선언실천연대 http://www.615.or.kr/
· 남북나눔 http://www.sharing.net/
· 남북농업발전협력민간연대 http://www.potato.or.kr/
· 남북문화통합 http://www.togetherkorea.org/
· 남북문화통합교육원 http://www.togetherkorea.org/
· 남북민간교류협의회 http://www.nambookex.com/
· 남북어린이어깨동무 http://www.okedongmu.or.kr/
· 남북청소년교류연맹 http://www.kyif.co.kr/
· 남북청소년교류평화연대 http://www.sny21.or.kr/
· 남북청소년통일교육진흥원
　　　http://210.97.143.19/cafe/comm_main.asp?COMMUNITY_IDX＝15
· 남북평화재단 http://snpeace.or.kr/
· 남북함께살기운동 http://www.kltm.org/
· 남북IT교류협력본부 http://itkoreanet.or.kr/

· 다물민족연구소 http://www.dhamul.co.kr/educ/
· 대한민국팔각회 http://www.palgak.or.kr/index.php
· 두리하나 http://www.durihana.com/main.htm
· 민족문화 교류재단 http://sales.domcollect.com/?domain＝tongilkorea.org
· 민족통일중앙협의회 http://www.mintong.or.kr/
· 민족평화축전조직위원회 http://kopf.or.kr/index.php
· 민족화합운동연합 http://www.hwahap.org/new/
· 민족화해자주통일협의회 http://www.jatong.org/
· 민족화해협력범국민협의회 http://www.kcrc.or.kr/
· 백두한라회 http://www.baikhan.org/
· 북한민주화 네트워크 http://www.nknet.org/
· 북한이탈주민후원회 http://www.dongposarang.or.kr/
· 북한인권시민연합 http://www.nkhumanrights.or.kr/
· 북한인권정보센터 http://nkdb.org/k－index.htm
· 새마을운동중앙회 http://www.saemaul.or.kr/
· 새천년생명운동 http://www.new2000.org/
· 세계밀알 http://worldmilal.org/hboard3/
· 세계평화여성연합 http://www.wfwp.or.kr/
· 세계평화청년연합 http://yfwp.or.kr/index.html
· 안산통일포럼 http://www.tongilforum.org/
· 어린이의약품지원본부 http://www.healthchild.org/index.php
· 열린북한방송 http://www.nkradio.org/
· 열린사회시민연합 http://www.openc.or.kr/
· 영세중립통일협의회 http://www.jungrip.org/
· 우리겨레하나되기운동본부 http://www.krhana.org/
· 우리민족서로돕기운동 http://www.ksm.or.kr/
· 월드비젼 https://www.worldvision.or.kr/html/main.asp
· 유네스코한국위원회 http://www.unesco.or.kr/front/main/
· 유진벨 재단 http://www.eugenebell.org/
· 인터내셔날에이드 한국본부 http://iak.or.kr/bbs/index.php
· 일천만이산가족위원회 http://karts.co.kr/main.html
· 자주 평화 통일 민족회의 http://www.onekorea.or.kr/
· 전남도민남북교류협의회 http://www.unijn.or.kr/private.asp
· 조국평화통일불교협회 http://bubtanet.org/
· 좋은 벗들 http://www.goodfriends.or.kr/
· 좋은씨앗 http://goodseeds.co.kr/gs1/tqx_board/main.php

· 코리아하나재단 http://www.koreahana.co.kr/
· 탈북난민보호운동본부 http://www.cnkr.org/
· 탈북자동지회 http://nkd.or.kr/
· 통일광장 http://www.tongilplaza.org/
· 통일교육문화원 http://unme.or.kr/main/
· 통일교육협의회 http://www.tongiledu.org/
· 통일농수산사업단 http://www.tong1nong.com/html/main.html
· 통일맞이 http://www.moon.or.kr/
· 통일문제연구협의회 http://www.tongmoon.or.kr/
· 통일배움터 http://www.tongiledu.net/education/
· 통일서포터즈 http://cafe.daum.net/kunis
· 통일을 만들어가는 사람들 http://cafe.daum.net/pwfu
· 평화 3000 http://www.peace3000.net/
· 평화 네트워크 http://www.peacekorea.org/
· 평화3000 http://peace3000.net/
· 평화를 만드는 여성회 http://www.peacewomen.com/
· 평화와 통일을 여는 사람들 http://www.spark946.org/bugsboard/lee/index.html
· 평화의 숲 http://www.peaceforest.or.kr/
· 평화의 숲 http://404.mireene.com/error/404.html
· 평화인권연대 http://peace.jinbo.net/
· 평화통일대구시민연대 http://www.peacetogether.or.kr/
· 평화통일복지협의회 http://bokji1970.or.kr/intro_02.html
· 평화통일시민연대 http://www.peace21.net/
· 평화통일을 위한 남북나눔운동 http://sharing.net/
· 하나를위한음악재단 http://music4one.org/
· 한겨레통일문화재단 http://www.koreahana.net/
· 한국민족예술인총연합 http://www.kpaf.org/
· 한국자유총연맹 http://www.koreaff.or.kr/
· 한국통일교육학회 http://www.unityinfo.co.kr/
· 한국통일문화진흥회 http://myhome.naver.com/jt0004/menu2.html
· 한국통일진흥원 http://www.hmw.or.kr/
· 한국평화정책연구소 http://www.leechangho.org/
· 한민족복지재단 http://www.hankorea.or.kr/
· 한민족어깨동무 http://onsan.onmam.com/
· 한반도평화를추구하는모임 http://unitower.net/
· 화해평화통일교육전국모임 http://cafe.daum.net/edutongil

· 황해도중앙도민회 http://www.hwanghaedo.or.kr/
· 흥사단 민족통일운동본부 http://www.yka.or.kr/

 − 미국 −

· Eugene Bell Foundation http://www.eugenebell.org/index_01.html
· Freedom House http://www.freedomhouse.org/template.cfm?page=1
· InterAction http://www.interaction.org/
· International Rescue Committee http://www.theirc.org/
· Korea Society http://www.koreasociety.org/organization/korean/
· Liberty in North Korea http://www.linkglobal.org/
· North Korea Freedom Coalition http://www.nkfreedom.org/
· Refugees International http://www.refintl.org/
· US Committee for Human Rights in North Korea http://www.hrnk.org/home.htm

 <국제기구>

· 국제엠네스티 http://www.amnesty.org/
· 국제연합난민고등판무관(UNHCR) http://www.unhcr.org/home.html
· 국제연합식량농업기구(FAO) http://www.fao.org/
· 국제정보프로그램 http://usinfo.state.gov/
· 세계보건기구(WHO) http://www.who.int/en/
· 세계식량계획(WFP) http://www.wfp.org/
· 유엔개발계획(UNDP) http://www.undp.org/

 <종교 단체>

· 기독교 북한선교회CMNK http://www.cmnk.or.kr/
· 두리하나 선교회 http://www.durihana.com/main.htm
· 북한선교방송 http://www.twrk.or.kr/xecore/vision
· 북한선교연구소 http://www.imm4n.org/Main.htm
· 정토회 http://www.jungto.org/

· 조국평화통일불교협회 http://www.bubtanet.org/
· 천주교서울대교구 민족화해위원회 http://caminjok.or.kr/
· 천주교주교회의민족화해위원회 http://hwahai.cbck.or.kr/index.php
· 한국기독청년협의회(EYCK) http://www.eyck.or.kr/
· 한국대학생선교회 http://www.kccc.org/
· 한국종교인평화회의 http://www.kcrp.or.kr/
· 한국컴퓨터선교회 http://kcm.kr/

<개인 운영>

· UNIS 통일서포터스 모임 http://club.cyworld.com/ClubV1/Home.cy/51135555
· 615공동선언을 실천하는 큰 걸음 통일마당
    http://club.cyworld.com/ClubV1/Home.cy/51045454
· 가우리학문공동체 남북통일자료실 http://cafe.daum.net/Nambuktongil
· 겨레화합연구학회 http://cafe.daum.net/nkstudies
· 권오윤 교수 홈페이지 http://wwwk.dongguk.ac.kr/~oyoon/
· 김성윤 교수홈페이지 http://www.ksy21.net/
· 남누리 북누리 http://tongilnuri.wo.to/
· 남북 통일 합시다! http://cafe.daum.net/namlovebuk
· 남북경협시민연대 http://cafe.daum.net/iksangsaeng
· 남북공동선언실천연대후원회 http://cafe.daum.net/615t
· 남북이야기 http://www.okready.com/
· 남북자유마당 http://cafe.daum.net/samseng530
· 남북정상회담 이야기 http://cafe.daum.net/613
· 남북친구 http://cafe.daum.net/worlddemocracy
· 남북한 관계론 FREECHAL 동호회 http://home.freechal.com/nsktown/
· 노래로 배우는 통일교실 http://school.kerinet.re.kr/union/
· 부산어깨동무평화교육 http://cafe.daum.net/oneandpeace
· 북한 문학 정보 http://nkmunhak.jinju.or.kr/index.html
· 북한 탈북자 모임 http://cafe.daum.net/nkfree
· 북한경제교류 http://cafe.daum.net/koreaunion
· 북한군사정보 http://cafe.daum.net/bukhanmilitary
· 북한문학연구 http://nkmunhak.jinju.or.kr/
· 북한을 알자 http://cafe.daum.net/yahngwoo
· 북한주민인권 http://cafe.daum.net/rememberNK

· 뿌리넷 http://www.poori.net/
· 사이버 금강산 관광 http://web.edunet4u.net/~75802580/
· 사커월드북한 · 북한축구 http://soccer1.ktdom.com/main/index.php
· 월드카프, 서울&인천 http://club.cyworld.com/ClubV1/Home.cy/51776511
· 윤여상의 I love monority http://www.iloveminority.com/
· 이경석 홈페이지 http://www.dreamwiz.com/
· 이기영교수 - 탈북자관련 http://home.pusan.ac.kr/~klee388/
· 이시우, 평화를 위한 사색 http://www.siwoo.pe.kr/
· 조의성의 한국어 연구실 http://www.tufs.ac.jp/ts/personal/choes/Smain.html
· 천치와 천재 http://www.twinpapa.com/
· 최원호박사의 맛있는 교육 http://www.bk21.pe.kr/main/
· 통일로 가는 마차 http://www.koreascope.org/
· 통일신문(새동네) http://cafe.daum.net/csc7134
· 통일을 바라는 사람들 http://cafe.naver.com/tong1
· 통일촌 http://www.atongil.com/
· 통일코리아21 http://www.atongil.com/
· 평화통일 코리아 "Peace Korea" http://cafe.naver.com/rmsdka
· 하나된 한국 http://php.chol.com/~prokhr/korea/index.php
· 하늘다솜 http://w3.poschool.or.kr/sky/main.htm
· 한국전쟁에서 통일까지 http://user.chollian.net/~prokhr/war/index.htm
· 화해평화통일교육 http://cafe.daum.net/edutongil

<민간 기업>

· 남북교역 http://www.nambook.co.kr/
· 디펜스 코리아 http://www.defence.co.kr/
· 아시아저널 http://www.asiajournal.co.kr/
· 판문점 http://koreadmztour.com/main.html
· 현대아산 - 금강산관광 http://www.mtkumgang.com/
· 개성관광 http://www.ikaesong.com/
· 현대아산 http://www.hyundai - asan.com/

<전국 통일관(통일전망대)>

· 오두산 http://www.jmd.co.kr/
· 경남(창원) https://www.uniedu.go.kr/uniedu_09/newscenter/sub6_10.jsp
· 고성 http://www.tongiltour.co.kr/
· 광주 https://www.uniedu.go.kr/uniedu_09/newscenter/sub6_8.jsp
· 대전 http://www.expopark.co.kr/
· 부산 http://www.kflbb.or.kr/
· 양구 http://210.178.146.5/cyber/northkorea/nk_main.html
· 인천 http://www.kfij3.hihome.com/
· 제주 https://www.uniedu.go.kr/uniedu_09/newscenter/sub6_9.jsp
· 철원 http://www.cheorwon.gangwon.kr/
· 청주 http://uahm.cjcity.net/
· 충남(공주) https://www.uniedu.go.kr/uniedu_09/newscenter/sub6_12.jsp

<기타 국내외 참고사이트>

· 김소프트 - Korea Web Weekly http://www.kimsoft.com/korea.htm
· 남 · 북한경제포럼 http://www.snkeforum.com/
· 독일 연방정치교육 본부 http://www.bpb.de/
· 동서남북포럼 http://newsforum.or.kr/
· 통일농수산사업단 http://www.tong1nong.or.kr/
· 통일세상 http://onekorea21.net/hc3.asp
· 한국발전연구원 http://hanbal.com/
· 한국정보서비스KISON http://www.kison.org/
· 한국청년정책연구원 http://www.ypik.or.kr/
· 한국청년지도자연합회 http://www.kyla.or.kr/index.html
· 한반도 에너지개발기구 http://www.kedo.org/
· 한반도평화연구원 http://koreapeace.or.kr/index2.html
· 한국학술정보 http://kiss.kstudy.com/
· Humanitarian Aid In North http://www.interaction.org/

6. 북한자료의 저작권 문제

북한은 <표 3-8>에서 보는 바와 같이 2001년 4월 저작권법을 제정하고, 2003년 1월에는 베른협약15)에 가입('03.4.28. 발효)하였다. 북한의 저작권법 제정 및 베른협약 가입은 저작물을 통한 경제적 실리 확보를 의도한 것으로 생각된다. 이에 따라 향후 남한 내에서의 북한저작물의 무단활용에 대한 문제 제기 가능성이 있어 남북 간 저작권 상호 보호방안에 대한 검토가 필요하다. 북한은 이미 1999년에 '조선음악가동맹'의 이름으로 남한에서 유통되고 있는 납·월북 작사, 작곡가들의 노래에 대한 저작권료를 보상할 것을 성명으로 발표한 바 있다.

〈표 3-8〉 남북저작권 교류 관련 주요 일지

일 자	주요내용
1974.8.17.	북측 WIPO(World Intellectual Property Organization) 가입
1979.3.1.	남측 WIPO(World Intellectual Property Organization) 가입
1987.10.1.	남측 UCC(Universal Copyright Convention) 가입
1988.	남측 납·월북 작가에 대한 해금조치
1990.8.1.	남측 『남북교류협력에 관한 법률』 제정
1991.12.31.	'남북사이의 화해와 불가침 및 교류·협력에 관한 합의서' 체결
1992.5.7.	'남북교류·협력공동위원회 구성·운영에 관한 합의서' 체결
1992.9.17.	'남북 사이의 화해와 불가침 및 교류·협력에 관한 합의서 제3장 남북교류·협력의 이행과 준수를 위한 부속합의서' 체결
1996.8.21.	남측 베른협약 가입
2001.4.5.	북측 저작권법 제정
2003.4.28.	북측 베른협약 가입
2004.6.	북측 저작권사무국 신설
2004.6.24.	남측 WCT(WIPO Copyright Treaty) 가입
2005.3.18.~20.	북측 저작권의 남측 대행 관련 위임 및 당국 간 통지서 전달
2005.4.20.	남측 통일부 북측 저작권 관리에 대한 발표

---

15) 베른협약은 1886년에 체결된 저작권 분야의 보편적 국제조약으로 150개국을 회원국으로 하고 있으며 남한은 1996년 8월에 가입하였다.

남한 내에서 북한 저작물을 활용하기 위해서는 북한과의 정식계약을 통해 저작권료를 지불하고, 통일부로부터 반입 승인을 받은 후에 정당하게 활용함이 원칙이다. 그러나 북측과 저작권 계약을 체결하는 경우에도 북한의 저작권 권리관계가 불명확하거나, 중개인의 혼선 등으로 인해 사후에 북측 또는 국내의 제3자의 문제제기 사례도 존재한다. 또한, 북한과 저작권 계약체결의 어려움으로 인해 북한저작물의 무단활용도 상당수 존재하는 것으로 알려져 있다. 그런데도 이러한 남한의 저작물 무단활용에 대한 북한의 문제 제기가 현실적으로 곤란하기 때문에 더욱 불법 사례들이 야기될 수 있다. 그러한 사항의 실례로는 국내 방송사, 언론사, 일부 정부 홈페이지 등의 북한 방송 및 영화 등 방영·활용, 남한 출판업체의 북한출판물 무단복제·유통 등이 있어 왔는데 방송사와 언론사의 경우는 대부분 양자간 또는 북한의 위임 단체와의 합의를 통해 정리된 것으로 보인다.[16)

그러면 북한의 경우는 어떠할까? 북한은 자본주의 사상 침투를 우려하여 남한 저작물의 유입을 적극 차단하고 있어 남한저작권 침해 가능성은 낮은 실정이다. 그러나 탈북 인사들의 증언에 따르면, 컴퓨터 프로그램, 출판물, 가요, 방송 등의 무단 활용도 일부 존재하는 것으로 파악되고 있다. 이와 같은 상황에서 남북한간의 상호 저작권 보호 현황은 현재 어떻게 되어 있는가에 대해 알아볼 필요가 있다. 남한은 헌법상에 주권 조항을 근거로 북한 저작물에 대하여 남한 주민의 저작물과 동일하게 보호하는 것이 기본 원칙이다. 따라서 북한이 베른협약에 가입하였다 하더라도 향후 북한저작물은 베른협약이 아니라 국내법에 의해 보호할 필요(헌법 제3조 및 국내 법체계와 조화)가 있다는 주장이 많이 있다.

---

16) 북한 조선출판물수출입사로부터 출판물 해외 판매를 위임받은 중국 북경선영과무유한공사(대표 홍룡길)는 남한 내의 북한출판저작권 침해액이 246종 1,374만 달러(약 160억)라고 주장한 바 있다.

또한 북한의 베른협약 가입은 북한 내에서 남한 저작물에 대한 공식적 보호 근거가 마련된 상황이다. 다만, 북측이 남한 저작물을 베른협약에 근거하여 보호할 것인지, 북한 저작권법에 의해 보호할 것인지는 미지수이다. 또한 남북관계를 국가대 국가의 관계가 아닌 특수 관계로 볼 때, 베른협약에 의한 상호보호 의무에 대해 부인 가능성이 있고, 북한저작권법 제6조는 유통이 금지된 저작물에 대한 저작권은 보호하지 않는다고 규정하고 있어 남한 저작물에 대한 보호 가능성은 불투명한 상태로 보는 것이 좋을 것이다.

남북한 간의 저작권 상호 보호 방안에는 여러 견해가 있어 왔다. 먼저, 제1안으로 남북한이 공동으로 가입한 베른협약에 근거하여 상호 저작물을 보호하는 방안이고, 다음 제2안으로 남북한이 상호 저작권 보호에 필요한 실체적·절차적 규정을 새로이 정하는 합의서를 체결하는 방안이다. 또한 제3안으로 남북한이 각자의 국내법에 의하여 상대방의 저작권을 보호하고, 절차적 규정에 관한 합의서를 체결하는 방안도 유력하게 제시되고 있다. 다만 상호주의 원칙을 적용할 것인지에 대해서는 좀 더 세부적인 검토가 필요할 것으로 보인다. 제1안은 현실적으로 편리한 방안이나 남북관계 특수성과 상충하는 문제가 있다. 제2안은 저작권 관련 용어정의 규정을 비롯한 권리의 귀속, 보호내용 등 많은 규정을 새로 마련해야 하므로 북측과 합의 도출하는데 있어 곤란한 문제가 생길 수 있다. 현재로서는 제3안이 헌법 제3조 및 기존 판례와 일치한다. 북한의 저작권 보호 수준이 상대적으로 낮으나, 남한 저작물이 광범위하게 유통될 가능성 또한 낮음을 감안할 때, 저작권 침해 가능성은 낮은 상황이다. 따라서 남북한 간의 협정을 통해 남북 간의 저작물 교류 활성화를 도모하고, 장기적으로는 북한의 저작권 보호 수준을 높이도록 유도할 필요가 있을 것이다. 동족 간에 저작권 문제를 겪고 있는 다른 나라의 사례는 <표 3-9>와 같다.

<표 3-9> 외국의 저작권 보호 사례

국가별	사 례
동독-서독	• 서독은 동독저작물을 국내법에 의거 서독 저작물과 동일하게 보호한 반면, 동독은 서독과 함께 가입하고 있던 베른조약에 의해 서독 저작물을 외국인의 저작물과 동일하게 보호하고 있다. • 동-서독은 '74년 11월 베른협약을 근거로 한 협약적 관계가 있음을 상호 약정하였으나 서독은 그 후에도 서독 법률이 동독인에게 적용된다는 기본 원칙을 배제하지 못한다고 보고 기존의 원칙을 고수하고 있다.
대만-중국	• 대만-중국 간에는 저작권에 관한 공식적 협정이 체결된 것은 없고, 양쪽 다 국내법의 효력이 상대방 주민에게도 미친다고 하여, 각각 상대편 저작물도 국내 저작권법상의 보호대상으로 보고 있다.

이상의 국내외의 예를 통해 향후 북한과의 저작권 문제를 정리해 보자. 먼저 남북한 당국 간의 회담을 통한 공식 논의가 필요할 것이다. 관련 기구(예: '사회문화협력추진위')에서 '저작권 상호보호협정'을 체결하고 저작권 공동 관리기구를 구성하여 납·월북 작가의 저작물 활용방안, 저작물 교류방안, 정보교환 등을 논의한다면 남북한 간의 문화적 연대와 상호 활용에도 커다란 성과가 있을 것이다. 또한 국가는 북한과의 정식계약을 통해 북한 저작물을 반입할 경우에 가급적 남북한 간의 직접적인 계약을 유도하고, 직계약 뿐만 아니라 중국, 일본 등의 중개인 경유 시에도 북측의 공식 확인서를 담보 받을 수 있게 하여 분쟁의 소지를 줄여야 할 것이다.[17]

지난 예를 보면, 북한은 제3국, 국내 대리인을 통해 현재 국내에서 무단복제·유통되고 있는 북한출판물, 영상물에 대한 저작권료를 요구할 가능성이 있다. 이러한 경우에는 원칙적으로 개별 사안별로 당사자간

---

17) 출판물의 경우 출판지도국의 확인서를 요구할 필요가 있다. 북한의 저작권법 제21조는 재산적 권리를 다른 나라 법인이나 개인에게 양도하는 경우 해당 기관의 승인을 받도록 하고 있기 때문이다.

합의에 의하고, 합의가 성사되지 않을 경우 국내법에 따라 처리되어야 할 것이다. 또한 이러한 과정에서 북측에 저작권 권리관계에 대해 명확화를 요구하고, 필요시 반입승인 등 관련 절차를 병행해야 할 것이다.

그러나 북한 저작물의 보호 필요성 측면에서 민간 차원의 북한저작물 활용 시에는 접촉승인·반입승인 등 관련 절차를 준수하고, 북한 측과 정당한 계약 체결 후에 활용할 수 있도록 국가기관에서 유도할 필요가 있다. 이를 위해 정부 홈페이지에 북한정보 제공 차원에서 활용하는 방송·영상저작물 관련 저작권 침해 소지가 없도록 조치하고, 문제 소지가 있는 경우에는 문화체육관광부 저작권과, 저작권심의조정위원회에 유권해석을 의뢰하는 것도 좋은 방법이 될 것으로 생각된다.

한편 도서관에서의 북한 저작물 이용에 대해 살펴보자. 북한은 2005년 3월 저작권사무국 명의로 현재 북한 출판물의 저작권에 대한 위임권한을 갖고 있는 (사)남북경제문화협력재단을 통해 통일부에 '북측 저작물 이용방법 및 절차'를 통지한 바 있다. 저작권사무국은 이 통지서에서 남한에서 북한 측의 저작물을 이용하기 위해서는 북측 저작권자의 승인과 저작권사무국의 공증확인서를 받아야 한다는 것을 명백히 하고 있다. 또한 앞서 살펴본 바와 같이 북한은 이미 저작권 관련 국제협약인 베른협약에 가입되었을 뿐만 아니라 우리 민족의 지적 재산권을 보호하는 측면에서도 북측의 저작권은 당연히 존중되어야 할 것이다. 따라서 도서관에서의 복사, 대출되는 북한자료 역시 현재로서는 북측과 남측의 저작권법에 따라서만 활용이 가능하다. 그러므로 북한자료의 출판이나 사진 등의 일부 활용 등 저작권관련 문제는 먼저 (사)남북경제문화협력재단 내에 '남북저작권센터'와 협의하여야 한다.[18] 다만, 사적 이용을

---

18) (사)남북경제문화협력재단을 통해 북한에 저작권료를 지불하고 제작되는 합법적 북한가요 음반이 지난 2006년 처음 발매된 바 있다. 잘 알려져 있는 '휘파람', '반갑습니다', '우리는 하나' 등 남측에 친숙한 노래를 포함, 북한가요 10곡이 수록되었다(2006.5.3, 연합뉴스).

위한 복제, 도서관에서의 복제 등의 허용 범위는 국내 저작권법 제30조, 제31조 등과 관련된 것으로 담당 사서와 상담이 필요한 것으로 생각된다.[19]

---

19) 북한자료를 취급하는 전국의 '특수자료취급기관'은 특수자료취급지침과 남북한 저작권법에 대한 충분한 이해를 바탕으로 관련 이용규칙이나 내규를 통해 도서관에서의 복제 등의 허용 범위를 설정해야 할 것이다.

제4장

북한자료의 이용확대를 위한 개선방안

1. 들어가는 글

북한 연구와 관련된 최근의 근황을 되돌아보면 국내에서 북한에 대한 연구를 공개적으로 수행할 수 있었던 시기는 사실 그리 오래되지 않았다. 1988년 노태우 대통령의 북방정책의 일환으로 7·7선언이 있었고, 이에 따라 1989년 5월 22일 통일부 북한자료센터가 개관되면서 드디어 북한자료 공개정책이 공식적으로 수행되었다. 그러나 이때에도 '불온간행물취급지침'에 따라 열람과 대출이 극히 제한되어 있어 일반인들의 자료 접근과 이용은 쉽지 않았다. 이후 김대중 정부에 와서 100대 국정과제의 하나로 '북한자료의 공개 및 공급확대' 정책이 시행되고 6·15 남북공동선언이 공표됨으로써 남북한 간의 화해·협력 분위기가 무르익었던 기간 잠시 북한자료 이용이 활기를 띠었지만 그 실질적 성과에 있어서는 의미 있는 진전을 이루었다고 평가하기는 아직 어렵다.

실제 북한자료센터의 개관시점을 북한자료의 대국민 공개정책의 시점으로 보면 이제 만 22년이 지났을 뿐이다. 그러면 이 기간 동안 얼마나 많은 연구자 또는 일반 국민이 북한자료를 이용하였을까? 앞선 많은 연구 논문에서 북한자료 공개가 제대로 되지 않고 있고 이로 인해 북한자료의 이용이 활성화되지 않고 있다고 지적한 바 있지만, 그 현황과 실제를 정확하게 파악하지는 못한 것 같다.

이에 따라 본 장에서는 첫째, 북한자료의 이용과 관리에 관한 선행 연구를 살펴 이론적 배경을 고찰하고, 북한자료를 보유하고 있는 전국의 특수자료취급기관 현황을 조사하였다. 둘째, 특수자료취급기관 중에 대표적인 감독부처인 통일부와 교육과학기술부 산하 특수자료취급기관의 자료 보유현황과 그 자료 활용실태를 조사하고, 그 결과분석을 통해 북한자료 이용의 활성화를 위한 발전방안을 모색하였다. 셋째, 특수자료의 이용과 취급과정에서 일어날 수 있는 여러 가지 문제들을 조정, 통제할 수 있는 종합적인 관리 기구에 대한 협력 모형을 제시하였다. 마지막으로 전국의 특수자료취급기관을 종합적으로 관리하고, 기관간 유기적인 협조를 이끌어 낼 수 있는 제도적 방안을 제시하였다.

2. 북한자료 이용과 관리에 관한 선행 연구

북한에 관한 연구는 북한자료에 대한 접근이 쉽지 않고 관련 자료도 충분치 않을 뿐만 아니라 법적·제도적으로도 비공개 자료가 많아 어려움이 있을 수밖에 없다. 특히 분단 60년이 지났지만 북한자료의 이용과 관리에 관한 연구 분야는 전국적으로 173개 기관 내에서 제한적으로 이루어질 수밖에 없기 때문에 1990년대 이후에 몇 편에 불과한 실정이다.

북한자료의 이용과 관련한 초기의 논문에서 김영기(1991)는 부산대학교 특수자료실 현황조사를 통해 장서개발 차원에서 특수자료와 일반자료의 분리가 바람직하지 않다는 지적과 특수자료취급지침의 폐기를 주장한 바 있으나, 사례연구 성격의 제한점을 갖는다.

다음, 북한 관련 자료 활용 측면의 본격적인 연구는 김귀옥(2002)에 의해 이루어졌는데 북한자료의 공개 확대를 위해서는 특수자료 기준을 세분화하고 북한자료의 개념을 '통일사료'로 확대하여 민족적 관점에서 북한 관련 자료의 수집과 공개 영역을 넓힐 것을 제안하였다.

송승섭(2002)은 북한자료센터의 소장 자료 및 이용현황을 분석하고 특수자료취급지침에 따른 문제점을 지적하는 한편, 이용활성화를 위한 특수자료 재분류를 위한 세부 기준을 제시하고 객관화된 특수자료 관리 방안을 제안하였다.

김정규(2006)는 전국 대학도서관의 북한자료 관리현황을 파악하고, 특수자료 이용자를 대상으로 한 인터뷰를 통해 특수자료에 대한 이용자 인식도를 조사하였다. 이를 통해 폐가제의 문제, 이용절차의 번거로움, 전담사서의 부재, 예산 부족, 홍보 부족, 자료 및 서지도구의 부실 등의 문제점을 찾아내고, 개선방안으로 이용자 중심의 관리정책, 관련법 등 규정완화, 북한자료의 자유로운 접근 보장, 자료 및 서지도구의 전문화 등을 제안하였다.

정분희(2006)는 북한자료를 연구, 조사 목적으로 적극 활용할 수 있도록 지원창구 역할을 해 온 특수자료취급기관에서 북한자료 이용시에 도서관 면책규정에 따른 북한저작물 보호와 이용자의 원활한 정보이용을 위한 해결방안을 제시했다. 그 방안은 저작권법상에 북한자료 활용을 위한 한시적 특례조항을 마련, 남북한간의 남북기본합의서에서 거론된 상호보호 조항에 따른 세부 합의서 체결, 북한저작권 전담 협의체 설치, 특수자료취급지침의 개정 등을 주문하였다.

홍선표(2007)는 전국 38개의 대학도서관의 특수자료 지정기준을 중심으로 이를 북한자료 공개기관과 비공개기관으로 범주화하고, 두 집단 간의 차이점을 분석함으로써 북한자료 공개에 미치는 영향요인을 조사하였다. 그 결과, 대학도서관에서의 북한자료의 공개 확대를 위한 제도적 방안으로 통일부 북한자료센터의 기능과 역할에 대한 적극 홍보, 비이념성 비정치적 자료에 대한 재분류정책 수립, 특수자료취급기관 간의 네트워크 구성, 담당자에 대한 교육 등을 제시하였다.

이우영, 전영선(2009) 등은 북한자료 관리규정을 조사하고 북한자료의 수집과정과 공개과정을 분석하여 문제점과 개선대책을 제시하였다. 문제점으로 통제중심의 규정, 종합적 관리규정과 관리기구의 부재, 북한 전문가에 의한 자료관리 미흡, 저작권 지원 미비 등을 지적하였고 개선방안으로는 북한자료의 공개기준 세분화, 이용편의 확대, 북한자료에 대한 종합적 정보 구축, 남북교류를 대비한 종합센터 설립 추진, 북한자료 관리를 위한 전문가 제도 활성화 등을 제안하였다.

이상의 선행 연구에서 여러 가지 문제점과 개선방안이 도출되었지만 현실적으로 수행할 수 있는 보다 구체적이고 실제적인 해결방안 제시는 없었다.

3. 특수자료 보유현황 및 활용실적 분석

3.1. 특수자료 보유현황 분석

앞 장에서 특수자료취급기관들이 북한자료를 입수할 수 있는 경로를 다각적으로 살펴보았다. 앞으로 비이념성 자료들은 일반 국민들도 개인적인 구매가 가능해질 것이다.[1] 현재 전국적으로 특수자료를 구입하거나 다른 방법으로 입수하여 이용할 수 있는 곳은 173곳이 된다. 그러나 대부분이 대학 및 연구소에 특수자료실을 설치하여, 소속기관의 제한된 이용자에게만 열람 위주로 이용을 허용하고 있다. 그마저도 소장자료가 충분치 않아 적극적인 봉사가 어려운 곳이 많다. 또한 특수자료취급기

---

1) 실제, 특수자료가 아닌 일반 자료로 분류된 북한자료는 국민 누구나 구입이 가능하다. 기존에도 북한의 『조선말 대사전』 등 사전류나, 동의학관련 자료 등 여러 분야의 북한 서적들이 불법적으로 국내 대형서점 등을 통해 유통된 바 있으나, 이에 대한 단속은 사실상 이루어지지 않았다. 단지 북한의 주체사상 관련 책자 등 이념성 자료는 판금자료로 묶인 바 있다.

관의 소속원이 아닌 일반인의 특수자료 이용이 허용되는 곳은 국립중앙도서관과 국회도서관, 그리고 통일부 소속의 북한자료센터 등 소수 기관뿐이다. 더구나 이들 기관은 모두 서울에 집중되어 있다. 지방은 인천, 공주, 부산, 광주, 창원 등에 통일관을 통해서 이용할 수 있지만, 이곳 역시 소장자료가 대단히 부족하고, 폐쇄적이라 이용에 한계가 있다. 여기서는 먼저, 일반인이 쉽게 이용할 수 있는 위의 3개 관을 중심으로 북한자료 소장 현황을 개관하였다.

3.1.1. 국립중앙도서관

국립중앙도서관은 지난 2000년 8월 도서관 본관 2층 동북아자료실 안에 국내 북한 관련 서적과 일본과 미국을 통해 입수한 자료 등을 비치한 북한자료실을 개관했다. 이곳에는 북한 노동신문과 서적, 비디오, CD롬 등 다양한 자료들을 함께 비치하고 있다. 국립중앙도서관은 과거 문화관광부 출판신문과가 자료의 불온성 등을 검토하기 위해 납본받은 자료 중에 북한원전 및 이념관련 자료 2,545책을 기증받아,[2] 이를 기반으로 기본 장서를 구성하고, 국내 대행업체와 해외 수집망을 통해서 북한자료를 입수하고 있다. 특히 연변대학중앙도서관을 통하여 북한에서 발행한 자료 구입을 추진한 것으로 알려져 있다.

국립중앙도서관 측은 "앞으로 북한의 인민대학습당과 책을 직수입 및 교환하는 방식으로 자료를 늘려갈 방침"이고, 이를 위해 남북 실무급 회담 때 이런 내용이 논의될 수 있도록 할 계획이라고 밝히는 등 국가도서관으로 사명감을 갖고, 국민이 북한을 올바르게 이해하는 데 도움이 될 수 있도록 다양한 경로를 통해 북한 관련 자료를 적극 수집할 것을

---

2) 이 기증 자료는 북한에서 발간된 자료를 포함하여 북한 내 출판물을 국내출판사에서 재쇄 또는 편집한 북한원전 290종, 북한 관련 국내서 210종, 북한연구자료로서 일본서 186종, 중국서 92종, 서양서 3종 등으로 구성되어 있다.

언론을 통해 약속한 바 있다.3)

그러나 2009년 4월 통일부 북한자료센터와 '북한 및 통일관련 정보·자료 통합서비스'에 관한 업무협약을 맺어 현재는 수서는 계속하되 대국민 이용 서비스는 통일부 북한자료센터에 일임한 상태이다.

3.1.2. 국회도서관

국회도서관 통일자료실은 남북한 화해 및 평화공존의 시대를 맞아 국회의원들의 통일 관련 입법 및 정책수립에 필요한 자료를 체계적으로 수집·제공하고, 일반 국민들이 통일 및 북한 관련 정보를 쉽게 이용할 수 있도록 하기 위해 지난 2000년 11월 본관 2층에 개관하였다. 소장 자료의 특성으로 남북한의 통일 관련자료(6,196책), 북한에서 발행된 자료(1,537책), 외국의 통일 관련 자료(320책: 독일, 예멘, 베트남 등 통일경험이 있는 국가들의 자료 포함)들을 기본 장서로 하여 연차적으로 확대해 나갔다. 향후 통일관련 자료를 보다 많이 확충하여 '남북국회회담코너'와 같은 이슈별 특별 코너를 설치하고, 각국의 통일사례 자료를 수집하여 통일 국가별 특별코너도 설치하여 운용할 계획이며 홈페이지4)를 통해 북한 및 통일관련 자료를 제공할 계획을 밝힌 바 있다. 국회도서관은 북한 관련 해외 소장자료 수집에도 많은 노력을 기울여 왔다. 1995년부터 미국, 중국, 일본, 러시아, 독일 등을 대상으로 북한 관련 자료를 수집하여 해외 소재 한국학 관련 자료 데이터베이스를 운영하고 있다.

국회도서관의 일반적인 자료 이용방식을 보면, 기본적인 참고자료는 개가제이며, 일부 북한자료 등 특수자료는 자료 열람을 신청한 후에 지정된 열람실에서 이용이 가능하도록 되어 있다.

---

3) 중앙일보 2000/8/31, 문화면 뉴스 12면.
4) http://www.nanet.go.kr/

3.1.3 북한자료센터

북한자료센터는 과거 통일부 정보자료국 소속으로 우리 정부의 북한자료공개정책에 의해 1989년 5월에 설치되어, 지금까지 20년 이상 정부기관 및 국내외 통일문제 전문가에게 종합적인 북한정보자료를 제공하여 왔다. 또한, 일반 국민에게도 북한 실상을 알려 주고, 북한 관련 정보를 공유하기 위하여 북한자료 공개 및 공급확대정책을 수행해 온 대표적인 통일 및 북한 관련 자료센터이다.

북한자료센터의 주요 업무는 북한 관련 자료의 수집·분류, 지원 및 북한자료 공개정책 추진을 기본으로 한다. 이를 위해 북한 반입자료의 심의, 북한영화상영, 북한실상설명회 개최, 유관기관과 특수자료의 교환 및 협조, 북한자료센터 홈페이지 운영, 북한원전 원문 D/B 구축, 북한TV 시청실 운영('99.10.22.부터), 통일사료 수집, 국가정보자료 관리 등 북한 및 통일과 관련된 종합적인 실행기관으로 역할을 다하고 있다.

북한자료센터의 소장 자료현황을 보면 <표 4-1>과 같다. 전체적으로 장서 수가 상대적으로 다른 기관에 비해 많을뿐더러 1950년대 북한 노동신문을 마이크로필름으로 보관하고 있는 등 다양한 매체의 자료를 보유하고 있다. 이 센터는 북한자료공개 및 공급확대정책에 따라 2009년까지 10여 차례에 걸쳐 북한에서 생산된 단행본과 정기간행물 중 이념성이 없거나 미미한 자료를 일반자료로 재분류하여 이용의 편리성을 도모하고 있다. 이에 따라 <표 4-3>은 재분류 결과를 반영한 것으로, 정기간행물은 60여 종, 단행본은 5,000여 권이 특수자료에서 일반자료로 재분류된 것이다. 앞에서 본 국립중앙도서관이나 국회도서관도 북한자료센터보다 먼저 특수자료취급기관으로 등록되어 있었으나, 북한자료를 불온간행물 또는 금서류로 취급하여 자료 공개에 소극적이었다. 그러다 2000년 들어 6·15공동선언이 발표된 후, 남북화해와 교류협력 확대 차원에서 각각 북한자료실과 통일자료실로 특수자료실을 개편, 확대하여 오늘에 이른 것이다. 따라서 장서량이나 자료 종류 등 장서개발 차원에서 아직 두 도서관이 북한자료센터에는 미치지 못하고 있다. 그러나 국가의 대표적인 도서관이라는 측면에서 예산 지원과 국내외의 조직적인 자료 지원망 등을 활용하게 되면, 향후 발전 가능성은 크다고 할 수 있다.

〈표 4-1〉 북한자료센터 소장 자료 현황

(2009년 12월 말 기준)

구 분		일 반	특 수	소 계
단행본	동양서	36,227	11,679	47,906
	서양서	16,700	1,260	17,960
통일부발간 도서		6,710	0	6,710
정 기 간행물	잡지(353종)	5,730	1,980	7,710
	신문(36종)	1,245	1,046	2,291
비도서 (VN, VF)	시청각자료	667	2,353	3,020
	컴퓨터자료	311	1,350	1,661
	녹음자료		274	274
	Mic-Film		209	209
소 계		67,590	19,942	87,532
비도서	Mic-Film	1,207	424	1,631
	슬라이드	34	7	41
	기타 자료	862	532	1,394
파일자료	동양서	2,572	431	3,003
보안자료	대외비등	0	18	18
		0	229	229
		0	525	525
소 계		72,265	21,583	93,848
합 계		72,265	22,317	94,582

통일부 산하 특수자료취급기관의 성격은 대략 4가지로 분류된다. 북한 관련 자료 공개 정책을 수행하고 대국민 서비스를 실시하는 북한자

료센터, 전국적으로 북한관 운영을 통해 북한 실상을 알리고 있는 지역 통일관, 순수 북한 관련 연구기관, 남북협력 사업단체 등이다. 기관의 성격에 따라 특수자료 보유현황도 상당한 차이가 있다. 2007년부터 2009년까지 3년간에 걸친 각 기관의 특수자료 보유 현황은 <표 4-2>와 같다.

〈표 4-2〉 통일부 산하 특수자료취급기관 특수자료 보유 현황[5]

(종/건)

구분	2007년	2008년	2009년
북한자료센터	8,873/18,149	9,536/20,110	10,165/21,086
통일교육원	1,427/3,275	1,432/3,646	1,433/3,679
평화문제연구소	216/1,427	218/1,432	219/1,440
북한연구소	728/5,976	743/6,161	743/6,431
남북어린이어깨동무	299/299	309/309	328/328
남북경제협력재단	600/600	490/490	544/544
새로운사회를 여는 연구원	26/26	30/34	30/34
겨레말큰사전 남북공동편찬위원회	14/54	14/64	7/227
오두산통일전망대	461/461	1,053/1,109	1,578/1,693
서울통일관	–	480/518	659/767
광주통일관	769/4,719	793/4,830	793/4,899
부산통일관	678/3,423	689/3,503	658/3,437
인천통일관	411/2,043	428/2,123	427/2,173
경남통일관	373/373	382/445	382/504
제주통일관	185/185	189/189	195/195
청주통일관	121/121	132/184	137/250
충남통일관	52/66	119/133	178/190
총 계	15,653/41,753	17,037/45,280	18,487/47,983

17개 기관의 총 장서 수(단행본, 정기간행물, 비도서자료 포함)는 2009년 기준으로 1만 8,487종 4만 7,983건인데 이 중에 북한자료센터 장

---

5) 통일부는 산하 특수자료취급기관에 대한 감독부처로 매년 특수자료 보유현황과 활용실적을 특수자료취급지침 9호 별지 서식에 따라 통보받고 있다.

서(2만 1,086건)가 약 44%를 차지하고 있고, 나머지 16개 기관의 평균 장서 수는 1,681건 정도에 그치고 있다. 또한 2007년부터 2009년까지의 장서증가율은 평균적으로 약 6.7%이지만 북한자료센터 외에는 큰 차이가 없는 것으로 나타났다. <표 4-4>에 나타내지는 않았지만 현지 점검결과, 각 지역 통일관은 단행본보다는 북한영화와 같은 비디오 자료와 북한 잡지 등 정기간행물 위주로 소장하고 있어 일반적인 특수자료취급기관의 장서 구성 형태와는 차이가 있었다. 종수에 비해 건수가 많은 경우는 대부분 제본 또는 합철한 정기간행물이 주요 장서로 포함되어 있기 때문인 것으로 파악된다.6)

3.1.4. 교육과학기술부와 통일부의 특수자료 보유현황 비교

다음은 대학도서관이 가장 많이 소속되어 있어 북한자료가 가장 많을 것으로 예상된 교육과학기술부 산하 특수자료취급기관의 자료 보유 현황을 통일부 산하 특수자료취급기관과 비교한 것이다. 부득이 교육과학기술부 산하 기관의 최근 통계를 입수할 수 없어서 기존 연구자료(홍선표 2007)를 이용했고, 이에 맞추어 통일부 산하 기관 장서 수를 구간별로 나누어 교육과학기술부의 36개 대학도서관의 특수자료 장서 수와 비교한 것이다. 당시 교육인적자원부(이하 같음)는 2006년 통계가 나와 있고, 통일부는 2007년부터 2009년까지 통계가 제시되었는데 전체적으로 장서증가율이 미미하고 소장 장서 구간별 분석결과에는 영향을 미치지 않는다고 판단되어 통일부 통계는 최근 연도인 2009년도를 비교 대상으로 하였다.

---

6) 통일부를 비롯한 각 정부 부처에서는 매년 산하 특수자료취급기관을 현지조사 개념으로 지도 · 방문하고 있고, 그 결과를 국가정보원에 통보하게 되어 있다(특수자료취급지침 제9조~제10조).

〈표 4-3〉 교육과학기술부와 통일부의 특수자료 보유 현황 비교

소장 장서	교육인적자원부(2006년)		통일부(2009년)	
	기관수	백분율(%)	기관수	백분율(%)
4,000건 이상	4	11.1	3	17.6
3,000건~3,999건	1	2.8	2	11.8
2,000건~2,999건	6	16.7	1	5.9
1,000건~1,999건	12	33.3	2	11.8
500건~999건	8	22.2	3	17.6
100건~499건	4	11.1	5	29.4
100건 미만	1	2.8	1	11.8
계	36	100.0	17	100.0

이상 <표 4-3>에서 볼 수 있듯이 장서 수가 많은 기관과 적은 기관과의 편차가 뚜렷하게 나타나고 있지만, 장서 수가 2만 권이 넘는 북한자료센터와 8,000여 건을 보유한 것으로 알려진 고려대학교 도서관을 제외하면 전체적으로 빈약한 장서를 보유하고 있는 것은 분명하다. 특히 4,000권 이상의 기관들은 7개 기관(13.2%)에 그치고, 1,000권 미만의 기관들이 22개 관(41.5%)이나 되는 것은 그만큼 특수자료취급기관의 소장 장서가 제대로 구비되어 있지 못하다는 것을 나타낸다. 이는 현지 조사 결과, 대부분의 기관들이 연속간행물만 계속적으로 구독하고, 단행본 수서는 특수자료취급기관 인가 시에 구입했던 자료들 이외에는 거의 구입하지 않고 있기 때문인 것으로 나타났다.

3.2. 특수자료 활용실적 분석

3.2.1. 통일부 및 산하 특수자료취급기관 특수자료 활용현황

북한자료의 이용현황은 통계적인 처리가 의미가 없을 만큼 대단히 미미하다. 현재, 국립중앙도서관과 국회도서관의 이용현황은 정확한 통계

자료가 나와 있지 않다. 담당 사서와의 전화 인터뷰 결과로 볼 때, 대체로 1일 평균 10명 내외의 이용자가 자료를 이용하고 있는 것으로 밝혀졌다. 국회도서관은 입법기관인 만큼, 국회의원과 보좌관 및 직원 등도 일부 이용하고 있는데, 그 수가 많지 않다. 양 도서관의 경우, 지리적 위치도 이용자의 자료 접근성을 저해하는 요인으로 작용하고 있어 이용 활성화를 어렵게 하고 있다. 이에 비해 북한자료센터는 두 기관에 비해 과거 20년 이상 자료 봉사를 계속해 온 역사가 있고, 지금은 국립중앙도서관으로 이전한 상태지만 지난해까지 서울의 한복판인 광화문 중심에 자리 잡고 있어 교통이 편리했으며, 1998년부터 인터넷을 통해 소장자료 목록을 제공함으로써 자료 접근성을 높여 왔다. 이 세 기관은 그 역사와 운영목적, 근무 인원 등 조직과 예산지원에서 상당한 차이가 있으므로 일률적인 비교가 적절하지 않고, 통계적으로도 현 상태에서는 비교가 불가능하므로, 현시점의 북한자료센터를 중심으로 일반적인 북한자료 이용현황과 관리상의 문제점을 논하기로 한다.

필자가 이전에 연구한 논문(2002)에 의하면 1989년부터 2002년까지의 자료열람 현황 결과는, 북한자료 이용의 65% 정도가 단행본 이용으로 나타났다. 이에 비해 정기간행물은 30%로 그 비중이 낮았다. 이같이 단행본 위주의 열람이 높은 것은 지속적인 연구 행위보다는 사실 확인이나 호기심 차원의 단순 열람이 많았던 것으로 분석된다. 전체적인 북한자료센터 이용 비중에 있어서는 북한영화 관람이 가장 높았다. 이것은 북한영화 관람이 상당 부분 학교수업의 일부분이거나, 북한실상설명회 등 통일관련 행사를 통해 이루어졌기 때문이다. 따라서 <표 4-4>에서 본 바와 같이 실제적으로 북한의 문헌자료를 연구하거나, 학습을 목적으로 이용한 사람은 연 평균 5,600여 명 정도에 그친다. 이것이 거의 전국적인 이용현황을 가늠하는 것으로, 다른 일반 도서관과 비교할 때 대단히 낮은 이용률이라는 것을 알 수 있다.

<표 4-4> 북한자료센터 자료 이용현황

2009년 12월 말 기준

구 분	자료열람현황				센터행사현황		합계
	열람실	북한영화 (내부상영)	북한TV 시청실	소계	북한영화 (외부상영)	실상 설명회	
2009년	5,554	1,285	532	7,371	77,276	3,070	87,7 17

그럼, 보다 구체적으로 어떤 계층의 사람들이 북한자료를 열람하였으며, 연도별로 차이가 있는가를 <표 4-5>를 통해 살펴보자. <표 4-5>의 통계에 따르면, 북한자료를 이용하는 계층은 대학생이 34.2%로 가장 많고, 학계 등의 관련 연구자(22.6%)와 공무원(9.6%) 순으로 나타났다. 주 이용층이 대학생이 가장 많은 것은 앞서 <표 4-6>에서 분석된 것처럼 학교수업의 일부분으로 과제제출과 현장 학습이 많았고, 북한실상설명회와 같은 행사참여를 통해 북한영화 등을 많이 관람했기 때문인 것으로 보인다. 따라서 자료 이용의 질적인 면이나 이용 빈도에 있어서는 22.6%의 학계인사나 연구자(대학원생 포함)에게 큰 비중이 있다. 연인원 19,789명에 해당되는 학계, 연구자들이 대부분 학위과정에 있거나, 북한 관련 프로젝트를 수행하는 사람들이다. 기타가 27%로 상당 부분을 차지하는데, 이들이 대부분 북한 실상을 알기 위해 찾아오는 일반 국민들이다. 가 보지 못하는 고향의 변천을 알아보기 위해 찾아오는 실향민, 북한과의 사업 구상을 위해 찾아오는 기업인, 부모와 함께 학교숙제를 해결하기 위해 찾아오는 초등학생 등 연령별로 계층별로 가장 다양한 대상이 존재한다.

<표 4-5> 이용자 직업별 현황

2009년 12월 말 기준(단위: 명)

구 분	대학생	학 계(연구원)	공무원	언론계	기 타	계
2009년	29,959 (34.2%)	19,789 (22.6%)	8,450(9.6%)	5,938(6.8%)	23,581 (26.9%)	87,717 (100.0%)

<표 4-6> 통일부 산하 특수자료취급기관 특수자료 활용실적

(명/회)

구 분	2007년	2008년	2009년
통일부 북한자료센터	150,528/37,430	134,729/35,637	85,932/55,007
통일교육원	1,650/25	−	−
평화문제연구소	11/76	15/63	13/46
북한연구소	14/32	9/18	11/22
남북어린이어깨동무	26/101	14/25	3/9
남북경제협력재단	6/10	4/5	−
새로운사회를 여는 연구원	1/200	1/150	1/50
겨레말 큰사전 남북공동편찬위원회	1/5	2/6	11/14
오두산통일전망대	10,435/149	16,708/186	11,886/144
서울통일관	−	281/6	10,208/388
광주통일관	6/35	5/25	1/19
부산통일관	8,410/48	8,416/56	16,611/94
인천통일관	26,488/254	27,879/306	25,377/187
경남통일관	4,541/39	4,051/32	2,722/22
제주통일관	205/2	543/3	402/3
청주통일관	3,213/40	3,896/55	3,818/52
충남통일관	2,613/21	7,074/145	7,184/151

특수자료의 활용실적은 열람, 대출, 복사, 양도 등 여러 측면에서 평가할 수 있으나, 특수자료취급기관 중에는 열람과 대출을 혼용해서 통계를 내는 기관도 있고 또한 상당수 기관은 아예 대출 자체를 실시하지 않고 있기 때문에 본 연구에서는 가장 일반적인 이용 형태인 '열람' 통계만을 대상으로 했다. <표 4-6>에 나타난 것처럼 이용률이 연 10만 명

이 넘는 북한자료센터가 가장 높고, 다음으로 1만 명 내외의 지역 통일관들이 눈에 띈다. 통일부 산하 특수자료취급기관은 북한영화 관람 등 단체 이용자를 대상으로 한 비디오나 DVD 등 비도서 자료의 활용률이 높기 때문에 이용횟수 대비 이용인원 총수가 다른 부처 산하기관보다 높으므로 기관별 자료보유수에 비해 자료 활용도가 대단히 높은 편이다.

그러나 <표 4-7>에서 보듯이 2007년 이후에 자료 활용도가 대체로 감소하고 있는 것을 볼 수 있다. 특히 대국민 서비스를 하고 있는 북한자료센터와 단체 관람을 위주로 하고 있는 9개의 통일관을 제외하면 특수자료의 활용 폭은 지극히 저조한 것으로 파악된다. 세부적으로 보면 2009년에는 아예 열람 실적이 없는 기관도 2개 기관이 있고, 10명 미만이 열람한 기관도 6개 기관이나 되고 있다. 따라서 전체 평균 이용실적은 의미가 없어 산출하지 않았다.

3.2.2. 교육과학기술부와 통일부의 특수자료 활용실적 비교

〈표 4-7〉 교육과학기술부와 통일부의 특수자료 열람 현황 비교

열람횟수	교육인적자원부(2006년)		통일부(2009년)	
	기관수	백분율(%)	기관수	백분율(%)
100회 이상	2	5.6	5	29.4
50~99회	2	5.6	3	17.6
30~49회	5	13.9	1	5.9
10~29회	4	11.1	4	23.5
1~9회	10	27.8	2	11.8
0회	13	36.1	2	11.8
계	36	100.0	17	100.0

위의 <표 4-7>은 통일부 산하기관과 교육과학기술부 산하 대학도서관의 특수자료 열람현황을 비교한 것이다. 비교 상황은 앞서의 설명과 동일하

다. 당시 교육인적자원부 산하 36개 대학도서관 가운데 100회 이상의 특수 자료를 열람한 기관은 2개 기관(5.6%)에 불과하고, 반 이상의 23개 기관 (63.9%)의 열람횟수가 10회 미만인 것으로 나타나 그 활용실적이 대단히 저조한 것으로 나타났다. 반면, 통일부 산하기관은 8개 기관(47.1%)이 50 회 이상으로 나타나 비교적 자료 활용이 높은 것으로 보인다. 이는 통일부 산하기관 중에는 대국민 홍보용으로 특수자료를 활용하는 기관이 많기 때 문이며, 당시 교육인적자원부의 대학도서관의 경우는 학술적 사용이 주목 적이기 때문에 여기에서 상당한 차이가 발생하는 것으로 보인다.

실제 통일부 산하 기관 중에 연구와 교육을 목적으로 설립된 6개 기관 (35.3%)들의 특수자료 활용실적은 15회 미만으로 역시 저조한 편이다. 양 부서를 포함하여 월등한 실적을 나타내고 있는 북한자료센터의 경우에 도 <표 4-9>에서는 제시되지는 않았지만 내부 통계에 따르면, 2007년 이 후 대체로 연인원 1만 명 정도가 자료 열람(대출은 2만 권 내외)을 하였 고, 10만 명 내외가 북한영화 상영 등 단체 관람을 한 것으로 조사되었다. 따라서 북한자료센터의 경우에도 특수자료의 학술적 이용은 전체 이용 자의 15% 내외로 볼 수 있다.

그러나 양 부서를 포함해도 전체 반 이상의 27개 기관(50.9%)의 연 이 용횟수가 10회 미만에 그친다는 것은 특수자료실의 운영이 사실상 유명 무실하다는 것을 입증하는 것이다. 그러면 많은 기관들이 예산을 사용 하고 관리책임자를 두면서도 이처럼 방치하고 있는 이유는 무엇일까? 현지 조사결과에 따르면, 특수자료취급기관의 설립이 이용 요구에 따른 자연스러운 도서관 정책의 집행에 있었다기보다는 시대적 흐름에 따른 모기관의 의지나 선도적 역할을 한 소수의 요구에 의해 만들어진 경우 가 많았고, 지속적인 장서 개발이 뒷받침되지 않음으로써 이용 확대보 다는 관리적 측면의 현상 유지에 급급했던 것으로 판단된다.

이상의 특수자료취급기관의 장서 보유현황과 활용실적 결과를 종합해 볼 때, 대국민 서비스기관이나 학술연구기관 모두 과연 제대로 된 특수자료 이용 서비스를 구현할 수 있을까? 의문스럽지 않을 수 없다. 그러나 현실적으로 이용 수요도 많지 않고 제도적으로 활성화 기반이 미비한 이 시점에서 관련 기관이나 대학도서관들이 긴급한 여러 가지 비용 요소를 제쳐 놓고 특수자료 확충이나 이용 활성화를 위한 서비스 기반 마련을 위해 과감한 투자를 할 수 있을까? 여기에 근본적인 문제가 있다. 본 연구는 이러한 현실적인 여건에서 개별 기관들이 해결할 수 없는 여러 가지 문제들을 국가 차원에서 어떠한 개선 방안을 제시할 수 있을까에 초점을 맞추고자 한다.

4. 특수자료 이용 활성화를 위한 문제점 개선과 협력모형

4.1. 특수자료 이용과 관리의 문제점

특수자료의 이용과 관리에 관한 문제는 북한 연구 및 대국민 자료 이용에 관한 법적·제도적 문제에 국한할 수도 있겠지만 남북한 간의 특수성을 갖는 정치적 사건에 상당 부분 영향을 받는 것도 사실이다. 그러나 본 연구에서는 예측하기 어려운 여러 가지 변수를 고려하기보다는 가장 현실적이면서도 발전적 진전이 이루어져야 할 방향으로 연구범위를 제한하고자 한다. 이러한 관점에서 본 단원에서는 앞서 분석한 특수자료 취급기관의 저조한 특수자료 이용실적의 원인과 이를 해결하기 위한 제도적 개선방안을 중점적으로 모색하고자 한다.

특수자료의 활용이 지극히 저조한 가장 큰 원인에 대해서 모든 선행연구에서 '특수자료취급지침' 자체에 문제가 있다고 진단한다(정일용

1998; 김귀옥 1998, 2003; 장우성 2007 등). 또한 특수자료취급지침이 전체적으로 문제가 있으니 일부 수정이 아니라 폐기해야 한다는 주장도 많이 있다. 이에 대해 특수자료취급지침이 사상과 표현의 자유를 심대하게 위축시킬 수 있다는 점, 지나치게 자료 활용을 제한한다는 점, 분류기준이 모호하다는 점 등 다양한 이유를 들고 있다. 이상의 문제점에 대해서는 필자도 공감한다. 특수자료취급지침은 <그림 2-1>의 법체계도에 나와 있는 것처럼 법률이 아니고 행정업무나 민원사무를 처리하기 위한 각부의 내부지침이다.7) 이처럼 법률이나 명령도 아닌 하위 규범인 지침으로 '사상의 자유', '표현의 자유', '학문의 자유'를 침해한다는 것은 분명 문제가 있다. 그러나 이러한 비판과 절실한 요구에도 불구하고 현실적으로 특수자료취급지침의 폐기나 분류 기준의 수정이 쉽지 않은 것도 사실이다. 그것은 거의 남남갈등이라고까지 말할 수 있는 북한에 대한 서로 다른 시각과 정서적 요인이 상존하고 있고, 또한 대단히 가변적인 남북한 관계로 인해 정책적 일관성을 견지하기 어렵기 때문이다. 이러한 특수상황이 합목적성과 개관적 논리를 넘어설 수 있다는 점도 역시 분단 상황의 아이러니가 아닐까 생각된다.

다음 세부적으로 가장 문제가 되는 것은 특수자료의 분류·판단 기준이다. 특수자료취급지침에서 제시한 '정치적·이념적 자료' 또는 '이념이나 체제를 찬양, 선전하는 내용'이라는 것은 결국 해석과 판단의 몫이다. 북한자료는 폭넓게 보면 모두가 특수자료가 될 수밖에 없다. 왜냐하면 북한의 모든 창작행위는 당성, 노동 계급성, 인민성의 문제와 당 정책의 수용문제에 대한 검열을 거쳐야 하기 때문에 기본적으로 당 정책

---

7) 전문 변호사에 문의한 결과, "고시, 훈령, 예규 등 '행정부처의 지침'은 행정규칙으로 대외적으로 일반 국민에게 법적구속력은 없다. 다만 국회가 제정한 법률의 위임을 받아 국민의 권리와 의무를 규정하는 법규명과 결합하여 법규적 효력을 갖는 '법규 보충적 행정규칙'으로 해석상 법규성이 인정되기도 하지만 이 경우에도 법률은 아니다"라고 답한 바 있다. 즉 특수자료취급지침은 행정규칙하에 재량준칙에 해당된다.

의 구현이어야 하기 때문이다(이우영, 전영선 2009, p.66). 따라서 과학기술 서적이나 논문의 서두에도 '김일성의 교시'가 인용되는 것은 당연한 절차이다. 이러한 상황에서 결국 분류의 책임은 특수자료 담당자의 몫이다. 제5차 특수자료취급지침 개정시에 '특수자료심의위원회'의 구성도 없어졌다. 그러니 누가 스스로 고양이의 목에 방울을 달려고 할 것인가? 나름 필자는 이전 연구에서 특수자료 세부 기준도 제시했고 재분류의 필요성도 역설했다.8) 그러나 대부분의 기관, 특히 학문 연구의 핵심기관인 조사 대상 대학도서관의 약 78%(28개 관)가 한 번도 특수자료의 재분류를 실시하지 않았다는 점과 이 중 23개 기관(88.5%)은 아예 특수자료를 공개하지 않았다는 조사결과(홍선표 2007, p.62)를 볼 때, 이는 많은 대학에서 특수자료 활용의 의지가 없다는 점을 뜻한다.

또한 특수자료의 이용과 관리에서 발생하는 문제를 명쾌하게 해결하고 총괄할 만한 제도적 관리기구가 없다는 점도 많은 문제점으로 지적되고 있다. 특수자료의 분류나 대출제도와 같이 관리자로서는 대단히 민감한 문제에 대해 일관성 있게 지도하거나 기관 간 문제가 생겼을 때, 이를 조정할 수 있는 관리 조직이 없다. 다만 특수자료취급지침 제3조에 따라 특수자료 여부에 대한 판단이 어려울 경우, 감독부처를 경유하여 통일부에 문의하고, 통일부는 필요시에 국가정보원과 협의하게 되어 있다. 그러나 당장 필요한 자료 분류 하나를 위해 최소 2주 이상의 기간이 필요한 이와 같은 절차를 밟을 기관이 몇이나 있을까?9) 재분류를 안 한다고 해도 소신이 되는 상황에서 절박한 이용요구가 있는 것도 아니고 법적인 책임이 있는 것도 아닌데 어떤 기관이 감독부처를 경유하여 까

---

8) 실제 북한자료센터는 단행본, 영상자료 등 5,000여 건과 정기간행물 60여 종(현행 북한 정간물의 약 90%)을 일반자료로 재분류하여 대국민 서비스를 실시하고 있다.

9) 통일부에 대한 특수자료의 분류 문의는 공식적인 경우에는 공문 발송이 필요하며, 『통일부자료관리규정』(17조~19조)에 따라 '특수자료심의위원회'를 소집하여 진행하는 데 최소 2주 이상의 시간이 소요된다.

다로운 절차를 밟아가겠는가? 또한 특수자료취급지침은 국가정보원이 제정한 것이고 이에 대한 전문성이 전혀 없는 감독부처가 업무 유관성이 없는 통일부에 협조를 구한다는 것도 한계가 있을 수밖에 없다.[10]

이 밖에도 특수자료의 활용을 저해하는 많은 문제점이 있을 수 있으나 이상의 세 가지 요인이 가장 근본적인 원인임에는 틀림이 없을 것이다.

4.2. 특수자료의 이용 활성화 방안

특수자료 이용 활성화 방안으로 앞서 제시한 선행연구 결과를 1차적으로 분석한 다음에 현실적 적합성을 고려하여 해결방안을 제시하고자 한다. <표 4-8>은 앞서 살펴본 선행연구에서 제시한 특수자료의 이용과 관리에 관한 각종 해결방안을 종합한 것이다.

〈표 4-8〉 특수자료 이용과 관리의 문제점 해결방안

저자	해결 방안
김영기(1991)	특수자료와 일반자료를 함께 배열(주제별 장서 구성)
김귀옥(2002)	특수자료 기준의 세분화, 특수자료를 '통일사료' 개념으로 확대, 국립도서관 성격의 시스템 부여
송승섭(2002)	특수자료의 세부 분류기준과 재분류 필요성 제시
김정규(2006)	특수자료의 분야별 특성화와 전문화, 서지도구개발, 홍보와 지역주민 개방, 협의체 구성
정분희(2006)	북한저작물 보호와 원활한 정보이용을 위한 면책규정 제시
홍선표(2007)	북한자료센터의 기능 홍보, 비이념성 자료에 대한 재분류정책, 특수자료취급기관 간의 네트워크구성, 담당자에 대한 교육
이우영·전영선 (2009)	공개 기준 세분화, 이용편의 확대, 북한자료에 대한 종합적 정보 구축, 남북교류 대비 종합센터 설립, 전문가 제도 활성화

---

10) 북한자료센터는 소장 자료 및 외부 반입자료에 대한 특수자료 여부를 1998년 이후 2009년 말까지 266회 33,680건을 심의하였으나 대부분 공안부서나 세관에서 문의한 것이지 학술기관에서의 이용을 목적으로 한 문의는 단 한 건도 없었다. 다만 일부 기관에서는 북한자료센터 홈페이지의 자료 검색을 통해 특수자료 여부를 참고하고 있는 것으로 파악되고 있다.

먼저, 김영기(1991)의 안은 특수자료와 일반자료를 구분 없이 주제별 장서 구성 형태로 서가에 배열함으로써 주제별 국내 자료의 이용과 같은 효과를 갖는다는 점에서 대단히 이상적이지만 특수자료의 개념이 바뀌고 특수자료취급지침의 폐기가 선행되어야 한다. 김귀옥(2002)은 특수자료 기준의 세분화와 북한자료의 '통일사료' 개념으로의 확대를 제시하였는데 이는 이미 송승섭(1999, 2002)의 연구에서 제시한 내용을 발전시킨 것이다. 송승섭이 제시한 특수자료 세부 분류기준은 <표 4-9>와 같다. 다만 '통일사료'의 성격과 '국립중앙도서관 성격의 시스템 부여'는 정책적으로 연계하여 고려할 만한 것으로 판단된다.

〈표 4-9〉 특수자료 세부 분류기준

☐ 비이념성이 뚜렷하고 객관적이며 사실 위주의 기술 자료
☐ 내용 중에 부분적으로 북한 김 부자 및 공산주의 찬양, 대남 비방 등 이념성이 포함되어 있더라도 국민의 안보의식을 현저히 해칠 우려가 없는 자료는 공개 활용
☐ 순수학문 및 학술연구 자료로서 자료공개에 따른 학계의 연구활동을 통해 해당 분야 발전에 기여할 것으로 판단되는 자료

o 사전, 전집류, 향토자료 등 참고자료 성격의 용어 해설이나 객관적인 사실을 기술한 참고자료
　－『조선향토대백과』, 『조선말대사전』 등
o 지리 및 역사(1945년 이전 내용을 기술한 자료), 민속, 우표 등 객관적 사실 전달이 목적인 자료
　－『고려의 옛수도 개성』, 『평양 전도』, 『조선의 민속놀이』, 『조선의 우표』 등
o 형이상학, 동·서양철학사상, 윤리학, 심리학, 종교 등 여타 사상, 철학, 윤리를 비난·석하· 왜곡하지 않은 순수학술 연구자료
o 통계학, 법학 등 단순한 통계자료, 제도, 기구 등 사실 기술 자료 등
o 순수과학(수학, 물리학, 동물학), 기술과학(의학, 농학, 건축공학) 관련 등 순수한 과학업적 및 연구실적, 성과를 나타내는 자료
o 회화, 사진, 조각, 공예, 장식미술 등 예술 분야 자료 및 체육 관련 자료
o 사전류, 어학자료 및 순수·고전 문학작품집
o 고고학, 인류학, 유물·유적, 문화재 등 역사를 날조·왜곡하지 않고 국민의 건전 역사의식을 해칠 우려가 없는 내용의 역사자료
o 그 외 특수자료심의위원회의 심의 결과 공개 가능한 것으로 판단된 자료

북한이 헌법상 우리의 영토에 포함되기도 하지만 무엇보다도 같은 민족이라는 것은 부인할 수 없는 사실이다. 그렇다면 민족 통일의 실현과

정에서 생산되거나 수집되는 북한자료를 포함하여 모든 자료들이 '통일사료'의 성격으로 집대성되어야 한다. 실제 북한자료는 대부분 국가기관이 한정판으로 찍어 내기 때문에 많은 자료들이 희소성이 있다. 이를 위해서 이념적·정치적 한계를 벗어나 북한 관련 모든 자료를 수집·관리·보존할 수 있는 기구를 국가도서관인 국립중앙도서관에 두거나 통일부에 법적 지위를 주는 별도의 기구를 설립할 필요가 있다.

다음, 김정규(2006)는 특수자료의 분야별 특성화와 전문화를 강조하였는데 북한자료의 효율적인 활용을 위해서 필요한 일이다. 그러나 이는 173개에 달하는 특수자료취급기관의 정책적 함의와 전문분야별 협의체 구성이 선행되어야 한다. 또한 협의체 구성을 위해서는 중앙부처에 이를 지원할 수 있는 관리기구가 있어야 할 것이다. 이 외 정분희(2006)는 좀더 직접적인 방안으로 북한 저작물에 대한 면책규정을 두어 복사 등 자료이용 활성화 방안을 제안했는데 이는 남북한 관계 당국의 합의가 선행되어야 하는 문제가 남아 있다.

끝으로 비교적 최근의 연구로 홍선표(2007)는 특수자료취급기관 간의 네트워크 구성과 담당자 교육 등을 강조하였는데 이는 협의체 구성과 관련성이 있고, 담당자 교육의 필요성도 실무자 입장이나 관리적 측면에서 대단히 실제적인 방안이다. 또한 홍선표는 북한자료센터의 홍보 기능 확대를 제안하였는데 이는 북한자료센터가 전국의 대학도서관에 미치는 영향이 가장 크다는 실질적인 연구결과에 따른 것이다. 더불어 이우영, 전영선(2009)도 북한자료 공개 확대를 위해 북한 관련 종합센터의 설립을 제안했다. 센터의 기능으로 북한자료의 수집·관리·제공뿐만 아니라 남북저작권 지원, 통일교육 지원, 통일교육 자료 개발 등이 포함되었다. 이는 앞서 '통일사료' 차원에서 언급된 내용으로 통일 이후를 대비하여 북한자료에 대한 종합적이고 체계적인 관리가 필요하며,

이를 위한 종합적인 관리기구가 있어야 한다는 점에서 중요한 의미를 갖는 것으로 판단된다.

이상에서 주요 내용을 정리하면 첫째, '특수자료'라는 제한성을 갖고 '북한자료'의 한계를 설정하기보다는 '통일사료'라는 개념 확대를 통해 민족통일의 실현과정에서 생산되거나 수집되는 모든 자료를 집대성하여 공개할 수 있는 체계를 만들어야 한다는 것이다. 둘째, 특수자료취급기관 간의 정보 교환을 위한 네트워크 형성과 분야별 특성화를 위한 협의체가 필요하며, 이를 총괄할 종합적인 관리기구가 있어야 한다는 것이다.

4.3. 특수자료취급기관 협의회의 구상과 협력모형 구축

앞서 여러 가지 특수자료의 활용을 위한 개선방안을 논의한 연구결과를 보면, 가장 시급하고 중요한 문제는 전국 173개의 특수자료취급기관이 겪고 있는 다양한 문제들을 해결하고 정책적으로 지원할 수 있는 종합적인 관리기구가 없다는 것이다. 그러나 종합적인 관리기구가 어디에 어떤 형태로 어떤 내용을 담고 있어야 한다는 구체적인 연구는 아직까지 없었다. 본고에서는 이러한 관점에서 특수자료에 관한 종합적 관리기구 성격의 특수자료취급기관 협의체의 구상, 그리고 협의체 간의 협력 모형 방안을 제안하고자 한다.

첫 번째 핵심은 특수자료에 관한 종합적 관리기구의 법적 행정적 대표성과 실질적 권한을 어디에 어떻게 두느냐는 것이다. 현재의 법적 대표기관은 국가정보원이다. 이는 특수자료취급지침에 의해 국가정보원이 특수자료취급기관의 인가와 해제에 관한 권한을 갖고 있고, 특수자료 보유현황과 활용실적을 총괄하는 등 관리 기능을 행사하고 있기 때문이다. 그러나 앞서 언급했듯이 특수자료취급지침은 법령에 근거를 두기는 했지만 일반 국민에게는 법적 구속력이 없는 하위 규범인 사무처리규정과 같다는 점에서 오히려 행정적 대표성만 갖는 것으로도 볼 수 있다. 또한 국가정보원은 국가보안법 제7조에 따라 특수자료를 기본적으로 이적 표현물과 동일시한다. 이러한 통제적 관리기능은 특수자료의 공개와 이용 확대를 위한 북한자료 공개정책 추진과 여러 면에서 상충될 수밖에 없다. 그러면 정책적으로 북한자료의 이용 활성화를 도모하면서 모든 특수자료취급기관으로부터 대표성을 가질 수 있는 다른 기관이 있는가? 현재로서는 통일부이다. 통일부는 남북관계의 주무부서로서 노태우 대통령의 7·7선언과 김대중 대통령의 북한자료 공개확대정책에 부응하여 북한자료의 공개와 그 활용에 목표를 두고 북한자료센터를 운영해 왔다. 그 결과, 실제적으로 전국에서 가장 많은 특수자료와 북한 관련 장서를 보유하고 있고, 활용실적도 가장 높다. 또한 1990년대 전국적인 규모의 '북한자료교류협의회'를 이끌어 나간 경험도 있다.11)

그러나 이렇게 통일부가 특수자료의 관리와 활용에 있어서 전문성과 많은 경험을 축적하고 있지만 실제적으로 전국의 특수자료취급기관에 영향력을 미칠 수 있는 법적인 수단은 없다. 따라서 통일부가 특수자료취급 기관 전체를 통할하기 위해서는 국가정보원으로부터 특수자료취급 관련 업무를 이관받아야 실질적인 핵심기구가 될 수 있다. 또한 미래 지향적 관점에서 북한자료도 우리나라의 자료라고 본다면, 통일사료 측면에서 국립중앙도서관과 같은 국가도서관에서 이를 관장할 수 있도록 법적·제도적 절차를 준비하는 것도 다른 한편으로 고려해 볼 수 있을 것이다.

---

11) 1988년 노태우 대통령의 북방정책 선포인 7·7선언에 맞추어 '88년 12월에 북한 및 공산권자료를 취급하는 기관들의 '북방정보교류협의회'가 만들어졌고, 이 협의는 1991년 말 소련연방해체 등 사회주의권 국가들의 붕괴에 따라 '북한자료교류협의회'로 명칭을 바꾸어 '북한자료목록집'을 발간하는 등 정보교류 활동을 해 오다가 1990년대 말부터 시작된 목록전산화와 IMF에 따른 조직 축소 와중에서 자연스럽게 해체되었다.

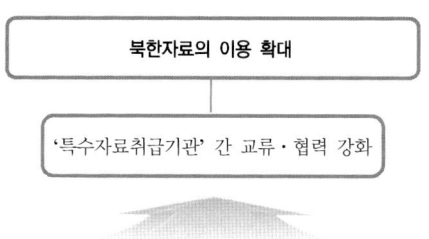

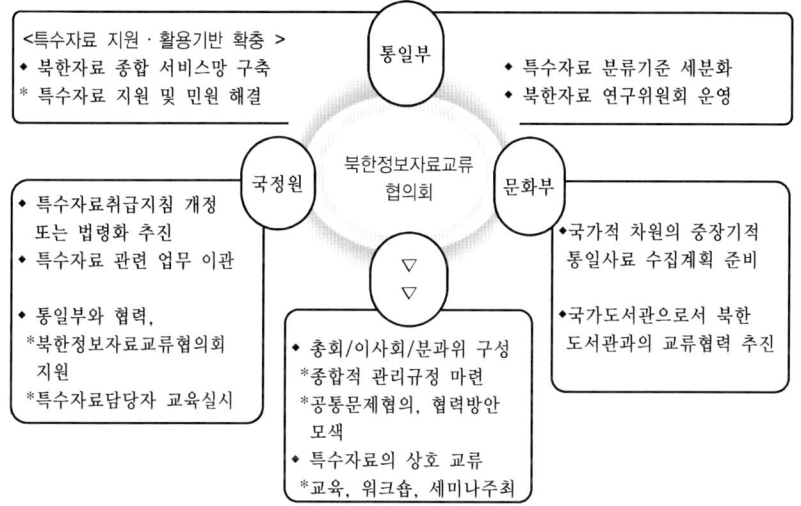

〈그림 4-1〉 북한자료의 이용 확대를 위한 협력 모형

　다음, 1차적으로 종합적인 관리 기구를 어디에 두느냐가 결정되면, 관리 기구의 성격과 활동범위를 어떻게 하느냐가 중요할 것이다. 현재 전국의 특수자료취급기관은 22개의 감독부처 산하에 173개 기관이 있고, 국가기관과 민간기관이 혼재되어 있어 그 구성기관의 종류도 대단히 다양하다. 따라서 종합적인 관리기구의 운영은 중앙부처의 핵심 부서에서 관장하되 그 조직은 회원제를 기반으로 한 자율적인 연합체의 성격으로 기능해야 할 것이다. 물론 여기에는 연합회 전체를 아우르는 총회가 있고 기능별·단체별로 대변되는 이사회가 있게 된다. 또한 앞서 선행연

구에서 제시한 특수자료의 특성화와 전문화를 위한 협의체로서 각종 분과위원회를 두는 것도 좋은 방법일 것이다. 이상의 내용을 참고하여 특수자료취급기관의 미래 지향적 협력 모형을 도식화하면 <그림 4-1>과 같다.

먼저, 전체 특수자료취급기관의 종합적인 관리기구로 '(가칭)북한정보자료교류협의회'를 상정했다. 이 협의체를 관장하는 주무부서는 앞서 논의한 결과대로 통일부(북한자료센터)로 하였다. 통일부와 함께 국가정보원과 문화체육관광부는 상호 긴밀한 협력관계를 유지하며 균형 있게 특수자료 취급과 관리에 대한 제반 업무를 부서 성격에 맞추어 분장하여 수행하게 한다. 이 협의회의 목적과 기능은 특수자료의 취급과 관리에 관한 종합적인 관리규정 마련, 상호교류 및 공동 활용, 특수자료의 분류 기준 등 공동 관심사 논의, 회원 기관 보유 자료 및 발행 자료의 상호 교환, 담당자 교육·워크숍·세미나·전시회 등 제반 사업, 특수자료의 특성화와 전문화를 위한 분과별 활동 등에 있다.

총회와 이사회의 임무와 성격은 이러한 목적과 업무 범위 안에서 여타의 협의체와 다를 바 없을 것이다. 다만 총회의 회장 기관은 상당 기간 통일부에서 맡는 것이 좋을 것이다. 현재로서는 북한자료 공개정책을 추진하는 기관이 거의 없고, 안정적인 지원 인력과 조직 및 예산을 확보할 수 있는 국가기관이 많지 않기 때문이다.

다음, 분과위원회의 구성은 기능별로 대학도서관/공공도서관, 연구기관, 언론기관, 기업/영리기관, 군 관련 기관, 대국민홍보기관, 중앙행정부처/각종 위원회, 기타 기관 등으로 나눌 수도 있고, 주제 분야별로는 통일·안보 분야, 북한 경제·과학 분야, 북한 사회·문화 분야, 기타 분야로 구분할 수도 있을 것이다.

끝으로 보다 중요한 것은 통일부와 국가정보원, 문화체육관광부가 긴밀한 협조관계 속에서 상호 견제와 균형을 이루며 '북한자료의 이용 확대'라는 궁극적 목표를 실현해 나가는 것이다. 또한 '북한정보자료교류협의회'를 통해 특수자료취급기관 간의 교류와 협력을 강화시켜 나갈 수 있어야 한다. 이를 위해 통일부는 현재의 '특수자료심의위원회'를 확대·발전시킨 '북한자료연구위원회'를 구성하고, 북한자료 종합서비스망 구축과 특수자료 관련 민원 해결에 앞장서며 특수자료의 분류기준 세분화 등 보다 전문화된 특수자료 취급과 관리에 관한 노하우를 회원기관에 전수해 주어야 한다. 또한 국가정보원은 문제가 되는 특수자료취급지침의 개정이나 대체 입법 추진을 검토하고, 북한자료의 공개 확대를 위해서 특수자료 관련 업무를 통일부에 이관할 필요가 있다. 다음, 통일부와 함께 '북한정보자료교류협의회'의 활성화를 위해 노력하고 특수자료 취급과 관리에 관한 담당자 교육을 실시해야 한다. 그리고 문화체육관광부는 국립중앙도서관을 통해 향후 북한자료 관련 업무가 이관될 수 있다는 가정하에 국가적 차원의 중장기적 통일사료 수집계획을 세우고, 국가도서관으로서 북한의 인민대학습당을 비롯한 북한의 주요 도서관과의 교류협력을 추진해야 할 것이다.

5. 시사점 정리 및 제안

본 장에서는 먼저, 우리나라 특수자료 취급관련 현황을 파악하기 위하여 그 이론적 배경이 되는 특수자료 관련 이론적 배경을 고찰하고, 북한자료를 보유하고 있는 전국의 특수자료취급기관 가운데 대표적인 감독부처인 통일부와 교육과학기술부 산하 특수자료취급기관의 자료 보유현황과 그 활용실태를 조사하였다. 다음, 분석 결과와 선행연구 조사를 통해 열악한 자료 이용 환경의 문제점을 찾아내고 제도적인 발전방안을 모색하였다. 특히 특수자료의 이용과 취급과정에서 일어날 수 있는 여러 가지 문제들을 조정·통제할 수 있는 종합적인 관리 기구로서 '북한정보자료교류협의회'의 구성과 '특수자료취급기관' 간 유기적인 협조를 이끌어 낼 수 있는 협력모형을 제안하였다. 그 결과는 다음과 같다.

첫째, 전국에는 22개 부처 산하에 173개의 특수자료취급기관이 있다. 이 중 통일부 산하 17개 기관과 교육과학기술부(조사 당시 교육인적자원부)의 36개 대학도서관 장서 수를 조사한 결과, 북한자료센터 2만여 권, 고려대학교도서관 8천여 권 등 7개 기관(13.2%)만이 4천 권 이상의 장서를 보유하고 있을 뿐, 전체 22개 관(41.5%)이 1,000권 미만의 장서들을 보유하고 있고, 특수자료의 활용에 있어서도 대국민 서비스를 하고 있는 북한자료센터(연 10만 명 내외)를 제외하면, 전체 반 이상의 27개 기관(50.9%)의 연 이용횟수가 10회 미만에 그치고 있어 특수자료실의 운영이 사실상 유명무실한 것으로 나타났다.

둘째, 특수자료취급지침 개정 경과와 선행연구 분석을 통해 특수자료의 활용실적의 부진 이유를 조사한 결과, 가장 큰 원인으로 특수자료취급지침이 사상과 표현의 자유를 위축시키고, 자료 활용을 제한하며, 분류기준이 모호하다는 점이 부각되었다. 또한 세부적으로는 특수자료취급지침에서 제시한 '정치적·이념적 자료' 또는 '이념이나 체제를 찬양, 선전하는 내용'을 객관화시켜 특수자료 여부를 판단하는 것은 사실상 불가능하다는 것으로 특수자료의 분류·판단 기준이 문제가 되었다. 이 외에 특수자료의 이용과 관리에서 발생하는 문제를 명쾌하게 해결하고 총괄할 만한 제도적 관리기구가 없다는 것도 중요한 이유로 나타났다.

셋째, 특수자료취급 관련 문제점을 해결하기 위한 개선방안을 요약하면 다음 두 가지로 집약된다. 1) '특수자료'라는 제한성을 갖고 '북한자료'를 한계 짓기보다는 '통일사료'라는 개념 확대를 통해 민족통일의 실현과정에서 생산되거나 수집되는 모든 자료를 집대성하여 공개할 수 있는 체계를 만들어야 한다. 2) 특수자료취급기관 간의 정보 교환을 위한 네트워크 형성과 분야별 특성화를 위한 협의체가 필요하며, 이를 위한 특수자료의 이용과 관리에 대한 종합적인 관리기구가 있어야 한다.

본 장에서는 이상의 문제점 파악과 개선방안을 종합하여 특수자료취급기관들의 종합적인 관리기구로 '북한정보자료교류협의회'라는 협의회 구상을 제안하였고 이를 통한 협력 모형을 다음과 같이 제시하였다.

첫째, 이 협의회를 관장하는 주무부서는 통일부(북한자료센터)로 한다. 통일부와 함께 국가정보원과 문화체육관광부는 상호 긴밀한 협력관계를 유지하며 균형 있게 특수자료 취급과 관리에 대한 제반 업무를 부서 성격에 맞추어 분장하여 수행한다.

둘째, 이 협의회의 목적과 기능은 종합적인 관리규정 마련, 특수자료의 상호교류 및 공동 활용, 특수자료의 분류기준 등 공동 관심사 논의, 회원 기관 보유자료 및 자체 발행한 자료의 상호 교환, 담당자 교육, 워크숍·세미나·전시회·종합목록 작성 등 제반 사업 실시, 특수자료의 특성화와 전문화를 위한 분과별 활동지원 등에 두었다.

셋째, 분과위원회의 구성은 유관 단체별로 특성화하여 대학도서관/공공도서관, 연구기관, 언론기관, 기업/영리기관, 군 관련 기관, 대국민 홍보기관, 중앙행정부처, 각종 위원회와 기타 기관으로 나누어 기관별로 협력할 수 있게 한다. 또한 기능·주제 분야별로 특성화할 경우는 전체 기관과의 협력 관계가 필요하긴 하지만, 보다 나은 전문성을 확보할 수 있을 것이다. 현재로서는 통일·안보 분야, 북한 경제·과학 분야, 북한 사회·문화 분야, 기타 분야로 구성할 수 있다.

이상의 협의회 구성의 대강을 밝혔지만, 중요한 것은 통일부와 국가정보원, 문화체육관광부가 이 협의회를 통해 보다 긴밀한 협조 관계 속에서 상호 견제와 균형을 이루며 종합성, 전문성, 체계성을 갖추고 '북한자료의 이용 확대'라는 궁극적 목표를 실현하는 것이다. 이를 위해 국가정보원은 문제가 되는 특수자료취급지침의 개정이나 대체 입법추진을 검토하고, 북한자료의 공개 확대를 위해서 특수자료 관련 업무를 통일부에 이관할 필요가 있을 것이다. 통일부는 북한정보자료교류협의회를 실질적으로 이끌어 나가며 전국적인 북한자료 종합서비스망을 구축해야 한다. 또한 문화체육관광부 국립중앙도서관은 국가적 차원의 중장기적 통일사료 수집계획을 세우고, 국가도서관으로서 북한 도서관과의 교류협력에 대비해야 할 것이다.

제5장

'統一史料'의 수집과 관리

1. 들어가는 글

앞 장에서 북한 출판물의 현황과 수집 및 관리방법, 그리고 이들을 어떻게 잘 활용할 수 있을까에 대한 생각들을 여러 측면에서 고찰해 보았다. 그런데 마지막으로 한 가지 더 살펴보아야 할 것이 있을 것 같다. 실제 이 글을 통해 북한 및 통일에 관한 연구에 있어 북한에서 생산된 자료보다도 외부에 훨씬 더 많은 자료들이 존재한다는 것을 알 수 있었다. 그 자료의 형태 또한 단행본이나 정기간행물 이외에도 여러 가지 유형의 자료가 존재한다는 것을 볼 수 있었다. 이를 통칭하여 '기록물'이라고 할 수 있는 국가간의 공문서도 있을 수 있고, 개인적인 기록물과 물품 등 이루 말할 수 없는 자료들이 있을 수 있다. 이 중 사료적 가치가 있어 이미 앞서 논의한 기존의 자료들과 함께 보존하고 전달할 필요가 있는 자료의 수집과 관리가 필요하다는것 또한 당연한 사실일 것이다. 다만 그 형태와 내용이 차이가 있어 분리하여 이 장에서 다루고자 하였다.

우리나라는 과거 훌륭한 기록문화의 전통과 유산을 남겼지만 일제시대와 한국전쟁, 개발독재시대를 거치면서 그 맥을 이어오지 못하였고, 이에 대한 일반 국민의 인식과 관심도 부족하게 되었다. 앞서 본 북한자료의 경우에도 주요자료의 경우에는 그것이 단행본의 형태로 남아 있는 것이 아니라 문서 등 일반적인 행정자료의 형태로 보존되어 있다. 특히 국가기록물은 어느 국가이든 간에 한 국가의 정치적, 행정적, 역사적 사실의 계승이라는 관점에서 그 기능적, 증거적, 정보적 가치는 무시될 수 없는 것이다. 최근 이러한 국가 기록물의 중요성과 필요성에 대한 담론이 형성되어가고 있지만 그동안 경제 논리와 정치지향성 국가행정 하에서 상당 부분 소외되어왔던 것이 사실이다.[1]

국가기록물 보존과 수집 및 관리에 대한 논의는 어제 오늘의 일은 아니었지만 국가기록물의 관리에 관한 법률이 마련되고, 필자가 속해 있는 우리 정부의 한 부서인 통일부에서도 최근에 이르러 민족통일의 실현과정을 후손들에게 알려주기 위하여 국가기록물 차원에서 북한 자료뿐만 아니라 통일 및 남북한 문제와 관련된 역사적인 사료의 수집과 관리에 나선 것은 다행한 일이 아닐 수 없다.

그러나 이러한 역사적 당위성에도 불구하고 '통일사료'에 대한 개념도 거의 알려진 바 없고 전반적인 인식이 결여되어 있다. 또한 통일사료의 수집과 관리를 위한 제반 환경이 열악할 뿐만 아니라 통일관련 기록물 수집의 유일한 법적 근거가 되고 있는 규정조차 선언적 가치만 있을 뿐, 수집을 위한 강제적인 집행 규정이 없어 정부 내의 관련부처의 협조를 얻기도 어려운 형편에 있다.[2]

이에 따라 본 장에서는 국가기록물로서의 '통일사료'의 의의를 밝히고, 현재 우리나라의 기록보존제도 하에서의 통일사료 현황을 조사한 다음, 현황 분석에 따른 향후의 효율적인 관리 방안을 위한 논의를 전개

---

1) 그 상징적 사건으로 1998년 김대중정부가 출범하면서 구 정권과의 인계인수 과정에서 일부 중요 국가 문서들이 훼손되거나 무단 폐기되는 사태가 발생된 바 있고, 이에 관한 여론의 질타와 논란도 적지 않았다. 이것은 국가의 역사적 정통성 확립을 방기하는 하나의 사례로써 국가기록물을 제대로 관리하고 보관하는 것이 정권의 투명성과 민주성을 높이는 일임을 일깨워 준 하나의 사건이었다.
2) 과거 대통령령으로 사무관리규정이 있었지만 이 규정은 수집대상 자료의 의미 및 범위도 불분명하고, 그 내용도 정부에서 생산한 '통일문서(통일문제와 관련한 일반적인 공문서)'의 수집으로 제한되어 있어 일반 국민이 생산한 모든 통일관련 유물 등 남북한 문제와 관련하여 역사적으로 가치가 있는 광범위한 민족사적 자료를 수집하기 위한 근거로는 대단히 미흡한 것이 사실이다. 현재 시행되고 있는 공공기록물 관리에 관한 법률에서는 통일관련 분야의 특수기록관을 설치·운영할 수 있도록 규정하고 있지만 실제적인 행정력이 미치는 범위는 제한적일 수 밖에 없다.

하고자 한다.

2. 통일사료의 의의와 연구동향

2.1. 용어의 정의

'기록물'에 대한 문헌정보학적 시각의 사전적인 정의는 용어로서는 "기록보존물"로 대체되고, 이 "기록보존물"은 "보존문서"와 동일시되고 있다. "보존문서(archival document)"의 범위에서의 '기록물'의 개념은 "현재 업무수행에는 필요하지 않으나 영구적 가치를 인정받아 기록보존관에 보존되는 자료를 말하며 기록보존물 또는 고문서라고도 한다."3) 반면에 국가 제도적 측면에서의 규정적인 정의를 보면, "생산시기, 형태 및 재료를 불문하고 특정기관이나 개인에 의하여 생산된 문서, 도서, 서신, 보고서, 대장, 지도, 도면, 인쇄물, 포스터, 엽서, 우표, 팜플렛, 사진, 마이크로필름, 녹음·녹화테이프, 필름, 디스크, 기계판독 기록물 등 의 사전달 매체"4)로 정의되고 있다. 그런데 기록물(records: 현용기록물 또는 준현용기록물)과 기록보존물(archives: 비현용기록물, 보존기록물)의 개념을 구분해서 쓰는 경우가 있으므로 이를 관련문헌을 조사하여 본 결과, 결국 실체는 같은 것이나 기록물 중 현재 업무를 수행하는데 활용된 기록물(records)이 이후에 그 보존가치에 따라서 영구적으로 보존토록 결정된 기록물이 기록보존물(archives)로 되는 것이다. 따라서 기록보존물은 현재 업무 수행에는 별로 필요치 않으나, 영구적 가치를 인정받아 기록보존소에 보존되는 기록물로 쉽게 이해될 수 있을 것이다.5)

---

3) 사공 철 등편, 1996. 『문헌정보학용어사전』. 서울: 한국도서관협회. p.160.
4) 정부기록보존소 운영세칙 제10조
5) 최유성. 1996. 『국가기록물 관리의 발전방안에 관한 연구』. KIPA연구보고 95-03. 서울: 한국행정연구원. p.8.

여기에서 국가기록물을 포함하는 공공기록물 관리에 관한 법률6)의
용어규정을 보면, '기록물'이라 함은 "공공기관이 업무와 관련하여 생산
또는 접수한 문서·도서·대장·카드·도면·시청각물·전자문서 등
모든 형태의 기록정보 자료와 행정박물"을 말한다.

국가기록물의 개념은 '기록물'이라고 하는 법률적 용어 정의의 범위
에서 규정하였지만, '통일사료'라는 개념은 필자가 제시한 것으로 이에
대해서는 사전적인 정의나 규정상의 정의가 내려진 것이 없었다. 다만
여기서 필자가 '통일사료'의 일부분으로 생각하고 있는 '통일문서'는 과
거 사무관리 규정에 의하여 "각급 행정기관이 생산, 취득한 통일 또는
대북한 업무와 직접 관련되는 문서"7)로서 정의되어 있을 뿐이다.

그러나 이 규정에 의한 정의에 따르면 국가기록물로서의 통일관련 자
료는 각급 행정기관이 생산, 취득한 행정문서로 제한될 수 밖에 없다.
그러나 실제 통일관련 자료가 행정문서일 수만은 없다. 따라서 필자는
통일관련 자료를 통일문서를 포함함은 물론 통일 및 대북한 업무와 관
련된 모든 범주의 자료를 망라적으로 포괄하는 의미에서 그 정의를 다
루고자 하였다. 여기에서 정의하고자 하는 "사료"의 의미는 "역사의 연
구편찬에 필요한 문헌이나 유물 따위의 자료"8)로 그 대상이 단지 문서
류에 국한되지 않음을 알 수 있다. 그러므로 수집대상으로서의 통일사
료의 자료형태는 일반적으로 앞서 정의한 '통일문서'의 개념을 포함한
일반 행정문서 뿐만 아니라 입법부와 사법부의 관련 문서와 공문서 이
외의 자료도 포함되어야 할 것이다. 따라서 자료의 형태에 있어서 일반
적인 공문서 외에 마이크로필름, 마이크로피시, CD 등을 포함하고, 내
용을 담는 형식에 있어서도 편지, 전문, 비공식 메모(관련자들의 일기

---

6) 공공기록물 관리에 관한 법률 제3조에 해당됨(2010.2. 일부 개정)
7) 사무관리규정(1996.6.29) 제28조 제1항의 제2호
8) 금성출판사 편. 1991. 『국어대사전』. 서울: 금성출판사. 1991. p.1443.

등 메모) 등 역사적 인물의 개인문서(personal papers)와 수고(manuscript)나 선언문 초안, 각종 행사자료(예 : 1000만인 서명운동 결과물 등), 증언 녹취테이프(비디오 및 오디오), 사진, 기념물(예 : 싸인한 만년필, 회의장 탁자, 의자, 태극기, 인공기, 데모학생들의 플래카드, 대자보 등), 신문, 잡지(국내, 국외), 영화필름 등 내용 면에서나 형식 면에서 다양한 형태의 다양한 매체 자료를 모두 포괄한다고 할 수 있다.9)

이상에서 '통일사료'의 개념으로 생각되는 여러 의미와 그 형태 및 종류를 고려하여 이 글에서는 '통일사료'를 다음과 같이 정의하였다.

> 통일사료는 통일 또는 대북한 업무를 수행하는 과정에서 생산된 것이거나 또는 이와 관련하여 직·간접으로 만들어진 일체의 자료로써 역사적 가치가 있어 영구적으로 보존할 필요가 있거나 상당기간 보존하여 이용할 가치가 있는 모든 형태의 자료이다.

이상의 필자의 정의에 대해 김귀옥(2002)은 좀 더 확장된 개념으로 "북한에서 생산되었으나 우리의 필요에 의해 수집 및 축적된 일체의 자료"도 통일사료 개념에 포함시켜 다음과 같이 정의하였다. 이는 기본적으로 북한에서 생산된 북한 자료도 통일사료의 대상이 된다는 것으로 범위가 지나치게 확대되는 문제도 있지만 통일관련 자료의 포괄적 접근이라는 의미에서 타당성이 있는 것으로 보아 필자도 이 의견에 동의하여 다음의 정의를 수용하고자 한다.10)

> 통일사료는 통일 또는 대북한 업무를 수행하는 과정에서 생산된 것이거나 또는 이와 관련하여 직·간접으로 만들어진 자료와 <u>북한에서 생</u>

---

9) 자료형태에 관한 구체적인 예시는 1982년부터 1989년 까지 NARA에서 한국관련 자료를 수집해 왔던 경기대 김덕중 교수의 서면 의견을 참조한 것임

10) 짧은 단락으로 이루어지는 모든 정의가 완벽할 수는 없다. 2008년 한 워크숍에서 김득중(국사편찬위원회)은 이 정의에 '발굴된 사료로서의 민간기록(manuscript)'이 포함되는 것인지가 불분명하다고 지적하였는데 필자의 의도는 물론 이를 포함시키는 것이다.

산되었으나 우리의 필요에 의해 수집 및 축적된 일체의 자료로서 역
사적 가치가 있어 영구적으로 보존할 필요가 있거나 상당기간 보존하
여 이용할 가치가 있는 모든 형태의 자료

다만 정의를 받아들이는 과정에서 약간의 혼선이 있을 수 있다. '史料'
란 단어가 'historical materials' 란 뜻으로 기록물(archives) 가운데서 "역
사적 연구의 자료가 되는 기록"으로 제한되기 때문에 '사료'를 기록물의
하위개념으로 볼 수 있다. 용어 체계상으로는 그럴 여지가 충분히 있지
만 필자는 '기록물'이라는 너무 추상적이고 포괄적인 개념보다는 직접
적이고 상징적인 의미에서 '통일사료'의 개념을 구체화 하였음을 밝혀
둔다.

2.2. 국가기록물 관련 연구 동향

2.2.1. 국내

국가 기록물의 보존과 관리에 관한 연구는 그 중요성에 비하여 지금
까지 소홀히 취급되어 왔다. 이렇게 된 이유는 여러 가지가 있겠지만 무
엇보다도 기록물에 대한 정부의 무관심과 일반 국민들의 그릇된 인식에
문제가 있다고 볼 수 있다. 그동안에 "기록물"에 대한 관점이 이를 연구
하는 소수 학자나 관련 공무원의 활용에 초점이 주어졌고, 실제 수요자
로서의 국민을 간과해 온 것이 사실이다. 이제 우리나라도 정보공개
법11)이 시행되고 기록보존제도의 중요성이 널리 인식되고 있어 이에 관
한 연구도 차츰 활기를 찾을 수 있을 것으로 보여진다. 지금까지 국내에
서의 연구를 살펴보면, 1970년대는 양태진의 보존도서관에 관한 논의12)

---

11) 공공기관의 정보공개에 관한 법률(법률 제5242호, 시행 1998년 1월1일, 최종 개정 2010.5.5)
12) 양태진. 1975. 보존도서관논고. 『도협월보』, 16(4) : 5-11.

를 필두로 해서 주로 보존도서관 설치의 필요성이 제기 되었고. 1980년 대에 이르러서는 양태진 이외에도 홍영의, 윤병태, 윤인숙, 박해준, 최정태, 김태승 등 도서관계 종사자와 도서관학 강단 연구진이 가세 하면서 정부기록자료 즉 국가기록물의 개념을 정립하고 이를 제도적으로 관리하는 차원에서 좀 더 진전된 연구가 계속 되었다고 볼 수 있다.[13]

특히 김태승 등은 한국정보관리학회와의 공동연구를 통해 국가기록 보존업무에 관한 국내외의 관련 법과 제도에 관한 자료를 체계적으로 정리하여 종합적인 발전방안[14]을 제시함으로써 제도적 측면의 국가기록물 관련 연구의 기본적 초석을 다졌다고 볼 수 있다. 그러나 무엇보다도 1980년대 국가기록물관련 분야 연구의 일대 전기를 맞게된 것은 국가기록물 보존과 관리분야의 학술지로써 1987년부터 간행된 연간 "기록보존"지의 등장을 들 수 있다. 이 "기록보존"지의 간행을 기점으로 기록 보존분야의 실무자들과 문헌정보학자들의 다양한 연구 성과가 이 지면을 통해 이루어질 수 있었기 때문이다. 특히 이 간행물은 단순한 연구 논문들만을 게재하는 것이 아니고 외국의 제도를 상세하게 소개하는 등 실무에 필요한 각종 자료들을 계속적으로 제공함으로써 이론적 기반과 실무적 경험이 빈약한 이 분야에 대표적인 학술지일 뿐만 아니라 실무적 지침서로 자리잡아 가고있다. 다만 예산상 취약성과 아직까지는 다소 제한적인 연구자의 참여로 인하여 널리 활용되지 못하고 있다는 아쉬움이 있다.

1990년대에 와서도 이 분야에 계속적인 관심을 보여 온 양태진에 의

---

13) 1980년대에 발표된 대표적인 연구 자료를 보면.
　박해준. 1981. 정부기록보존제도. 『도서관』, 36(6) : 5-11.
　윤병태. 1987. 기록보존의 발전방향. 『기록보존』, 1 : .54-67.
　윤인숙. 1986. 보존도서관에 대한 소고. 『도서관학논집(부산산업대)』, 2 : 35-46.
　최정태. 1989. 정부기록물의 가치와 보존. 『기록보존』, 3: 88-106. 등이 있다.
14) 김태승 등. 1989. 국가기록보존업무의 발전방안에 관한 연구. 『총무처 기록보존소 연구보고서』.

해 기본 이론서로 볼 수 있는 기록보존학 개론15)이 출판되었고, 비중 있는 연구도 계속되었다. 특징적으로 그 간 문헌정보학계 일부 교수 중심의 연구에서 다년간 실무 경험을 닦은 관련 분야 실무자 및 관리자의 연구 논문이 많이 나왔음을 알 수 있다. 대표적으로 박대규, 이상민, 구만섭, 최경열 등 정부기록보존소 관계자들의 논문이 그것이다.16) 이들 논문은 그간의 보존도서관 개념의 차원을 벗어나서 외국의 선진제도 고찰 및 국가기록물관련 법령분석, 국가기록물과 관리에 관한 장기적인 발전계획 등 법적 기반 하에 독립적인 국가기록물 관리기구로서 국민 모두에게 국가기록물의 제도적 효력을 발생하는 문제에 대하여 상당한 관심과 연구성과를 보여주었다. 이밖에 행정쇄신위원회에서 국가기록물 관리개선 방안을 1997년 김영삼대통령에게 보고한 것과 이에 바탕이 되는 '국가기록물 관리의 발전방안에 관한 연구'가 1996년 한국행정연구원에서 이루어져 우리나라 국가기록물 관리체제의 실태와 문제점을 고찰하고, 국가기록물의 보존 제도 및 운영체제 전반에 관한 종합적 개선방안을 제시한 것은 정부관련 기관의 연구 성과로 그 의의가 크다고 볼 수 있다.17) 이와 관련하여 눈여겨 볼 하나의 사건으로 한국국가기록연구원이 사단법인으로 공식 출범하면서 '국가기록보존관리의 현재와 미래'를 논제로 한 창립 심포지움을 연 것도 이 분야 연구의 시금석을 마련하는 하나의 기반을 마련한 것으로 볼 수 있을 것이다.18) 이러한 기반은 2000

---

15) 양태진 편. 1993. 『기록보존학개론』. 서울 : 법경출판사. p.312.
16) 이들 연구자의 대표적인 논문을 보면,
    박대규. 1997. 한국의 기록보존관련 법령과 발전과정. 『기록보존』. 10 : 53-64.
    이상민. 1997. 서구의 국가기록보존법 원칙과 기록보존 관리체제. 『기록보존』. 10 : 15-36.
    구만섭. 1996. 정부기록보존의 장기발전방향. 『기록보존』. 9 : 52-63.
    최경열. 1991. 일본의 정부기록보존관리. 『기록보존』. 5 : 73-93. 등이 있다.
17) 행정쇄신위원회의 보고서는 내부문건이어서 여기에서 그 출처를 제시하지 않았고 한국행정연구원의 보고서는
    앞의 글에서 대표저자로 표기된 '최유성'의 글이다.
18) 1999년 4월 3일 한국국가기록연구원 창립 심포지움에서 발표된 논문은 다음과 같다.
    이만열. "국가기록 관리의 현실." 김선영. "기록물 관리법 제정의 의미와 전망."
    박찬승. "지방 기록 자료관의 설립방향." 김기석. "기록과학과 기록관리전문가" 등이다

년대들어 노무현 정부의 탄생과 함께 소위 '기록관리 문화'의 꽃을 피울 수 있는 계기가 되었다. 정부기록보존소는 국가기록연구원으로 조직이 확대 발전되어 그 위상을 높였고, 석사급의 국가기록연구사들이 배출되어 각 정부부처에 소속되어 공식적으로 기록관리 업무를 전담하여 관장하게 된 것이다.

이상의 개괄적인 논의에서 살펴보았듯이 국가기록 관리는 이제 새로운 도약의 계기를 맞고 있다. 그러나 연구 분야에 있어서는 아직도 기록물의 세부 기술적 차원의 접근보다는 전반적으로 국가기록물의 보존과 관리 및 제도적 발전방향의 큰 틀의 논의에서 크게 벗어나지 못한 한계점을 노정시키고 있다.

따라서 1970년대 이후의 2000년 전까지의 연구 흐름은 그 결과로 볼 때, 일부 특정 문제에 대한 서지학적 또는 사학적 관점에서의 심도 깊은 연구[19]도 있었으나 크게 보아 국가기록물의 의의 부각과 제도적 측면에서의 관리에 대한 대강의 기초를 다져 온 연구시기로 보아도 지나치지 않을 것이다. 또한 본 연구 동향에는 포함되지 않았지만 2000년 이후 최근까지 국가 주도형 연구프로젝트가 시행되면서 국가기록관리 시스템에 관한 연구와 기록물의 디지털화 방향과 세부기술에 관한 논의가 가속화되고 있다고 할 수 있다.

2.2.2. 외국

여기에서의 국외의 연구는 국내 연구자들이 국내 문헌을 통하여 발표한 연구자료는 제외하였고, 대부분의 국가의 기록기관의 모델로 참조된 미국의 국립기록보존소격인 NARA 관련 문헌을 살펴보았다. NARA와

---

19) 박영석. 1989. 기록물의 역사적 위상.『기록보존』. 30: 19-4.
   김현영. 1993. 조선시대 실록의 편찬과 정부기록의 보존. 『기록보존』. 7 : 7-25.

관련한 국내 연구자의 인용은 여러 논문에서 많은 부분 소개되었는데 특히 김상호는 미국 국립기록보존소의 현황과 제도를 자세히 조사하여 발표한 바 있다.[20] 필자가 특히 NARA에 관심을 가졌던 것은 이 글의 중심이 된 통일사료의 관리체계를 연구하기 위해 1997년 10월 NARA를 직접 방문하여 관련 실태를 조사하고 관계자들의 브리핑을 받게 되었고 관련 문헌을 입수할 수 있었기 때문이다.[21] 이곳에서 입수한 주요 문헌의 대강을 살펴보면 다음과 같다.

1990년대부터 최근까지의 NARA에 관한 주요 논의는 '국가 기록물의 전자화'에 관한 것이었다. 특히 '90년대 들어 Web-base를 기반으로 한 인터넷을 통로로 정보공개 활동이 강화되어 미국의 NARA(www.nara.gov)와 영국의 PRO(www.open.gov.uk/prohome.htm) 등 대표적인 국가기록보존소들은 인터넷을 이용하여 역사적 보존 자원을 이용자들에게 친숙하게 제공하게 하는 전기를 마련하였다.[22]

전자기록물에 관한 구체적인 논의는 Bearman에 의해 이루어졌는데 그는 1995년 8월 14일 NARA에 의하여 제안된 전자기록물에 대한 새로운 규칙을 제안하였고, 여기에서 주로 전자기록물과 비전자기록물의 구별기준, 레코드키핑 시스템의 정의, 전자기록물 보유를 위한 도구의 구조화 등에 관한 문제를 다루었다.[23]

Roberts와 Kadec은 미국의 역사기록물의 전자적 기록 유지에 관한 효과의 부정적 측면 즉, 전자기록물의 폭넓은 이용이 가지는 위험성을 주로 부각하였는데 여러 패널들의 건의사항을 조사하여 정부기록물 보호

---

20) 김상호. 1998. 미국연방정부의 기록제도. 『국회도서관보』, 1 : 3-21.
21) '97년 10월 NARA를 방문한 필자는 이 곳 의전담당국장인 Donn Neal을 비롯하여 Records Service과정 Geraldine Phillips부장 등 5명에게 분야별로 브리핑을 받은 바 있음.
22) R. Cerri. 1996. 'Archival resources on the Net.' Archivi & Computer Vol.2 : 151-181.
23) D. Bearman. 1995. 'NARA issues new rules on electronic records.' Archives and Museum Informatics, 9(3) : 338-341.

에 포함시켜야 할 문제점 등을 강조하였다.24)

이 밖에 이 방면의 초기연구로 NARA의 기계가독형 레코드의 기록보
존에 관한 국가기록보존서비스(NARS)의 보존에 관한 위원회의 건의사
항을 Mallinson이 요약하였고25) Herther는 종이로부터 CD-ROM까지 기
록보존물을 위해 이용할 수 있는 다양한 정보저장 매체를 분석하여 장
기적인 보존계획에 이용하고자 하였다.26)

미국의 NARA에 관한 논의는 상술한 전자데이타를 이용한 보존과 관
리 측면의 연구 외에도 각종 위원회(task force)를 통한 프로젝트 수행이
많았다. 여기에서는 대표적인 프로젝트와 NARA의 조직 및 현황분석과
발전방안을 중심으로 한 주요 연구를 살펴보았다.

먼저 RLG 프로젝트는 1989년 3월 1일부터 1991년 2월 28일 까지 2년
간 수행된 연구로써 1) 자료형태의 기준을 개발하고 2) 국가와 지역 레
코드들의 특정분류의 공동평가와 개발 3) 정부 내부간 접근 방법의 공
유와 운영 등에 관한 것이었다.27) 또한 Harrison도 그의 연구에서 문자-
숫자식 통계 또는 서베이 파일로 된 전자데이타의 조사와 연구를 위한
설계에 대해 논의하였다.28)

또한 1991년에는 NARA와 DOE(Department of Energy) 그리고 캘리포
니아 버클리대학의 반크로프트 도서관 사이에서 20세기의 과학사를 기
술할 때, 연구자들에게 어떤 정보원을 컨설팅할 수 있을까 하는 의문에

---

24) Particia S. Roberts and Sarah T. Kadec. 1990. 'The effects of electronic recordkeeping on the historic record of the U.S. Government.' Government Information Quarterly. Vol.7 No.4 :. 383-387.

25) John C. Mallinson. 1988. 'On the preservation of human and machine-readable records.' Information Technology and Libraries. Vol.7 No.1 : 19-23.

26) Nancy Herther. 1987. 'Between a rock and a herd place : preservation and optical media.' Database. Vol.10 No.2 : 122-124.

27) A. Tucker(Project Director. Research Libraries Group). 1991. An RLG Project to promote the sharing of information in the holding of government archives (National Historical Publications and Records Commission).

28) Edie Hedlin and Donald F. Harrison. 1988. 'The National Archives and electronic data.' Reference Service Review. Vol.16 No.1-2 : 13-16.

초점을 맞춘 논쟁을 다룬 연구도 이루어졌다.29)

1993년에 와서는 "NARA의 재발견"이라는 기치아래 NARA조직을 검토하기 위하여 임명된 특별위원회의 보고서 초안이 나왔는데 여기에서 NARA의 고객우선주의, NARA직원들에 대한 책임과 권한부여, 형식주의의 단절 등이 논의되었다.30)

1995년에는 미국연방정부의 과학기술정보(STI)의 주요 절차, 데이터의 범주, STI를 문서화(doucumenting)하는 데에 있어서의 NARA의 역할 등을 검토하였다.31)

1996년에 와서는 NARA자체의 스텝들이 제시한 하나의 전략적 발전 계획을 다루었는데 먼저 현재 NARA의 현황과 조직을 엄밀히 분석한 다음, 앞으로 NARA가 성취할 필요성이 있는 것을 확인하고 이를 달성하기 위한 전략적 개발로써 1) 기록물관리의 보존기간조정 2) 프런트-엔드(front-end)기록물 관리의 증진 3) 연방기록물 증가와 보호대책 4) 액세스의 확장 5) 내부훈련과 직원재배치 6) 기금육성 등이 포함되어 있다.32)

이 밖에 Thompson은 NARA와 제도적으로 긴밀한 유대관계를 갖고있는 대통령도서관과의 상호 협력에 대하여 논의하였고, 대통령과 행정부로 부터의 개개의 행정행위가 기록물로써 NARA에 전달되는 과정과 보존상의 여러 가지 문제, 그리고 앞으로의 역할문제 등을 다루었다.33)

상술한 NARA의 발전계획 중심의 프로젝트와 전자데이타 관리에 관한 중점적 논의 외에도 많은 세부 기술적인 논의들이 있었다. 그 중에서

29) Robin E. Rider. 1991. 'Saving the records of Big Science.' *American Libraries*. Vol.22 No.2 : 166-168.
30) NARA. 1993-1994. 'Reinventing NARA.' Archives and Museum Informatics Vol.7 No.4 : 1-4.
31) S. M. Long. 1995. 'Documenting federal scientific and technical information(STI) : a discussion of appraisal criteria and applications for the National Archives and Records Adiministration.' *Journal of Government Information*. Vol.22 No.4 : 3111-3119.
32) D. Bearman. 1996. 'NARA isseus strategic plan.' *Archives and Museum Informatics* Vol.10 No.2 :.168-172.
33) B. C. Thompson. 1995. 'Making history : the sitting modern presidential libraries and National Archives.' *Government Information Quarterly*. Vol.12 No.1 : 17-32.

는 미국의 독립선언서, 헌법, 권리장전 등의 물리적 상태의 변화를 고찰한 연구[34]도 있었고 현대 공공기록물의 평가로 유명한 Theodore Schellenberg 이후 역사관련 부분 기록물의 시대구분과 평가지침 등에 대한 새로운 경향에 대한 연구도 있었다.[35]

이상에서 외국의 국가기록물관련 연구 경향을 미국의 국가기록보존소인 NARA와 관련된 연구들을 중심으로 개괄적으로 살펴보았지만 2000년대 이후의 최근 연구동향은 개관하지 못한 아쉬움이 있다. 기록보존 분야의 선진국인 미국의 NARA는 우리가 발전방향의 모델로 삼아야 할 대표적인 대상이긴 하지만 우리와는 다른 역사와 문화적 배경, 가치관의 차이도 고려하지 않으면 안 될 것이다. 또한 이러한 연구는 아직까지 기록보존분야의 근간을 마련하고자 노력하는 국내의 상황과는 많은 차이가 있으므로 비교 대상이 되기 어렵고 직접적으로 연구과정에 응용될 분야는 크지 않을 것으로 보인다. 다만 우리가 지향해야 할 하나의 모델로써 필자를 비롯한 관련 연구자들의 인식의 폭을 넓히는데 참고자료로 삼을 만한 의의가 있을 것이다.

3. 통일사료의 수집과 추진현황

3.1. 통일사료 수집의 의의와 대상자료 선정

국가기록물 중에서도 통일사료를 별도로 수집하고 보존하여 관리하고자 하는 것은 분단 반세기 이상의 남북한 간의 대치상황에서 만들어

---

34) Alan R. Calmes. 1988. 'Documenting Changes in the physical condition of the U.S. Declaration of Independence, Constitution and Bill of Rights.' *Government Publications Review*, Vol.15 No.5 : 439-449.
35) Elizabeth Lockwood. 1990. 'Imponderable matters: the influence of new trends in history on appraisal at the National Archives.' *American Archivist* Vol.53 No.3 : 394-405.

진 단절의 역사를 공존의 시간으로 바꿔야 하는 당위성에서 시작된다. 지금처럼 남과 북이 정치, 문화, 사회사적으로 역사적 시간과 더불어 동질성을 잃어가는 상황에서 이 단절의 연결고리를 잇기 위해서는 무엇보다도 통일과 남북 문제와 관련된 역사적 가치가 있는 주요 문서 및 자료들을 체계적으로 수집·관리하는 것이 중요한 일이 될 것이다. 그리고 이러한 과정을 통하여 만들어진 이 역사적 자료들을 온전히 보존해야만이 앞으로 다가올 통일에 대비하고, 후손들에게 민족통일의 실현과정을 올바르게 이해시킬 수 있을 것이다. 이러한 시각에서 통일관련 자료의 수집 및 관리의 필요성이 제기되었고, 우리 정부는 1996년 사무관리규정을 개정하여 통일부가 통일문서를 수집하고 보존할 수 있는 법적근거를 마련하게 되었다. 이에 따라 1996년 12월 18일 정부조직법에 의한 직제조정에 의하여 당시 통일원 정보분석실에 조사관리과가 신설되었고, '통일문서의 수집과 관리'에 관한 업무가 분장되었다. 그러나 이 조사관리과는 1998년 3월 18일 1년 3개월 만에 폐지되었고, 이후 다시 2007년 2월 28일 직제개편에 따라 '통일사료관리팀'이 신설되었다가 다시 1년만에 폐지되는 악순환을 겪어왔다. 이와 같은 과정에서 통일부가 수집대상으로 삼은 통일사료의 범위를 조사해 본 결과는 다음과 같다.

· 대통령, 국무총리 등 정부 주요 인사의 통일관련 주요 담화 및 연설문
· 통일정책수립 및 통일방안 관련 주요 결과 문서 및 자료
· 남북교류협력 관련 주요 결과 문서 및 자료
· 남북회담 및 접촉 관련 주요 결과 합의문 및 자료
· 북한이탈주민의 보호 및 정착, 지원 등 인도적 문제 관련 주요 결과 문서 및 자료
· KEDO와 북한 핵문제 및 경수로 관련 주요 결과 합의문 및 자료
· 통일교육 관련 주요 결과 문서 및 자료
· 기타 역사적 가치가 있는 주요 문서 및 자료

이상에서 통일사료의 주요 수집대상을 통일 및 남북문제와 관련된 대통령 재가문서 등 역사적인 가치가 있어 영구적으로 보존할 필요가 있는 주요문서 및 자료를 수집대상으로 하였음을 알 수 있다. 관련자와의 면담에 따르면36) 이와 같은 자료를 대상으로 하여 1차적으로 통일부 부내 실·국 및 통일교육원, 남북회담본부 및 경수로 기획단에서 생산된 통일관련 문서, 자료 중 영구보존문서 및 대통령 재가문서를 중심으로 수집하고, 2차적으로는 자체보존기간 5년이 경과한 1993년 이전의 주요 문서 및 역사적으로 보존가치가 있는 주요 자료를 수집한 것으로 나타났다. 이와 같이 현재를 기점으로 역으로 수집하고자 하는 의도는 먼저 찾기 쉬운 자료부터 수집하여 정리한다는 의미가 있고, 남북한 관련 최근의 사건을 조기에 정리함으로써 관련 자료의 유실을 막고 현재의 정책과정에 반영하고자 하는데 더 큰 의의가 있는 것으로 보인다.

여기에서 통일부의 수집계획을 다시 3단계로 나누어 살펴보면, 1단계에서는 기본적으로 주요 생산부서인 통일부와 소속기관의 통일 관련 자료 중 영구보존문서 및 대통령 재가문서가 1차적인 대상이 되었고, 2단계부터 통일부외의 각급 행정기관 중에 통일 및 대북한 업무와 직간접적으로 관련되는 주요 문서 및 자료를 수집하고 3단계부터는 통일부외의 관련 단체 및 연구소 등을 대상으로 하는 것이었다. 마지막 단계가 가장 중요하고 어려운 단계인데 이때 부터는 남북회담 참여자 및 유경험자로서 개인이 소장하고 있는 역사적으로 중요하고 가치가 있는 공식 또는 비공식 주요문서 및 자료를 수집하는 것이다. 현재는 1단계에서 2단계로 추진하는 과정에 있다.

---

36) 관련자와의 면담 기록은 현직 공무원으로써 자신의 신분을 밝히기 꺼려하는 경우나 제시자료가 보존기간이 만료되지 않아 비공개적으로 제시되는 경우에는 정보원을 나타내지 않았음(이하 같음)

〈표 5-1〉 통일관련 주요사건별 기록표

발생 연도	주요사건별내용
1948. 4. 19	남북연석회의 개막 - 김구 남북연석회의 참석차 월북
1951. 7. 10	휴전회담 시작
1953. 7. 27	휴전협정 조인
1969. 3. 1	국토통일원 개원
1971. 8. 12	남북적십자회담 제의
1972. 7. 4	7.4남북공동성명 발표
1972. 8. 29	남북적십자 회담
1972. 10. 12	남북조절위원회 공동위원회 회의
1972. 11. 30	남북조절위원회 회의
1973. 6. 23	박정희 대통령 [평화통일외교정책선언] (6.23선언)
1974. 8. 15	박정희 대통령 광복절 경축사 [평화통일 3대 기본원칙]선언
1975. 7. 4	[7.4남북공동성명] 3주년 박정희대통령 특별 담화
1982. 1. 22	전두환대통령, 1982년도 국정연설을통해 [민족화합민주통일방안]천명
1982. 2. 1	손재식 통일원장관, [20개 시범실천사업] 제의
1984. 4. 9	남북한체육회담 개최
1984. 11. 15	남북한경제회담 개최
1985. 9. 20	남북이산가족 고향방문 및 예술공연단 동시 교환방문
1985. 10. 8-9	로잔느 남북체육회담(스위스 로잔느) - 수자원 회담
1988. 7. 7	민족자존과 통일번영을 위한 [7.7대통령 특별 선언]
1988. 8. 19	남북국회회담을 위한 준비접촉
1989. 9. 26	세계한민족체육대회 개막
1989. 9. 11	노태우 대통령 국회특별 연설 [한민족공동체통일방안] 천명
1990. 9. 5	남북고위급회담
10. 23	남북한 통일축구 대회
12. 9-10	'90송년 통일남북 음악회
1991. 9. 18	남북한 유엔 동시가입
1992. 3. 18	남북핵통제 공동위원회 구성·운영에 관한 합의서
1993. 3. 12	북한 NPT탈퇴 선언
1994. 3. 19	남북한 특사교환 8차 실무회담
6. 28	남북정상회담 예비접촉
1994. 8. 15	광복 49주년 광복절 경축사[한민족공동체건설을 위한 3단계통일방안]
1995. 6. 12	경수로지원 협상 타결(콸라룸푸르, 북·미 준고위급 회담)
1995. 6. 17	남북북경쌀회담
1996. 9. 18	북한잠수함 강릉 해안 침투
1997. 2. 12	황장엽 북한 노동당비서-한국 망명요청
1998. 6. 23	'정주영씨 귀환'-금강산관광 합의 발표
1998. 6. 23	유고급 북한 잠수정 동해안 침투
1999. 1.18-22(4차)	4자회담 본회담(3회, 제네바) 5차(4.22-28, 6차 8.5-9)
1999. 4.23-6.3	베이징 남북 비공개 접촉(3회)
1999. 6.22-6.26	남북 차관급 당국회담(2회, 베이징 2차: 7.1-3)

2000. 3.9-3.11(1차)	남북정상회담 개최관련 남북특사접촉 4회(싱카폴, 상하이, 베이징 등)
2000. 4.22-5.18	남북정상회담 차관급 준비접촉(5회, 평화의 집, 통일각)
2000. 6.13-6.15	남북정상회담
2001. 1.31	남북군사 실무회담(2회 제5차는 2.8)
2001. 9.15-18(5차)	남북장관급회담(서울, 제6차는 11.9-14 금강산)
2002. 4.3-4.5	남북특사회담(평양) 등 총 32회 회담 진행
2003.	남북군사실무접촉, 남북경제협력추진위원회 등 총 36회 회담 진행
2004.	남북철도 도로연결실무회의, 개성공단건설실무협의회 등 총 23회 회담
2005	남북장성급군시회담 실무대표회담, 8.15통일축구경기 실무접촉 등 34회
2006	임진강수해방지 실무접촉, 남북단일팀 구성을 위한 남북체육회담 등 23회
2007	남북정상회담 등 총 55회 회담 진행
2008	금강산관광 활성화 당국간 실무 접촉 등 총 6회 회담 진행
2009	개성공단 관련 남북당국간 실무회담 등 총 7회 회담 진행

우리가 통일사료의 수집 범위에 있어서 또 한 가지 고려해야 할 점은 통일사료의 역사적 시간적 범위를 어디에 두느냐 하는 것이다. 기본적으로 통일사료는 남북한 문제와 통일문제와 관련된 사건과 그 기록이 대상이 되는 것으로 우리나라의 국토가 분단된 시점의 전후의 시간대부터 현재에 이르기까지의 역사적 사건이 그 범주에 들어갈 것으로 보았다. 이러한 관점에서 <표 5-1>은 각종 연감[37]과 KBS 영상자료실의 통일 관련 영상자료 목록을 검색하는 과정에서 통일사료의 기준년도를 1948년으로 잡아 수집범위에 드는 사건들을 연도순으로 정리한 것이다.[38]

3.2. 통일부의 '통일사료' 업무 추진현황

'통일사료'의 수집과 관리에 대한 업무는 앞서 언급된 것과 같이 1996년 12월 18일 당시 통일원과 그 소속기관 직제[39]에 의하여 정보분석실

---

37) 국토통일원 편. 1989. 『민족통일로의 전진 : 국토통일원 20년』. 서울: 국토통일원. p.669 등 다수의 연감을 참조 하였다.

38) 여기에서 정리한 통일관련 주요사건별 기록은 대체적으로 이러한 사건들은 국가적 공식 행사에 기초를 두고 그 중요도에 따라 통일사료로 정리될 필요가 있다는 필자의 생각에서 시범적 사례로써 검토한 것이지 어떤 특별한 근거나 기준에 의한 것은 아니다. 따라서 경우에 따라서는 국가적 공식업무가 아니었다하더라도 '문익환 목사나 임수경씨의 밀입북사건' 같은 것은 중요한 역사적 사건으로 관련자료를 확보하여 둘 필요가 있을 것이다.

조사관리과에 업무가 분장됨으로써 법률적으로 시작되었다고 볼 수 있다. 또한 그 업무수행에 관한 근거도 앞서 예시한 바 있는 사무관리규정 제28조를 바탕으로 하여 '통일관련 문서의 수집·정리·보존'40)에 관한 업무가 직제규정으로 명문화된 것에서 시작된 것이다. 그러나 이러한 직제개정이 연말에 이루어지고 실제적인 예산 배정과 절차상 행정 업무가 시작된 것은 1997년도이므로 통일사료에 관한 업무 개시년도를 1997년도로 하는 것이 무리가 없을 것으로 보인다.41) 다음은 통일부의 통일사료 수집과 관련된 주요 업무 사항들을 관련 순서대로 열거한 것이다.

· 1996. 12. 18. 정부조직법개정에 따른 직제조정에 의해 통일원 조사관리과가 신설되고 동과에 다른 업무와 함께 '통일사료의 수집과 관리'에 대한 업무가 분장되어 1명의 사서사무관을 전담직원으로 1명의 사서주사를 보조직원으로 배정함. 예산은 전년도에 배정받지 못하여 자체예산에서 570만원을 전용하기로 함.
· 1997. 1 .31. 통일원 주관으로 총무처, 국사편찬위원회, 외무부 등 기록물 관련 담당자 및 전문가들들을 초청하여 통일사료 수집 방안과 각 부처 연계체제에 관한 대책을 논의함
· 1997. 2. 1-4. 11. 통일원 및 각 행정부처에 통일문서 이관 협조공문 발송
· 1997. 4. 30. 통일문서 수집·관리계획(안) 수립 보고(부총리 결재)
· 1997. 5. 21 - 7. 11. '95년 북경 쌀 회담 관련 자료 수집
· 1997. 8. 28. 통일사료규정안 검토회의 개최
  총무처, 국사편찬위원회, 외무부외에도 통일정책 자문위원, 법제처, 총리 행정조정실 등 관련 부처 전문가를 초청하여 통일사료 규정안에 대한 의견 검토 및 자문을 구함
· 1997. 10.11-12.16. 통일관련 영상자료 목록조사
· 1997. 11.14-12. 통일관련 국회회의록 조사
· 1997. 12.8. 남북대화 비사 사료수집 관련 - 전 남북회담 사무국 정시성국장 인터뷰
· 1998. 1.19. 통일원 및 재정경제원 등 23개 행정부처에 통일문서 협조 공문 발송
· 1998. 3.18. 전면적인 정부조직 및 직제개편42)에 따라 통일원은 통일부로 바뀌

---

39) 대통령령 제15, 180호, 1996년 12월 17일 시행
40) 통일원과 그 소속기관 직제 시행규칙 제11조 제3항 제14호
41) 여기에서 특별히 통일사료에 관한 업무 개시년도를 못밝은 것은 역사적으로 이 일 자체가 중요한 일이 될 수 있기 때문이다. 또한 그동안 각 정부부처와 민간단체나 개인 등이 필요에 의해서 통일 관련 사료를 수집하였거나 보관하고 관리하고 있었다하더라도 이는 별개의 사안으로 그 역사성을 따로 고찰하여야 할 것이다.

고, 통일사료 담당부서였던 조사관리과는 폐과 됨. 통일사료수집과 관리에 관한 업무는 통일부 소속기관인 통일교육원 운영과로 총 7,200여만 원의 예산과 함께 이관되었고 사서 사무관 1명이 다른 여러 업무와 함께 이 업무를 배정받아 사실상 전담직원이 없어짐

· 2007. 2. 28. 통일부 장관 직속부서로 '통일사료관리팀'을 신설하여 서기관1명 팀장, 통일사료 담당 사무관 1명, 기록연구사 1명 등 이 전담하고, 4명은 『북한자료센터』 운영에 투입됨

· 2008. 2. 29. 이명박 정부의 출범과 함께 통일부는 전체적으로 조직과 인원이 축소되었고 정부조직법 개정에 따라 '통일사료관리팀'은 폐과됨

· 2008. 3. 1. 조직개편에 따라 통일정책국 경제분석과에서 기록관리를 1명의 기록연구사가 담당함

· 2009. 5. 25. 조직개편에 따라 기획조정실 규제개혁담당관실에서 '기록관리 및 정보공개'업무를 1명의 기록연구사가 담당하게 됨

위에 열거된 주요 활동을 통하여 통일부에서 입수한 통일사료 수집 실적을 보면, 1997년도에 총 1,440건의 각종 자료가 수집되었다. 자료 형태별로 보면 문서 1,252건, 도서 77건, 시청각자료 95건, 기타 16건 등이다. 1998년도는 총 62건의 자료가 수집 되었는데 모두가 일반 문서이다.

이상의 수집 결과만 가지고는 실적 평가기준이나 근거도 없는 현 상태에서 평가 자체가 불가능하지만, 1997년도 한 해에 취약한 예산(570여만원)과 전담직원 1명으로 거둔 성과로는 가시적인 측면에서 적지 않은 것으로 볼 수 있다. 일단, 통일 및 대북관계 사료수집관련 문건이 공문발송을 통하여 각 행정부처에 전달되어 관련 규정을 문서관리자들이 숙지하게 되었을 것이고, 문서관리에 관한 주무부처인 총무처(지금의 행정안전부)와 기록보존의 책임을 지는 정부기록보존소(지금의 국가기록연구원), 외교사료 수집의 전례를 갖고 있는 외무부(지금의 외교통상부), 법령 제정 업무를 담당하고 있는 법제처, 사료 관련 법적 기관인 국사편찬위원회 등에 통일사료의 존재 의의를 알리고 관련 규정 검토회의[43]를

---

42) 통일부령 제1호 1998년 3월3일 시행

하는 등 국가기록물의 수집대상으로서 통일사료의 의의와 인식을 제고 시키는데 간접적이지만 적지 않은 영향을 미쳤다고 볼 수 있을 것이다.

그러나 1998년도에 와서는 예산액으로 총 7천 2백여만 원을 할당[44] 받고도 이처럼 실적이 저조한 것은 김대중 정부 수립 후에 IMF 위기와 이에 따른 전면적인 정부조직 및 직제 개편과정의 혼란 속에서 전담 직원도 없는 가운데서 적절하게 대처하지 못하였기 때문일 것이다. 그러나 단지 '통일문서'로 볼 수 있는 62건의 행정문서 수집(98년 12월 말 기준)에 그쳤다는 것은 단순한 직제개편의 혼란으로 인한 이유 이상의 문제가 있을 것이다. 이에 대한 문제는 뒤에서 다시 분석하기로 하고, 먼저 1997-8년의 대체적인 수집실적을 분석하기로 하자. 다음은 수집 내용을 주요 사업별 주제 단위별로 구분하여 기술한 것이다.[45]

· 경수로 사업관련 : [미·북 기본합의문] 등 14건
· 북경 쌀회담 관련자료: [KOTRA -조선삼천리총회사간 실행계약서] 등 709건
· 1996년 동해안 잠수함 침투사건 자료 : 13건
· 1997년도 주요업무계획 : 1건
· 남북한관계사료집(국사편찬위원회) : 25권(단행본)
· 남북관계사료집(국가안전기획부) : 6권(단행본)
· 남북전통음악회 지원업무총람(국가안전기획부) : 1권(단행본)
· 통일관계장관회의 회의록 : 6건, 통일백서 : 6건
· 대통령 재가문서 : 45건
· 통일관련 영상자료 : 82건
· 남북대화사료집 1-12, 별책(남북대화사무국) : 13권(단행본)
· 남북대화사료집 : 회의록 1-20(남북대화사무국) : 20권(단행본)
· '남북고위급회담' 등 장관실 이관자료 (1985-1990) : 45종 499건
　　　　　　　 -남북한 주요회담 관련 자료 목록 통보(남북회담사무국)
　　　　　　　 -대북식량 및 물품지원 관련 남북적십자 대표접촉 대책 등
　　　　　　　 274건('97. 4. 30)

---

43) 1997년 8월 28일에 실시된 이 회의에서 필자가 제안한 통일문서 및 사료규정(안)의 내용 심사가 이루워졌다.
44) 1998년도 통일부 세입세출예산(안) 각목 명세서
45) 여기에서의 수집 실적은 '97년 1월 1일부터 '98년 9월 30일까지를 기준으로 한 것임.

· KEDO물자 대북 수송계획 등 13건(해양수산부)('98. 2. 26)
· 대통령 관련 기록물 49건('98. 4. 1)

　이상에서 통일사료의 수집과 보존에 관한 공적 업무를 부여받은 국가기관으로서 통일부의 통일사료 수집현황에 대해 살펴보았다. 개괄적인 내용으로 통일사료나 통일문서 형태의 자료가 얼마나 되는지조차 가늠할 수 없는 현상태에서 자료의 종류와 성격도 구체적으로 적시되지 않은 부분이 많아 엄정한 평가를 할 수는 없지만 '북경 쌀회담관련 자료'46)를 집중적으로 수집하였고, 남북고위급회담 관련자료와 대북식량지원자료가 상당 부분 수집되었다는 의미 이상 크게 평가할 만한 것은 없는 것으로 보인다. 또한 사실상 기존의 단행본과 통일문서 이외에 앞서 제시한 기념비적인 통일 유물 이라든가 상징성을 갖는 물건 등은 전혀 수집하지 못한 것으로 나타났다. 따라서 앞으로도 평가항목에 대한 연구가 뒤따라야 하겠지만 자료의 주제별, 형태별 분류기준이라든가, 자료의 중요도 평가와 같은 항목이 포함되어 객관적인 검증작업이 뒤따라야할 것이다. 우선은 수집이 먼저 일지 모르지만 체계적인 관리대책이 뒤따르지 않는다면 그 또한 혼란만 가져올 것이기 때문이다. 여기에서 단지 그 의의를 둘 수 있다면 앞서 밝힌 것처럼 통일사료에 대한 수집 의지를 각 행정부처 등 관련기관에 전달하는 등 통일사료에 대한 인식제고 측면에서 가시적인 노력을 기울였다는 것이다. 그러나 1998년도에 들어와서 담당부서인 조사관리과가 마저 폐과되면서 '기록물 관리'는 문서 담당부서인 총무과 서무계에서 겸임하게 되면서 전문성도 상실되고 수집 실적이 아예 없어져 결국 기능 자체가 무의미하게 된다.

---

46) 북한에 대한 식량지원을 위해 김영삼정부에서 시도한 '북경쌀 회담' (1995년)관련 자료는 당시 부총리 겸 통일부장관이었던 권오기 장관의 강력한 지시에 의해 시도된 것으로써 시범적인 통일사료 수집 케이스였다.

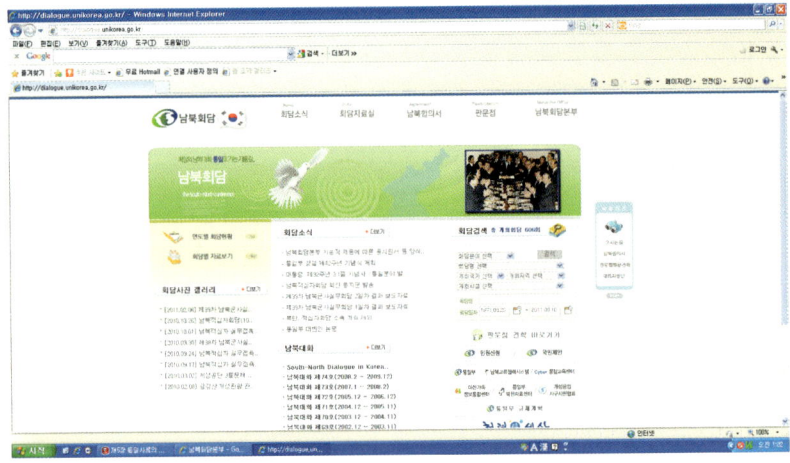

〈그림 5-1〉 통일사료의 주요 기관인 통일부 남북회담본부 홈페이지

　　이후 김대중 정부가 마감되고 노무현 정부가 들어서면서 정부차원의 국가기록 관리에 대한 개념과 체계가 다시 서게 되면서 새로운 전기가 마련되게 되는데 이는 통일부에서 '통일사료'를 담당했던 조사관리과가 폐지된 이후 거의 10년 만에 일이었다. 통일부에서는 이재정 장관 취임 후인 2006년 12월 19일 통일부 업무의 중요성을 감안한 '통일관련 기록 및 사료의 체계적 관리 필요성 검토'에 대한 장관 지시가 있었고, 이에 따른 결과로 2007년 2월 28일 '통일사료관리팀'이라는 직제가 신설되었다. 2007년 5월 17일 통일사료 관리업무 추진계획이 보고되면서 본격적인 통일사료 관리업무가 시작된 것으로 볼 수 있다. 이러한 추진 배경에는 2차 남북정상회담 준비를 하면서 1차 정상회담 관련 기록 부재가 가장 큰 원인이 아니었나 생각된다. 이를 통해 행정 및 역사적 가치를 가진 기록에 대한 보존이 대단히 필요하다는 시급성에 직면하게 된 것이다. 이후 2차 남북회담 실무부서인 우리부내 기록을 전량 수집(비밀기록은 해제 후 이관이 원칙이나, 최소한 목록이라도 사전파악 필요)하고, 2

차 남북회담 주관기관인 대통령비서실 및 NSC 사무처, 국가정보원 등 남북정상회담 추진기관에 협조 요청(사본 및 생산목록 확보)과 더불어 국가기록관리의 주무기관인 국가기록원에 타부처 기록수집여부에 대한 협조(사본 및 목록 확보)를 부탁했다. 이와 같은 활동의 원칙과 내용을 정리하면 다음과 같다.

첫째, 수집은 행정기관, 민간단체, 개인이 소장하고 있는 『2007 남북 정상회담』관련 일체의 자료로 한다. 여기에는 통일부뿐만 아니라 국정 원, 청와대, 경제 부처 등 유관 부처와 회담에 참석한 수행원들이 소지 한 기록물도 해당된다.

둘째, 수집 자료의 형태는 종이기록 외에 시청각자료(M/F, CD, 사진, 필름 등), 편지, 전문, 메모, 녹취록(구술자료), 행정박물(기념품, 사인용 펜) 등을 포함한다. 행정기관의 각종 문서(비밀 포함) 및 보도자료, 회의 록, 추진일지, 녹취록, 기념품 등은 물론 민간 측에 북한이 제공한 기념 품, 개인 메모, 사진, 방북증 등도 포함된다.

셋째, 수집 방법은 다음 세 가지로 한다. 1) 『2007 남북정상회담』일지 및 관련 인사 목록 작성, 기록물의 발굴·수집(필요시 구입) 및 녹취작 업 추진 2)유관 부처는 MOU 체결 및 문서시행 등 협조를 통해 입수 3) 개인 기록물(인터뷰 및 녹취 포함)은 내용에 따라 보안성 검토 및 기증 자(위탁자)의 요구를 최대한 수용, 자료 관리에 철저 등

넷째, 향후 『2000 남북정상회담』기록물도 적극 수집하여 통일관련 기 록물의 통합관리를 통해 통일관련 주무 부처로서 위상을 제고하고 역량 을 강화한다. 이후 『7·4 남북공동성명』, 『2000 남북정상회담』, 『2007 남북정상회담』등 남북관계 주요 성과를 전시회를 통해 일반 국민에게 널리 알리고 이를 통일사료DB로 구축하여 그 활용도를 제고한다.

이와 같은 계획과 활동을 통해 역사적인 남북정상회담 기록을 수집함

으로써 향후 남북정상회담 관련 업무의 행정 효율을 도모하고 남북회담 기록 중에서 학술적, 증빙적 가치가 있는 기록의 체계적 보존 및 대국민 활용기반을 마련하고자 하였으나 그 성과는 크지 않았다. 2007년 '통일 사료관리팀'을 중심으로 의욕적으로 이 업무를 시작하였으나 전문성과 제도적 뒷받침이 미흡하였고 이마저 '통일사료관리팀'의 업무는 2008년 2월 노무현정부까지만 계속되고 이후 이어지지 않았기 때문이다. 어쨌 든 2007년 수집된 자료는 행정박물을 포함하여 종류면에서 다양해졌고 의미 있는 자료도 많이 수집되었다. 수집된 자료는 1969년 이후의 자료 를 모두 포함하고 있다. 그 대체적인 성과는 다음과 같다.

<통일부내 수집자료>

· 남북공동행사 활성화 대비 집기류 '신선로', '주전자' 등 3종
· '대한적십자사 회담사무국' 현판 등 간판 15종
· 7 · 4남북공동성명이후 직통 전화실 표지판 1종
· 남북공동성명<발표문> 이후락, 김영주 싸인 병풍 1종
· 차량출입용 비표 등 비표 7종
· 차량용 깃발 1종
· 남북 직통 전화기 1종 3개
· 국토통일원 물품관리관 관인 등 관인 3종
· 경의선 철도연결 공사 건설지 등 건설지 3종
· 경의선 도로출입시설 준공식 사진 1종
· 남북철도연결구간 열차시험운행관련 파일집 1권
· 서울에서 개성, 평양으로(한국방송기자클럽) 화보집 2종
· 경의선 남북출입시설 조감도 등 조감도 8종
· '새터민 사회적응교육 표준교안' 등 책자 13종
· 적십자 완장 1종

<통일부외 및 개인>

· 2000년 남북정상회담 결과보고서, 남북정상회담 관련 대외적 조치 등 문서 43종
· 남북관계 담화문 발표 및 말씀(청와대 본관), 남북공동성명 발표 및 기자회견
　　등 시청각 자료 90종

<기 타>

· 1994 정상회담 행사관련 참고자료 등 정상회담 관련 문서 4건
· KEDO 문서(CD) 등

이상 자료의 세부 목록은 <표 5-2>, <표 5-3>, <표 5-4>와 같다.

<표 5-2> 통일사료 수집 현황 목록(부내)

번호	생산연도	유형	내용 또는 주제명	재질	규격
1	1971	집기류	남북공동행사 활성화대비 집기류 "신선로"	은	중
2	1971	집기류	남북공동행사 활성화대비 집기류 "주전자"	은	1.0 L (피라미드형)
3	1971	집기류	남북공동행사 활성화대비 집기류 "주전자"	은	1.0 L (스완형)
4	1971	간판	"대한적십자사 회담사무국"	동판	70cm × 50cm
5	1971	간판	"남북조절위원회"	동판	70cm × 50cm
6	1972	표지판	7·4남북공동성명이후 직통전화실표지판 "남북직통전화 서울 - 평양"	금속	소
7	1972	병풍	남북공동성명<발표문> 이후락, 김영주싸인	종이	183cm × 81cm
8	1980	간판	"국토통일원 남북대화사무국"	동판	70cm × 50cm
9	1987	간판	"통일원 남북대화사무국"	동판	70cm × 50cm
10	1987	간판	"통일원 남북회담사무국"	동판	70cm × 50cm
11	1992	간판	"통일부 남북회담사무국"	동판	70cm × 50cm
12	1992	간판	"민방위 남북회담사무국 민방위대"	동판	
13	1992	간판	"향토예비군 남북대화사무국"	동판	
14	1987	간판	"통일원 남북대화사무국"	나무	100cm × 27cm
15	1987	간판	"통일원 남북회담사무국"	나무	100cm × 27cm

번호	생산연도	유형	내용 또는 주제명	재질	규격
16	1992	간판	"남북회담사무국"	나무	170cm × 34cm
17	2000	간판	"남북정상회담 준비기획단"	나무	200cm × 35cm
18	2000	간판	"남북정상회담 준비상황반"	아크릴	37cm × 26cm
19	2000	간판	"남북정상회담 D -OO일 통일부"	아크릴	39cm × 30cm
20	2006	간판	"남북회담본부"	나무	170cm × 33cm
21		액자	"국정자문회의"	유리	18cm × 48cm
22	2004	비표	차량 출입용 비표(구형)	플라스틱	소
23	2007	비표	차량 출입용 비표(신형)	금속	소
24	2000	비표	개인 출입용 비표(X-마크)	플라스틱	소
25	1993	비표	개인 출입용 비표(회담용)	금속	소
26	2004	비표	개인 출입용 비표(구형)	금속	소
27	2007	비표	개인 출입용 비표(신형)	금속	소
28	2000	깃발	차량용 깃발	섬유	소
29	1996	완장	적십자 완장(자유의집 건설 인부 등 출입자용)	섬유	소
30	1998	전화기	남북직통전화(구형)	플라스틱	소
31	1998	전화기	남북직통전화(적십자)	플라스틱	소
32	1975	전화기	남북직통전화(구형)	플라스틱	소
33	1997	비표	연락관 비표	금속	소
34	2001	책자	남북교류협력사료집	종이	소
35	2007	책자	남북철도연결구간 열차시험운행 결과보고서	종이	중
36	2007	파일집	남북철도연결구간 열차시험운행 관련	종이 등	대
37	2003	건설지	경의선 철도연결 공사 건설지(건설교통부 철도청)	종이	소
38	2004	건설지	국도7호선 남북연결도로 건설지(건설교통부 원주지방국토관리청)	종이	소
39	2003	건설지	국도1호선 남북연결도로 건설지(건설교통부 서울지방국토관리청)	종이	소
40	2005	화보집	서울에서 개성, 평양으로(한국방송기자클럽)	종이	소
41	2002	화보집	철의 실크로드(한국조사기자회)	종이	소
42	2006	조감도	경의선 남북출입시설 전체 조감도	이미지	소
43	2006	조감도	경의선 도로출입시설 조감도	이미지	소
44	2006	조감도	경의선 철도출입시설 조감도	이미지	소
45	2006	조감도	동해선 남북출입시설 전체 조감도	이미지	소
46	2006	조감도	동해선 도로출입시설 조감도	이미지	소

번호	생산연도	유형	내용 또는 주제명	재질	규격
47	2006	조감도	동해선 철도출입시설 조감도	이미지	소
48	2006	조감도	남북철도 연결 노선도	이미지	소
49	2006	조감도	유라시아 횡단철도(TCR/TSR) 연결도	이미지	소
50	2006	사진	경의선 도로출입시설 준공식 사진	이미지	소
51	2005	책자	새터민 사회적응교육 표준교안	종이	A4
52	2001	책자	한국사회 이해 (인문사회 영역)	종이	192×261
53	2001	책자	한국사회 이해 (생활 영역)	종이	192×261
54	2003	책자	새로운 사회생활	종이	B5
55	2003	책자	새로운 언어생활	종이	B5
56	2003	책자	진로와 직업	종이	B5
57	2007	책자	새로운 사회생활	종이	B5
58	2007	책자	새로운 언어생활	종이	B5
59	2007	책자	건강한 생활	종이	B5
60	2007	책자	진로와 직업	종이	B5
61	2007	소책자	새 삶을 위한 생활안내	종이	
62	1969	관인	국토통일원 간행물 조정심의위원회의	목재	대
63	1969	관인	국토통일원 물품출납공무원	목재	소
64	1969	관인	국토통일원 물품관리관	목재	소
65	1969	관인	국토통일원 세입세출외 현금출납공무원	목재	소
66	1969	관인	국토통일원국유재산관리관	목재	소
67	1969	관인	국토통일원 재무관	목재	소
68	1969	관인	국토통일원 지출관	목재	소
69	1969	관인	국토통일원 세입징수관	목재	소
70	1969	계인	국토통일원	목재	소
71	1969	계인	통일원	목재	소
72	1972	관인	통일연수소장	목재	소
73	1972	관인	통일연수소장	목재	소
74	1972	계인	통일연수소	목재	소
75	모름	관인	국토통일고문회의의장	목재	대
76	1985	결재간인	장관	목재	보통
77	1985	결재간인	차관	목재	보통
78	2006	책자	남북협력기금 설치 15주년 성과와 과제	종이	A4
79	1995	현판	경수로사업지원기획단	목재	35cm×169cm
80	2007	CD	남북철도 연결구간 열차시험운행 결과보고서	CD	
81	1991-1998	신청서/기안문	이산가족 방북 신청 및 승인서류	종이	A4

<표 5-3> 통일 및 남북관계 사료 목록(부외 및 개인)

번호	구분	기록물건 제목	생산일자
1	문서	남북교류협력에 관한 법률 공포안	1990-07-26
2	문서	남북협력기금법 공포안	1990-07-26
3	문서	남북교류협력에 관한 법률 시행령안	1990-08-02
4	문서	남북협력기금법 시행령안	1990-12-20
5	문서	남북대화사무국직제(제783호)	1980-10-16
6	문서	남북한교류협력에 관한 특별법(제5회)	1989-02-11
7	문서	남북체육회담	1984-12-31
8	문서	남북체육회담	1985-02-19
9	문서	남북육로 연결시 수송계획	1987-08-10
10	문서	남북연결 현장 교통 조사보고	1987-08-01
11	문서	남북적십자회담 기념우표1종 발행판매(체신부공고제57호)	1971-12-30
12	문서	남북적십자본회담 기념우표1종 발행판매(체신부공고제59호)	1972-08-26
13	문서	남북대화사무국직제(대통령령제10049호)	1980-10-20
14	문서	남북교류협력추진협의회 규정(대통령령제12670호)	1989-03-31
15	문서	남북교류협력에관한법률(법률제4239호)	1990-08-01
16	문서	남북협력기금법(법률제4240호)	1990-08-01
17	문서	남북교류협력에 관한 법률시행령(대통령령제13071호)	1990-08-09
18	문서	남북협력기금법 시행령(대통령령제13237호)	1990-11-09
19	문서	남북교류협력에 관한 법률 시행령	1993-12-31
20	문서	북한이탈주민의 보호 및 정착지원에 관한 법률(법률제5259호)	1997-01-13
21	문서	북한이탈주민의 보호 및 정착지원에 관한 법률 시행령 (대통령령제15436호)	1997-07-14
22	문서	남북공동선언(대통령공고제167호)	2000-07-05
23	문서	남북정상회담 결과보고	2000-06-15
24	문서	남북정상회담 결과보고	2000-06-15
25	문서	남북정상회담 관련 대외적 조치	2000-06-15
26	문서	남북적십자 제1차 본회담 : 평양회담 제작관련	1972-09-02
27	문서	남북적십자회담 취재기사 특파	1973-01-01
28	문서	남북대화 대본 묶음	1978-05-01
29	문서	남북대화	1978-02-10
30	문서	남북대화	1979-04-11
31	문서	남북대화 영화 편집제작 및 복제	1981-10-27
32	문서	남북교류협력에 관한 기본지침 시달	1989-06-12
33	문서	남북공동성명에 따른 문제점과 대책(안보리)	1975-07-18
34	문서	통일열차가 곧 출발합니다(최석기, 박용서 사건)	1993-11-15

번호	구분	기록물건 제목	생산일자
35	문서	남북한 단일 올림픽팀 구성	1962-10-25
36	문서	남북한 단일팀 구성문제 관련 일정보고(전문)	1962-11-14
37	문서	남북단일팀 구성문제 본회의 보고 관련(전문)	1963-05-20
38	문서	남북한 체육실무자회담	1963-06-04
39	문서	남북한 체육실무자회담에 관한 조사보고	1963-06-19
40	문서	남북한 동시가입 건의안 제의 결과보고와 기본입장 설명관련(전문)	1973-07-09
41	문서	남북사이의 화해와 불가침 및 교류·협력에 관한 합의서에 관한 건(제62회)	
42	문서	남북정상회담 결과보고(제25회)	
43	문서	남북정상회담관련 대외적조치보고(제35회)	
44	시청각	남북관계 담화문 발표 및 말씀(청와대 본관)	
45	시청각	남북공동성명발표 및 기자회견	
46	시청각	남북총리회담합의서에 따른 대통령 특별담화	
47	시청각	남북적십자 대표 첫대면	
48	시청각	남북적십자 서한 전달	
49	시청각	남북적십자회담(전담회담사무소준공)	
50	시청각	남북적십자 본회담 의제 확정	
51	시청각	남북적십자 첫 본회담(평양)	
52	시청각	남북조절위원장 회의	
53	시청각	남북조절위원회 제3차 공동위원장 회의	
54	시청각	남북의대화	
55	시청각	남북조절위 제3차 회의	
56	시청각	남북관계에 대한 특별성명	
57	시청각	남북한경제회담	
58	시청각	남북한경제회담	
59	시청각	남북국회회담	
60	시청각	남북국회회담	
61	시청각	북한 유엔(UN) 가입	
62	시청각	남북한 UN 동시 가입	
63	시청각	남북정상회담(판문점평화의집)	
64	시청각	남북이산가족 단체상봉 TV시청	
65	시청각	남북이산가족 단체상봉 TV시청(8.15)	
66	시청각	남북한 직통전화 개설	
67	시청각	남북고위급회담대표단 모습	
68	시청각	남북한합의서 서명식 관계자	

번호	구분	기록물건 제목	생산일자
69	시청각	통일원 관계자들 모습1	
70	시청각	통일원 관계자들 모습2	
71	시청각	남북가족찾기 남북적십자 제1차대면1	
72	시청각	남북가족찾기 남북적십자 제1차대면2	
73	시청각	남북가족찾기 남북적십자 제1차대면3	
74	시청각	남북적십자 남북가족찾기 문서교환1	
75	시청각	남북가족찾기 남북적십자 제1차대면4	
76	시청각	남북가족찾기 남북적십자 제1차대면5	
77	시청각	남북가족찾기 회담장 판문점주변1	
78	시청각	남북가족찾기 남북적십자 제1차대면6	
79	시청각	남북가족찾기 남북적십자 제1차대면7	
80	시청각	남북가족찾기 남북적십자 제1차대면8	
81	시청각	남북가족찾기 회담장 판문점주변2	
82	시청각	남북가족찾기 회담장 판문점주변3	
83	시청각	남북가족찾기 회담장 판문점주변4	
84	시청각	남북가족찾기 회담장 판문점주변5	
85	시청각	남북가족찾기 회담장 판문점주변6	
86	시청각	남북가족찾기 회담장 판문점주변7	
87	시청각	남북가족찾기 회담장 판문점주변8	
88	시청각	남북가족찾기 회담장 판문점주변9	
89	시청각	남북적십자 남북가족찾기 문서교환2	
90	시청각	남북가족찾기 남북적십자 제1차대면9	
91	시청각	남북가족찾기 남북적십자 제1차대면10	
92	시청각	남북적십자간 전화2회선 개통전화1	
93	시청각	남북적십자간 전화2회선 개통전화2	
94	시청각	남북적십자간 전화2회선 개통전화3	
95	시청각	남북적십자 본회담 대표	
96	시청각	남북적십자 본회담 대표악수1	
97	시청각	남북적십자 본회담 대표악수2	
98	시청각	남북적십자 본회담 대표악수3	
99	시청각	남북조절위원장회의 관계자 악수1	
100	시청각	남북조절위원장회의 관계자 악수2	
101	시청각	남북조절위원장회의 관계자 악수3	
102	시청각	남북공동조절위원장회의1	
103	시청각	남북공동조절위원장회의2	

번호	구분	기록물건 제목	생산일자
104	시청각	남북적십자 제1차본회담1	
105	시청각	남북적십자 제1차본회담2	
106	시청각	남북적십자 제1차본회담3	
107	시청각	남북적십자 제1차본회담4	
108	시청각	남북적십자 제1차본회담5	
109	시청각	남북적십자 제1차본회담6	
110	시청각	남북적십자 제1차본회담7	
111	시청각	남북적십자 제1차본회담8	
112	시청각	남북적십자 제1차본회담9	
113	시청각	남북한전화개통식1	
114	시청각	남북한전화개통식2	
115	시청각	남북한전화개통식 참석관계자 기념촬영	
116	시청각	남북한전화개통식3	
117	시청각	남북한전화개통식4	
118	시청각	남북한전화개통식5	
119	시청각	남북한전화개통식6	
120	시청각	남북한전화개통식7	
121	시청각	남북한전화개통식8	
122	시청각	남북한전화개통식 참석관계자 악수	
123	시청각	남북한전화개통식 참석관계자 담화	
124	시청각	남북한전화개통식9	
125	시청각	남북한전화개통식10	
126	시청각	남북한전화개통식11	
127	시청각	남북한전화개통식 참석관계자 테이프절단	
128	시청각	남북가족찾기 회담관련 신문	
129	시청각	남북공동성명 발표 관련 신문	
130	시청각	남북적십자 제1차본회담시 이범석 한적수석대표와 손성필 북적중앙위원장 인사소개하는 장면	
131	시청각	남북적십자 제1차본회담에서 이범석 한적수석대표 개회사	
132	시청각	남북적십자 제1차본회담시 이범석 한적수석대표 김일성주석 생가방문	
133	시청각	남북적십자 제1차본회담후 양측대표단, 수행원 및 쌍방 보도진의 기념촬영	

번호	유형	내용 또는 주제명	생산연도
1	문서	1994 정상회담 행사관련 참고자료 1	1994
2	문서	1994 정상회담 행사관련 참고자료 2	1994
3	문서	1994 남북정상회담전략	1994
4	문서	1994 정상회담 참고자료(각종 선언문)	1994
5	CD	KEDO 문서	2007
6	사진	국토통일원 및 통일연구원 청사이전 확보계획	1976

4. 통일사료 수집과 관리의 문제점 및 대책

앞서의 현황에서 살펴 본 것처럼 통일부가 통일사료를 본격적으로 수집한 시기는 1997년 조사관리과가 존재했던 1년여의 기간과 2007년 통일사료관리팀이 존재했던 1년 등 10여 년간의 시차를 둔 약 2년간의 시기에 집중되어 있다. 1997년 통일부가 시범사업으로 실시한 '북경 쌀회담 관련 자료'의 수집은 하나의 성과였다. 그러나 그 외에는 수집된 통일관련 사료의 대부분이 기존에 이미 단행본 형태로 존재하고 있는 남북한 관계사나 공식적인 남북대화 사료집과 일부 대통령관련 기록물이나 재가문서 등에 치중해 있을뿐 목록상으로 볼 때, 역사적인 귀중자료나 상징적 물건이나 문건도 없고 특히, 문서의 경우도 원본은 없는 것으로 나타났다.[47]

2007년 통일사료 관리팀의 출범은 남북 정상회담을 준비하는 과정에서 추진된 것으로 정상회담관련 자료와 각종 행정박물 수집에 치중하였다. 이에 따라 1차 수집 시기와는 달리 각종 행정박물이 수집되어 통일부내뿐만 아니라 대외부서, 민간단체 및 개인에게까지 그 수집 범위를

---

[47] 문서 등 각종 사료를 원본으로 수집할 수 없는 것은 1차적으로는 귀중문서를 자기 부서에서 소장하려는 행정부처간의 이해관계에 따른 것이고, 2차적으로는 귀중문서 원본을 보관할 만한 특수한 환경의 보존시설이 통일부 자체에 설치되어있지 않기 때문이다.

확대하였지만 그 성과는 크지 않았다.

이렇게 통일사료의 수집이 부진한 원인에 대해서 살펴보고 그 대책을 마련할 필요가 있을 것이다. 먼저, 통일사료 사업을 추진하는 과정의 초기에 시도한 바 있는 문서관련 담당자 및 전문가회의[48]에서 지적된 문서 및 사료수집의 문제점을 여기서 짚어보자.

> 1) 통일문서에 대한 정부내외의 관심부족으로 각급 행정기관에서는 보존기관이 경과한 문서는 지체 없이 폐기해야하는 관계규정에 따라 통일사료의 가치유무에 따른 확인 절차 없이 보존기간의 경과되면 남북대화 문서조차 폐기하고 있다.
> 2) 각급 행정기관, 단체, 민간인 등에 산재해 있는 자료는 물론 통일부 자체의 생산 자료에 대해서도 관리는 물론 목록도 제대로 파악하지 못한 실정이다.

이처럼 국가기록물에 대한 공무원들의 인식 부족과 무관심, 행정편의주의적인 내부 문제도 심각한 수준인 것이 사실이지만 근본적으로는 이를 통제할 수 있는 수단이 거의 없다는 것이 더 큰 문제다. 관련법과 제도의 미비, 통일사료 자체가 가지는 특수성으로 인한 수집의 제한성과 발굴의 어려움, 국가적 사업을 하면서도 통일사료에 대한 전담기관과 전담 직원이 없다는 것 등이 바로 이런것들이 더 큰 원인이 되고 있다. 따라서 이러한 문제들이 우리가 해결해야 할 중요 과제인 것이다. 또 외부적으로는 우리 민족의 공동 유산인 북한 자료의 훼손·유실을 막는 것도 우리에게 부여된 하나의 숙제일 것이다. 다음은 이러한 근본적인 문제점을 사안별로 살펴보고 향후 발전계획 차원에서 그 대안을 제시한 것이다.

---

48) 1997년 1월 31일 제1정부청사 4층 회의실에서 총무처,국사편찬위원회,외무부,통일원 등의 기록물 담당 및 관련 전문가들이 참석한 가운데 열린 통일사료관리 및 각 부처 연계체제의 관한 논의에서 지적된 사항임

4.1. 관련법의 미비

통일사료 중 정부문서는 그 주관 소장처를 어디에 두어야 하느냐에 대하여 관련 부처 간의 이해관계가 따르고, 개인 소장 자료는 남북관계의 특성상 국가보안법이나 특수자료지침에 의하여 이적 표현물로 규정되는 자료가 많기 때문에 수집에 어려움을 겪고 있다. 또한 특수자료뿐만 아니라 대외비 성격의 자료도 열람이나 양도 자체에 문제가 있는 등 이를 해결, 조정할 수 있는 관련 제도나 법이 현재로는 미비되어 있어 사료수집에 곤란을 겪고 있는 실정이다. 기록물 분야의 선진 외국의 입법 예를 보면, 벌써 오래전부터 미국은 美合衆國註釋法典(United States Code Annotated, Title 44), 일본은 公文書館法, 영국은 The Public Records Act, 중국은 중국인민공화국 檔安法과 같은 국가기록물관리법이 법률 차원에서 제정되어 있었다.[49] 이처럼 국가기록물 체계로서 통일사료를 수집하기 위해서는 먼저 법률로서 모법인 '국가기록물관리에 관한 법'이 기본적으로 필요하다. 다행히도 우리나라에서도 여러 가지 노력 끝에 1999년 1월 '공공기관의 기록물 관리에 관한 법률'이 공포되었고, 2000년 1월 1일 시행되었다. 이후 4차례 개정 작업을 거쳐 2010년 2월 4일 개정된 '공공기록물 관리에 관한 법률'이 시행 중이다. 따라서 이제 이 법에 근거하여 통일사료 관리규정을 시행령으로 다룬 대통령령과 통일부 자체 규정을 제정하여야 한다. 이에 제도적으로 법적 근거에 의하여 기속력을 갖고 체계적인 통일사료 발굴과 수집계획을 세울 수 있도록 하여야 할 것이다.

그런데 법률 제14조 제1항과 시행령 제11조에 따르면 통일 관련 기록물 즉, 통일사료와 같은 성격의 자료는 별도로 통일부 자체에서 관리할

---

49) 최유성, 앞의 글, p.86.

수 있도록 규정되어 있다. 따라서 이 규정에 의해서 외교, 안보분야의 통일사료를 수집하여 '특수기록관'을 설치·운영할 수 있는 법적 근거는 확보되어 있다. 그러나 과거 제정된 바 있는 사무관리규정 제28조 제2항과 4항[50] 같이 '통일문서'(또는 '통일사료')와 같은 구체적인 내용을 법률이나 시행령에서 찾을 수 없는 것은 문제이다. 그럼으로 무엇보다도 이러한 법적 근거를 바탕으로 일반적인 행정절차에 적용할 수 있도록 하위 규정을 마련하는 것이 시급하다. 특히 시행령(대통령령) 등에 통일관련 사료에 관한 특례규정을 두어 통일부가 다른 부서에 우선하여 통일사료 수집·관리에 대한 책임과 권한을 갖는 체제가 필요할 것이다. 이를 통해 남북문제와 관련된 모든 자료는 법적 근거에 의하여 통일부가 보존할 수 있도록 하여야 한다. 그러한 자료는 각 부처 통일업무 담당자의 퇴임(또는 자리이동)시 반드시 관련 자료를 통일부 사료관련 부서에 이송하도록 강제규정(4.1.1참조)이 만들어져서 통일사료의 불법적인 유출과 폐기 등의 손실을 막을 수 있어야 한다. 이를 뒷받침하는 정책의 일환으로 통일 관련 업무부서에서는 통일정책 및 남북한 대화 관련자 명단을 작성하고 퇴직시, 보직 변경시 본인이나 자체에서 생산한 자료를 제출하거나 절차에 따라 이관한 다음에 이에 대한 확인절차 후에 퇴직이 가능하도록 법으로 규정되어 있어야 하며, 각종 통일관련 회의록, 공직자 면담록, 사업별 입안·과정·결과에 관한 기록 생산이 제도적 강제장치로 자리잡아 더 이상의 통일사료의 유실을 막아야 할 것이다.

---

50) 1996년 6월 29일 개정된 사무관리규정에 의하면, 제28조 2항에 "-각급 행정기관이 생산 취득한 통일 또는 대북한 업무와 직접 관련되는 문서(이하 "통일문서"라 한다)와 외무부령이 정하는 외교문서 중 보존기간이 5년이상 30년이하인 문서는 4년간 각급 행정기관에서 보존한 후 통일원과 외무부에 각각 이관하여 통일원과 외무부에서 각각 보존하여야 한다."로 되었고, 제28조 4항에는 "-통일원과 외무부 또는 정부기록보존소에 이 관하여 보존하여야 할 문서중 당해 기관에서 계속 활용할 필요가 있는 통일문서·외교문서 또는 영구문서는 통일원장관·외무부장관 또는 정부기록보존소장과 각각 협의하여 당해 기관에서 이를 계속 보존할 수 있다.-"고 규정되어 있다.

4.1.1. 『통일사료관리규정』에 포함되어야 할 내용과 항목

전술한 내용에서 밝혔듯이 관련법의 미비 때문에 통일사료의 수집과 관리에 어려움을 겪고 있다. 다음은 이와 관련하여 서론과 현황분석 과정에서 문제 제기된 바 있는 통일사료관리규정에 포함되어야 할 내용에 관한 논의이다.

수집한 자료의 평가와 분류기준 등 자료의 수집과 등록, 분류와 보존 및 공개에 따른 일련의 절차는 직무상의 스탭매뉴얼을 통해 준비해야 하겠지만 국가기록물의 위상에 맞게 시행령과 시행규칙, 그리고 통일부 부령이나 내규에 이르기까지 철저한 원칙과 합리적인 원리에 의한 일관성 있는 세부 지침으로 명문화되어야 할 것이다. 특히 문제가 되는 통일 사료의 분류의 경우는 공공기록물 관리에 관한 법률 시행령 제25조에 따른 기록물관리기준표에 따라 작성되어야 하지만 주제사항에 관해서는 과거 통일부의 자체 주제 분류방식인 통일·안보관계문헌분류표51)를 준용하는 것도 한가지 방법이 될 것이다. 물론 기능 및 형식구분은 시행령이 정하는 분류기준을 따라도 될 것이다. 이러한 통일사료의 분류 외에도 기본적으로 통일문서 및 사료의 기준을 정하는 일과 사료의 보존과 관리와 관련하여 제반 문제를 다룰 심의회(가칭 : 통일사료평가 심의위원회)와 같은 위원회를 두는 것이 많은 전례와 실제적인 필요성에 입각하여 중요하다고 생각된다. 이에 관한 구체적인 규정은 필자가 제시한 통일문서 및 사료관리규정(안)52)에서 다루었는데 여기에서는 강제규정으로 반드시 명문화시켜야 할 사항에 대하여 소수의 규정만을 예

---

51) 이 분류표는 1989년 5월 개관한 북한자료센터의 북한관련 자료를 KDC로 분류할 경우, 부딪치는 주제 세분의 제한성과 비전문성을 대체하기 위하여 고안한 새로운 분류방식으로 '북한'을 기본주제로하여 1)참고자료 2)통일관계 3)남북한관계 4)북한관계 일반 5)정치·행정 6)경제·과학·기술 7)외교·군사 8)사회·문화·교육 9)국제관계 10)정치사회·사상 등 북한에 관한 전반적인 사항을 10개의 대주제로 구분하여 세분하였고 기타 동서독 통일관계 및 주변국가 문제들을 관련자료로 분류한 통일부 자체 분류이다.

52) 이것은 필자가 통일부 업무와 관련하여 내부적으로 만든 규정(안)으로 외부에 공개하지 않았다.

시하였다. 이러한 사항들이 현행 기록물 관련 법령과 대치되거나 문제가 될 소지가 있을 것이나 여기서 주장하는 근본 취지는 이러한 사항들이 어떠한 법적 형식을 취하든 간에 법규정의 테두리 안에서 체계적으로 정리되어 있어야 한다는 것이다.

① '위원회'의 구성과 역할에 관한 규정 예시

제xx조(통일사료평가심의위원회)

1. 다음 각호에 관한 사항을 심의하기 위하여 통일부내에 통일사료평가심의위원회(이하 "심의회"라 한다)를 둔다.
   1) 통일문서 및 사료의 기준에 관한 사항
   2) 자료의 공개 및 보존기간에 관한 사항
   3) 보존대상물의 지정
   4) 보존대상물의 위탁관리 심사
   5) 기타 통일문서 및 사료의 보존 및 관리와 관련하여 위원장이 부의하는 사항

2. 심의회는 위원장과 5인 이상 10인 이하의 위원으로 구성하며, 위원장은 통일부 차관으로 하고, 심의위원은 각 부처의 관련 실·국장급으로 하되, 필요한 경우에는 학계 및 민간단체의 전문가를 5인 이내에서 통일사료 평가위원으로 위촉할 수 있다. 단, 민간단체의 전문가 위촉과 운영에 관한 사항은 통일부 장관이 정한다.

3. 심의회는 연2회 정기회의를 소집하고, 필요에 따라 임시회의를 소집할 수 있으며 심의안건 중 사안이 중요하다고 판단되는 경우에는 관계공무원이 심의에 참석하여 발언하게 할 수 있다.

4. 심의회의 회의는 재적위원 2분의 1이상의 출석으로 개의하고, 출석

위원 과반수의 찬성으로 의결한다.

5. 심의회에는 간사 1인을 두되, 간사는 통일부의 담당과장이 된다.
6. 심의회를 보조하는 실무위원회의 구성과 운영은 별도로 정한다.

② 기타 중요사항의 예시

이밖에 상술한 위원회의 기능을 지원하는 규정으로, 통일사료의 수집 대가로 지불되는 보상금, 보존대상물의 지정방법과 각 부서 통일업무 담당자의 자리이동이나 퇴임시에 관련문건 이송에 관한 강제규정, 위탁 보존, 자료공개, 기타 통일 문서고나 자료전시관의 설치에 관한 사항 등 이 중요한 규정이 될 것이다. 이와 같은 사항에 대해서는 별도의 구체적 인 연구 결과가 나와야 하겠지만 여기에서는 우선 필자가 관련규정53)을 검토하여 (안)으로 작성한 규정의 예시를 들어 통일사료의 분류 및 심의 에 따른 후속조치와 지원사항의 필요성을 열거 하고자 하였다.

제xx조(보상금 등의 지급) 국내외에서 생산되는 통일사료 및 관련자 료 수집에 협조한 기관, 단체, 개인에 대해서는 보상금 또는 사례비를 예산의 범위 내에서 지급할 수 있다.

제xx조(보존대상물의 지정)
1. 통일부장관은 민족통일의 실현과정을 정확하게 알려주기 위하 여 역사적인 가치가 있는 각종 사건에 관한 문서 및 자료에 대 해 제xx조 규정에 의한 심의회의 심의를 거쳐 보존대상물로 지 정할 수 있다.

---

53) 여기서 필자가 통일사료관리 규정(안)을 만들기 위하여 주로 검토한 법령은 다음과 같다. 공문서 분류 및 보존 에 관한 규칙(총리령 제416호), 문화재보호법(법률 제5073호), 사료의 수집 및 보존 등에 관한 법률(법률 제 3976호), 사무관리규정(대통령령 제15063호), 외교문서보존 및 공개에 관한 규칙 (외무부령 제170호), 통일부 자료관리규정(통일부 훈령 제284호)

2. 중앙행정기관과 소속기관은 별도의 규정이 없는 한 통일부가 보존대상물로 지정한 각종 문서 및 자료를 통일부에 이관하여야 한다.

3. 공무원으로서 통일 및 대북업무 추진과정에서 보존대상물로서 취득한 기록물과 자료는 개인이 별도로 소장할 수 없으며 어떠한 경우라도 퇴직시까지는 통일부에 반납하여야 한다.

4. 민간인이 소유한 통일사료를 보존대상물로 지정할 경우에는 법적 소유자의 동의를 얻어야 하며, 국가에 귀속시킬 경우에는 관계 규정에 따라 이를 보상하여야 한다. 다만, 소유자가 이를 거부할 경우에라도 국가적으로 영구보존가치가 있는 자료에 대하여는 법적 소유자라 하더라도 그 처분과 양도를 제한할 수 있으며 이에 관한 구체적 조치는 통일부 장관이 별도로 정한다.

5. 1항의 규정이 다른 규정과 배치될 경우에는 통일부장관이 행정안전부장관과 협의하여 조정하여야 한다.

6. 통일부 장관은 이관 받은 보존대상물의 보존기간을 따로 정할 수 있다.

7. 민간인이 소유한 보존대상물을 수증 받을 경우에는 제xx조의 규정에 따라 일정한 보상금 등을 제공할 수 있다.

8. 기타 보존대상물 지정의 고시 및 통지, 지정서의 교부, 효력 발생시기 등에 관해 필요한 사항은 통일부 장관이 정한다.

제xx조(위탁보존)

1. 통일사료를 소장하고 있는 자는 그 소장 자료의 효율적인 보존과 관리를 위하여 통일부에 위탁 보존을 요청할 수 있다.

2. 위탁 보존과 관리에 관한 사항은 통일부 장관이 별도로 정한다.

제xx조(문서고의 설치) 통일문서 및 통일사료를 관리하기 위한 문서고를 별도로 설치하여 운영하여야 하며, 그 시기와 시설 및 조직 등 운영에 관하여 필요한 사항은 통일부장관이 정한다.

제xx조(통일사료관의 설치)
1. 통일한국의 역사에 중요한 의의를 지닌 유산이 후손에게까지 보존할 수 있는 기반 조성을 위하여 통일부 장관은 별도의 전시시설(가칭:통일사료관)을 설치할 수 있다.
2. 통일사료관의 설치 및 운영 등에 관하여 필요한 사항은 별도로 정한다.

제xx조(자료의 공개) 통일부장관은 심의회의 심의에 의해 공개가 결정된 자료에 대해서는 별도 규정이 없는 한 공개하여야 한다. 다만 심의위원회의 결정에 경과기간이 필요한 자료에 대해서는 지정된 기간이 종료되어야만 공개할 수 있다.

4.2. 통일사료 수집 대상의 제한성

통일사료 수집의 가장 현실적인 걸림돌로 작용하는 것은 법적인 차원 외에도 통일문제가 단순한 과거사가 아니고 과거를 바탕으로 현재에도 진행되고 있는 피부에 와닿는 현대사라는데 있다. 또한 남북한 관계의 많은 부분이 비공개적으로 이루어지고 있고 제한된 정보만이 지금까지 공개되고 있기 때문에 단순한 행정문서로서의 통일문서 수집이 아니라 지금까지 통일관련 업무 종사자 및 관련 인사들의 비사자료 수집과 증언·녹취 등이 무엇보다도 중요하다. 그러나 현재 진행되고 있는 남북관계의 상황에서 이런 작업들이 공개적으로 그리고 불편부당하게 이루어질 수 없다는데 문제가 있다. 1997년 한 월간지에서 과거 우리정부의 핵심인사가 북한 주석 김일성과 비밀회담한 내용을 특집으로 구성한 사례54)에서 볼 수 있듯이 지금까지 남북문제 및 통일관련 주요 역사의 실체는 국가의 공식적인 기록문서보다는 주요 신문사에서 터뜨리는 돌발성 특집기사에 많은 부분 의존하여 온 것이 아닌가 하는 생각이 들 정도이다.55) 또한 확인할 수 있는 공식기록이라는 것이 거의 없는 실태이고 보면, 당시 관련자들의 증언에 의존할 수밖에 없는 입장에서 풍부한 예산과 관련조직을 확보하고 있는 국내 유수 언론사 등 힘있는 기관에 의해 단편적으로 역사적 실체에 접근할 수밖에 없다는 것은 아이러니가 아닐 수 없다. 실제 국가정보원이나 청와대와 같이 중추적인 핵심정보 보유능력을 갖고 있는 기관이 있다 하더라도 정치적인 개입 여지가 많았던 한국적 상황에서는 공개 자체에도 우려가 많았던것 또한 사실이다. 그럼으로 앞서 예시한 국가기록물의 훼손과 방기는 정책의 투명성과 민주주의의 완성을 위해서도 막아야 하는 것이다.

필자는 미국의 NARA 견학과정에서 워터게이트사건으로 사임한 닉슨 전 대통령이 사용한 도청장치 일체와 그의 사임연설문 수정본을 비롯하여 부끄러운 역사의 사소한 메모까지도 그대로 보관되어 일반에게 공개되고 있는 것을 보았다. 이러한 국가에서는 대통령의 메모 한 장까지도 소중히 하여 그것이 분실된다면, 공식적인 국가기록의 유실이라는 점에서 대단히 문제가 될 소지가 있는 것이다. 이와는 달리 우리나라의 경우, 대북관련 문제의 접근과정에서 과거 정권들이 안보적 차원이라는

---

54) 최보식. 1997. 장세동-김일성 비밀회장의 생생한 대화록. 『월간조선』, 9: 180-224..
55) 확실히 밝힐수는 없는 일이지만 김영삼 정부에서 이루워진 '북경 쌀회담'관련 자료를 추적하는 과정에서 수집할 수 있는 공식적인 문건은 거의 없었으며 단지 그 당시 한국대표로 참석했던 몇몇 사람의 증언과 메모를 통해 그 당시 회담에 관한 주요 내용을 재구성할 수 있을 정도로 '사료'적 의미의 국가기록이 제대로 이루어지지 않고 있음을 관련 공무원을 통해 알 수 있었다.

명분하에서 비선 조직을 이용한다든가 비밀리에 추진함으로써 사장된 역사가 많이 있을 것이다. 따라서 이러한 왜곡된 역사의 실체를 바로잡아 재현할 수 있는 방안을 이 시점에서 모색해 볼 필요가 있다. 이미 많은 사람들이 통일의 염원을 안고 남북관계에 종사하다 고인이 되었다. 일부 자서전의 형태로 남긴 사람도 있지만 자신의 역사적 과오를 정당화하는 등 역사적 사실 규명을 오히려 저해하는 경우도 있다. 따라서 도서관학계 일부에서 추진한 바 있는 학계 원로와의 대담형식56)등 다양한 방식을 통하여 더 늦지 않은 시점에서 관련인사들의 기록을 수집해야 할 것이다. 이를 위해서 먼저, 국가기관이나 정부부처 산하에 공신력 있는 연구기관을 통해서든지 아니면 한국국가기록연구재단과 같은 유력한 민간기관의 발주를 통하여서든 통일 및 남북한 관련 업무에 종사했던 과거 원로들의 소재를 파악하고, 다음 이들의 명단을 작성하여 장기적이고 세밀한 계획하에서 방문 대담과 취재57) 등을 통한 광범위한 녹취자료 수집, 회고록 지원을 통한 관련자료 확보,58) 세미나 개최와 학회 발표회를 통한 관련연구의 촉진 등을 사안별로 구분하여 지원함으로써 실증자료 확보와 수집에 주력하여야 할 것이다.

4.3. 통일사료 관련 전담기관의 부재

앞서 살펴본 제도적 규정의 미비와 남북 대치상황에 따른 현실적인

---

56) 문헌정보학계에서의 이러한 형식의 시도는 이수상에 의해 대표적으로 시도되었는데 그의 저서에 이춘희, 이봉순, 리재철 등 도서관계 원로들과의 대담을 엮어 도서관학 태동기의 상황을 재현하고 현재의 관심사를 모아 간행한 바 있다.
이수상. 1998. 『한국 문헌정보학의 현단계』. 서울: 한울아카데미. pp.219-300.

57) 과거 남북관계 원로들과 전문가들을 중심으로 한 사실 규명은 통일사료가 가지는 역사적 특수성으로 인해 업무 성격상 사람별 접근이 유리하다. 예를 들어 남북고급회담회담 케이스로써 주요 인물이었던 전 정원식총리, 김달술, 정시성국장, 남북회담관련 전문기자 조덕성씨 등이 이러한 대상이 될 수 있을 것이다.

58) 회고록 작성시에는 본인이 관계한 모든 자료를 총동원해야 하기 때문에 이를 지원하고 관련 문건이나 자료를 제공받을 수 있을 것이다.

한계 외에도 전담부서의 기능과 역할에 문제가 있다. 현재 통일부의 통일사료의 수집, 보존, 관리에 관한 전담부서는 없다. 과거 앞서 살펴보았듯이 '조사관리과'와 '통일사료관리팀'으로 2-3년 전담부서가 있었지만 지금은 없다. 노무현정부의 업적으로 볼 수 있는 것 중의 하나는 공공기관의 기록물 관리 담당자인 '기록연구사'를 배출해 낸 것이다. 그 기록물 연구사가 1명 있을 뿐이다. 기록연구사는 수많은 행정문서와 그 시스템을 관리하기에도 일손이 모자란다. '통일사료'에는 관심과 시간을 투자할 형편이 못된다.

현재 우리나라는 국가기록물 보존관련 기관은 10여 개에 이르고 있는데, 행정안전부 산하의 독립된 청사와 조직을 갖고 있는 국가기록원은 국가 대표기관으로 차원을 달리한다고 하더라도 현 외교통상부의 외교사료과의 조직과 인원은 통일사료의 수집과 관리차원에서 비교 대상이 될 수 있을 것이다. 실제 위에서 예시한 사무관리규정의 통일·외교·안보문서 수집과 이관에 관한 특례조항에서도 볼 수 있듯이 국가기록물의 수집 차원에서 통일사료는 외교사료와 동등한 관계를 갖고 있다. 그런데 외교사료과는 과장급(서기관) 관리자와 사서 및 일반 행정직을 비롯하여 20여명의 직원이 외교에 관한 문서 및 문헌의 보존관리, 외교연표 등 외교관계 사료의 정리·편찬·발간, 외교문서의 공개, 외교박물관운영 등의 업무를 하고 있으며, 외교사료 수만권을 보유한 것으로 나타나 있다. 물론 외교사료과도 기록관리기관이면서도 부처내의 한 부서로서 각종 기관의 기록의 생산과 이관을 강제할 권한을 보유하지 못하고 있고 적극적으로 업무를 수행할 수 있는 위치에 있지 않다.

그러나 통일부의 경우는 1997년에 있던 전담부서가 잠시 있었을 뿐이다. 2007년도에 들어서면서 활동을 재개했던 '통일사료관리팀'도 1년여 있었지만 폐과되어 지금은 공문을 통한 행정문서 수집에도 미온적으로 대처할 뿐이다. 이러한 상황은 정부의 직제개편과 조정과정에서 연구·개발 분야의 예산과 조직 및 인원축소를 정당화하고 부서 내에는 이를 방관하는 분위기에서 일어난 일이지만 21세기 문화입국을 기리는 대한민국의 정체성에 의심이 가는 일이며, 당국자의 자질 또한 의심스러운 일이다. 또한 무엇보다도 민족통일의 염원을 안고 살았던 선대와 이를 바라보는 후대에 부끄러운 일이 아닐 수 없다. 따라서 지금이라도 외교사료과 차원의 전담부서로서 통일사료과(가칭)를 통일부에 설치하여 통일사료의 수집과 관리에 관한 업무를 전적으로 맡겨야 하며, 국가적 차원에서의 특수자료관을 유지할 수 있어야 한다.

또한 특수기록관의 형태로 수집, 보관하는 방식을 택하되, 교육적 측면에서 전시시설로서 "통일사료관"(가칭)과 같은 장기적인 보존시설59)을 만드는 일을 범국민적으로 시작할 필요가 있다. 이를 위한 사회적 분위기 조성을 위해 각계각층의 사회단체에서의 범시민적인 운동도 필요하다고 본다. 이 안은 장기적인 차원에서의 일이지만 이러한 여건과 환경이 조성되어야만 우리도 미국의 National Archives나 Smith Sonian 형태의 박물관60) 등 영구보존 시설61) 및 전시장을 만들 수 있을 것이다. 이를 통해 장기적으로는 독립기념관과 같은 통일기념관을 우리 후대에게 물려줄 수 있을 것이며 당면한 과제로는 국내외의 한반도 전문가들에게 연구자료 및 연구 공간을 제공함으로써 통일에 이바지할 수 있는

---

59) 워싱턴 근교 메릴랜드 주 College Park에 1993년 만들어진 NARA II 를 방문했던 사람들의 대체적인 시각은 이처럼 자외선과 개스 및 산성발생이 완전히 차단되고 방화벽과 습도조절 능력에다 철저한 보안장치 속에서도 자유롭고 안락하게 열람할 수 있는 시설은 세계에 없다는 것이었다. 이 시설은 4년에 걸쳐 2억 5천만 달러를 투자해 세운 건물이며, 서가 길이만 850 Km에 달하며, 현재 950여명의 직원이 일하고 있다.

60) 여기서 소개한 전시관이나 박물관 형태의 역사기록관에 대한 자료는 대단히 많으나 대표적인 것을 소개하면 다음과 같다.
National Museum of American History, *Official Guide to the National Museum of American History* (Smithsonian Institution Press, 1990, p.96)
Smithsonian Institution, *Official Guide to the Smithsonian* (Smithsonian Institution Press, 1996), p.192.

61) 영구보존시설이라 함은 미국의 NASA방식의 진공실 등이 마련되는 것으로 약품처리 기술 등 첨단장비와 기술적 능력이 요구된다.

기회와 장소를 제공하는 제도적 기관으로서 자리 잡을 수 있을 것이다. 또한 일반인들에게는 역사의 산 교육장의 역할을 하는 관광명소로도 활용될 수 있을 것이다. 실제 미국같은 경우, 길지 않은 역사 속에서도 그들의 역사를 귀중히 하고 정성껏 보존할 뿐만 아니라 관련 역사자료들을 잘 가공하여 이들을 관광 자원화하고 있다. NARA는 그들 연방 기록물의 목록을 레코드 그룹별로 나누어 공개하고, 모든 주제에 걸친 각종 기록물의 목록들을 관광상품으로 판매하고 있다.62) 자랑스런 5천년 역사를 주장하는 우리지만 그것을 우리는 물론 우리나라 사람이 아닌 다른 나라 사람에게도 당당하게 보여줄 수 있는 전략적 지혜가 이런 측면에서 더더욱 필요할 것이다.

4.4. 북한자료의 도난 · 훼손문제

앞서 통일사료 수집과 보관에 관한 전담 부서설치에서도 일부 언급이 되었지만 현재의 제한된 조직과 예산으로는 국내 자료 수집도 제대로 할 수 없는 실정이다. 장기적으로 볼 때 통일관련 자료는 국내는 물론 북한 및 미국과 역사적으로 직접적인 관계를 맺고 있는 한반도 주변 국가들의 자료를 무시할 수 없을 것이다. 1990년대 중반부터 북한이 최악의 경제상황을 맞고 있는 가운데 국보급 문화재가 무차별적으로 도굴되고 귀중한 국가자료가 해외로 대량 밀반입 되는 등63) 민족공동의 문화유산이 대량으로 훼손 · 망실되고 있는 실정이다.

---

62) 필자는 미국의회도서관과 국회의사당, NARA 본부, 여러 가지 형태의 스미소니언 박물관을 돌아 보면서 이러한 예를 무수히 보았다. 여기서는 본 연구와 관련된 대표적 저작만을 아래에 소개하였다.
　　Robert B. Matchette compiled by, *Guide to Federal Records in the National Archives of the United States* Vol.1-3 (National Archives and Records Administration, 1995),
　　Christina K. Schaefer, *Guide to Naturalization Records of the United States* (Genealogical Publishing Co. Inc., 1997), p.394.
63) 한국일보 사설 "북한 문화재 유실 막아야." 1998년 9월 5일자 3면.

실제 중국 연변대학 관계자[64]와 필자가 면담해본 결과를 보면, 북한의 1950년대 전후의 중요자료 및 최근자료에 이르기까지 많은 자료들이 신문지 값도 못받고 폐지값으로 팔려나가거나 소리 없이 없어지고 있다고 한다. 따라서 이런 문제들을 다소라도 방지하기 위해서는 통일부(통일안보정책 조정회의, 통일관계장관회의 등 관련회의 포함)에 본부를 두어 지역적으로 관장하되 외무부 지역국, 해외공보관, 통일문제 관련 공무원 등을 지역 수집망으로 활용할 수 있어야 할 것이며, 특히 국외의 외무부 해외공관과 해외 공보관, 통일부 해외주재관, 통일문제에 관여한 외국인 및 기구, 국가도서관, 연구소, 학교, 군기관 등을 지역 수집망과 연결할 수 있어야만 광범위한 수집기능을 발휘할 수 있을 것이다. 또한 과거 우리 도서관계에서도 시도한 바 있는『남북한도서관교류협의회』같은 민간 기구를 확대·지원하여 공동 유산관리에 나서야 할 때가 온 것으로 보인다. 이러한 측면에서는 보다 심도 깊은 연구[65]가 뒤따라야 하겠지만 남북한간 교류협력사업의 증대로 개방화 분위기가 좀 더 조성되면 국가차원에서 문화협정의 체결[66]을 통해 도서관 및 정보자료의 교류 협력을 명시하여 국가유산을 공동으로 관리하고 보존하는 준비를 할 수 있어야 할 것이다. 통일 독일의 과거의 서독과 동독이 소위 '문화협정'이 체결되기 전에도 동독국립중앙도서관과 서독국립중앙도서관 간에 신간서적의 교환이나 각 대학 간의 학위논문 교환이 이루어졌음을 감안할 때[67], 우리도 이 문제에 적극 나서서 국가기록물에 관한 목록만

---

64) 필자가 주로 면담한 사람 중 대표적인 사람은 연변대학동북아정치연구소 소장으로 있었고, 서울대학교국제문제연구소 객원교수로 있던 김동화교수였다.

65) 여기에 관한 전문적인 연구로는 볼 수 없지만 상당부분 관련 있는 연구로 필자는
　　정분희. 1994.『남북한 도서관 및 정보자료 교류협력 방안에 관한 연구』. 석사학위논문, 연세대학교 대학원 문헌정보학과. p.96
　　노무자. 1992. 통일 독일의 상호대차제도에 관한 연구.『도서관학』 23(12): 303-350 등을 참조하였다.

66) 최종고. 1990. 남북한 문화협정 체결의 방안.『남북교류협력방안연구』 서울 : 통일원. pp.158-163.

67) 정분희. 앞의 글. p.63.

이라도 상호 교환하는 체제가 이루어질 수 있도록 노력하여야 할 것이다. 이러한 측면에서 통일 독일의 상호대차제도와 같은 사례연구에서 볼 수 있듯이 우리도 통일 한국의 국가 유산을 공동으로 관리하고 보존할 수 있는 차원의 정보교류에 관한 협력이 제도적 장치를 통해 이루어질 수 있도록 하는 연구 방안을 검토해야 할 것이다. 또 한편, 통일이후의 북한사료 수집과 관리에 대한 문제도 장기적인 중요 연구과제로 삼아 지원을 아끼지 말아야 할 것이다.

4.5. '통일사료' 관련 전문가의 부재

앞서 문제들이 법령제정과 제도적 차원에서 해결할 문제라면 다음은 기술적 차원에서 전문가 육성의 시급함에 관한 문제이다. 이것은 매우 현실적인 문제로 결론부터 말하자면, CIO(Chief Information Officer)와 같은 통일 관련 전문가와 사료관리자 또는 기록관리전문가(Archivists)의 역할을 동시에 수행할 수 있는 전문가 육성을 위한 교육적 투자가 있어야 한다. 여기에서 CIO 제도의 도입 필요성을 제기하는 것은 통일사료의 수집은 단순히 주제전문 사서의 영역에 포함되기 보다는 국가 행정 전반에 대한 이해와 더불어 나름대로의 역사관과 행정부의 흐름을 읽을 수 있는 경영마인드가 필요하다고 생각되기 때문이다. 앞서 언급한 바 있지만 통일사료의 수집범위는 광범위하고 그 대상도 다양하여 왕성한 활동력과 고도의 정신적인 집중력이 필요하다. 또한 사초를 다루는 역사가들처럼 중립적인 가치관을 갖고 국가기록물을 소중히 하여 후세에 전해줄 수 있는 책임감을 가져야 할 것이다. 따라서 역사의식이 투철한 우수한 정신력의 소유자들을 기능적으로 훈련시킬 전문 교육기관이 필요하다. 미국은 2년과정의 기록과학(archival science)대학원이 석사과정을 두어 기록관의 역사와 기록전문직의 법제적 기초 및 성격, 기록학 등을 체계적으로 가르치고 있고, 호주의 경우도 기록과학대학이 상당 수준에 이른 것으로 알려져 있다. 그러나 우리나라의 경우, 기록관리대학원 과정과 국가기록원 연수과정이 생겼지만 '분야별 전문가 육성'이라는 현실적인 수요를 아직은 충당해 주지는 못하고 있다. 앞으로 국가기록원의 교육이나 NARA와 같은 기관에 해외 연수를 보내는 방법을 우선적으로 고려해 볼 수 있을 것이고, 장기적인 차원에서 이를 개선하는 방안를 연구해 볼 필요가 있을 것이다. 현재 미국의 NARA, 일본의 공문서관, 중국 당안국의 기록물보존과 관리에 대한 교육은 1년 이상의 장기적인 교육과 월별 연수에 이르기까지 다양한 교육 프로그램과 연수과정68)이 있다. 우리나라도 최근 교육과정이 다양해지고 있지만 그 기반이 약한 것은 사실이다. 현재 통일부의 경우는 형편상 자체의 정보센터인 북한자료센터를 관리하는 사서(librarian)들의 일부를 기록·보존관리자(archivists)가 될 수 있도록 교육 훈련과 연수를 외부 위탁을 통해 해결할 수 있도록 하고, 장기적으로 '통일사료 취급과정'을 별도로 독립시켜 국가기록원 연수과정에 포함시킬 교육프로그램을 만드는 것도 해결해야 할 중요 문제로 볼 수 있다.

앞서 언급한 사서와 기록·보존관리자를 외국에서는 별도로 구분하고 있고 도서관과 기록보존소의 구분에 대해서도 대체로 인정하는 편이지만 필자의 견해로는 양태진의 논문69)에서도 볼 수 있듯이 양자의 상위성과 상호 연관성에 대해서도 깊이 고려해 볼 필요가 있을 것이다. 양

---

68) 각 국의 연수프로그램은 대개 팸플릿 형식으로 소개되어 있어 정확한 소스를 밝힐 수는 없지만 필자가 조사한 팜프렛 자료에 의하면 미국 NARA의 경우, ARCHIVIST CAREER TRAINING PROGRAM에 따라 1주, 2주, 3주, 4주, 6주, 10주과정 등 다양한 교육프로그램이 있고, 중국의 경우, 중국인민대학 당안학원(당안학 단과대학)에 3개의 본과(4년제)과 있고, 3년과정의 석·박사 연구생을 두어 당안학과 역사문헌학을 가르치는 등 전문적인 교육체계가 잡혀있다.

69) 양태진. 1997. 도서관과 기록보존소의 상위성에 관한 고찰. 『제35회 전국도서관대회 주제발표논문집』 서울: 한국도서관협회. pp.189-198.

자의 독립성과 공통성을 잘 연구하여 유기적 상호체계를 갖춤으로써 중복된 자료수집과 관리에 따른 과잉투자와 인력 손실을 막을 수 있기 때문이다. 또 현재 기록 보존분야에 대한 문헌정보학분야의 강의가 기록관리 전문대학원에서는 이루어지고 있지만 사실상 문헌정보학과 교육과정에서 소외되어 있는 상태이다. 다만 그 필요성을 인정하고 있는 덕성여대[70], 계명대학 등 단지 몇 개 대학에서 부분적으로 학부 강좌에서 이루어지고 있는 실정인데 필자의 견해로는 이는 특성화할 것이 아니라 전공선택이나 공통교양으로 대부분의 문헌정보학과 강의로 이루어질 필요가 있다. 실제 미국의 경우도 석사과정에서 문헌정보학과 기록과학은 상호 보완관계로 공통적으로 상대 관련 과목을 9학점씩 이수하도록 만들어져 있다. 특히 사료적 의미의 교과과정이나 서지학적 요소에 대한 미흡한 대처로 인해 미국에서조차 기록보존분야 종사자들이 대부분 역사학전공자로 채워진다는 점에 유의해야 할 것이다. 이는 문헌정보학적 존립 기반을 이루는 연구영역의 문제로서 단지 일반화되고 다루기 쉬운 도서관 현상만을 문헌정보학 연구의 주된 대상으로 삼으려는 것은 최근 부가가치가 높은 정보현상에 지나치게 계량적으로 접근하는 것과 마찬가지의 어리석음을 범하는 것과 다르지 않다고 생각된다.

4.6. '통일사료'의 전산화 방향

각 행정 부서에서 생산·입수한 주요 정책보고서 등 문서 및 자료가 장·차관에게 보고된 후에 그대로 사장되는 경우가 있는가 하면, 관리 부실에 따른 인수인계 미흡으로 인하여 정책적인 연관성이 이어지지 않

---

70) 참고로 사무자료관리를 기록물관련 교과목으로 가르키고 있는 덕성여대의 98년 수업계획서의 주요내용을 보면, 문서 사무와 관리, 공문서 작성, 문서의 분류와 보관, Filing System 등으로 이루어져 있다.

는 경우도 있다. 이런 문제들을 예방하고 효과적으로 관리하기 위한 방법으로는 문서 담당부서로 이관되는 시점에서 문서 및 자료 보관과는 별도로 디지털 데이터를 따로 이관 받는 것이다. 이렇게 하여 자료 유실에 따른 안전장치를 만들어 놓고, 한편으로는 이 디지털 데이터로 정부기록물DB를 구축하여 활용한다면 효과적인 관리체계를 만들 수 있을 것이다. 구미 선진국의 경우는 정보 이용의 변천사가 뚜렷하여 카드목록에서 시작하여 인터넷을 이용한 정보 활용에 이르기까지 그 발전과정을 단계적으로 밟아왔다. 그러나 우리나라의 경우는 다소간의 시차는 있지만 거의 이 모든 단계가 일순간에 시작되었고 진행되고 있다고 볼 수 있다. 이러한 상황을 고려하자면, 수집된 통일사료를 처음부터 어떻게 관리하고 활용하는 것이 유리할 것인가. 즉 위에서 언급한 정부기록물DB 구축 차원에서 "통일사료 전산화"의 시기와 방법에 대한 구체적인 계획71)을 시작단계에서 세워두는 것이 시행착오를 줄이고 비용-효과 차원에서 유리할 것인가에 대하여 숙고하여 볼 필요가 있다는 것이다. 따라서 많은 자료들이 축적된 후 정리하여 DB로 구축하는 것과 시작부터 전산화과정을 도입하는 것에 대한 장단점을 충분히 고려할 수 있어야 할 것이다. 필자의 견해로는 초기 도입 쪽이다. 왜냐하면 비용-효과적 분석을 현단계에서 정확히 할 수는 없는 일이지만 국가정보화사업으로 초고속정보통신망이 구축되고 있고 정부 각 청사별로 ISDN이 이루어져 있는 현 상황에서 처음부터 전산화를 시작하는 일이 크게 부담되는 일이 아닐 뿐만 아니라 국가기록물 중에서도 통일사료는 민족 통일의 실현과정을 국민에게 공개한다는 상징적 의미에서도 경제성 이외에 여러모로 대국민 봉사차원에서 이익이 될 수 있다는 판단이 서기 때문

---

71) 여기에서의 '전산화계획'은 기대효과 등의 상징적인 청사진을 의미하는 것이 아니라 프로그램개발과 워크스테이션설치, 이미지관리 S/W구입 등 장비 및 소프트웨어 도입에 관한 예산이 전제된 기본계획으로 구체적인 스케줄을 의미한다.

이다. 특히 각 부처마다 부처별 자료수집이 요구되는 경우에 국가적인 자료의 종합적인 관리문제가 발생하고 이에 따른 보관시설 설치의 분리 문제 등 여러 가지 복잡한 상황이 전개될 수 있는데 각 행정부처 처리과에 분산·보관되던 문서를 통합 DB구축을 통하여 체계적으로 수집·관리할 수 있다면 이러한 문제를 일시에 해결할 수 있을 것이다. 그리고 이것을 인터넷을 통하여 공개한다면 국가정보의 효율적 공개에 따른 신속한 의사소통과 폭넓은 정보공유도 이루어질 수 있을 것이다. 실제 NARA의 경우, 인터넷을 통하여 공개하고 있는 자료건수가 수억 건 이상이 되며 자체의 전자기록부72) 직원도 수십 명이나 된다. 따라서 이러한 일을 맡고 있는 전자기록부의 위상과 인기도 대단하여 미래의 Archives로 불리워지기도 한다. 이러한 문제는 제63차 IFRA총회에서도 논의되어 어떤 정부기록물들을 어떻게, 누가 디지털화 할 것이며, 어떤 전자정보 보존 기술을 이용할 수 있을까에 대한 관심73)을 불러 일으킨 바 있다. 통일사료의 전산화 방향도 바로 이러한 차원에서 지금 시작단계에서 생각하자는 것이다.

5. 통일사료 수집과 관리의 발전 모형

통일부의 통일사료 수집 현황을 전 장에서 살펴보았다. 충분히 수집되거나 관리되고 있지 않다는 것을 알 수 있었고, 그 종류와 대상도 대단히 많다는 것을 짐작할 수 있었다. 이와 같은 방대한 통일사료 및 북한관련 자료를 구축하고 이를 연구자 및 일반 국민에게 공개하는 일은

---

72) NARA의 전자기록부의 운영현황에 관한 사항은 자체 스탭매뉴얼 형식으로 다음 자료에 잘 나타나 있다.
   National Archives and Recods Administration, Managing Electronic Records : National Archives and Recodes Administration Instructional Guide Series, 1990. p.81.).
73) 김정혜 역. 1998. 미래를 위한 정부자료 보존. 국회도서관보 4: 79-82.

많은 제도적 준비와 공론화 과정을 거쳐 일관성 있게 수집과 공개를 추진해 나가야 할 것이다. 이런 방면의 연구가 그동안 꾸준히 진척되어 발전되어 오지는 못했지만 전혀 없는 것은 아니다. 필자의 연구와 이에 더한 김귀옥(2002)의 연구는 나름대로 통일사료의 구축과 공개 확대를 위한 제도적 방안을 다음과 같이 제시했다.

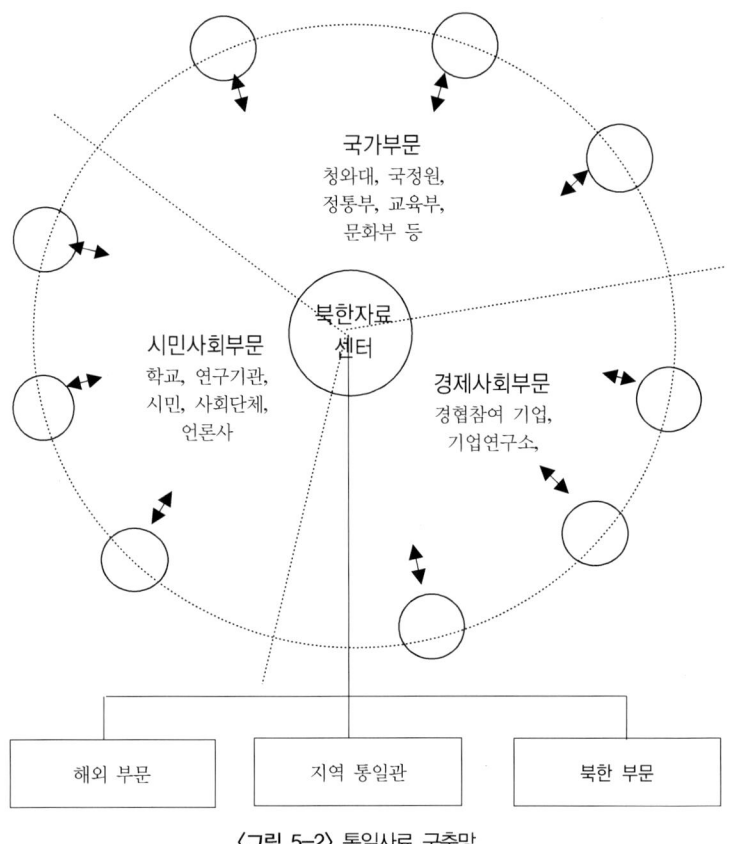

〈그림 5-2〉 통일사료 구축망

첫째, 통일사료를 축적하기 위한 '통일사료망(Network for Tongil-Saryo)'을 <그림 5-2>와 같이 구축한다. 우선 '통일사료관'(가칭)의 이름을 현재의 북한자료센터로 두고, 향후 명칭 문제를 재고 하도록 한다.

북한자료센터는 통일부의 기관 중에 하나이지만, 통일사료관으로서의 본격적인 논의가 일정에 오르면 센터의 위상을 재정립할 필요가 있다. 정부가 주도하되 시민사회부문이나 경제사회부문과의 상호협조와 유기적 연계 속에서 존재할 수 있는 체계를 만들 필요가 있다. 또한 지역 통일관이 발전하고 원활하게 운영되기 위해서는 현재 사실상 자유총연맹이나 지자체에서 운영하고 있는 현재의 시스템을 개선하여, 북한자료센터의 '지역센터' 개념으로 바꾸어 북한자료 운영을 총괄할 수 있도록 되어야 한다. 또한 해외의 공관이나 해외 동포 사회 관련 부문이나 해외의 한반도 관련 연구기관과도 상호 교류·협조체제를 갖는다. 다음으로 차츰 북한과도 상호대차제도의 개념을 확대하여 남북한이 상호 지식 및 정보의 교류·협조체제를 구축할 것을 적극 모색한다.

둘째, 통일사료망의 상호 협조 체제의 내용은 다음과 같다.74)

- · 문헌 및 영상 자료 및 정보 교환
- · 문헌 및 영상 자료 및 기자재의 공동 구입
- · 원전 DB자료 공유
- · 종합 목록 작성
- · 협동열람
- · 상호대차
- · 상호자료 복사 및 제본
- · 연속간행물의 통정

이러한 협조체제가 가능하기 위해서는 정부의 최대한의 예산 확보가

---

74) 이 내용은 김귀옥이 강대훈(1990)의 한국도서관협력망에서 아이디어를 따온 것임.

절실하다. 한정된 예산과 인력, 시설로는 이러한 통일사료망 구축이 불가능하다. 특히 자료의 상호대차제도는 현실적으로 규모와 수준이 비슷했을때 상호 호혜적이지만, 현재 수준에서 상호대차제도를 실시한다면 자료를 많이 가지고 있는 기관, 특히 북한자료센터가 일방적으로 수혜를 베풀어야 하므로 유인력이 부족하다. 이에 몇가지 장치가 필요할 듯 싶다.

첫째, 정부는 상호대차나 센터의 일방적인 자료 공개 및 확대에 대한 보전이 필요하다.

둘째, 수익자 부담 원칙에 따라서 수익을 받는 기관은 수익료를 일정한 정도 부담한다. 수익 받는 기관의 이용 목적과 수준, 정부 예산에 비추어 7:3이나 5:5 정도로 부담하는 제도를 만들 수 있을 것으로 본다.

셋째, 통일사료망을 구축하기 위해서는 언제, 어디서, 누가, 무엇을, 왜, 어떻게 수집하여 관리할 것인가가 중요하다. 즉 가장 우선 통일부 내에 '통일사료관리과'(가칭)를 만들고, 한편으로는 '통일사료관'으로서 '북한자료센터'를 운영하고 또 한편으로는 통일사료를 수집하기 위한 '통일사료수집 및 평가위원회'를 구성하고 '통일사료관리 및 운영위원회'를 구성하여야 한다. 이 문제에 대해서는 선진 국립자료관이나 도서관의 운영 방안으로부터 한국적 현실에 적용할 수 있는 방안을 탐색하여야 한다. 또한 통일사료 담당 인력의 전문화와 전문가 양성도 필요하다.

넷째, 현재 센터는 변화된 사회적 분위기에 적용하고 통일교육을 통하여 젊은층과 청소년층을 유인할 수 있는 기제를 갖추어야 한다. 앞으로 통일 문제에 적극적으로 관심을 가져야 할 층이 10, 20대들이라면 그들이 향유하고 있는 문화적 환경을 센터에도 반영시켜야 한다. 현재 대학 및 일반 도서관도 문서 열람 및 대출의 기능만 있는 것이 아니라, 인터넷이나 DVD 시청각실 등 최첨단 자료실이 구비되어 가고 있다. 그러나 현재 센터의 시설로는 젊은층을 수용하기에는 부족하다. 북한 텔레비전 시청각실, 비디오 및 DVD 시청각실, 북한 음악 감상실, 인터넷 자료실 등도 종합적으로 운영할 필요가 있다.

다섯째, 특별자료관으로서 센터의 기능이 효율화되기 위해서는 전문 사서 외에 전문 안내인이 배치될 필요가 있다. 현재도 학생층이나 일반인들이 센터를 많이 이용하고 있는데, 사서들이 그들을 안내하기에는 역부족이다. 전문 안내인이 배치되어 센터 이용하는 방법이나 어떤 주제에 대해서는 어떤 자료를 볼 수 있고 어떻게 사용하는지 등을 알려주는것 자체는 단순히 학교 과제 때문에 방문한 학생들일지라도 한 번 방문한 후에는 통일 문제에 대해 관심을 제고할 수 있는 기회가 된다. 즉 센터의 효율적 운영은 바로 통일교육의 원천으로서 얼마나 제대로 기능을 하는가에 있다.

여섯째, 통일사료 항목에도 포함시켰지만, 통일사료관에 포함시켜야 할 자료의 하나는 북한이탈주민의 구술자료와 통일 관련한 행위주체들의 구술자료를 수집 및 축적 운영 관리하는 일도 중요하다. 구술자료는 정부기관이나 민간연구소, 학자 개인 등, 다양한 주체들에 의해 다양한 목적으로 생산되었다. 자료의 수준도 천차만별이지만, 이 자료 역시 분단 과정에서 나온 소중한 자료라고 볼 때, 구술자료도 소장되어야 할 필요가 있다. 이를 위해서는 수집전담기구와 녹취 및 자료집 발간기구, 구술자료 평가 및 운영·관리기구 등도 이루어져야 한다.

이상의 논의는 필요와 전망에 따라서 제시하였다. 현실은 이러한 비전을 쫓아가지 못할 수 있으나, 막스 베버(Max Weber)에 따르면 관념은 현실을 창조하기도 한다. 아직은 전망에 불과한 통일사료관으로서의 북한자료센터를 재구성하는 가운데 통일의 길에서 지식·정보의 가치를 높이고 국민들에게 통일의 성과를 환원하고 국민의 기관으로서 사명을 다할 수 있다.

참고문헌

<국문자료 : 단행본 및 논문>

강무섭 외저. 1994. 『남북한 교육 및 학술교류·협력의 방향과 과제』. 서울: 한국교
　　육개발원.

강성윤. 2006. 북한의 학문분류체계. 『북한연구학회보』 10(1): 1-25.

견용수, 이성수. 2006. 『북한의 자료·통계수집 및 관리』. 북한포럼 정기세미나
　　(KRIHS FOCUS) 102-107.

과학백과사전출판사 편. 1982-1984. 『백과전서(1-6)』. 평양: 과학백과사전출판사.

교육개발원 편. 2000. 『민족통합교육보고서』.

구만섭. 1996. 정부기록보존의 장기발전방향. 『기록보존』 제9호.

국가정보원 편. 2000. 『북한 과학기술논문분석(1999년도). 서울: 국가정보원.

국토통일원 편. 1986. 『북한의 대학교육』. 23.

국토통일원 편. 1989. 『민족통일로의 전진 : 국토통일원 20년』.

김갑철 · 고성준. 1988. 『주체사상과 북한사회주의』. 서울: 문우사, 250.

김경웅. 1993. 『북한의 정치사회화』. 박사학위논문, 한양대학교대학원. 152.

김귀옥. 2002. 통일사료의 축적과 북한자료의 공개 · 확대 방안 연구. 『2002 신진
　　연구자 북한 및 통일관련 논문집』.

김동규. 1989. 『북한의 대학과 대학생』. 민족통일중앙협의회. 190.

김미현. 1998. 도서관 협력 및 전자도서관 구축을 통한 남북교류활성화 방안. 『98
　　신진연구자 북한 및 통일관련논문집』 4: 267-318.

김병로. 1993. 『김일성저작해제』. 서울: 민족통일연구원, 175.

김상호. 1998. 미국연방정부의 기록제도. 『국회도서관보』('98.1).

김영기. 1991. 대학도서관에 있어서 공산권 자료개발에 관한 연구. 『부산대 학기
　　논고집』.

김일성 1992-. 『세기와 더불어(회고록)1- 』. 조선로동당출판사.

김일성. 1979 - 1997. 『김일성저작집(1권-47권)』. 평양: 조선로동당출판사.

김정규. 2006.『대학도서관의 북한자료 관리에 대한 연구: 부산대학교 도서관을 중심으로』. 석사학위논문, 부산대학교 대학원.

김정혜 역. 1998. 미래를 위한 정부자료 보존.『국회도서관보』('98. 4).

김준엽 · 김창순 공저. 1986.『한국공산주의 운동사』. 서울: 청계연구소.

김진방. 1997. 북한의 소프트웨어 소개.『정보화저널』(12)

김태승 등. 1989. 국가기록보존업무의 발전방안에 관한 연구.『총무처 기록보존소 연구보고서』.

김태완 외저. 1991.『한국, 중국,독 일의 교육통합정책에 관한 심포지움 보고서』. 서울: 한국교육개발원.

김현영. 1993. 조선시대 실록의 편찬과 정부기록의 보존.『기록보존』, 제7호.

김현호. 2000. 인터넷 혁명은 북한을 어떻게 변화시킬 것인가.『월간조선』(5): 168-180.

남태우. 2000. 북한의 군중도서관용 '도서분류표'연구.『한국문헌정보학회지』, 34(1): 71-92.

노문자. 1986. 서독의 국립도서관.『도서관학연구지』(숭의여자전문대학) 11: 30-49.

노문자. 1990. 동서독의 사서, 정보전문가 비교연구,『정보관리학회지』7(2): 108-137.

노문자. 1992. 통일독일의 상호대차제도에 관한 연구.『도서관학』23: 303-349.

노문자. 1992. 통일독일의 상호대차제도에 관한 연구.『도서관학』23집(1992.12).

노문자. 1993. 통일독일의 도서관 통합과정.『도서관문화3』5(1): 16-24.

노승준 · 박종봉. 북한의 정보통신 현황과 정책.『남북정상회담개최기념심포지움 학술자료집 "인터넷과 북한』(2000. 6) 1-18.대륙문제연구소 편. 1990.『북 한법령집』(1-5).

민족21. 2003. 특수자료 아닌 통일자료로 거듭나야(8월호)

박대규. 1997. 한국의 기록보존관련 법령과 발전과정.『기록보존』제10호.

박영석. 1989. 기록물의 역사적 위상.『기록보존』제3호.

박찬모. 1993.『북한의 정보과학 및 전자공학에 관한 기초조사』.

박찬모. 1998.『남북한 정보과학비교연구』. 한국과학기술단체총연합회.

박찬모. 1999. 북한의 정보통신 기술 수준과 남북 협력 방안『통일경제』, 64-78.

박찬모. 2000. 북한의 정보기술 현황과 남북교류 방안.『정보과학회지』 137(2000.10), 48-51.

박찬모. 2000. 정보통신 분야의 남북 교류방안『국회 사이버정보문화연구회』 (2000.10)

박해준. 1981. 정부기록보존제도.『도서관』36(6).

방선주. 2002.『노획 북한 필사문서 해제. 미국소재 한국사 자료보고Ⅲ(해외사료

총서4)』. 서울: 국사편찬위원회, 493-544.

백과사전출판사 편. 1995-2001.『조선대백과사전(1-21)』. 평양: 백과사전출판사.

백상창. 1980.『김일성의 정신분석 : 퍼스낼리티와 정치행태의 분석』. 서울: 등대출판사, 293.

북한연구소 편. 1983.『북한총람 : 1945-1982. 서울: 북한연구소.

북한연구소 편. 1994.『북한총람』. 서울: 북한연구소.

북한연구소 편. 1999.『북한대사전』. 서울: 북한연구소.

사공철 등편. 1996.『문헌정보학용어사전』. 한국도서관협회.

사회과학출판사 편. 1971.『력사사전(1-2)』. 평양: 사회과학출판사.

사회과학출판사 편. 1992.『조선말대사전(1,.2)』. 평양: 사회과학출판사.

서대숙. 1989.『북한의 지도자 김일성』. 서울: 청계연구소, 401.

서대숙. 2000.『현대 북한의 지도자 : 김일성과 김정일』. 서울: 을유문화사, 317.

송승섭. 1999. 국가기록물로서의 '통일사료'의 관리방안.『문헌정보학논집』, 6: 49-94.

송승섭. 2001. 북한 도서관의 발전과정에 김일성이 미친 영향.『한국도서관정보학회지』32(1): 73-102.

송승섭. 2001. 북한 사람이 본 그들의 도서관,『도서관』여름호. 72-99.

송승섭. 2002. 북한자료의 수집과 관리.『국회도서관보』39(5): 57-84.

송승섭. 2010. 북한자료의 이용확대를 위한 협력모형 구축 방안.『정보관리연구』41(2): 71-93.

송승섭. 2011. 북한자료의 현황과 수집 및 활용.『해외한국학도서관 동향 보고서』5: 69-132.

신세호. 1993.『독일 교육통합과 파생문제점 분석연구』. 한국교육개발원.

신영석. 1988. 공산권자료 개방과 북한자료 공개 의미.『통일한국』.

신용철. 1990. 독일통인과 문화 및 교육의 교류.『통일문제연구』2(4): 153-183.

신정섭. 1995.『통독전 동서독간의 학술교류와 통일독일의 교육, 과학 정책의 조사연구 : 남북한관계와 비교하면서』. 한국과학재단, 254.

양기백. 1991.『미의회 북한관계자료 실태분석』. 서울: 통일원.

양태진 편. 1993.『기록보존학개론』. 서울: 법경출판사.

양태진. 1975. 보존도서관 논고.『도협월보』16(4).

양태진. 1997. 도서관과 기록보존소의 상위성에 관한 고찰.『제35회 전국도서관대회 주제발표논문집』, 한국도서관협회.

연합뉴스 민족뉴스취재본부 편. 2000.『김정일 100문100답』. 서울: 연합뉴스, 273.

오경숙. 2003. 국내의 해외북한자료 수집·활용실태 분석.『한국동북아논총』29: 213-229.

와다하루끼 저, 이종석 역. 1992.『김일성과 만주항일전쟁』. 서울: 창작과 비평사, 353.

우종창. 1998. 최장집교수의 충격적 한국전쟁관. 『월간조선』11월호 206-222.

윤병태. 1987. 기록보존의 발전방향. 『기록보존 창간호』.

윤인숙. 1986. 보존도서관에 대한 소고. 『도서관학논집』2(부산산업대).

윤충남. 2003. 하버드 연경 도서관 한국학 자료의 현황과 전망. 『국학연구』, 2: 149-182.

이상민. 1997. 서구의 국가기록보존법 원칙과 기록보존 관리체제. 『기록보존』 제10호.

이상우. 1988. 『북한40년; 조선민주주의인민공화국의 특성과 변천 과정』. 서울: 을유문화사, 671.

이수상. 1998. 『한국문헌정보학의 현단계』. 서울: 한울 아카데미.

이영종. 1998. 새정부, '특수자료취급지침' 폐지 검토: 북한언론 개방 현황과 전망. 『신문과 방송』.

이우영, 전영선. 2009. 북한자료 공개제도 개선방안 연구. 『현대북한연구』.

이우영. 1994. 『남북한문화정책 비교연구』. 서울: 민족통일연구원, 150.

이우영. 2007. 북한 영상물 열람제도 개선방안 연구. 국회 통일외교통상위원회. 『정책연구』 07-02. 231.

이윤호. 1990. 『북한의 정치이론잡지 '근로자'에 관한 연구』. 석사학위논문, 서강대학교대학원, 90.

이장희. 2000. 남북 모두 '냉전법령'정비부터. 『주간동아』(7.6), 28-9.

이재화. 1986. 『한국근대민족해방운동사』. 서울: 백산서당, 303.

이종석. 2000. 『현대 북한의 이해』. 서울: 역사비평사.

이준영. 통일 독일의 정보통신 기반구축 사례 연구. 『국가기간전산망저널』 2,1(1995.3): 37-46.

이춘근 · 김계수. 2001. 『북한의 국가연구개발체제와 과학기술인력 양성체제』. 서울: 과학기술정책연구원, 238.

이춘길. 1997. 『통일한국의 문화예술정책』. 서울: 민족통일연구원.

이태섭. 북한의 정보기술 현황과 남북 협력 과제. 『통일경제(2000.8)』, 12-20.

이향은. 2008. 『북한자료 관리와 학술적 활용에 관한 연구』. 석사학위논문. 북한대학원대학교, 98.

전미영. 2001. 김일성저작에 관한 연구. 『북한』(349호): 136-145.

전인영. 1995. 북한 연구에 있어서 기초 자료 활용에 관한 연구. 『세계정치』 19(1): 15-37.

전형택 편. 1999. 『박정희 · 김일성』, 서울: 20세기화전문고, 200.

정규섭. 2005. 북한자료의 효율적 활용방법 연구. 『북한조사연구』9(1): 308-359.

정남철. 1998. 『북한문화정책의 특성에 관한 연구』. 석사학위논문, 서울대학교대학원, 114.

정분희. 1994. 『남북한 도서관 및 정보자료 교류 협력방안에 관한 연구』. 석사학위논문, 연세대학교대학원 문헌정보학과.

정분희. 1994.『남북한 도서관 및 정보자료교류 협력방안연구』, 석사학위논문, 연세대학교 대학원.

정분희. 2006. 도서관 면책 규정에 따른 북한저작물 보호와 이용 활성화 방안.『한국문헌정보학회지』.

정선양.『남북한공공연구 통합방안』. 1998년도 남북과학기술심포지움 보고서(한국과학기술단체총연합회) 99-118.

정일용. 1998.「우선 특수자료취급지침부터 폐지해야」.『신문과 방송』.

정창현. 2000.『인터넷과 남북한 교류협력 방안』. 민족통합연구소 학술자료집(2000-11-24).조선중앙통신사 편.『조선중앙년감 1949 - 2010』. 평양: 조선중앙통신사.

정현수. 2006.『해외의 북한자료 수집과 활용실태에 관한 연구(해외 자료로 본 북한체제의 형성과 발전Ⅱ)』. 서울: 선인, 79.

조남현. 1991. 북한자료 개방 물꼬 트일까.『통일한국』.

조한범. 1998.『NGOs를 통한 남북 사회문화교류 · 협력 증진방안 연구』. 서울: 민족통일연구원.

조한범. 1999.『남북 사회문화 교류 · 협력의 평가와 발전방향』. 서울: 민족통일연구원.

조한범. 2000.『남북한 학술교류 · 협력 증진방안 연구』. 서울: 민족통일연구원.

중앙정보부 편. 1973.『북한「말다듬기」자료집』. 서울: 중앙정보부 · 중앙정보부 편. 1973.『북한대학현황』, 132.

최경열. 1991. 일본의 정부기록보존관리.『기록보존』제5호.

최보식. 1997. 장세동-김일성 비밀회장의 생생한 대화록.『월간조선』9월호(조선일보사).

최신림. 1999.『북한의 산업기술: 정보통신산업』. 서울: 산업연구원.

최영수. 2004.『북한정권 초기의 기록관리제도』. 석사학위논문. 서울대학교 대학원, 73.

최유성. 1996.『국가기록물 관리의 발전방안에 관한 연구』. 한국행정연구원(KIPA 연구보고 95-03).

최장집. 1999. 통일의 조건과 전망.『월간 조선』2월호, 641-656.

최정태. 1989. 정부기록물의 가치와 보존.『기록보존』제3호.

최종고. 1990.『남북교류협력방안연구(남북한 문화협정체결의 방안)』. 서울: 통일원, 153-173.

최종고. 1990.『남북한 문화협정 체결의 방안, 남북교류협력방안연구』. 서울: 통일원.

통일부. 2009.『통일부자료관리규정』. 서울: 통일부.

통일원 편. 1996.『북한경제통계집』, 서울: 통일원.

통일원. 1990.『내독관계발전사 : 동서독관계자료 3』. 서울: 통일원.

통일원. 1992. 『독일통일 소사전』. 서울: 통일원.

한국과학기술단체총연합회 편. 1991. 『북한의 과학기술에 관한 조사연구 보고서(1)』.

한국과학기술단체총연합회 편. 1992. 『북한의 과학기술에 관한 조사연구 보고서(2)』.

한국과학기술단체총연합회 편. 1993. 『북한의 과학기술에 관한 조사연구 보고서(3)』.

한국과학기술단체총연합회 편. 1994. 『남북한 국가표준제도 현황 조사』.

한국과학기술단체총연합회 편. 1997. 『북한과학인력교육 및 과학정책수립에 대한 심리과학적 분석』. 58.

한국과학기술단체총연합회 편. 1999. 『남북과학기술포럼보고서 : 남북과학기술교류협력방안과 전망』. 한만길 편. 1999. 『북한에서는 어떻게 교육할까』. 서울: 우리교육, 255.

한국기자협회 편. 2007. 취재불편 초래·시대착오적 법규. 7월 4일[인용 2010.02.15]. <www.journalist.or.kr/news/articlePrint.html?idxno=15186>.

한만길. 1997. 『통일시대 북한교육론』. 서울: 과학교육사. 468.

함인영. 1998. 『북한의 과학기술현황·공과교육연구』. 1998년도 남북과학기술심포지움 보고서(한국과학기술단체총연합화) 15-36.

허운나. 2000. 『남북 정보통신 교류 활성화방안에 관한 연구』(국회자료집 : 2000년 국정감사 정책자료집 2000-10-30)

홍선표. 2007. 『대학도서관의 북한자료의 공개에 영향을 미치는 요인에 관한 연구』. 석사학위논문, 성균관대학교 대학원.

<영문자료>

A. Tucker(Project Director, Research Libraries Group). 1991. "An RLG Project to promote the sharing of information in the holding of government archives." National Historical Publications and Records Commission.

Alan R. Calmes, 1988. "Documenting Changes in the physical condition of the U.S. Declaration of Independence, Constitution and Bill of Rights." Government Publication Review 15(5).

B. C. Thompson. 1995. "Making history : the sitting modern presidential libraries and National Archives." Goverment Information Quarterly 12(1).

Christina K. Schaefer. 1997. Guide to Naturalization Records of the United States, Genealogical Publishing Co., Inc.

D. Bearman. 1995. "NARA issues new rules on electronic records." Archives and Museum Informatics 9(3).

D. Bearman. 1996. "NARA isseus strategic plan." Archives and Museum Informatics 10(2).

Edie Hedlin & Donald F. Harrison. 1988. "The National Archives and electronic data." Reference Service Review 16(1-2).

Elizabeth Lockwood. 1990. "Imponderable matters: the influence of new trends in history on appraisal at the National Archives." American Archivist 53(3).

John C. Mallinson. 1988. "On the preservation of human and machine-readable records." Information Technology and Libraries 7(1).

NARA. 1994. "Reinventing NARA." Archives and Museum Informatics 7(4), Winter.

Nancy Herther. 1987. "Between a rock and a herd place : preservation and optical media." Database 10(2).

National Archives and Records Administration. 1990. Managing Electronic Records : National Archives and Records Administration Instructional Guide Series

National Museum of American History. 1990. Official Guide to the National Museum of American History, Smithsonian Institution Press.

Particia S. Roberts and Sarah T. Kadec. 1990. "The effects of electronic recordkeeping on the historic record of the U.S. Government," Government Information Quarterly 7(4)

R. Cerri. 1996. "Archival resources on the Net." Archivi & Computer(2).

Robert B. 1995. Matchette compiled by. Guide to Federal Records in the National Archives of the United States vol. 1-3, National Archives and Records Administration.

Robin E. Rider. 1991. "Saving the records of Big Science." American Libraries 22(2).

S. M. Long. 1995. "Documenting federal scientific and technical information(STI) : a discussion of appraisal criteria and applications for the National Archives and Records Adiministration." Journal of Government Information 22(4).

Smithsonian Institution. 1996. Official Guide to the Smithsonian, Smithsonian Institution Press.

Petrov, Leonid A. 'The North Korea in the Cyberspace', http://fortunecity.com (December 1999).

Jung-Yul Cho, "North Korea and the Internet", paper submitted to the Communication Technology and Policy Division, Of the Association for the Education in Journalism and Mass Communication, 2000 Convention, Phoenix, AZ.

<참고 법령>

공공기관의 정보공개에 관한 법률
공문서 분류 및 보존에 관한 규칙(총리령 제416호)
국가기록물관리법(안), '98년 8월 8일 행정지치부 공공 제 1998-63호
국가정보원. 『특수자료취급지침』, 2011.7.1(제7차 개정).
문화재보호법(법률 제5073호)
사료의 수집 및 보존 등에 관한 법률(법률 제3976호)
사무관리규정(1996.6.29), 제28조 제1항의 제2호
외교문서보존 및 공개에 관한 규칙(외무부령 제170호)
정보기록보존소 운영 세칙 제10조
통일부 자료관리규정(통일부 훈령 제284호)
통일부령 제1호 '98년 3월3일 시행
통일원과 그 소속기관 직제 시행규칙 제11조 제3항 제14호

부록 1. 북한의 분야별 잡지 현황

〈경제 · 기술 분야 잡지〉

잡지명	발행기관 및 성격	주요 연혁
건재 공업	· 건재공업부문의 경제기술잡지 · 시멘트공업, 요업 부문과 화재건 등 규산염화학공업부문의 기사, 기수, 연구사, 대학 및 고등전문학교 교원들과 학생들을 독자대상으로 함	· 1968.3.20. 창간 · 1972년 〈건설(건재공업편)〉에서 1973 〈건재공업〉으로 발행 · 4×6배판 48쪽으로 계간으로 '공업종합출판사'에서 발행
건축과 건설	· 건설부문의 경제기술잡지 · 건설부문의 지도일군들과 과학자, 기술자, 전문가, 기능공, 설계일군, 대학 교원 및 학생 등을 대상으로 함	· 1955.12.1. 창간 · 1968년 4호부터 〈건설〉로 개명 · 1976. 5호 〈건축과 건설〉로 개명 · 1990.10. 공업종합출판사에서 발행 · 4×6배판 56쪽으로 '공업종합출판사'에서 월간으로 발행
경제 관리	· 경제부문의 종합잡지 · 행정경제지도기관들과 공장, 기업소, 협동농장 지도일군, 이 부문의 대학, 연구기관의 교원, 연구사들을 독자대상으로 함	· 1966.4.25. 창간 · 1968.7. 〈사회주의경제〉로 개명 · 1986년 〈경제관리〉로 개명 · 4×6배판 48쪽으로 '공업종합출판사'에서 월간으로 발행
경제 지식	· 경제부문일군들을 위한 이론실무잡지	· 1953.6. 〈경제건설〉로 경제건설사에서 창간 · 1960년 〈경제지식〉으로 개명 · 1967년 하반기에 폐간
경제 연구	· 경제학부문의 이론잡지 · 현재 4×6배판 56쪽 · 계간으로 과학백과사전출판사에서 발행 · 국내외의 광범위한 경제학자들과 경제전문가, 대학교원, 경제	· 1956.4.10. 창간 · 1961년부터 격월간 · 1964년부터 계간 · 1985.12. '사회과학'잡지에 통합 · 1985.12. 다시 '경제연구'로 속간
기술 교육	· 기술교육 교원들을 위한 기술실무잡지 · 일반교육, 기술교육, 기초기술지식과 상식자료 등을 소개	· 1959.1. 창간 · '인민교육사'에서 4×6배판 48쪽 월간으로 발행 · 1960.7. '교원신문사'에서 발행 · 1968년 3호로 중단
기술 혁신	· 종합기술통보잡지 · 새로운 기술혁신성과들을 체계적으로 통보 · 과학자, 기술자, 전문가, 현장일군들, 대학 및 고등전문학교 교원, 학생 등을 대상으로 함	· 1955.10.30. 〈창의고안공보〉로 창간 · 1968.4. 〈기술혁신〉으로 개명 · 현재 '중앙과학기술통보사'에서 4×6배판 48쪽 월간으로 발행
농업 기계화	· 농업기계화부문의 기술경제일반잡지 · 농기계작업소, 농기계공장의 노동자, 기술자, 뜨락또르 운전수와 수리공, 농업기계화부문 지도일군, 협동농장의 수리분조원을 대상으로 함	· 1961.1.10. 〈농촌기계화〉로 창간 후 1962년 중단 · 1971.9. 〈농업기계화〉로 4×6배판 48쪽 격월간으로 발행 · 1972년 〈농업기술〉로 개명 · 1973년 〈농업기계화〉로 개명 · 1981년 월간 · '농업출판사'에서 4×6배판 48쪽 월간으로 발행

잡지명	발행기관 및 성격	주요 연혁
농업 수리화	· 농업수리화부문의 기술경제일반잡지 · 농업부문 지도일군들과 과학자, 기술자들, 양수기 운전공을 대상으로 함	· 1986.5.10. 창간 · '농업출판사'에서 4×6배판 48쪽 격월간으로 발행
림업	· 임업부문의 기술경제잡지 · 임업분야의 작업방법과 경험, 관리운영경험, 세계과학기술추세자료 등으로 구성 · 임업부문의 지도일군과 기술자, 전문가, 노동자, 임업부문을 전문하는 교원, 연구사, 학생을 대상으로 함	· 1959.2.5. '공업기술잡지사'에서 <조선림업> 4×6배판 48쪽 월간으로 창간 · 1961년 8호 '중공업출판사'에서 발행 · 1963년 '임업출판사'에서 발행 · 1965년 '건설출판사'에서 발행 · 1966년 3호 '공업출판사'에서 발행 · 1968년 4호 '건설출판사'에서 계간으로 발행 · 1975년 4호 '공업출판사' 격월간으로 발행 · 1990.10. '공업종합출판사'에서 발행 · 4×6배판 32쪽 계간으로 발행
방직 공업	· 1961.1. '경공업잡지사'에서 조선민주주의인민공화국 경공업위원회, 조선공업기술총련맹 중앙위원회 기관잡지로 <섬유 및 일용품공업>, 4×6배판 월간으로 창간 · 방직부문의 기술경제잡지 · 방직, 피복공업부문의 지도일군들과 기술자, 전문가, 고급기능공, 이 부문 과학교육기관의 과학자, 연구사, 교원, 학생을 대상으로 함	· 1961.11. '경공업출판사'에서 발행 · 1962.4. <방직공업> · 1966년 3호 '공업출판사'에서 발행 · 1972년 2호~4호 <기술혁명>(방직공업)으로 개명 · 1975년 3 '경공업출판사'에서 발행 · 1976년 4호 <경공업> · 1978.4. <방직 및 일용품공업> · 1980년 <방직공업>과 <일용품공업>으로 분리 · 1982년 통합 · 1985년 재분리 · 1990년 6호 '공업종합출판사'에서 발행 · 4×6배판 32쪽 계간으로 발행
산업	· 조선민주주의인민공화국 산업성기관지 · 공업부문의 첫 경제기술잡지로 발행	· 1948.8.16. '산업국출판부'에서 북조선 인민위원회 산업국 기관지로 4×6배판 월간으로 발행 · 2호 '산업출판사'에서 산업성 기관지로 발행 · 1950년 화보판으로 전환되어 7호로 중단
석탄 공업	· 석탄공업부문 기술경제잡지 · 1959. 2 '공업기술잡지사'에서 석탄공업성, 조선공업기술총련맹 중앙위원회 기관잡지로서 월간으로 창간	· 1961년 8호 '중공업출판사'에서 발행 · 1966년 3호 '공업출판사'에서 발행 · 1968년 4호 '중공업출판사'에서 발행 · 1972년 2호~4호 <기술혁명, 석탄공업>으로 발행 · 1975년 4호 '공업출판사'에서 발행 · 1976년 6호~1978년 6호, 1982년 6호~1984년 6호 <채굴공업>으로 발행 · '공업종합출판사'에서 4×6배판 32쪽 계간으로 발행

잡지명	발행기관 및 성격	주요 연혁
수의 축산	· 축산 및 수의부문 기술경제잡지 · 수의축산부문 과학자, 기술자, 지도일군들, 가축관리공을 대상으로 함	· 1959.7.23. 창간 · 1972년 2호~4호 <농업기술>로 개명 · 1972~1986년 2호 <축산기술>로 개명 · 1986년 3호 <수의축산>으로 개명 · '농업출판사'에서 4×6배판 40쪽 격월간으로 발행
식료 공업	· 1961.1. 경공업성 기관잡지 <경공업>이 <섬유 및 일용공업>과 <식료공업>으로 분리되어 창간 · 식료공부문 기술경제잡지 · 식료공업부문의 과학자, 연구사, 기술자, 교원, 지도일군들과 고급기능공, 학생들을 대상으로 함	· 4×6배판 월간으로 '경공업잡지사'에서 창간 · 11호부터 '경공업출판사'에서 발행 · 1966년 '공업출판사'에서 발행 · 1968년 4호 '경공업출판사'에서 발행 · 1972년 2호, 3호 <기술혁명, 식료공업>으로 발행 · 1973년 <식료공업>으로 발행 · 1976년 <경공업>으로 발행 · 1978.4. <방직 및 일용품공업>과 <식료공업>으로 분리
우리 나라 무역	· 무역부문 실무 교양 잡지 · 로동당의 대외정책을 해설 선전하고, 수출품 생산과 무역성과 및 경험을 소개 · 수출품 생산 대상 기업근로자와 대외무역 종사자를 주 고객 대상으로 함	· 1971.4.5. 창간 · 4×6배판 격월간으로 발행 · 창간 시는 무역출판사에서, 1976년 2호부터 경제출판사에서, 1977년부터는 공업출판사에서 발행
일용품 공업	· 일용품 공업부문의 경제기술 잡지 · 일용품 분야 관리자, 기술자, 전문가, 기능공, 교원, 연구사 등을 대상으로 함	· 1958.1.10. 창간 · 4×6배판 32쪽, 계간으로 발행
잠업	· 잠업부문의 경제기술잡지 · 국영농장 및 협동농장의 노동자, 농장원, 분조장, 작업반장, 기술일군, 연구사, 대학교원을 대상으로 함	· 1973.9.1. <잠업기술>로 창간 · 1976년 4호~1979년, 1982년 4호~1986년 1호 <과수, 잠업>으로 발행 · 1988년 <잠업>으로 개칭 · '농업출판사'에서 4×6배판 32쪽 계간으로 발행
화학 공업	· 화학공업부문의 경제기술잡지 · 화학공업부문의 공장, 기업소, 연구기관 일군과 과학자, 기술자, 기능공, 대학교원, 학생을 대상으로 함	· 1961.2.25. 창간, 공업출판사에서 48쪽 4×6배판, 계간으로 발행 · 1968년 4호부터 <화학>으로, 1970년부터 <화학공업>으로 변경

〈자연과학 분야 학술지〉

잡지명	발행기관 및 성격	주요 연혁
금속	·금속 부분의 과학이론 잡지 ·각종 금속 및 금속가공, 금속재료, 용접공학 부문의 과학연구성과들과 최신기술자료, 세계발전추세 등을 소개 ·금속부문의 과학자, 기술자들과 대학생 등을 대상으로 함	·1962.3.10. '과학원출판사'에서 〈금속〉으로 창간 ·1976. 4호부터 〈금속 및 광산공학〉으로 발행 ·1988. 1호부터 〈금속〉으로 발행 ·4×6배판 48쪽 계간으로 과학백과사전종합출판사안의 '과학기술출판사'에서 발행
기계공학	·기계부문의 과학이론잡지 ·기계의 설계, 제작 및 운영에서 나오는 과학기술적 문제를 해석하고 최신기술자료, 세계발전추세 등을 소개 ·기계부문의 과학자, 기술자, 대학생 등을 대상으로 함	·1965.8.30. '과학원출판사'에서 〈기계공학(연구론문집)〉으로 창간 ·1970년 〈기계공학〉으로 계간으로 발행 ·1983년 〈기계 및 자동화공학〉으로 발행 ·1984년 〈기계공학〉으로 개명 ·4×6배판 64쪽 계간으로 과학백과사전종합출판사의 '과학기술출판사'에서 발행
전자, 자동화공업	·전자공업 및 자동화공업부문의 기술경제잡지 ·전자, 자동화 공업부문의 일군과 과학자, 기술자, 인민경제 여러 부문에서 일하고 있는 자동화 기술자, 설계가을 대상으로 함	·1981.1. '공업출판사'에서 〈자동화공업〉, 계간으로 창간 ·1982. 10월-12월 〈기계 및 자동화공업〉으로 발행 후 중단 ·1989년 '공업출판사'에서 〈전자, 자동화공업〉으로 발행 ·1990.10. '공업종합출판사'에서 발행 ·4×6배판 32쪽 계간으로 발행
조선농업	·민주건설시기에 발행된 농업기술경제잡지	·1946.9. '북조선농업연구협회'에서 창간 ·1947.6. 〈농림수산〉으로 발행 ·1948년 '농림수산출판사'에서 발행 ·1950.3. 〈농민〉과 통합 ·1950.8. 중단, 1951 격월간으로 4개호 발행
종이 및 인쇄공업	·종이공업과 인쇄공업부문의 경제기술잡지 ·종이 및 인쇄공업부문의 공장, 기업소, 연구기관의 일군과 기술자, 과학자, 대학교원, 대학생을 대상으로 함	·1968.6.30. '경공업출판사'에서 〈제지공업〉으로 창간 ·1971년 〈종이공업〉, 1994년 〈종이 및 인쇄공업〉으로 발행 ·'공업종합출판사'에서 4×6배판 32쪽 계간으로 발행
지질탐사	·지질탐사부문의 기술경제잡지 ·지질조사탐사 및 측량 부문의 일군들과 기술자, 전문가, 고급기능공과 과학교육기관의 연구사, 교원을 대상으로 함	·1962.6.15. '중공업출판사'에서 월간으로 창간 ·1963년 〈지질및광업〉으로 발행 ·1964년 〈지질탐사〉로 발행 ·1968.6. 〈지질〉로 발행 ·1970년 〈지질탐사〉로 발행 ·'공업종합출판사'에서 4×6배판 32쪽 계간으로 발행

잡지명	발행기관 및 성격	주요 연혁
철도 전기화 및 자동화	·철도전기, 철도자동화, 철도통신부문의 기술경제잡지 ·철도 전기, 자동화, 통신부문의 지도일군 과학자, 기술자들을 대상으로 함	·1955.3.25. '교통출판사'에서 <철도기술>로 창간 ·1957.1. <인민철도>로 발행 ·1961년 <교통운수>로 발행 ·1968.4. <철도운수>로 발행 ·1971.5. <철도운영>, <철도차량>, <철길>, <철도 전기화 및 자동화>로 분리되어 발행 ·'철도출판사'에서 4×6배판 32쪽 계간으로 발행
체신	·체신부문의 기술경제잡지 ·체신부문을 포함한 인민경제 모든 부문의 전신, 전화, 텔렉스, 우편통신과 위성통신, 유선방송 및 텔레비전 방송 중계부문의 기사, 기수, 기능공을 대상으로 함	·1948.6.20. <체신>으로 창간 ·1949년 1호 <민주체신>으로 발행 ·1950.7. 중단 ·1956.11. '체신사'에서 <체신>으로 발행 ·'공업종합출판사'에서 4×6배판 32쪽 계간으로 발행
자동차 운수	·육운부문의 경제기술잡지 ·자동차 운수부문의 지도일꾼들과 기술자, 전문가, 기능공 등, 이 부문 대학, 전문학교 교원, 학생, 과학연구부문 연구사와 일꾼 등을 대상으로 함	·1968.5.10. <교통운수> 분리되어 창간 ·1968.5. '교통출판사'에서 발행 ·1972년 2호~4호 <교통운수, 자동차운수편>으로 발행 ·1973년 '륙해운출판사'에서 발행 ·1974년 '교통체신출판사'에서 제공 ·1976년 4호~1978년 4호, 1982년 4호~1988년 4호 <륙해운수>로 발행 ·1977년 2호 '공업출판사'에서 발행 ·1990. 10 '공업종합출판사'에서 발행 ·4×6배판 32쪽 계간으로 발행
금속	·금속 부분의 과학이론 잡지 ·각종 금속 및 금속가공, 금속재료, 용접공학 부문의 과학연구 성과들과 최신기술자료, 세계발전추세 등을 소개 ·금속부문의 과학자, 기술자들과 대학생 등을 대상으로 함	·1962.3.10. '과학원출판사'에서 <금속>으로 창간 ·1976. 4호부터 <금속 및 광산공학>으로 발행 ·1988. 1호부터 <금속>으로 발행 ·4×6배판 48쪽 계간으로 과학백과사전종합출판사안의 '과학기술출판사'에서 발행
기계 공학	·기계부문의 과학이론잡지 ·기계의 설계, 제작 및 운영에서 나오는 과학기술적 문제를 해석하고 최신기술자료, 세계발전추세 등을 소개 ·기계부문의 과학자, 기술자, 대학생 등을 대상으로 함	·1965.8.30. '과학원출판사'에서 <기계공학(연구론문집)>으로 창간 ·1970년 <기계공학>으로 계간으로 발행 ·1983년 <기계 및 자동화공학>으로 발행 ·1984년 <기계공학>으로 개명 ·4×6배판 64쪽 계간으로 과학백과사전종합출판사의 '과학기술출판사'에서 발행

잡지명	발행기관 및 성격	주요 연혁
기상과 수문	·기상, 수문, 해양 부문의 과학기술이론잡지 ·기상관측위성의 이용, 간석지개간, 강하천 정리와 이용, 전자계산기에 의한 프로그램 기술체계의 수립, 이상기후현상으로 오는 기후변동의 이론적 해명과 예측방법 등 과학기술문제들이 위주로 편집 ·기상, 수문, 해양, 농업기상부문의 과학연구기관과 생산단위 전문일군들과 과학자, 기술자, 기상예측원들, 교원, 학생들을 독자 대상으로 함	·1952.7.10. <자연의 안내자>로 국판, 44쪽 계간으로 창간 ·1954.1. <기상>으로 개명 ·1958.4. <기상과 수문> 개명, 격월간 ·1960년 월간으로 발행 ·1961년 4호 '기상수문국'에서 발행 ·1963년 '규격 및 기상수문출판사'에서 발행 ·1965년 '과학기술출판사'에서 발행 ·1966.4. '농업출판사'에서 발행 ·1969~1977년 계간으로 발행 ·1978~1980년 월간으로 발행 ·4×6 배판 48쪽 격월간으로 발행
내과	·임상의학의 한 분과잡지 ·소화기내과, 순환기내과, 호흡기내과, 신경내과, 물질대사과, 렌트겐 방사선과 등 내과영역의 임상 자료와 경험, 학계소식들을 취급 ·보건부문 지도일군들과 내과학분야의 임상의사들, 교육일군 및 연구사 등을 대상으로 함	·1965.6.25. '의학출판사'에서 4×6배판 48쪽 월간으로 창간 ·1966년 중단 ·1989년 '과학백과사전종합출판사'의 '의학과학출판사'에서 격월간으로 발행 ·4×6배판 48쪽 격월간으로 발행
대중 과학	·대중통속과학잡지 ·과학기술 관련 글과 과학기술적 문제들, 일반기초과학기술지식, 자연현상 및 자연지리에 관한 과학상식과 원리, 세계 과학기술발전추세 등을 소개 ·글과 그림, 사진자료를 통해 다양한 형식과 방법으로 편집 ·노동자, 농민, 기술자, 전문가, 학생 등을 대상으로 함	·1947.8.25. '북조선공업기술총련맹'에서 4×6배판 48쪽 월간으로 창간 ·1949~1957년 중단 ·1958년 '대중과학사'에서 발행 ·1959년 '군중과학사'에서 발행 ·1961년 '과학지식보급출판사', 1966년 '군중문화출판사'에서 계간으로 발행되다 중단 ·1969년 '과학원출판사'에서 발행 ·1974년 '과학출판사'에서 발행 ·1977년 '과학, 백과사전출판사', 1988년 '과학백과사전종합출판사'에서 발행 ·국판 72쪽 격월간으로 발행
물리	·물리부문의 과학이론잡지 ·일반물리, 리론물리, 고체물리, 전자물리, 금속물리, 극저온물리, 초고압물리, 천문지구물리, 핵물리, 광학부문 등의 연구성과들과 최신과학기술자료, 학계소식 등을 소개 ·물리학분야의 전문가들과 연구사, 기술자, 대학교원 등을 대상으로 함	·1957.3.25. '과학원'에서 <수학과 물리>로 계간으로 창간 ·1957년 3호 '과학원출판사'에서 발행 ·1974년 '과학출판사'에서 발행 ·1977년 '과학, 백과사전종합출판사'에서 발행 ·1986년 2호 <수학>과 <물리>로 분리 ·1987.7. '과학백과사전종합출판사'의 '과학기술출판사'에서 발행 ·4×6배판, 40쪽 계간으로 발행

잡지명	발행기관 및 성격	주요 연혁
소년 과학	·소년을 위한 과학지식잡지	·1949.6.20. 창간 ·'국립인민출판사'에서 4×6배판 월간으로 발행 ·1950년 3월호로 중단
	·중학교학생을 위한 과학지식잡지	·1962.9.10. 창간 ·'아동도서출판사'에서 4×6배판 월간으로 발행 ·1965년 39호로 중단
	·조선사회주의로동청년동맹 중앙위원회 기관잡지	·1974.4. '사로청출판사'에서 창간 ·1975년 8호 '금성청년출판사'에서 4×6배판 월간으로 발행 ·1985년 1호 <학생과학>으로 개명
수학	·수학부문의 과학이론잡지 ·물리수학계를 포괄하는 수학부문위원회 및 물리부문위원회 기관잡지 ·수학기초론, 집합론, 대수학, 기하학, 해석학, 함수해석학, 함수방정식론 등 여러 부문과 역학, 컴퓨터 프로그램 이론 분야의 연구성과, 발전추이, 학계소식 등을 소개	·1957.3.25. 과학원 물리수학연구소 기관 잡지로서 <수학과 물리>로 창간 ·3호 '과학원출판사'에서 발행 ·1977년 3호 '과학 백과사전종합출판사'에서 발행 ·1986년 2호 <수학>과 <물리>로 분리하여 발행 ·1988년 '과학 백과사전종합출판사'의 '과학기술출판사'에서 발행 ·4×6배판 56쪽 계간으로 발행
생물학	·생물학부문의 과학이론잡지 ·동물학, 식물학, 미생물학, 생화학, 생리학 등 생물학부문의 우수한 연구자료로 구성 ·국내외의 생물학 전문가, 연구사, 기술자, 대학교원을 대상으로 함	·1960.9.25. '과학원출판사'에서 <생물>로 창간 ·1962년 과학원 생물학연구소잡지 ·1963년 <생물학>으로 발행 ·1970년 생물학부문위원회잡지 ·1988년 '과학백과사전종합출판사'의 '과학기술출판사'에서 발행 ·4×6배판 46쪽 계간으로 발행
외과	·임상의학의 한 분과인 외과잡지 ·외과와 특수과 부문의 연구 성과와 경험, 세계발전 추세 자료들로 구성 ·보건부문 지도자, 외과부문 임상의료 관계자, 연구사, 교원을 대상으로 함	·1964.5.25. 의학출판사에서 월간으로 창간 ·1966년 중단, 1989년 격월간으로 속간, 1998년부터 <내과>, <소아, 산부인과>와 합쳐 <내과 및 외과>로 발행 ·1999년에 다시 분리, 2001년 7월부터 다시 '과학백과사전출판사'에서 계간, 4×6배판, 40쪽으로 발행
의협 회보	·재일조선인의학협회 기관지로 학술보고회와 연구사업, 의료기술개발성과 소개 ·의협회원, 동포상공인, 각급기관 대상임	·1977년 8월 재일조선인의학협회 결성 이래 연 1회 발간, 700부 배포

잡지명	발행기관 및 성격	주요 연혁
원림	· 원림녹화부문의 기술잡지로 과학자, 기술자, 연구사, 대학생을 대상으로 함	· 1960.1. <조선원림>으로 창간, 1961.6. <원림지식>, 1965. <원림>으로 농업출판사에서 발행 · 1969년 건설출판사에서 계간으로 발행, 1972년에 중단됨
원자력	· 원자력부문의 과학이론잡지로 전문가, 연구사, 대학교원들을 대상으로 함	· 1982.4.10. '과학백과사전출판사'계간 4×6배판, 32쪽으로 창간 · 1998년 1월 <물리>로 통합되었다가, 1999년 1호부터 다시 분리됨
자연과학	· 자연기초과학교육잡지 · 인민학교, 고등중학교 자연기초과목 교원, 교육지도일군을 대상으로 함	· 1976.8.19. 계간으로 발행 · 1980년 격월간으로 발행 · '교원신문사'에서 4×6배판 64쪽 격월간으로 발행
전기, 자동화공학	· 전기부문과 자동화공학부문의 과학이론잡지 · 전기부문과 자동화부문 연구기관의 과학자, 기술자, 전문가, 대학교원을 대상으로 함	· 1975.2. <측정기술>로 창간 · 1967년 3호 <자동화 및 측정기술>로 발행 · 1977년 <자동화 및 전자공학>으로 발행 · 1983년 <기계 및 자동화공학>으로 발행 · 1984년 <전자, 자동화공학> · 1986.8. <자동화공학>과 <전자공학>으로 분리 · 1998년 1호 <전기, 자동화공학>으로 개칭 · 1976.9. '과학백과사전 종합출판사'의 '과학기술출판사'에서 발행 · 4×6배판 40쪽 계간으로 발행
전자공학	· 전자공학부문의 과학이론잡지 · 전기부문 연구기관의 과학자, 기술자, 전문가, 대학교원을 대상으로 함	· 1975.6. '과학출판사'에서 창간 · 1977년 <자동화 및 전자공학>으로 발행 · 1984년 <전자, 자동화공학>으로 발행 · 1986.8. <전자공학>으로 발행 · 1988년 '과학백과사전종합출판사'의 '과학기술출판사'에서 발행 · 4×6배판 48쪽 격월간으로 발행
전자, 자동화공업	· 전자공업 및 자동화 공업부문의 기술경제잡지	· 1981.1. 창간
조선민주주의인민공화국과학원통보	· 조선민주주의인민공화국 과학원 기관잡지로 학술잡지 · 수학, 물리, 화학, 생물학 등 기초과학과 기술 및 응용과학분야의 새로운 연구성과를 소개 · 자연기술과학부문의 과학자, 기술자, 대학교원들을 대상으로 함	· 1953.9.15. '과학원'에서 <조선민주주의인민공화국 과학원학보>, 륜전판으로 창간 · 1955년 4×6배판, 사회과학편, 자연, 기술과학편, 농학, 의학편으로 분리 · 1957년 <조선과학원통보>로 발행 · 1960년 <조선민주주의인민공화국 과학원통보>로 발행 · '과학백과사전종합출판사'의 '과학기술출판사'에서 4×6배판 56쪽 격월간으로 발행

잡지명	발행기관 및 성격	주요 연혁
조선민주주의인민공화국발명공보	· 과학기술발명공보잡지	· 1986.1. 창간 · '중앙과학기술통보사'에서 4×6배판 계간으로 발행 · 1999년 '발명총국'에서 격월간으로 발행
조선약학	· 약학부문의 종합학술잡지 · 약학부문의 연구사들과 각급 치료예방기관의 연구사들, 약제사, 의학대학의 교원들과 대학생들, 제약공장의 제약기사들, 조제사 및 검정일군을 대상으로 함	· 1957.8.14. '조선의학사'에서 격월간으로 창간 · 1972년 2호~4호 <인민보건(조선약학)>으로 발행 · 1988년c× '과학백과사전종합출판사'에서 발행 · 4×6배판 48쪽 계간으로 발행
조선의학	· 의학부문의 종합기술잡지 · 의학과학자와 각급치료예방기관의 보건일군, 의학부문 대학교원과 연구사를 대상으로 함	· 1954.1.25. '보건성'에서 월간으로 창간 · 1982년 6호 <주체의학>으로 발행 · 1998년 <조선의학>으로 발행 · '과학백과사전종합출판사'의 '의학과학출판사'에서 4×6배판 48쪽 계간으로 발행
화학과 화학공학	· 화학부문의 과학이론 잡지 · 화학전문가들과 연구사, 기술자, 대학교원들을 주독자 대상으로 함	· 1957.1. '과학백과사전출판사'에서 4×6배판 48쪽 격월간으로 발행 1982년 6호부터 <분석화학>과 통합, <화학>으로 재편 · 1986년 2호부터 <분석>과 <화학과 화학공학>으로 분리
채굴공학	· 채굴부문의 과학이론잡지 · 지압이론과 암석력학, 탄소성이론과 발파리론, 선별이론, 절사 및 타격 파쇄이론 등의 연구성과를 수록	· 1965.8. <광산공학>으로 창간 · 1970. <채굴공학>, 계간 40쪽으로 발행 · 1976년 4호~1979년 <금속 및 광산공학>으로 발행 · 1980년 <광산공학>으로 발행 · 1981년~1982년 3호 <채굴공학>으로 발행 · 1982년 4호~1986년 1호 <금속 및 채굴공학>으로 발행 · 1986년 2호 <채굴공학>으로 발행
조선고고연구	· 고고학 및 민속학 분야의 과학이론잡지 · 고고학 및 민속학 분야에서 새로 조사 발굴된 자료와 연구성과를 소개 · 역사 및 고고학을 전공하는 과학, 교육, 연구기관 일군들과 대학생들, 력사 및 민속 박물관 일군들과 문화유물보존부문 일군을 대상으로 함	· 1957.2. '과학원'에서 <문화유산>, 격월간으로 창간 · 1957.8. '과학원출판사'에서 발행 · 1963.3. <고고민속>으로 발행 · 1964년 '사회과학원출판사'에서 계간으로 발행, 1968.4. 중단 · 1986년 '사회과학출판사'에서 <조선고고연구>로 발행 · 4×6배판 48쪽 계간으로 발행

잡지명	발행기관 및 성격	주요 연혁
조선 고고 연구	· 고고학 및 민속학 분야의 과학이론잡지 · 고고학 및 민속학 분야에서 새로 조사 발굴된 자료와 연구성과를 소개 · 역사 및 고고학을 전공하는 과학, 교육, 연구기관 일군들과 대학생들, 력사 및 민 속 박물관 일군들과 문화유물보존부문 일군을 대상으로 함	· 1957.2. '과학원'에서 <문화유산>, 격월간 으로 창간 · 1957.8. '과학원출판사'에서 발행 · 1963.3. <고고민속>으로 발행 · 1964년 '사회과학원출판사'에서 계간으로 발행, 1968.4. 중단 · 1986년 '사회과학출판사'에서 <조선고고 연구>로 발행 · 4×6배판 48쪽 계간으로 발행
지질 및 지리 과학	· 1960.8.30. '과학원출판사'에서 <지질과 지리>로 창간 · 지질학 및 지리학 부문의 과학이론잡지	· 1988년 '과학백과사전종합출판사'의 '과 학기술출판사'에서 발행 · 1990년 <지질과학>과 <지리과학>으로 분리 · 1998년 <지질 및 지리과학>으로 통합
철학 연구	· 철학부문의 과학이론잡지 · 1962.4.18. '과학원출판사'에서 계간으로 창간	· 1973.4. <사회과학>에 합쳐서 발간 · 1986년 '과학사전출판사'에서 발행 · 1987.7. '과학백과사전종합출판사'의 '사 회과학출판사'에서 발행 · 4×6배판 48쪽 계간으로 발행

〈사회과학 분야 잡지〉

잡지명	발행기관 및 성격	주요 연혁
력사 과학	· 력사학부문의 과학이론잡지 · 국내외의 광범한 역사학자들과 대학역사교 원들, 역사학부문의 대학생을 대상으로 함	· 1948.7. '조선력사편찬위원회'에서 <력사 제문제>로 국판 월간으로 창간 · 1955년 '과학원'에서 <력사과학>으로 개명 · 1957.8. '과학원출판사'에서 발행 · 1964년 2호부터 '사회과학원출판사'에서 발행 · 1973.4. <사회과학>과 통합 · 1976년 '사회과학출판사'에서 <력사과 학>으로 속간 · 1977년 4호 '과학, 백과사전 종합출판사' 에서 발행 · 1988년 1호 '과학백과사전종합출판사'에서 발행 · 4×6배판 64쪽 계간으로 발행
사회 과학	· 사회과학부문 종합이론잡지 · 철학, 경제학, 법학, 당 및 국가 건설이론, 교육학, 문예학, 언어학 등 여러 분야의 연구성과를 수록 · 국내외의 사회과학연구자와 과학, 교육, 문학예술부문 일군들과 과학이론 및 출판 보도일군, 사회과학을 전공하는 대학생 등을 대상으로 함	· 1973.4. '사회과학출판사'에서 4×6배판 80쪽 계간으로 창간 · 1975년 4×6배판 64쪽 격월간으로 발행 · <철학연구>, <경제연구>, <조선어문>으 로 분리되어 발행

잡지명	발행기관 및 성격	주요 연혁
조선 고고 연구	· 고고학 및 민속학 분야의 과학이론잡지 · 고고학 및 민속학 분야에서 새로 조사 발굴된 자료와 연구성과를 소개 · 역사 및 고고학을 전공하는 과학, 교육, 연구기관 일군들과 대학생들, 력사 및 민속 박물관 일군들과 문화유물보존부문 일군들을 대상으로 함	· 1957.2. '과학원'에서 <문화유산>, 격월간으로 창간 · 1957.8. '과학원출판사'에서 발행 · 1963.3. <고고민속>으로 발행 · 1964년 '사회과학원출판사'에서 계간으로 발행, 1968. 4 중단 · 1986년 '사회과학출판사'에서 <조선고고연구>로 발행 · 4×6배판 48쪽 계간으로 발행
지질 및 지리 과학	· 1960.8.30. '과학원출판사'에서 <지질과 지리>로 창간 · 지질학 및 지리학 부문의 과학이론잡지	· 1988년 '과학백과사전종합출판사'의 '과학기술출판사'에서 발행 · 1990년 <지질과학>과 <지리과학>으로 분리 · 1998년 <지질 및 지리과학>으로 통합
철학 연구	· 철학부문의 과학이론잡지 · 1962.4.18. '과학원출판사'에서 계간으로 창간	· 1973.4. <사회과학>에 합쳐서 발간 · 1986년 '과학사전출판사'에서 발행 · 1987.7. '과학백과사전종합출판사'의 '사회과학출판사'에서 발행 · 4×6배판 48쪽 계간으로 발행

〈문학·예술 분야 잡지〉

잡지명	발행기관 및 성격	주요 연혁
대중 문예	· 문학예술선동 일반잡지 · 1952.4.13. '국립출판사'에서 계간으로 창간	· 1953년 월간 · 1955년 2호부터 <써클원문예>로 개명 · 1965년 '군중문화출판사'에서 <대중문예>로 4×6배판 48쪽 월간으로 발행 · 1969년 '문예출판사'에서 발행 · 1971년 중단
문화어 학습	· 언어생활부문의 대중잡지 · 국내외의 광범한 노동자, 농민, 군인, 청년학생들과 언어전문가, 기자, 작가, 교원을 대상으로 함	· 1958.2.15. '과학원출판사'에서 <말과 글>로 창간 · 1964년 '사회과학출판사'에서 발행 · 1965년 중단 · 1968.6.25. <문학어학습>을 계간으로 다시 속간 · 1988년 2호 '사회과학출판사'에서 발행 · 1993년 1호 '과학백과사전종합출판사'의 '사회과학출판사'에서 발행 · 1998년 1호 <조선어문>과 통합 · '과학백과사전종합출판사'의 '사회과학출판사'에서 4×6배판 64쪽 계간으로 발행

잡지명	발행기관 및 성격	주요 연혁
문학 예술	· 재일본조선문학예술가동맹 중앙위원회 기관잡지 · 문학작품을 중심으로 영화, 연극, 음악, 무용, 미술, 사진 등 종합적인 자료들로 편집	· 1960.1.5. 창간 · 일본 도쿄에 있는 문예동(재일본조선문학 예술가동맹의 약칭) 중앙상임위원회 '문학 예술' 편집부에서 발행
별나라	· 해방 전 아동문학작품집 · 1920년대 활동한 최서해, 송영, 권환, 박 아지, 김북원, 김우철 등 19명 작가들의 112수의 작품 수록 · 해방 전 프롤레타리아 아동문학을 이해 하는 데 자료적 가치가 있음	· 1926년 6월에 발간된 <별나라>에 실린 작 품을 묶어 편찬 · 1969년 '아동도서출판사'에서 발행
영화 문학	· 영화문학 작가들과 영화예술인들 위한 잡지로 완성된 영화문학작품들과 연출대 본을 편집하여 구성	· 1965년 4월 <씨나리오>로 창간, 문예출판 사에서 4×6배판 월간발행 · 1968년 <조선예술>에 통합, 1971년 <영화 문학>으로 속간 되었으나, 1982년 9호를 끝으로 폐간
예술 운동	· 조선프로레타리아예술동맹(카프) 기관지	· 1927년 11월 조선프로레타리아예술동맹 도쿄지부 명의로 창간 · 1928년 일제에 의해 압수, 폐간됨
조선 문학	· 조선작가동맹 중앙위원회 기관잡지 · 문학전문가와 근로자들을 대상으로 함	· 1946.7.25. <문화전선>으로 창간 · 1947.9. <조선문학>으로 발행 · 1948.4. <문학예술>로 발행 · 1953.10. <조선문학>으로 발행 · 1992.3. '문학예술종합출판사'에서 발행 · 4×6배판 80쪽 월간으로 발행
조선 미술	· 조선미술가동맹 중앙위원회기관잡지	· 1957.1.25. '조선미술사'에서 4×6배판 64쪽 격월간으로 창간 · 1959년 3호 '국립미술출판사'에서 발행 · 1961년 9호 '조선문학예술총동맹출판사' 에서 발행 · 1968년 3호 <조선예술>로 통합
조선 어문	· 1956.2.15. '과학원출판사'에서 격월간으 로 창간 · 조선 어학 및 문학부문 이론잡지 · 언어학, 문학예술 부문의 학자들과 전문 가들, 대학교원, 대학생을 대상으로 함	· 1961년 <조선어학>과 <문학연구>로 분리 되어 발행 · 1966년 통합되어 <어문연구>로 발행, 1968년 1호로 중단 · 1973.4. <사회과학>으로 통합되어 발행 · 1986.4. <조선어문>으로 발행 · '과학백과사전종합출판사'의 '사회과학출 판사'에서 4×6배판 48쪽 계간으로 발행

잡지명	발행기관 및 성격	주요 연혁
조선 영화	· 1957.7.20. '조선예술출판사'에서 창간 · 영화예술잡지 · 영화예술인과 영화애호가, 일반대중을 대상으로 함	· 1968년 3호 이후 <조선예술>로 통합 · 1984.4. '문예출판사'에서 다시 속간 · 1992.3. '문학예술종합출판사'에서 발행 · 4×6배판 80쪽 월간으로 발행 · 1997. 10 폐간
조선 음악	· 음악예술잡지 · 음악예술부문 창작가들과 전문가들, 예술소조원, 일반대중을 대상으로 함	· 1955.3.25. 비정기간행물로 호수잡지 첫 호가 나옴 · 1957.1.20. 정기간행물로 창간 · 1968년 4호 <조선예술>에 통합
조선 예술	· 예술부문의 종합잡지 · 예술부문의 전문가, 예술인들과 예술소조원 및 일반대중을 대상으로 함	· 1967.9.15. 창간 · 초기 연극과 무용부문의 예술잡지로 '조선예술사'에서 발행 · 1968년 4호 <조선미술>, <조선영화>, <조선음악>이 <조선예술>에 통합되어 '문예출판사'에서 발행 · 1992년 '문학예술종합출판사'에서 발행 · 4×6배판 80쪽 월간으로 발행
청년 문학	· 조선작가동맹 중앙위원회 기관잡지	· 1956.3.5. '작가동맹출판사'에서 창간 · 1992.3. '문학예술종합출판사'에서 발행 · 4×6배판 64쪽 월간으로 발행

<〈정치이론 및 시사잡지〉>

잡지명	발행기관 및 성격	주요 연혁
국제 생활	· 국제정치시사잡지 · 중앙기관, 대외사업부문과 재외대표부, 교육과학연구기관을 대상으로 함	· 1953.3. 조선중앙통신사에서 반월간으로 창간 · 1957년 중단 · 1958.2. 국제생활사에서 반월간으로 속간 · 1968~1971년 근로자사에서 격월간으로 발행 · 1986~1991.1. 국제생활사에서 월간으로 속간
근로자	· 조선로동당 중앙위원회 정치리론기관잡지 · 현재 4×6배판 96쪽 월간으로 근로자사에서 발행 · 중앙과 지방의 당 및 행정, 근로단체 간부들과 사회과학부문, 교육부문, 양성기관 일군들을 기본 독자 대상으로 함	· 1946.10.25. 124쪽 월간으로 로동신문사에서 창간 · 1947년 4×6 배판 110쪽으로 바뀜 · 1949~1950년 반월간으로 발행 · 1951년 월간으로 발행 · 1962~1965년 반월간으로 발행 · 1966년 월간으로 발행

잡지명	발행기관 및 성격	주요 연혁
로동자	· 조선직업총동맹 중앙위원회 기관잡지 · 역사, 문화, 과학기술지식과 남조선 및 국제정세자료들이 편집 · 전국의 노동자와 직맹원, 직맹일군을 대상으로 함	· 1948.2.15. '로동자신문'에서 4×6배판 60～124쪽의 월간잡지로 창간 · 1950년 4호 '직맹출판사'에서 발행 · 1953년 10호 '로동자신문사'에서 발행 · 1966년 <로동자>와 <농업근로자>가 통합되어 <로농대중>으로 1968년 3호까지 발행 · 1975.4. '근로단체출판사'에서 <로동자> 속간 · 4×6배판 56쪽 월간으로 발행
남조선 문제	· 남조선과 조국통일문제를 전문적으로 취급하는 월간종합이론잡지 · 남조선관계부문 연구사, 전문가들과 일군들, 근로자 등을 대상으로 함	· 1964.3. '조국사'에서 격월간으로 창간 · 1966.6.～1968.7. '조국사'에서 발행 · 1968.8. '조국통일사'에서 발행 · '조국통일사'에서 4×6배판 64쪽 월간으로 발행
농업 근로자	· 대중정치교양잡지 · 조선농업근로자동맹 중앙 위원회 기관잡지 · 농업근로자와 농근맹원들, 농근맹초급일군을 대상으로 함	· 1965.4. '농업출판사'에서 4×6배판 월간으로 창간 · 1966.3. '근로단체출판사'에서 발행 · 1966.7. 중단 · 1974.4. '농업근로자출판사'에서 4×6배판 48쪽 월간으로 발행 · 1975년 '근로단체출판사'에서 발행 · '근로단체출판사'에서 4×6배판 월간으로 발행
3.1 월간	· 조국광복회 기관지 · 대중정치이론잡지	· 1936.12.1. 창간
선전자	· 선전원들을 위한 이론실무잡지	· 1948.2. '북조선인민위원회 선전국'에서 <선전원>, 4×6판 월간으로 창간 · 1949.10. <선전자>로 4×6배판으로 발행 · 1950년 3호로 중단
새조선	· 대외선전잡지	· 1950.4. <새조선>(로문판)이 '새조선사'에서 국배변형판 64쪽으로 창간 · 1951년 중문판으로 발행 · 1956.7. '외국문출판사'에서 4×6배판 월간으로 발행 · 1975년 <오늘의 조선>으로 발행
인민	· 조선민주주의인민공화국 정부기관 잡지 · 내각결정과 법령, 당정책 지시들을 각급 인민위원회가 관철하도록 소개, 선전 · 처음 <인민> 편집위원회에서 비정기적으로 발행됨	· 1946.11. 북조선림시인민위원회 기관지로 창간 1948.9. 조선민주주의인민공화국 정부기관지 · 1949년부터 민주조선사에서 월간 4×6배판으로 발행 · 1956년 105호 발행 후, 폐간

잡지명	발행기관 및 성격	주요 연혁
인민 교육	• 보통교육부문의 교육이론 및 실무잡지 • 사회주의 교육학 이론의 해설, 소개 • 인민학교, 고등중학교 교원들과 교육행정분야 일군들을 독자 대상으로 함	• 1946.9.15. 인민교육사에서 계간으로 창간, 1948년 격월간, 1949년 월간, 1950년 2호부터 교육신문사 발행 • 1954년부터 교원신문사에서 속간, 1959년부터는 인민교육사에서, 1961년 7호부터 교원신문사에서, 1969년 2호부터 교원선전수첩출판사에서, 1975년부터 교원신문사에서 격월간으로 발행
정치 지식	• 당원들과 근로자들을 위한 통속적인 대중정치교양잡지	• 1952.4. 반월간 또는 순간으로 조선로동당 중앙위원회 선전선동부에서 창간 • 1952.10. '조선로동당출판사'에서 발행 • 1960~1964년 공업, 농업, 사업 부문별 잡지로 분리 • '조선로동당출판사'에서 4×6배판 16쪽 월간으로 발행
조선 직맹	• 조선직업총동맹중앙위원회 기관잡지 • 로문, 영문, 프문으로 된 대외잡지	• 1958.9. <통보>로 로문판과 영문판 창간 • 1960.9. <조선직맹>으로 발행 • 1970년 프문판 발행 • 1977년 로문판 중단 • 1992년 영문판 프문판 중단
태풍	• 일반정치 시사잡지	• 1948.3.2. 창간 • '태풍출판사'에서 4×6배판, 64쪽 반월간으로 발행 • 1951년 4호까지 발행

〈대중 종합잡지〉

잡지명	발행기관 및 성격	주요 연혁
새조선	• 대중종합잡지	• 1947.12.10. '민주조선출판사'에서 4×6배판으로 창간 • 1949년 9호로 폐간
인민 조선	• 대중정치 문화교양을 위한 종합잡지 • 노동자, 농민, 대다수 근로자들의 정치사상과 문화정서 고양을 목적으로 함	• 1953년 3월에 창간, '인민조선사'에서 4×6배판 월간발행 • 1958년부터 반월간, 1960년부터 종합잡지 <천리마>에 통합
천리마	• 대중교양종합잡지 • 다양한 종류의 기사와 사진, 그림, 삽화 등을 배합하여 편집 • 노동자, 농민, 지식인, 군인, 청소년 등 광범한 대중을 대상으로 함	• 1959.1.22. '국립미술출판사'에서 월간으로 창간 • 1962.5.3. 대중종합잡지로 발전 • '문학예술종합출판사'의 '천리마사'에서 4×6배판 152쪽 월간으로 발행

〈어린이 · 청소년 및 여성 잡지〉

잡지명	발행기관 및 성격	주요 연혁
근로 녀성	· 조선민주녀성동맹 중앙위원회 기관지 · 1970.7.7. 4절지 4면 순간으로 '녀성출판 사'에서 창간	· 1972년 2절 4면 주간신문으로 발행 · 1973년 '근로녀성신문사'발행 · 1974년 5일간지로 발행 · 1975년 중단
대학생	· 김일성사회주의청년동맹 중앙위원회 기 관잡지 · 대학생들이 쓴 논설, 정론, 경험기사, 실 화, 소설, 수필, 수기, 시 등 기사들과 문 예작품들의 편집 · 대학생들과 고등전문학교학생을 대상으 로 함	· 1973.7. 사로청출판사'에서 창간 · 1975.8. '금성청년출판사'에서 발행 · 4×6배판, 68쪽 월간으로 발행
새세대	· 김일성사회주의로동청년동맹 중앙위원회 기관잡지	· 1966.2.25. '민주청년사'에서 창간 · '금성청년종합출판사'에서 4×6배판, 64쪽 월 간으로 발행
새희망	· 김일성사회주의청년동맹 중앙위원회 기 관잡지	· 1966.4.1. <소년단>이 <새희망>과 <우리 동 무>로 분리되면서 창간 · '학생소년출판사'에서 4×6배판 56쪽 월간 으로 발행 · 1970년 5호 '사로청출판사'에서 발행 · 1975년 8호 '금성청년출판사'에서 발행 · 1984.6. 폐간
아동 문학	· 조선작가동맹 중앙위원회 기관지 · 작가, 문학통신원, 학생들의 문학작품을 편집	· 1947.7. 창간 · 어린이신문사, 문화전선사, 문화예술사 등 을 거쳐 1953년까지 비연속간행물로 발행 · 1954년부터 월간 · 1999.6.15. 500호 발행기념, 국기훈장 제1급 수여받음 · 현재 문학예술종합출판사에서 4×6배판 40 쪽 월간으로 발행
어린 동무	· 어린이들을 위한 교양잡지였으나 여러 번 발행기관이 바뀌는 과정에서 1950년 6 호를 끝으로 폐간됨	· 1946년 1월 창간, 아동문화사에서 4×6배판 월간으로 발행 · 1947년 5호부터 어린이신문사에서, 1948년 1호부터 교육성 신문잡지부에서 1949년 12 호부터 교육신문사에서 발행
우리 동무	· 인민학교 학생들을 위한 교양잡지 · 인민학교 학생들의 충성심 고취를 기본 사명으로 발간되었으나 1984년 6호 이후 폐간됨	· 1966.4. 창간 · 처음 학생출판사에서 1970년 5호부터 사로 청출판사에서, 1975년 8호부터 금성출판사 에서 4×6배판 월간으로 발행
조선 중학생	· 총련의 각급 학교 중급부 소년단원들을 위한 잡지	· 1967.5.25. 창간 · 학우서방'에서 월간으로 발행

잡지명	발행기관 및 성격	주요 연혁
조선 녀성	·조선민주녀성동맹 중앙위원회 기관잡지 ·1946. 9. 6 '조선녀성사'에서 창간	·1969년 '근로단체출판사'에서 발행 ·1970년 4호 '녀성출판사'에서 발행 ·1975년 11호 '근로단체출판사'에서 발행 ·1982. 6호까지 월간, 이후 격월간으로 발행 ·4×6배판 40쪽 격월간으로 발행
조선 청년 학생	·김일성사회주의청년동맹 중앙위원회와 조선학생위원회 기관지로 발행된 대외 잡지 ·세계민주청년련맹을 비롯하여 세계 여러 지역 청년학생조직들과 국제기구들, 각국 청년조직들과 개별적 인사들을 비롯하여 130여 개 나라에 배포	·'금성청년종합출판사'에서 영문과 로문, 프문으로 각각 발행 ·1959.1.9. <조선청년통보> 영영문판으로 발행 ·1960. 6호 <조선청년학생>으로 발행 ·1969년 로문판 발행 ·1970년 프문판 발행 ·1977년 로문판 중단 ·1991년부터 월간으로 발행 ·1993년 영문판, 프문판 중단
청년 생활	·김일성사회주의청년동맹 중앙위원회 기관잡지	·1948. 1. 25 창간 ·'금성청년종합출판사'에서 4×6배판, 68쪽 월간으로 발행
친한 동무	·총련의 각급 학교 초급부 1~3학년 학생들을 위한 잡지	·1967.4.1. 창간 ·총련의 '학우서방'에서 월간으로 발행
청년 전위	·김일성사회주의청년동맹 중앙위원회 기관지	·1946.4.20. <청년>으로 창간 ·1946.11.7. <민주청년>, 주 2회로 발행 ·1964.5. <로동청년>, 일간신문으로 발행 ·1996.1.20. <청년전위>로 발행 ·'청년전위신문사'에서 대형판 4면 일간으로 발행
꽃봉 오리	·유치원 어린이들과 교양원들을 대상으로 한 그림 잡지 ·학교 전 의무교육에 필요한 자료들을 다양히게 편집, 구성	·1960.4. 창간(격월간) ·아동출판사와 학생소년출판사 등을 거쳐 1975년부터 교원신문사에서 4×6배판으로 발행, 24쪽
꽃봉 오리②	·총련의 각급 학교 유치반 어린이들을 위한 그림 잡지 ·사회주의 조국 '북한'과 '김정일'에 대한 충성심을 고취시키기 위한 잡지	·1974.4.1. 창간 -학우서방에 B5 규격의 월간으로 발행 -북한의 자연, 생활자료들과 기초지식 수록

〈해외 간행잡지〉

잡지명	발행기관 및 성격	주요 연혁
오늘의 조선	· 북한의 대외 종합잡지로, 외국문종합출판사에서 6개 국어로 발행 · 김 부자 찬양 및 사회주의체제를 선전하는 대표적 출판물임	· 1950.4. 러시아판 〈새조선〉 발행 · 1951. 중문판 발행 · 1957. 영문판 〈오늘의 조선〉발행 · 1960. 일문판, 1962. 프랑스어판, 1964. 에스파냐판, 1990. 아랍어판*국배판 60쪽
월간 조선 자료	· 조총련 조선문제연구소가 발간하는 조선문제에 관한 전문이론잡지로 일본의 정당, 관청, 대학, 단체를 대상으로 함	· 1961.2.25. 창간(월간) · 1981년 9월 유엔교육과학문화기구 보급잡지로 지정, 연 4만 부 발행
인민 조선	· 재일본조선인총련합회 중앙상임위원회 대외 기관지 · 사회주의 및 체제 선전을 목적으로 함	· 1961.1.1. 영문판 발행 · 1965.5.25. 에스파니어판 발행 · 1965.5.25. 프랑스어판 발행
조선 청년	· 재일본조선청년동맹 중앙위원회 기관지 · 재일조선청년학생을 대상으로 하는 대중정치신문	· 1956.12.15. 일문판으로 월 2회로 창간 · 1958.5. 조선말로 발행 · 1961.7. 주간으로 발행 · '조선청년사'에서 주 1회씩 조선말로 발행
조선 학술 통보	· 재일본조선일과학기술협회 대외잡지 · 〈과학원통보〉 등 학술잡지에 소개된 논문을 소개	· 1964년 창간 · 1985년 과학기술 대외전선잡지로 개편
조선 화보	· 재일본조선인총련합회 산하에 있는 조선화보사에서 발행하는 일문판 월간대중화보 · 〈조선〉(일문판)을 기초로 함	· 1962.4.15. 창립
통일 평론	· 월간 종합 잡지 · 조국의 통일문제를 기본으로 취급하는 잡지	· 1962.4.19. 일문 국판 격월간으로 진보적민족주의자에 의해 창간 · 일본 도쿄에 있는 재일동포출판사인 '통일평론사'에서 발행

〈기타 잡지〉

잡지명	발행기관 및 성격	주요 연혁
조선 체육	· 체육지도위원회기관지	· 1949.2.28. '교육신문사'에서 〈인민체육〉으로 창간 · 1950. 3호로 중단 · 1957.5. '국립출판사'에서 〈체육과 스포츠〉로 발행 · 1960.1. 〈체육생활〉, 1963년 1호 〈체육〉으로 발행 · 1995.3. '체육출판사'에서 발행 · 4×6배판 월간으로 발행

주체 사상	· 일본김정일저작연구회 전국련락협의회 기관지	· 1994년 창간
주체 사상 연구회	· 기관잡지 · 국제표준간행물번호(ISSU) <영문판>를 가짐	· 1978.4. 창간 · '주체사상국제연구소'에서 연 2회 발행
민족 교육	· 재일본조선인교직원동맹 중앙상임위원 회와 재일본조선인중앙교육회 상임이사 회의 합동기관지	· 1956.7.25. 국문판 소책자로 계간으로 창간 · 신문형식으로 국문판, 일문판이 번갈아 발행 · 1977.5. 국문판은 잡지형으로 바뀌어 연 2 회 정도 발행 · 일문판은 연 2~3회 신문형식으로 발행

〈방송잡지〉

잡지명	발행기관 및 성격	주요 연혁
순간 통신	· 통신보도잡지 · 시사문제를 비롯한 국내외소식들을 제 때에 광범한 대중에게 소개	· 1947.7.2. '북조선통신사'에서 <순간북조선 통신>으로 4×6배판 순간으로 창간 · 1948.10. '순간통신사'에서 <순간통신>으로 발행 · 1950년 7호부터 반월간으로 발행 · 1951.8. '조선중앙통신사'에서 발행 · 1951.11. 폐간

〈화보〉

잡지명	발행기관 및 성격	주요 연혁
조선	· 대외화보 · 당의 정책, 생활상 등을 글과 사진 자료 를 통해 소개	· 1956.4.25. 창간 · 1960년 프문판, 1967년 에스문판, 1990년 아랍어문판 화보 발행(1997년 에스문판과 아랍어문판 발행 중단) · 1991년 해외동포를 위한 조문판 발행 · '외국문종합출판사'의 '조선화보사'에서 5 개 어문판이 4×6 4배판 월간으로 발행
조선 화보	· 광범한 근로대중을 위한 화보잡지	· 1948년 <조선인민화보>로 창간 · 1956.4. <조선>으로 발행 · 1991년 <조선화보>로 발행 · '조선중앙사진선전사'에서 <조선화보>에서 4×6배판 36쪽 월간으로 발행

부록 2. 김정일 노작 일람표

일자	노작 종류, 제목, 내용 등
1952.8.1.	불멸의 고전적 명작 『조국의 품』
1953.	불멸의 고전적 명작 『패전장군의 말로』
1954.	불멸의 고전적 명작 『1초가 1시간이 되어 주지 않는가』
1954.4.26.	조선작가동맹 출판사를 둘러보고 『아동문학』 편집국 간부 등과 나눈 담화 『인민이 사랑하는 좋은 문학예술작품을 많이 출판해야 한다』
1955.4.5.	평양제1중학교 학생들과 가진 담화 『한그루의 나무라도 진심으로 심고 키우자』
1957.3.31.	평양제1중학교 학생들과 가진 담화 『나무를 많이 심어 조국 산야를 푸르게 가꾸자』
불명(60년대 초기)	고전적 노작 『공화국정권은 진정한 인민의 정권이다』
불명(60년대 초)	고전적 노작 『노농적위대는 우리당의 강력한 민간무력이다』
불명(60년대 초)	고전적 노작 『전인민적 방위체계의 불패위력에 대해』
1960.7.16.	불멸의 고전적 명작 『대동강 일출』
1960.9.1.	불멸의 고전적 노작 『조선아 너를 빛내리』
1960.10.8.	김일성종합대학 학생들과 가진 담화 『혁명전통에 대한 인식을 바르게 가지는 것에 대하여』
1960.10.23.	고전적 노작 『우리 것을 많이 출판, 선전하는 것에 대하여』
1960.10.29.	김일성종합대학 학과논문 『삼국통일문제를 다시 검토하는 것에 대하여』
1960.12.10.	김일성종합대학 학생들에 대한 담화 『우리당이 계승해야 할 혁명전통은 수령님께서 다진 전통이다』
1961.1.21.	불멸의 고전적 노작 『대학생들은 사회정치활동에 적극적으로 참가해야 한다』
1961.2.3.	김일성종합대학 학생 초급 활동가들과 가진 담화 『독서운동을 힘차게 전개하자』
1961.3.3.	김일성종합대학 학생들에 대한 담화 『우리나라의 것을 더욱 잘 알아야 한다』
1961.3.17.	김일성종합대학 군사학 강좌 교원들과 가진 담화 『대학생을 군사적으로 강건히 준비시키는 것에 대하여』
1961.3.27.	불멸의 고전적 노작 『선조들이 물려준 문화적 보물을 귀중하게 생각해야 한다』
1961.4.4.	역사적 노작 『수령님에 대한 항일혁명 선열들의 충성심을 배우자』
1961.4.5.	김일성종합대학 학생들과 가진 담화 『사대와 외부세력 의존은 망국의 길이다』
1961.4.29.	김일성종합대학 학생들에 대한 담화 『항일혁명투사들의 혁명적 낙관주의 정신을 배우자』
1961.5.13.	김일성종합대학 학생들에 대한 담화 『과학기술을 세계적 수준으로 끌어올리자』
1961.5.24.	역사적 담화 『역사사적과 유물을 적극적으로 발굴하여 잘 보존하고 관리하자』
1961.5.25.	언어생활에서 주체를 확립하는 것에 대해 가르침을 주시었다.
1961.7.18.	김일성종합대학 조선어문학부 학생들에 대한 담화 『혁명적 신념을 키우기 위해 노력하자』

일자	노작 종류, 제목, 내용 등
1961.7.20.	김일성종합대학 학생들 앞에서 행한 연설『항일혁명 투사들의 숭고한 애국주의 정신을 적극적으로 배우자』
1961.11.8.	김일성종합대학 경제학부 학생들에 대한 담화『일제가 실시한 토지조사사업의 반동적 본질에 대해』
1962.1.15.	『현대 제국주의의 특징과 침략적 본성에 대해』
1962.2.7.	역사적 노작『청산리 정신, 청산리 방법은 독창적인 대중 영도방법이다』
1962.2.22.	문헌『대학생들 가운데 혁명적 세계관을 확립하는 것에 대하여』
1962.3.20.	김일성종합대학 학생들에 대한 담화『신천 땅의 피의교훈을 잊어서는 안 된다』
1962.3.21.	역사적 담화『우리는 반제·반미투쟁을 멈출 수 없다』
1962.3.22.	역사적 담화『전쟁과 평화에 대해 우리당의 입장을 바르게 인식해야 한다』
1962.5.5.	역사적 담화『조국광복회 창설은 수령님의 독창적인 통일전선사상의 빛나는 결과』
1962.7.13.	논문『사회주의 국가와 법의 노동계급적 및 인민적 성격에 대하여』
1962.8.5.	논문『지방경제를 발전시킨다는 우리 당 방침의 정당성』
1962.8.17.	김일성종합대학 학생들과 가진 담화『군사를 충실하게 배우자』
1962.8.22.	김일성종합대학 군사야영생들과 가진 담화 『위대한 수령님의 군사사상을 학습하는 가운데 제기된 몇 가지 문제에 대하여』
1962.9.10.	김일성종합대학 군사야영생들과 가진 담화『전쟁의 성격에 대하여』
1962.9.19.	당회의에서의 맺음말씀 『수령님의 혁명사상에 기초한 당원사상, 의지적인 통일과 단결을 강화하자』
1962.9.30.	김일성종합대학 군사야영생들과 가진 담화 『위대한 수령님이 제시하신 독창적인 혁명무력 건설원칙에 대하여』
1962.10.2.	김일성종합대학 군사야영생들과 가진 담화 『위대한 수령님의 독창적인 군사사상에 대하여』
1962.12.10.	담화『사상의식의 결정적 역할에 대하여』
1962.12.29.	담화『현대수정주의의 반동적 본질과 이에 반대하는 투쟁에 있어서 우리 당이 견지하고 있는 혁명적 입장에 대하여』
1963.1.3.	담화『철학의 사명에 대하여 이해를 바르게 가지는 것에 대하여』
1963.1.14.	담화『대안(大安)의 사업체계는 독창적인 사회주의 경제관리 체계』
1963.5.7.	담화『위대한 수령님을 받들고 사는 민족적 긍지와 자부심을 마음속 깊이 새겨야 한다』
1963.5.22.	담화『총련결성은 위대한 수령의 해외교포운동사상의 빛나는 승리이다』
1963.6.9.	김일성종합대학 학생들과 가진 담화『일기당백(一騎當百)은 인민군대를 불패의 혁명무력으로 강화하는 것을 가능하게 하는 전투적인 슬로건』
1963.6.12.	담화『노동계급인 수령님은 혁명투쟁에서 결정적인 역할을 다하다』
1963.6.12.	담화『우리 당의 자립적 민족경제 건설노선을 결단코 옹호하자』
1963.6.27.	김일성종합대학 학생들에 대한 담화『위대한 수령님의 계속적인 혁명사상을 바르게 인식할 데 대하여』

일자	노작 종류, 제목, 내용 등
1963.7.29.	대학생들 가운데 당의 사상체계를 확립하는 문제에 관한 문헌
1963.8.1.	김일성종합대학 경제학부 학생들과 가진 담화 『우리당의 빛나는 혁명전통을 따라 열심히 무장하자』
1963.8.29.	혁명전통에 따라 열심히 무장해야 할 필요성과 그 방침을 관철하는 데 있어 제기되는 중요한 문제에 대해 명시한 문헌
1963.9.27.	담화『프롤레타리아 독재체계에 있어서 수령, 당, 계급, 대중의 상호관계에 대하여』
1963.11.3.	담화『반 듀링그론에 있어서 제기되는 철학적 문제에 대하여』
1963.11.8.	노작『계급교육을 기본으로 하는 공산주의교육을 한층 강화하자』
1963.11.11.	김일성종합대학 학생들과 가진 담화『옛날 책은 우리민족의 귀중한 재산이다』
1963.11.14.	논문『역사발전에 있어서 인민대중이 차지하는 지위와 역할』
1964.3.18.	졸업논문『사회주의 건설에서의 군(郡)의 위치와 역할』
1964.3.18.	김일성종합대학 학생들과 가진 담화 『독도는 누구도 침범할 수 없는 신성한 우리나라 영토이다』
1964.3.30.	담화『당과 수령님께 한없이 충실한 혁명가가 되자』
1964.4.22.	조선민주 청년동맹 중앙위 간부들에 대한 담화 『현실발전 요구에 합당하도록 청년동맹 사업을 개선, 강화하는 데 대하여』
1964.6.12.	조선중앙통신사 간부들에 대한 담화『조선중앙통신사 기본임무』
1964.6.20.	역사적 노작『우리 당을 영원히 김일성 동지의 당으로 강화, 발전시키자』
1964.8.21.	황해남도 당 및 농촌경리부문 간부들에 대한 담화 『황해남도 농촌경리 발전에서 새로운 전환을 일으키자』
1964.9.15.	조선인민군 2·8 영화촬영소를 시찰하고 간부들에 대해 말씀하신 담화『군인 교육에 기여하는 혁명적인 영화를 더욱 많이 제작해야 한다』
1964.9.16.	당중앙위 선전선동부 간부들에 대한 담화 『역사유적, 유물 보존사업에 대한 당 지도를 강화하는 것에 대하여』
1964.10.18.	조선인민군 제855군부대 간부들에 대한 담화 『비행사들을 정치·군사적으로 철저하게 준비시키자』
1964.12.10.	문학예술부문 간부들에 대해 행한 연설 『혁명적인 문화예술작품 창작에 전력을 집중시키자』
1965.1.8.	당중앙위 조직지도부 간부들에 대한 담화 『당사업을 철저하게 사람에 대한 사업으로 전환시키자』
1965.2.15.	당중앙위 조직지도부 및 평양시 간부들에 대한 담화『어머니 심정으로 책임지 고 인민생활을 보살펴야 한다』
1965.3.13.	담화『혁명가요와 전시가요를 폭넓게 보급시켜야 한다』
1965.4.27.	당중앙위 간부들에 대한 담화『수령님의 위대성을 남조선 인민들에게 널리 선 전하는 것에 대하여』
1965.5.9.	대외사업부문 간부들에 대한 담화『신흥세력 국가들과의 친선, 단결을 강화하자』
1966.1.26.	당중앙위 간부들에 대한 담화『재일동포들의 민주주의적 민족권리는 철저하 게 보장되어야 한다』

일자	노작 종류, 제목, 내용 등
1966.2.4.	영화예술부문 활동가들에 대한 담화 『영화창작에 있어서 생활상을 보다 깊고 충실하게 그리는 것에 대하여』
1966.2.7.	조선작가동맹 중앙위 위원장에 대한 담화 『새로운 혁명문학을 건설하는 것에 대하여』
1966.2.26.	영화예술부문 창작가·예술인들에 대한 담화 『혁명적 영화창작에서 새로운 전환을 일으키자』
1966.6.6.	사로청 중앙위 간부들에 대한 담화 『소년단사업에 대한 지도를 한층 강화하자』
1966.6.17.	김일성종합대학 경제학부 교수들에 대한 담화 『교육사업을 개선하여 유능한 민족 간부를 키워내자』
1966.8.26.	역사적 노작 『비단도는 노동당시대의 거대한 창조물이다』
1966.9.23.	노작 『농촌경리부문 지도 간부들에 대한 담화』
1966.10.28.	당중앙위 선전선동부 간부 및 기자·편집원 등에 대한 담화 『당대표자대회 결정을 관철하는 데 있어 출판·보도물 역할을 높이자』
1966.10.30.	노작 『용악산 역사유적·유물을 잘 보존, 관리하여 만경대지구를 전국의 모범이 되도록 정비하는 것에 대하여』
1966.12.27.	문예예술부문 간부 및 창작가들에 대한 담화 『예술영화 최학신일가를 반미교육에 기여하는 명작으로 완성시키는 것에 대하여』
1967.2.10.	작가들에 대한 담화 『인간의 성격과 생활에 대한 사실주의적 전형화를 심도 있게 실현시키는 것에 대하여』
1967.2.26.	영화예술부문 책임간부·창작가들과의 담화 『백두산 창작단을 설립하는 것에 대하여』
1967.4.7.	상업부문 간부들에 대한 담화 『상품공급 사업을 개선, 강화하자』
1967.5.30.	불멸의 고전적 노작 『문학예술부문에서 당 유일사상체계를 확립하는 것에 대하여』
1967.6.7.	문학예술 부문 간부 및 작가들에 대한 연설 『당 유일사상 교육에 기여하는 음악작품을 더욱 많이 창작하자』
1967.6.13.	당중앙위 과학교육부 간부들에 대한 담화 『정치·도덕적 자극과 물질적 자극에 대한 바른 이해를 가지는 것에 대하여』
1967.6.15.	당중앙위 선전선동부 간부들에 대한 담화 『반당·반혁명분자들의 사상적 여독을 제거하여 당 유일사상체계를 확립하는 것에 대하여』
1967.6.20.	당중앙위 선전선동부 간부들에 대한 담화 『4.15 문학창작단을 결성하는 것에 대하여』
1967.6.30.	당중앙위 선전선동부 영화과 간부들에 대한 담화 『조선영화문학창작사에 대한 지도사업을 훌륭하게 실시하기 위한 몇 가지 문제에 대하여』
1967.7.3.	당중앙위 선전선동부 간부들에 대한 담화 『경제건설과 국방건설에서 혁명적 고양을 불러일으키기 위한 사상선전을 강화하는 것에 대하여』
1967.7.3.	당 사상사업부문 및 문예예술부문 책임간부들에 대한 담화 『작가·예술인들 가운데 당 유일사상체계를 철저하게 확립하는 것에 대하여』
1967.7.30.	조선중앙방송위 위원장에 대한 담화 『방송사업에서 제기되는 몇 가지 문제에 대하여』

일자	노작 종류, 제목, 내용 등
1967.8.16.	문학예술부문 책임간부들에 대한 연설『문학예술작품에 당 유일사상을 구현하기 위한 사업을 효과적으로 하는 것에 대하여』
1967.10.8.	사로청 중앙위 간부들에 대한 담화『청년들은 농촌테제 관철을 위한 투쟁에서 선두에 서야 한다』
1967.10.12.	만경대혁명학원을 졸업한 혁명가 유자녀들에 대한 담화『혁명가 유자녀들은 수령님을 정치·사상적으로 옹호, 보위하는 친위전사가 되어야 한다』
1967.12.25.	담화『재일동포들의 민족적 존경과 인권보장을 위한 투쟁을 힘차게 전개하는 것에 대하여』
1968.2.2.	당중앙위 선전선동부 및 군사부문 간부들에 대한 담화『미제의 전쟁도발 책동에 대처하여 전투동원 준비를 철저하게 정비하자』
1968.3.6.	조선노동당 중앙위원회 직속 당역사연구소 간부들과 가진 담화『혁명역사기록 편찬에 있어서 기본은 수령님의 혁명사상을 훌륭하게 번영시키는 것이다』
1968.3.13.	조선인민군 제109군부대 정치부 중대장에 대한 담화『정치부 중대장의 임무』
1968.4.6.	예술영화 형제들의 창작가들에 대한 담화『대작 창작에 있어서 제기되어지는 몇 가지 문제』
1968.7.18.	양강도 보천군 보천루 혁명유적지에서 간부들과 가진 담화『혁명유적지를 잘 정비하자』
1968.7.21.	양강도 책임간부 및 항일혁명투사들에 대한 담화『양강도를 혁명전통 교육의 거점으로 잘 정비하자』
1968.10.8.	김일성 종합대학 조선어 문학부 졸업생들에 대한 담화『당에 한없이 충실한 문예전사가 되기 위해 준비하자』
1968.10.25.	창작가들에 대한 담화『음악창작 방향에 대하여』
1968.11.1.	영화예술부문 간부들에 대한 담화『혁명적 영화창작에 있어서 생활을 실사적으로 그리는 것에 대하여』
1969.1.19.	당 중앙위 조직지도부 및 조선인민군 총정치국 간부들에 대한 담화『인민군대 당조직과 정치기관의 역할을 드높일 데 대하여』
1969.2.11.	노작『혁명에 필요한 명곡을 창작하자』
1969.2.15.	고전적 노작『영화혁명 수행에 있어서 제기되는 중심적 과제에 대하여』
1969.2.25.	영화예술부문 간부들에 대한 담화『간부들은 사업방법과 작풍을 끊임없이 개선, 강화해야 한다』
1969.3.24.	당중앙위 선전선동부 영화과 간부들에 대한 담화『신세대를 백두혁명 정신으로 무장시키자』
1969.4.20.	영화예술부문 간부 및 창작가들에 대한 담화『예술인들에 대한 사업을 정치적 방법으로 해야 한다』
1969.4.29.	영화예술부문 간부들에 대한 담화『인간의 마음을 움직일 수 있는 간부가 되어야 한다』
1969.5.29.	당 중앙위 과학교육부 간부들에 대한 담화『인텔리정책 관철과정에서 나타난 편향을 바로잡을 데 대하여』

일자	노작 종류, 제목, 내용 등
1969.6.5.	고전적 노작 『당세포의 기본임무는 당원들을 혁명과제를 수행하도록 조직, 동원하는 것이다』
1969.6.9.	불멸의 노작 『영화 예술인들은 우리 당 사상전선의 기수이다』
1969.8.12.	당중앙위 선전선동부 간부들에 대한 담화 『청소년들에게 혁명전통 교육을 한층 강화하는 것에 대하여』
1969.8.15.	고전적 노작 『당 조직과 사상적 기초를 굳건히 할 데 대하여』
1969.9.6.	고전적 노작 『위대한 수령을 그린 미술작품은 국가의 귀중한 보물이다』
1969.9.27.	영화예술부문 간부들에 대한 담화 『불멸의 고전적 명작 피의 바다를 영화로 완성시키는 데 있어 제기되어지는 몇 가지 문제에 대해』
1969.12.9.	역사적 연설 『영화예술인들을 혁명화, 노동계급화하는 것에 대하여』
1970.1.9.	고전적 노작 『작가 예술인들에게 혁명적 창작 기풍을 확립시키는 것에 대하여』
1970.1.12.	고전적 노작 『영화예술부문 사업을 개선하는 데 있어서 제기되는 몇 가지 문제에 대하여』
1970.1.16.	영화문학 작가들에 행한 연설 『작가들은 지식이 풍부하지 않으면 좋은 작품을 쓸 수 없다』
1970.2.14.	불멸의 고전적 명작 "어떤 자위단원의 운명"을 영화화하는 사업에 참가하고 있는 예술인들이 제기한 질문에 대한 회답 『불멸의 고전적 명작 "어떤 자위단원의 운명"의 사상 예술적 특성에 대하여』
1970.2.19.	문화예술부문 활동가들에 대한 담화 『문학예술작품에 사람들의 혁명적 세계관 형성과정을 깊이 있게 다루는 것에 대하여』
1970.2.22.	조선사회주의 노동청년동맹 중앙위원회 부위원장과 가진 담화 『청소년 교육에서 출판물의 역할을 고양할 데 대하여』
1970.3.4.	당중앙위 선전선동부 활동가들에 대한 담화 『민족문화유산을 바른 관점과 입장에서 올바르게 평가, 처리하는 것에 대하여』
1970.3.29.	당중앙위 선전선동부 및 사회안전성 정치국 활동가에 대한 담화 『사회안전 활동가들 가운데 정치사상교육사업을 강화하는 것에 대해』
1970.6.6.	조선예술영화 촬영소 책임간부들에 대해 가진 예술영화 창작시에 제기되는 구체적인 방도를 명시한 담화
1970.6.18.	작가·연출가들에 대한 담화 『사회주의 현실을 반영한 혁명적 영화를 더욱 많이 창작하자』
1970.8.19.	고전적 노작 『문학신문을 재차 간행하는 사업에서 제기되는 몇 가지 문제』
1970.10.16.	영화예술부문 활동가들에 대한 담화 『영화예술부문 활동가들 가운데 혁명적으로 일하고 생활하는 기풍을 확립하는 것에 대하여』
1970.12.3.	당 중앙위 조직지도부 및 선전선동부 활동가들에 대한 담화 『당 생활을 강화하여 간부들을 철저하게 혁명화시키자』
1971.2.12.	영화문학 작가들과 연출가들에 대한 연설 『영화창작 사업에서 제기되는 몇 가지 문제』
1971.2.15.	위대한 수령님의 문예사상 연구집회에서 언급한 말씀 『영화창작을 새롭게 고양시키는 것에 대하여』

일자	노작 종류, 제목, 내용 등
1971.4.28.	영화부문 활동가들에 대한 담화『우리식 혁명적 영화창작 체계를 철저하게 확립하는 것에 대하여』
1971.5.18.	당중앙위 선전선동부 활동가들에 대한 담화『당 활동가는 높은 정치 실무적 자질을 가진 실력가가 되어야 한다』
1971.6.14.	조선중앙방송위 위원장에 대한 담화『중앙방송위원회 사업을 개선하는 데 대하여』
1971.6.24.	고전적 노작『청년들은 대를 이어 혁명을 계속해야 한다』
1971.7.8.	평양연극영화대학 교직원들에 대한 연설『영화예술 교육사업에서 사회주의 교육학 원리를 철저하게 구현하는 것에 대하여』
1971.7.17.	혁명가극 피의바다 창조멤버에 대한 연설 『혁명가극 피의 바다는 우리식 새로운 가극』
1971.8.3.	영화예술부문 당활동가 협의회에서의 연설 『영화예술부문 당사업을 더욱 강화할 데 대하여』
1971.9.4.	역사적 담화『위대한 수령님의 혁명사상은 수령님의 성함에만 붙혀 부를 수 있는 독창적 사상이다』
1971.9.15.	광범위한 대중을 영화·문학창작 사업에 끌어들이는 것에 관한 가르침
1971.10.1.	당 중앙위 청년사업부 및 조선사회주의 노동청년동맹 중앙위 책임간부들에 대한 담화『청년들을 계속 혁명정신으로 무장시키자』
1971.10.11.	당 중앙위 경제부서 책임간부들에 대한 담화『인민경제 계획화 사업에 대한 당적인 지도를 강화하는 것에 대하여』
1971.10.16.	위대한 수령님의 문예사상 연구집회에서 행한 연설『예술작품은 창작가의 정열과 탐구 결과이다』
1971.10.25.	국립서커스단 활동가에 대한 담화『서커스종목을 다양화할 데 대하여』
1971.10.28.	문화예술부문 활동가들에 대한 담화『"피의 바다"식 혁명가극 창작원칙을 철저히 구현하여 사상예술성 높은 혁명가극을 창작하자』
1971.10.29.	당중앙위 선전선동부 활동가들에 대한 담화『수령 탄생 60주년을 민족최대의 축하의 날로 맞이하기 위하여』
1971.12.28.	당중앙위 조직지도부 및 선전선동부 활동가들에 대한 담화『복잡한 대중과의 사업을 잘 치르는 것에 대하여』
1972.5.29.	고전적 노작『가극창조에 있어서 피의 바다식 혁명가극 창작원칙을 철저히 구현할 데 대하여』
1972.6.13.	고전적 노작『조선화를 발전시킬 데 대하여』
1972.6.26.	4.25 체육선수단 멤버에 대한 담화『4.25 체육선수단에 제기된 과제에 대하여』
1972.7.11.	평양시 서성구 성하신동 활동가에 대한 담화『동, 인민반 사업을 개선, 강화하자』
1972.7.14.	당 중앙위 책임간부들에 대한 담화『조국통일 3대원칙을 관철하기 위해 철저히 투쟁하자』
1972.8.11.	영화문학작가 협의회에서의 역사적 연설『영화문학 창작에서 새로운 혁명적 고조를 불러일으킬 데 대하여』
1972.8.22.	당중앙위 선전선동부 및 텔레비 방송부문 활동가들에 대한 담화『텔레비방송의 사상예술적 수준을 높이는 것에 대하여』

일자	노작 종류, 제목, 내용 등
1972.9.6.	조선문학예술 총동맹 산하 창작가들의 사상투쟁 회의에서 언급한 말씀『문학예술 작품 창작에서 혁명적인 전환을 가져올 데 대하여』
1972.10.17.	조선인민군 군부대 정치위원에 대한 담화『부대 정치위원의 임무』
1972.11.7.	국립 연극단 작가, 예술인들의 사상투쟁회의에서 언급한 말씀『주체시대에 맞는 새로운 혁명연극을 창작하는 데 대하여』
1973.1.28.	고전적 노작『생산을 자동화하여 노동자들을 힘든 노동에서 해방하자』
1973.2.1.	고전적 노작『사회주의 경제관리를 개선하기 위한 몇 가지 문제에 대하여』
1973.3.1.	문예사상 연구집회에서 마침말씀『혁명연극 건설에서 수확한 성과를 강화 발전시키는 것에 대하여』
1973.3.23.	고전적 노작『과학연구사업에서 새로운 전환을 불러일으킬 데 대하여』
1973.4.11.	논문『영화예술론』
1973.7.12.	고전적 노작『전반적 11년제 의무교육을 실시하는 데 있어 교원들의 책임과 역할을 고조시키자』
1973.11.5.	제1회 전국 예술인 학습 콩쿨대회 참가자들에 행한 항일유격대식 학습방법을 광범위하게 도입하여 주체사상 학습에서 새로운 전환을 가져오는 데 대한 강령적인 연설
1973.11.8.	고전적 노작『당 사상사업을 개선, 강화할 것에 대하여』
1973.12.8.	고전적 노작『사회주의적 민족 서커스를 한층 발전시키는 데 대하여』
1974.1.31.	고전적 노작『당 선전활동가들은 사상선전의 기수이다』
1974.2.19.	전사회를 주체사상화하기 위한 당사상사업의 당면 과제를 명시한 담화『전사회의 김일성주의화를 위한 당사상 교육사업의 당면 모든 과제에 대하여』
1974.2.20.	노작『당선전 활동가들은 대중 속으로 깊숙이 들어가야 한다』
1974.2.28.	고전적 노작『당 활동에 있어서 낡은 틀을 부시고 새로운 전환을 맞이하는 것에 대하여』
1974.3.7.	역사적 문헌『경제선전 선동사업을 힘차게 전개하는 것에 대하여』
1974.3.14.	고전적 노삭『우리 인민의 미관에 합당한 무용작품을 많이 창작하자』
1974.3.29.	고전적 노작『예술선전부대 공연은 항일유격대식 그리고 대중적으로 행해져야 한다』
1974.4.2.	당이론 선전활동가들에 대한 담화『주체철학 이해에서 제기되어지는 몇 가지 문제에 대하여』
1974.4.9.	고전적 노작『인민보건사업을 한층 발전시키는 데 대하여』
1974.4.14.	고전적 노작『전당과 전사회에 유일사상체계를 한층 견고히 확립해가자』
1974.4.20.	고전적 노작『당과 수령에 대한 충실성을 혁명적인 신념과 의리로 견지해가자』
1974.5.7.	조선기자동맹 중앙위 제3기 제5회 확대회의에서 마침말씀『우리당의 출판보도 수단은 전사회의 주체사상화에 공헌하는 강력한 사상적 무기이다』
1974.6.10.	노작『정무원 각위원회, 각부 당조직 사업을 개선, 강화할 데 대하여』
1974.8.2.	전국 조직활동가 강습회에서 마침말씀『당 사업을 근본적으로 개선, 강화할 것에 대하여』

일자	노작 종류, 제목, 내용 등
1974.8.31.	고전적 노작 『당원들과 근로자들에게 사상교육사업을 강화하는 것에 대하여』
1974.9.4~6.	문학예술부문 창작가들에 대한 담화 『가극예술에 대하여』
1974.10.9.	당 중앙위 및 정무원 책임간부와 도당위 책임비서들의 협의회에서의 연설 『전당이 총동원 태세로 70일 전투를 힘차게 전개하자』
1974.11.6.	불멸의 고전적 노작 『교육과학영화 촬영소 기본임무에 대하여』
1974.12.6.	역사적 담화 『우리들의 사회주의 현실이 요구하는 혁명적 문학작품을 더욱 많이 창작하자』
1974.12.23.	고전적 노작 『간부들은 조국통일을 위해 모든 것을 다바쳐야 한다』
1975.1.20.	고전적 노작 『사회주의 농촌테제를 관철하기 위한 투쟁에서 당조직의 역할을 높이는 것에 대하여』
1975.1.28.	당사업 방법을 강화하여 3대혁명사업을 강력히 전개하고 사회주의 건설에서 새로운 고양을 불러일으키는 데 관한 문헌
1975.3.18.	간부들과의 역사적인 담화 『혁명의 수도 평양을 한층 웅장하려한 인민의 도시로 건설하자』
1975.3.29.	당사업을 더욱 효과적으로 하는 것에 관한 강령적 노작
1975.4.30.	당 중앙위 조직지도부, 선전선동부 부부장 협의회에서의 연설 『여성간부들을 더욱 많이 키워낼 데 대하여』
1975.5.2.	고전적 노작 『현정세 요구에 합당하도록 혁명세력을 견고히 정비하여 당사업을 더욱 개선, 강화하는 것에 대하여』
1975.5.6.	연설 『우리 주체예술을 더욱 발전시키기 위하여』
1975.5.16.	고전적 노작 『현시기, 사회주의 노동청년동맹 전에 제기되는 몇 가지 과제에 대하여』
1975.6.13.	고전적 노작 『현시기, 당사업에서 제기되는 몇 가지 문제에 대하여』
1975.7.1.	함경남도 및 검덕광산 간부와의 담화 『3대혁명을 힘차게 전개하여 생산을 더욱 새롭게 고양해가자』
1975.9.10.	고전적 노작 『노동단체 사업에 대한 지도를 강화할 데 대하여』
1976.1.1.	고전적 노작 『올해 당활동에서 장악해야 할 몇 가지 중심적 과제에 대하여』
1976.2.6.	역사적 노작 『농업부문에 대한 당의 지도를 강화하여 금년도 농업생산에서 새로운 고양을 일으키자』
1976.2.9.	고전적 노작 『당조직에 제기되는 당면 몇 가지 과제에 대하여』
1976.3.12.	고전적 노작 『서커스배우 후계를 잘 키워 내는 것에 대하여』
1976.3.25.	고전적 노작 『예술인들은 노동자들 사이에 들어가 예술활동을 보다 폭넓게 전개해야 한다』
1976.5.1.	고전적 노작 『병원관리, 운영사업을 개선, 강화할 데 대하여』
1976.6.25.	고전적 노작 『무대예술을 발전시키는 가운데 제기되는 몇 가지 과제에 대하여』
1976.7.6.	조선노동당 양강도 보천군위원회 책임간부들과 가진 담화 『예술의 대중화, 풍속화 방침을 관철하는 것에 대하여』
1976.8.11.	고전적 노작 『당의 경제정책을 관철하기 위해 제기되는 몇 가지 문제에 대하여』

일자	노작 종류, 제목, 내용 등
1976.10.2.	당이론 선전활동가들에 대한 담화『김일성주의의 독창성을 바르게 인식하는 것에 대하여』
1976.10.22.	고전적 노작『당의 정치·사상적 통일과 순결성을 대를 이어가며 단호히 고수하자』
1976.10.23.	고전적 노작『좋은 일하자 운동을 힘차게 전개하자』
1977.1.X.	고전적 노작『당사업에서 형식주의를 없애는 것에 대하여』
1977.2.1.	고전적 노작『당조직과 선전선동부간에 융합작전을 철저히 진행하는 것에 대하여』
1977.4.6.	고전적 노작『운송사업에서 새로운 혁신을 일으키는 것에 대하여』
1977.4.9.	고전적 노작『도·시·군 각당위원회 사업을 개선, 강화하는 것에 대하여』
1977.4.12.	고전적 노작『혁명전통 주체의 영화창작시 제기되는 제반 문제에 대해』
1977.6.30.	고전적 노작『도·시·군 각당위원회 사업에서 제기되는 몇 가지 문제에 대하여』
1977.8.16.	고전적 노작『당 사업의 기본은 사람과의 사업이다』
1977.8.20.	고전적 노작『당과 수령님에 한없이 충실한 활동가가 되자』
1977.11.4.	고전적 노작『예술보급 사업을 잘 전개하여 근로자들의 문화정서 수준을 드높일 데 대하여』
1977.11.8.	고전적 노작『당 정책을 관철하는 데 있어 혁명적 기풍을 확립할 데 대하여』
1978.1.1.	단행본『자력갱생의 혁명적 슬로건을 높이 들고 전당, 전인민을 일깨워 제2차 7개년 계획을 초과 달성하자』
1978.1.5.	당중앙위 조직지도부, 선전선동부 책임간부회의에서의 연설『노동행정규율을 강화하여 금요노동에 적극적으로 참가하자』
1978.3.1.	불멸의 고전적 노작『영화예술을 발전시키는 가운데 제기되는 몇 가지 문제에 대해』
1978.3.8.	노작『당 사상사업의 요구에 합당하도록 영화보급 사업을 개선, 강화할 데 대하여』
1978.5.25.	역사적 노작『당정책을 무조건 최후까지 관철하는 것에 대하여』
1978.6.14.	고전적 노작『혁명연극의 새로운 시대를 열어가야 한다』
1978.7.13.	고전적 노작『당내에 혁명적 규율을 확립하여 사회주의 경제건설 사업에 대한 당의 지도를 한층 강화하는 것에 대하여』
1978.8.1.	당중앙위 책임간부와 가진 담화『공장, 기업소의 생산문화를 철저하게 확립하는 것에 대하여』
1978.8.X.	고전적 노작『현시기 당사업에서 제기되는 중심과제에 대하여』
1978.11.10.	노작『당조직이 견지해 가야 할 몇 가지 과제에 대하여』
1978.11.30.	조선노동당 중앙위원회 선전선동부 책임간부 및 무용표기법 연구부문 간부들과 가진 담화『주체적 무용표기법을 완성시키는 것에 대하여』
1978.12.6.	고전적 노작『현실발전의 요구에 합당하도록 당 선전, 선동사업을 개선, 강화하자』
1978.12.25.	고전적 노작『당의 전투력을 높여 사회주의 건설에 새로운 전환을 일으키자』
1979.1.6.	불멸의 고전적 노작『당의 정치·사상적 통일과 단결을 강화하는 것에 대하여』

일자	노작 종류, 제목, 내용 등
1979.2.14.	조선인민군 군단(군종, 병종) 사(여)단 정치부 선전선동부장 회의 및 강습회 참가자들에 보낸 역사적 서한『인민군대의 선전선동 사업을 개선, 강화하는 것에 대하여』
1979.4.28.	당중앙 조직지도부, 선전선동부 책임간부 협의회에서의 연설『당의 지도체계를 철저하게 확립하는 것에 대하여』
1979.8.17.	고전적 노작『당적인 방법으로 사업을 추진하는 것에 대하여』
1979.10.7.	도당 책임서기 협의회 연설『당사업을 개선하여 경제사업을 추진해나가는 가운데 제기되는 당면 몇 가지 문제에 대하여』
1979.12.19.	노작『우리식으로 살아간다는 당의 전략적 방침을 철저하게 관철하자』
1980.1.8.	『당 제6회 대회를 앞두고 당을 한층 강화하여 혁명과 건설에서 새로운 고양을 일으키자』
1980.1.8.	조선작가동맹 제3회 대회에 참가한 작가들에 보낸 서한『현실발전 요구에 합당하도록 작가들의 견해와 정치적 기량을 결정적으로 높여나가자』
1980.1.11.	고전적 노작『농촌경리부문에 대한 당적 지도를 강화하는 것에 대하여』
1980.1.13.	고전적 노작『항일혁명 선열들의 충실성을 배워나가자』
1980.2.23.	각도예술 선전대 종합공연 관람에 참가한 간부들과 나눈 담화『예술선전대 활동을 장려해야 한다.
1980.9.2.	고전적 노작『사회·문화생활을 개선하는 것에 대하여』
1980.12.3.	연설『각 당조직 앞에 제기되는 몇 가지 과제에 대하여』
1981.3.8.	전국 당선전 활동가 회의에서의 마침말씀『당의 사상사업을 더욱 개선, 강화하는 것에 대하여』
1981.3.31.	『주체적 문학예술을 더욱 발전시키기 위하여』
1981.4.3.	연설『도·시·군 각 당위원회 앞에 제기되어진 과제』
1981.6.12.	전국 당간부 양성기관 교원 강습회 참가자들에 보낸 서한『당 간부 양성사업을 개선하기 위한 몇 가지 과제』
1981.7.13.	도·시·군 당위원회 청년사업부 활동가 강습회에 참가자들에 보낸 서한『청소년 활동에 대한 당의 지도를 더욱 강화하는 것에 대하여』
1982.1.7.	연설『당사업을 더욱 공격적으로 전개하는 것에 대하여』
1982.1.24.	역사적 노작『농촌경리부문 사업을 개선, 강화하는 데 제기되는 몇 가지 문제에 대하여』
1982.3.31.	전국 주체사상 토론회에서 발표된 논문『주체사상에 대하여』
1982.4.10.	고전적 노작『혁명적 동지애의 전통적 미풍을 높이 발휘하자』
1982.7.21.	담화『문학예술작품 창작에서 혁명적 고조를 불러일으키자』
1982.9.7.	고전적 노작『당대열 통일과 단결을 강화하기 위한 각 당조직의 과제』
1982.9.9.	당중앙위 책임간부들과 가진 담화『위대한 수령님을 높이 받들어 사회주의 건설을 추진하고 조국통일을 앞당기자』
1982.10.17.	논문『조선노동당은 영광의 투두 전통을 계승한 주체형 혁명적 당이다』

일자	노작 종류, 제목, 내용 등
1982.11.14.	당중앙위 조직지도부, 선전부의 책임간부 회의에서의 연설『인민경제의 모든 부문에서 증산과 절약투쟁을 잘 전개하여 행정규율을 가화하는 것에 대하여』
1982.11.14.	전국 사법·검찰 활동가 열성자 회의 참가자들에 보낸 서한『사법·검찰사업을 개선, 강화하는 것에 대하여』
1982.11.15.	전국 문학통신원 열성자회의 참가자들에 보낸 서한『문학예술 활동을 대중화한다는 당의 방침관철에서 문학통신원들의 역할을 드높이자』
1982.12.15.	불멸의 고전적 노작『사회주의 법무생활을 강화하는 것에 대하여』
1983.1.14.	당중앙위 조직지도부, 선전부의 책임간부 회의에서의 연설『현재정세요구에 합당하도록 당사업에서 혁명적 전환을 일으키자』
1983.1.15.	역사적 노작『예술작품 창작에 있어서 거둔 성과를 더욱 강화, 발전시키자』
1983.3.2.	고전적 노작『인민생활에 깊은 관심을 가지는 것에 대하여』
1983.3.23.	고전적 노작『과학연구사업에서 새로운 전환을 불러일으키는 것에 대하여』
1983.5.3.	논문『맑스 레닌주의와 주체사상 깃발을 높이 들고 나아가자』
1984.2.16.	당 중앙위 책임간부 협의회에서 행한 연설『인민생활을 한층 향상시키는 것에 대하여』
1984.3.10.	당 중앙위 책임간부들에 행한 연설『혁명대오를 잘 갖추어 사회주의 건설을 더욱 힘차게 추진하는 것에 대하여』
1984.4.25.	조선인민군 창건 52주년 경축연회에서 가진 역사적 연설『인민군대는 자기 수령과 당, 자기들의 제도와 조국을 목숨을 걸고 사수해야 한다』
1984.4.28.	교육부문 책임간부 협의회에서 가진 연설『평양 제1고등중학교를 모범학교로 훌륭하게 키우는 것에 대하여』
1984.5.3.	전국 직업동맹 간부 강습 참가자들에 보낸 서한『직업동맹 사업을 한층 발전시키는 것에 대하여』
1984.7.15.	중앙기관 당 간부 강습 참가자에 보낸 서한『중앙기관 당조직 역할을 더욱 고양할 데 대하여』
1984.7.22.	전국교육간부 열성자회의 참가자들에 보낸 서한『교육사업을 더욱 발전시킬 데 대하여』
1984.8.3.	상업부문 책임간부들에게 대한 담화『주민에 대한 상품공급사업을 개선하는 데 제기되는 몇 가지 문제에 대하여』
1984.8.4.	역사적 담화『서커스예술을 한층 발전시키기 위한 몇 가지 문제에 대하여』
1984.11.19.	전국국토관리부문 활동가 대회 참가자들에게 보낸 서한『국토관리사업을 개선, 강화하는 데 대하여』
1985.1.26.	당중앙위원회 책임간부들에게 대한 담화『일심단결의 깃발을 높이 들어 나가자』
1985.3.1.	무대 및 영화예술부문 활동가들 앞에서 한 역사적 담화『우리 인민의 민족적 감정과 시대의 미관에 맞는 훌륭한 음악무용과 영화를 더 많이 창작하자』
1985.4.13.	조선인민군 지휘간부들에게 대한 군사칭호 및 훈장수여식에서 한 연설『인민 군대를 무적의 대오로 더욱 강화하자』
1985.4.21.	전국 보건활동가 대회 참가자들에게 보낸 서한『보건사업을 더욱 강화, 발전시키는 데 대하여』

일자	노작 종류, 제목, 내용 등
1985.4.30.	전국 당근로단체사업부 간부 강습회 참가자들에게 보낸 서한『근로단체사업에 대한 당적 지도를 강화하는 데 대하여』
1985.5.2.	『민주주의 캄보디아 주석이 제기한 질문에 대한 회답』
1985.6.15.	당중앙위원회 책임간부들에게 대한 담화『우리 시대의 영웅은 당과 수령에 한없이 충성한 참된 인간의 전형이다』
1985.8.3.	당중앙위원회 간부들에게 대해 한 연설『과학기술을 더욱 발전시키는 데 대하여』
1985.8.15.	당중앙위원회 책임간부들에게 대한 담화 『조국과 인민을 사랑하는 참된 애국자가 되자』
1985.10.23.	당중앙위원회 선전부책임간부회의에서 한 연설 『당선전부의 역할을 높이는 데 대하여』
1985.12.14.	전국농업근로자동맹 활동가 강습회 참가자들에게 보낸 서한『농업근로자동맹 사업을 더욱 강화하는 데 대해』
불명	단행본『현재 당 사업에서 제기되는 중심과제에 대하여』
1986.1.3.	당중앙위원회 책임간부들에게 한 연설『당과 혁명대오를 강화하여 사회주의 경제건설에서 새로운 고양을 일으키는 데 대하여』
1986.3.30.	당중앙위원회 책임간부들에게 대해 한 담화『평양시를 현대적이며 문화적인 도시로 정비하는데 제기되는 몇 가지 문제에 대하여』
불명	단행본『인민군대는 자기의 수령과 당, 자기의 제도와 조국을 생명을 걸고 사수해야 한다』
1986.4.27.	불구의 고전적 노작『우리 민족의 우수성을 잘 알아야 한다』
1986.5.17.	문학예술부문 간부들에게 대한 담화『혁명적 문학예술작품의 창작에서 새로운 고양을 일으키자』
1986.5.19.	체육부문 활동가들에게 대한 담화『체육을 대중화하고, 체육기술을 신속히 발전시키는 데 대하여』
1986.5.31.	당중앙위원회 책임간부들에게 대한 담화『사람은 생애를 빛나게 살아야 한다』
1986.6.27.	당중앙위원회 책임간부들에게 대한 담화『주체사상은 인류의 진보적 사상을 계승, 발전시킨 사상이다』
1986.7.15.	당중앙위원회 책임간부들에게 대한 담화『주체사상교육에서 제기되는 몇 가지 문제에 대하여』
1986.7.27.	역사적인 노작『도로를 근대적으로 건설하여 잘 관리하여야 한다』
1986.9.	연설『현실발전의 요구에 맞게 총련사업을 더욱 개선, 강화하는 데 대하여』
1986.11.2.	최고인민회의 제8기 대의원 선거를 위한 제114호 선거구 제23호분구 선거장에서 간부들과 나눈 담화『곡물생산을 늘리는 데 제기되는 몇 가지 문제』
1986.11.4.	축하문『김성정치대학의 교직원, 학생들에게』
1986.11.23.	3대혁명 붉은 기 획득운동 선구자 대회 참가자들에게 보낸 서한『3대혁명 붉은 기 쟁탈운동을 한층 힘차게 전개하자』
1986.11.25.	불구의 고전적 노작『농촌에서 농업을 스스로 하는 운동을 전개하는 데 대하여』

일자	노작 종류, 제목, 내용 등
1986.12.13.	당중앙위원회 책임간부들과 한 담화『학교교육사업을 개선, 강화하는 데 제기되는 몇 가지 문제』
1987.3.20.	역사적인 노작『우리들의 연극을 시대의 미관에 맞도록 "성황당"식으로 창조하자』
1987.3.26.	고전적 노작『사상교육사업을 강화하고 활동가들 속에서 혁명성·당성·노동계급성·인민성을 높이는 데 대하여』
1987.4.11.	매스게임창작가들에게 대한 담화『매스게임을 더욱 발전시키는 데 대하여』
1987.4.×.	중앙동물원을 돌아보고 주변 간부들과 한 담화『동물원 관리·운영사업을 개선하는 데 대하여』
1987.5.×.	고전적 노작『하부로 간다는 당의 방침을 관철하는 데 제기되는 몇 가지 문제에 대하여』
1987.7.16.	당중앙위원회의 한 회의에서 한 연설『대중 속에 들어가기 위한 혁명적인 대책을 세우는 데 대하여』
1987.8.11.	불구의 고전적 노작『도로혁명을 힘차게 전개하는 데 대하여』
1987.9.25.	당중앙위원회 책임간부들에게 대한 담화『반제 투쟁의 깃발을 더 높이 들어 사회주의, 공산주의의 길을 힘차게 걸어가자』
1987.10.10.	당중앙위원회 책임간부들에게 대한 담화『주체의 혁명관을 잘 확립하는 데 대하여』
1987.11.30.	당중앙위원회 선전부 책임간부·문화예술부문 간부들에게 대한 담화『작가, 예술인들 속에서 혁명적 창작 기풍과 생활 기풍을 확립하는 데 대하여』
1987.12.15.	당중앙위원회 선전부 책임간부 회의에서 한 담화『선전활동가들은 정책적 축을 확립하고 사업을 효과적으로 해야 한다』
1988.1.10.	당중앙위원회 조직 지도부 책임간부회의에서 한 연설『전당에 혁명적 당풍을 철저히 확립하자』
1988.4.20.	당중앙위원회 책임간부들에게 대한 담화『봉사활동가들 속에서 봉사성을 높이는 데 대하여』
1988.4.20.	단행본, 문화예술부문 활동가들에게 대한 담화『연극예술에 대하여』
1988.5.15.	당중앙위원회 책임간부들에게 대한 담화『모두 함께 영웅적으로 살고, 투쟁하자』
1988.8.23.	역사적 노작『활동가들 속에서 혁명적 영수관을 잘 확립하는 데 대하여』
1988.8.31.	불구의 고전적 노작『과학기술을 발전시키는 데 몇 가지 문제에 대하여』
1988.9.6.	불구의 고전적 노작『기계공업을 더욱 발전시키는 데 대하여』
1988.10.10.	당중앙위원회 책임간부들에게 대한 담화『활동가들은 혁명성을 발휘하여 사업을 책임지고 해야 한다 』
1988.10.12.	당중앙위원회 책임간부와의 담화『현시대와 청년들의 의무』
1989.1.5.	당중앙위원회 책임간부들에게 대한 담화『온 사회에 문화정서생활기풍을 확립하는 데 대하여』
1989.4.2.	불구의 고전적 노작『민족의 대단결로 조국통일을 실현해야 한다』
1989.5.28.	불구의 고전적 노작『청년들과의 사업을 강화해야 한다』
1989.6.2.	당중앙위원회 책임간부들에게 대한 담화『체육을 발전시키는 데 대하여』
1989.6.9.12.	당중앙위원회 책임간부·도당위원회 책임서기들에게 대한 담화『당을 강화하여 그 영도적 역할을 한층 높이자』

일자	노작 종류, 제목, 내용 등
1989.10.26.	쿠바공산당기관지 『Granma』 사장의 서한에 의한 질문에 대한 회답
1989.11.8.	당중앙위원회·정무원 책임간부들과 한 담화 『모든 부문, 모든 단위에서 증산과 절약투쟁을 힘차게 전개하는 데 대하여』
1989.11.27.	전국노동행정활동가 강습회 참가자에게 보낸 서한 『노동행정사업을 한층 개선, 강화하는 데 대하여』
1989.12.28.	역사적 노작 『조선민족 제일주의 정신을 높이 발휘시키자』
1990.1.1.	당중앙위원회 및 정무원 책임간부들에게 대한 담화 『당사업과 사회주의건설로 전환을 일으켜 1990년대를 빛내자』
1990.1.11.	당중앙위원회 책임간부들 앞에서 한 연설 『당 사상교육사업에서 제기되는 몇 가지 과제에 대하여』
1990.1.17.	조선조동당중앙위원회 책임간부들 앞에서 한 연설 『청년들을 주체혁명위업의 튼튼한 계승자로서 잘 준비시키자』
1990.1.21.	불구의 고전적 노작 『주체사상의 깃발 높이 우리식 사회주의를 고수하여 한층 빛내자』
1990.2.25.	음악예술부문 책임간부들에게 대한 담화 『인민이 사랑하고 즐겨 부르는 혁명적 음악작품을 창작하자』
1990.3.9.	불구의 고전적 노작 『지금 시기, 청년교육에서 제기되는 몇 가지 문제』
1990.4.5.	당중앙위원회 책임간부들에게 대한 담화 『재일조선청년들을 애국위업의 믿음직한 계승자로 키우는 데 대하여』
1990.4.6.	고전적 노작 『전당, 전국, 전군을 동원하여 나무를 많이 심는 데 대하여』
1990.5.27.	조선인민군 전군 당해부문 간부 강습회 참가자들에게 보낸 서한
1990.5.30.	당중앙위원회 책임간부들 앞에서 한 연설 『사회주의의 사상적 기초에 관한 몇 가지 문제에 대하여』
1990.6.2.	전국경공업대회 참가자들에게 보낸 서한 『경공업혁명을 철저히 수행하는 데 대하여』
1990.9.13.	전국 재정·은행 활동가 대회 개막집회 참가자들에게 보낸 역사적 서한 『재정·은행사업을 개선, 강화하는 데 대하여』
1990.9.20.	당중앙위원회 책임간부들 앞에서 한 연설 『혁명과 건설에서 인텔리들의 역할을 더욱 높이자』
1990.10.3.	조선노동당 창건 45주년을 즈음하여 『근로자』사의 요청에 의해 집필한 논문 『조선노동당은 우리 인민의 모든 승리의 조직자며, 향도자이다』
1990.10.10.	당중앙위원회 책임간부들 앞에서 한 연설 『주체의 당 건설이론은 노동계급의 당 건설에서 견지해야 할 지도적 지침이다.』
1990.10.25.	조선노동당 중앙위원회 책임간부들에게 대한 담화 『주체철학에 대한 올바른 관점과 이해를 가지는 데 대하여』
1990.11.30.	논문 『무용예술론』
1990.12.8.	음악예술부문 창작가, 예술인들에 대한 담화 『음악창작·보급사업을 개선, 강화하는 데 대하여』
1990.12.27.	당중앙위원회 책임간부들 앞에서 한 연설 『우리나라의 사회주의는 주체사상을 구현화한 우리식 사회주의이다』

일자	노작 종류, 제목, 내용 등
1991.1.5.	당중앙위원회·정무원 책임간부들에게 대한 연설 『당 사업을 더욱 강화하여 사회주의 건설을 힘차게 추진하자』
1991.5.5.	당중앙위원회 책임간부들에게 대한 담화 『인민대중 중심의 우리식 사회주의는 필승불패이다』
1991.5.10.	전국 당세포 서기 강습회 참가자들에게 보낸 서한『당세포를 강화하자』
1991.5.21.	논문『건축예술론』
1991.5.25.	전국 지질탐사부문 활동가 대회 참가자들에게 보낸 서한『지질탐사사업에서 새로운 전환을 일으키자』
1991.6.1.	창립45주년을 즈음하여 김일성고급당학교의 교직원, 학생들에게 보낸 서한『주체의 당 건설위업을 대를 이어 빛내어가는 참된 당 활동가를 키우자』
1991.7.1.	인민경제대학의 교직원·학생에게 보낸 서한『주체의 사회주의경제관리이론으로 잘 무장하자』
1991.7.17.	논문『음악예술론』
1991.8.17.	불구의 고전적 노작『작가들은 혁명의 필봉을 높이 세울 당의 작가, 혁명의 작가가 되어야 한다』
1991.8.26.	첫『청년절』을 맞이하여 전국의 청년과 사로청 활동가들에게 보낸 서한『청년들은 당과 수령에 한없이 충실한 청년전위가 되자』
1991.10.16.	논문『미술론』
1991.10.28.	전국과학자대회 참가자들에게 보낸 서한 『과학기술의 발전에서 새로운 전환을 일으키자』
1991.12.5.	전국 혁명사적 활동가대회 참가자들에게 보낸 역사적 서한『주체의 혁명전통을 빛나게 계승, 발전시키자』
1992.1.1.	당중앙위원회 책임간부들에게 대한 담화『당사업을 강화하여 우리식 사회주의를 한층 빛내자』
1992.1.3.	당중앙위원회 책임간부들에게 대한 담화 『사회주의건설의 역사적 교훈과 우리당의 총 노선』
1992.1.20.	불구의 고전적 노작『주체문학론』
1992.2.4.	당중앙위원회 책임간부들에게 대한 담화『인민군대를 강화하여 군사를 중시하는 사회적 기풍을 확립하는 데 대하여』
1992.2.4.	당중앙위원회 책임간부들에게 대한 담화『일심단결을 더욱 강화하여 조선민족제일주의 정신을 높이 발휘하자』
1992.4.4.	4·15를 맞이하여 생산된 경공업제품을 보고 경제부문 책임간부들에게 대해한 담화『경공업을 발전시켜 경제관리·연구사업을 잘하는 데 대하여』
1992.4.17.	당중앙위원회 책임간부들과 한 역사적 담화『경애하는 영수 김일성동지의 위대한 업적을 빛내어 가자』
1992.5.23.	문학·예술부문활동가 및 창작가, 예술인들과의 담화『다부작 예술 영화 "민족과 운명"의 창작성과에 기초하여 문학·예술건설로 새로운 전환을 일으키자』
1992.7.22.	보건부문 책임간부들에게 대한 담화『인민보건사업을 개선, 강화하는데 제기되는 몇 가지 문제』

일자	노작 종류, 제목, 내용 등
1992.7.23	당중앙위원회 책임간부들 앞에서 한 연설『혁명적 원칙과 입장을 철저히 지키는 데 대하여』
1992.8.10.	전국 임업부문 활동가·근로자들에게 보낸 서한 『임업을 더욱 발전시키는 데 대하여』
1992.9.4.	전국 도시경영부문 활동가 강습회 참가자들에게 보낸 서한『현실발전의 요구에 맞게 도시경영사업을 한층 개선, 강화하자』
1992.10.10.	조선노동당 창건 47주년을 즈음하여 집필한 논문 『혁명적 당 건설의 근본문제에 대하여』
1992.11.12.	당중앙위원회 책임간부들 앞에서 한 연설『당, 국가, 경제의 사업에서 제기되는 몇 가지 문제에 대하여』
1992.11.14.	당중앙위원회 책임간부들에게 대한 담화『사회주의는 우리 인민의 생명이다』
1992.11.20.	창립 45주년을 기념하는 사회안전부정치대학의 교직원, 학생들에게 보낸 서한 『우리식 사회주의를 단호, 옹호, 고수하는 참된 사회안전활동가를 키우자』
1992.12.21.	전국 인민정권기관 간부 강습회 참가자들에게 보낸 서한『우리 인민 정권의 우월성을 더욱 높이 발휘시키자』
1993.1.5.	청년사업부문 책임간부들에게 대한 담화 『우리나라의 청년운동을 새로운 높은 단계로 발전시키자』
1993.2.17.	당중앙위원회 책임간부들에게 대한 담화『당사업과 경제사업에 힘을 들여 사회주의 위력을 한층 강화하자』
1993.2.22.	당중앙위원회 책임간부들과 한 담화『대중체육사업을 강화해야 한다』
1993.2.26.	당중앙위원회 책임간부들에게 대한 담화 『청년들과의 사업에 힘을 들이는 데 대하여』
1993.3.1.	당중앙위원회 기관지『근로자』에 발표한 담화 『사회주의에 대한 비방은 용납할 수 없다』
1993.3.8.	조선인민군최고사령관명령 제0034호 『전국, 전인민, 전군에 준전시상태를 선포하는 데 대하여』
1993.6.29.	고전적 노작『서커스론』
1993.7.19.	조선인민군최고사령관명령 제0040호『조국해방 전쟁에 참가한 조선인민군의 장교·장관들의 군사칭호를 승격시키는 데 대하여』
1993.8.25.	전국 체신 활동가 대회 참가자들에게 보낸 서한 『체신의 현대화를 더욱 힘차게 촉진하자』
1993.10.4.	고전적 노작『과실생산을 늘려 유성 숲을 많이 조성하는 데 대하여』
1993.11.13.	당중앙위원회 책임간부들에게 대한 담화 『민족음악을 현대적 미감에 맞게 발전시키는 데 대하여』
1993.11.19.	조선기자동맹 제7차 대회 참가자들에게 보낸 서한
1994.1.1.	당중앙위원회 책임간부들 앞에서 한 연설 『당사업을 잘하여 사회주의 혁명진지를 더 단단하게 만들자』
1994.1.14.	고전적 노작『학생, 청년들에게 대한 교육사업을 더욱 강화하는 데 대하여』
1994.5.24.	당중앙위원회 책임간부들에게 대한 담화 『혁명발전의 요구에 맞게 간부들을 철저히 혁명화하는 데 대하여』

일자	노작 종류, 제목, 내용 등
1994.7.11, 19.	당중앙위원회 책임간부들에게 대한 담화『위대한 수령 김일성 동지를 우리 공화국의 영원한 주석으로 높이 모시자』
1994.9.2.	불구의 고전적 노작『위대한 수령 김일성 동지는 우리 인민과 민족의 마음속에, 인류의 마음속에 영생할 것이다』
1994.10.16.	당중앙위원회 책임간부들에게 대한 담화『위대한 수령을 영원히 높이 모시고 수령의 위업을 끝까지 완성시키자』
1994.10.20.	당중앙위원회 책임간부들에게 대한 담화『수도의 역할을 높여 인민생활에서 전환을 일으키자』
1994.10.28.	감사문『위대한 영도자 김일성 동지의 서거에 깊은 애도의 뜻을 표시해준 모든 인민들에게』
1994.11.1.	논문『사회주의는 과학이다』
1994.11.9.	조선인민군최고사령관명령 제0051호『청류교(제2단계)와 금릉 제2터널을 건설하는 데 대하여』
1994.11.19.	불구의 고전적 노작『주체의 사회주의 위업을 옹호, 고수하여 끝까지 완성시키자』
1994.12.4.	당중앙위원회 책임간부들과 한 담화『당사업에서 제기되는 당면 몇 가지 문제』
1994.12.31.	당중앙위원회 책임간부들에게 대한 담화『위대한 수령의 의사를 받들어 우리나라, 우리 조국을 더욱 부강시키자』
1995.1.1.	당중앙위원회 책임간부들과 한 담화『당 주위에 굳게 단결하여 새로운 승리를 위해 힘차게 투쟁하자』
1995.2.1.	당중앙위원회 책임간부들과 한 담화『당의 무역 제일주의 방침을 관철하는 데 제기되는 몇 가지 문제』
1995.2.3.	축하문『"광복의 천리 길" 탐사행군에 참가한 사로청원과 소년단원들에게』
1995.3.2.	재일본조선인총련합회 중앙상임위원회 책임간부들과 한 담화『총련을 조직·사상적으로 강화하는 데 제기되는 몇 가지 과제에 대하여』
1995.3.8.	당중앙취원회 책임간부들과 한 담화『여성들은 혁명과 건설을 책임지고 가는 힘 센 역량이다 』
1995.5.24.	재일본조선인총련합회 결성 40주년을 즈음하여 총련과 재일동포에게 보낸 서한『재일조선인운동을 새로운 높은 단계에로 발전시키는 데 대하여』
1995.6.19.	고전적 노작『사상사업을 우선하는 것은 사회주의 위업 수행에서 필수적인 요구이다』
1995.10.2.	고전적 노작『조선노동당은 위대한 수령 김일성 동지의 당이다』
1995.10.8.	조선인민군최고사령관명령 제0061호『조선인민군 지휘성원들의 군사칭호를 승격시키는 데 대하여』
1995.12.25.	당중앙위원회 기관지『노동신문』에 발표한 담화『혁명의 선배를 존경하는 것은 혁명가들의 숭고한 도덕·의리이다』
1996.1.14.	당중앙위원회 책임간부들과 한 담화『오늘을 위한 오늘에 살지 말고 내일을 위한 오늘에 살자』

일자	노작 종류, 제목, 내용 등
1996.1.20.	김일성사회주의청년동맹 중앙위원회 책임간부들과 한 담화『김일성사회주의청년동맹의 사명과 임무에 대하여』
1996.2.11.	당중앙위원회 책임간부들과 한 담화『위대한 수령 김일성 동지는 영원히 우리와 함께 계신다』
1996.2.26.	당중앙위원회 책임간부들과 한 담화『온 사회에 공산주의도덕 기풍을 확립하는 데 대하여』
1996.3.26.	용문대굴을 돌아보고 간부들과 한 담화『용문대굴은 신묘하고 아름다운 지하명승이다』
1996.4.22.	당중앙위원회 책임간부들과 한 담화『경제사업을 개선하는 데 제기되는 몇 가지 문제에 대하여』
1996.4.26.	당중앙위원회 선전선동부, 문학예술부문의 책임간부들과 한 담화『문학예술부문에서 명작을 더 많이 창작하자』
불명	고전적 노작『경애하는 수령 김일성 동지의 위대한 업적을 빛내어 가자』
1996.7.2.	조선인민군최고사령관전신명령 제001호『금강산발전소 건설에 동원된 군인과 건설자에게 감사를 전하는 데 대하여』
1996.7.26.	당중앙위원회 이론지『근로자』에 발표한 담화『주체철학은 독창적인 혁명철학이다』
1996.8.11.	당중앙위원회 책임간부들과 한 담화『국토관리사업에서 새로운 전환을 일으키는 데 대하여』
1996.8.24.	청년절 5주년을 즈음하여 김일성사회주의청년동맹 중앙위원회 기관지『청년전위』에 발표한 담화『김일성동지의 청년운동사상과 수령업적을 빛내어 가자』
1996.9.7.	불구의 고전적 노작『국토관리사업에서 새로운 전환을 일으키는 데 대하여』
1996.10.1.	김일성종합대학 창립 50주년을 즈음하여 대학의 교직원, 학생들에게 보낸 역사적 서한『혁명발전의 요구에 맞게 대학교육을 강화하는 데 대하여』
1996.10.14.	당중앙위원회 책임간부들과 한 담화『간부들은 "고난의 행군"정신으로 살며 일해야 한다』
1997.1.1.	당중앙위원회 책임간부들과 한 담화『올해의 당사업에서 혁명적 전환을 일으키는 데 대하여』
1997.1.4.	불구의 고전적 노작『농구를 발전시키는 데 힘을 들여야 한다』
1997.1.24.	조선노동당 전당 활동가회의 참가자들에게 보낸 역사적인 서한『올해를 사회주의 경제건설에 있어서 혁명적인 전환의 해로 만들자』
1997.2.5.	축하문『전국 고등중학교 "7·15최우등상" 수상자대회 참가자들에게』
1997.2.9.	조선인민군최고사령관명령 제0087호『조선인민군 지휘성원들의 군사칭호를 승격시키는 데 대하여』
1997.3.17.	당중앙위원회 책임간부들과 한 담화『혁명적 군인정신을 따라 배우는 데 대하여』
1997.3.26.	당중앙위원회 책임간부들과 한 담화『초식가축을 많이 사육하는데 대한 당의 방침을 철저히 관철하자』
1997.4.13.	조선인민군최고사령관명령 제0088호『조선인민군 지휘성원들의 군사칭호를 승격하는 데 대하여』
1997.6.6.	조선인민군최고사령관전신명령 제003호『모내기를 끝낸 전국의 농업근로자와 지원자들에게 감사를 전하는 데 대하여』

일자	노작 종류, 제목, 내용 등
1997.6.19.	고전적 노작 『혁명과 건설에서 주체성과 민족성을 고수하는 데 대하여』
1997.6.30.	용연군 종합농장 용전분장 양어장을 돌아보고 간부들과 한 담화 『양어를 더욱 발전시키는 데 대하여』
1997.7.13.	재미교포기자·문명자 여사 앞서한(함흥에서)
1997.8.4.	노작 『위대한 수령 김일성 동지의 조국통일유훈을 철저히 관철하자』
1997.9.10.	당중앙위원회 책임간부들과 한 담화 『당면 경제사업의 몇 가지 문제』
1997.9.23.	황해남도의 구월산유원지를 돌아보고 간부들과 한 역사적인 담화 『구월산유원지는 자손들에게 넘겨주는 조국의 귀중한 재보이다』
1997.10.12.	만경대혁명학원 창립 50주년을 즈음하여 학원의 교직원, 학생들에게 보낸 서한 『만경대혁명학원은 주체의 혈통을 계승해갈 핵심골간양성기지이다 』
1998. 1.16.~21, 6. 1, 10.20, 22.	자강도의 각 부문 사업을 현지지도하고 간부들과 한 담화 『자강도의 모범을 따라 경제사업과 인민생활에서 새로운 전환을 일으키자』
1998.4.13.	조선인민군최고사령관명령 제00102호 『조선인민군 지휘성원들의 군사칭호를 승격시키는 데 대하여』
1998.4.18.	남북조선정당·사회단체 대표자연석회의 50주년 기념 중앙연구토론회에 보낸 역사적 서한 『전민족이 대단결하여 조국의 자주적 평화통일을 이루자』
1998.5.7.	고전적 노작 『제국주의자들의 혁명·해방책동은 용서할 수 없는 침략·와해책동이다』
1998.7.1.	조선인민군최고사령관전신명령 제004호 『모내기 투쟁을 끝낸 모든 농업근로자·지원자들에게 감사를 전하는 데 대하여』
1998.7.×.	신문 『조선인민군』 창간 50주년을 즈음하여 조선인민군신문사의 기자, 편집원들에게 보낸 서한 『신문 『조선인민군』의 전투적 기능과 역할을 더욱 높이는 데 대하여』
1998.7.12.	공개서한 『전국의 모든 선거자들에게』
1998.9.×.	인공지구위성 『광명성 1호』를 성공리에 발사하는데 공헌한 과학자, 기술자, 노동자들에게 대한 감사문
1998.10.1.	양강도 대홍단군을 현지지도하고 간부들과 한 담화 『감자 재배로 혁넁을 일으키는 데 대하여』
1998.11.16.	전국 검찰·재판기관 활동가 열성자회의 참가자들에게 보낸 서한
1998.11.22.	신주박물관을 돌아보고 간부들과 한 담화 『신주박물관을 통한 계급교육사업을 강화하는 데 대하여』
1998.12.1.	역사적 노작 『강원도 토지정리사업을 대담하게 큰 규모로 전개하는 데 대하여』
1999.1.1.	당중앙위원회 책임간부들과 한 담화 『올해를 강성대국건설의 위대한 전환의 해로 빛내자』
1999.4.13.	조선인민군최고사령관명령 제00114호 『조선인민군 지휘성원들의 군사칭호를 승격시키는 데 대하여』
1999.7.8.	역사적인 담화 『금수산기념궁전은 위대한 수령의 영원한 주석궁이며 주체의 최고 성지이다』

일자	노작 종류, 제목, 내용 등
1999.9.29.	김일성사회주의청년동맹 모범초급활동가대회 참가자들에게 보낸 서한『청년동맹 초급조직의 역할을 더욱 높이자』
1999.10.21.	전국 통계 활동가 강습 참가자들에게 보낸 역사적 서한『사회주의 통계사업을 개선, 강화하는 데 대하여』
2000.1.1.	당중앙위원회 책임간부들과 한 담화『사회주의 강성대국 건설에서 결정적인 전진을 이루기 위하여』
2000.1.23.	불구의 고전적 노작『인민생활을 향상시키는데 제기되는 몇 가지 과제에 대하여』
2000.1.24, 27.	평안북도의 토지정리사업을 현지지도하고 간부들과 한 담화『토지정리는 나라의 부강·발전을 위한 대자연개조사업이며 만년대계의 애국위업이다』
2000.3.22, 24, 27.	백두산지구 혁명전적지의 사업을 현지지도하고 간부들과 한 담화『혁명전적지, 혁명사적지를 통한 혁명전통교육을 강화하는 데 대하여』
2000.5.9, 9.20.	새로 건설된 메기공장을 현지지도하고 간부들과 한 담화『양어를 과학화, 집약화 하는 데 대하여』
2000..21.	역사적인 노작『견직물공업을 발전시켜 질 좋은 비단과 우단을 더 많이 생산하는 데 대하여』
2000.6.27.	조선인민군 공훈합창단의 창작가, 예술인들과 한 담화『조선인민군 공훈합창단은 당의 군사우선정치를 선두에서 받들어나갈 진격의 나팔수가 되어야 한다』
2000.6.30.	재미교류기자·문명자 여사와 한 담화『조국통일은 우리 민족끼리 힘을 합쳐서 자주적으로 실현해야 한다』
2000.8.29.	불구의 고전적 노작『자강도의 사람들처럼 도와 시, 군의 경영을 잘 정비하자』
2000.8.31.	고전적 노작『자강도의 사람들처럼 도와 시, 군의 운영을 잘하자』
2000.10.4.	조선인민군최고사령관명령 제00133호『조선인민군 지휘성원들의 군사칭호를 승격시키는 데 대하여』
2000.10.4.	조선인민군최고사령관명령 제00135호『안변청년발전소 제2단계 공사를 끝낸 군인과 건설자들에게 감사를 전하는 데 대하여』
2000.10.4.	조선인민군최고사령관명령 제00136호『태천발전소 건설자들에게 감사를 전하는 데 대하여』
2000.11.13.	청년영웅도로를 돌아보고 간부들과 한 담화『청년영웅도로는 우리 당의 청년중시사상이 낳은 위대한 창조물이다』
2000.12.7.	새로 건설된 타조목장을 현지지도하고 한 역사적 담화『우리나라에서 타조 사육의 새로운 역사를 열어 가는 데 대하여』
2001.1.3.	당중앙위원회 책임간부들과 한 담화『올해를 신세기의 진격로를 여는 데 있어서 전환의 해로 만들자』
2001.1.23.	불구의 고전적 노작『평안북도의 공업발전에서 새로운 전환을 일으키는 데 대하여』
2001.1.28.	당중앙위원회 책임간부들과 한 담화『컴퓨터 수재 양성사업을 강화하는 데 대하여』
2001.1.31.	당중앙위원회 책임간부들과 한 담화『당의 사상과 영도에 한없이 충실한 김책형 활동가가 되자』

일자	노작 종류, 제목, 내용 등
2001.2.14.	불구의 고전적 노작『대규모 수력발전소 건설을 추진하여 나라의 전력문제를 해결하는 데 대하여』
2001.3.11.	당중앙위원회 책임간부들과 한 담화『신세기 21세기는 정보산업의 시대이다』
2001.4.12.	전국 당 초급선전활동가 대회 참가자들에게 보낸 서한『신세기의 혁명적 진군의 요구에 맞도록 당 초급선전활동가들의 역할를 더욱 높이자』
2001.4.3, 5.8, 10.	황해남도의 토지정리사업을 현지지도하고 간부들과 한 담화『황해남도는 사회주의 농촌건설에서 선두에 서야 한다』
2001.5.13, 23.	황해남도 과일군을 현지지도하고 간부들과 한 담화『과수업의 발전에서 새로운 전환을 가져오는 데 대하여』
2001.5.23.	신흥지구 혁명전적지를 현지지도한 시 간부들과 한 담화『신흥지구 혁명전적지는 우리 혁명의 귀중한 재보이다』
2001.7.5.	고전적 노작『우리 당의 군사우선정치는 위력 있는 사회주의정치방식이다』
2001.7.11.	황해북도 서흥군 범안리를 현지지도하고 간부들과 한 담화『범안리처럼 농촌의 마을과 촌락을 노동당시대의 무릉도원으로 정비하자』
2001.7.24.	러시아의 ITAR-TASS통신사가 제기한 질문에 준 회답
2001.8.28.	담화『평양시를 근대적인 도시로서 보수, 개축하는 데 대하여』
2001.9.5, 11.10.	9.27 닭공장과 제112호 닭공장을 현지지도하고 간부들과 한 담화『최신 과학기술에 기초하여 가금업을 대대적으로 발전시키는 데 대하여』
2001.9.19.	김책공업종합대학을 현지지도하고 교직원들과 한 담화『김책공업종합대학은 나라의 위력 있는 과학기술인재양성기지이다』
2001.9.21.	당중앙위원회 선전선동부 책임간부들과 한 담화『문답식 학습방법을 끊임없이 새롭게 발전시켜야 한다』
2001.9.26.	성천강단계식발전소의 건설에서 노동의 위훈을 세운 함경남도 내의 건설자들에게 보낸 감사문
2001.10.3.	당・국가경제기관의 책임간부들과 한 담화『강성대국건설의 요구에 맞게 사회주의경제관리를 개선, 강화하는 데 대하여』
2001.11.18.	조선기자동맹 제8차 대회 참가자들에게 보낸 역사적 서한『기자・언론인들은 우리 사상, 우리 제도, 우리 위업을 단호히 옹호, 고수하는 사상적 기수이다』
2001.12.3.	당중앙위원회 책임간부들과 한 담화『지금 시기, 간부들의 실력을 높이는 것은 우리 혁명에 절박한 요구이다』
2001.12.19.~23.	자강도의 각 부문의 사업을 현지지도하고 간부들과 한 담화『자강도의 사람들은 강계정신의 창조자답게 강성대국건설의 기수가 되어야 한다』
2002.2.26, 28.	당중앙위원회 책임간부들과 한 담화『민주주의에 대한 올바른 이해를 가지는 데 대하여』
2002.3.6.	당・국가・군대의 자리에서 간부들과 한 담화『치산치수사업을 힘차게 전개하고 조국의 산천을 노동당시대의 금수강산으로 정비하자』
2002.4.13.	조선인민군최고사령관명령 제00152호『조선인민군 지휘성원들의 군사칭호를 승격시키는 데 대하여』
2002.6.4, 5, 7.	함경남도내의 각 부문의 사업을 현지지도하고 간부들과 한 담화『신세기의 요구에 맞게 함경남도의 경제사업에서 새로운 고양을 일으키는 데 대하여』
2002.6.17.	불구의 고전적 노작『당의 2모작농업방침을 철저히 관철하는 데 대하여』

일자	노작 종류, 제목, 내용 등
2002.8.15.	『김일성상』계관작품·대집단체조 및 예술공연『아리랑』을 관람하고 간부들과 나눈 담화『대집단체조 및 예술공연 "아리랑"은 신세기를 대표하는 세계적인 대걸작이다』
2002.8.×.	금진강제6호청년발전소 건설에서 빛나는 노동의 위훈을 세운 건설자와 지원자들에게 보낸 감사문
2002.9.5, 8.	당중앙위원회 책임간부들과 한 담화『공민적 자각을 안고 공화국공민의 본분을 다하자』
2002.9.8, 2003.1.2.	당중앙위원회 책임간부들과 한 담화『우리 인민의 우수한 민족적 전통을 적극적으로 살려가는 것에 대하여』
2002.9.14.	일본의 공동통신사 사장이 제기한 질문에 준 회답
2002.10.8.	노작『대홍단식 과학농업법을 일반화하여 감자 재배로 새로운 전환을 일으키는 데 대하여』
불명	노작『올해, 당사업에서 혁명적 전환을 일으키는 데 대하여』
2002.10.25.	역사적 담화『역사적인 창성연석회의의 정신에 따라 경영을 잘해가는 것에 대하여』
2002.10.×.	김일성군사종합대학 창립 50주년을 즈음하여 동 대학의 교직원·학생들에게 보낸 서한
2002.10.×.	조선인민군 중대 청년동맹 초급단체 서기 열성자회의 참가자들에게 보낸 서한『군사우선시대의 요구에 맞게 인민군대 청년사업을 개선·강화하는 데 대하여』
2002.11.25.	당중앙위원회 책임간부들과 한 담화『위대한 수령의 혁명적인 신념과 의사, 담력으로 새로운 승리의 길을 열어가자』
불명	전국 통계 활동가 강습 참가자들에게 보낸 서한『사회주의 통계사업을 개선, 강화하는 데 대하여』
2002.12.11, 18. 2003.1.17.	평안남도의 토지정리현장과 감행한 개천－대성호수로를 돌아보고 간부들과 한 담화『대규모의 토지정리와 관개건설의 성과에 기초하여 농업생산에서 새로운 고양을 일으키자』
2003.1.29.	당중앙위원회 책임간부들과 한 담화『군사우선혁명노선은 우리 시대의 위대한 혁명노선이며 우리 혁명의 백전백승의 깃발이다』
2003.2.3.	기자, 작가들과 한 담화『기자, 작가들은 혁명의 필봉으로 당을 받드는 군사우선혁명 투사가 되어야 한다』
2003.2.10, 7.2.	당중앙위원회 책임간부들과 한 담화『군사우선시대에 맞는 사회주의적 생활문화를 확립하는 데 대하여』
2003.3.27.	제2차 전국예술교육활동가 열성자회의 참가자들에게 보낸 서한『군사우선시대가 요구하는 훌륭한 예술인재를 키워 내자』
2003.4.8, 10, 11.	고전적 노작『함경남도의 경제문화사업에서 제기되는 몇 가지 과제에 대하여』
2003.5.21.	당중앙위원회 책임간부들과 한 담화『우리 당의 농업혁명방침을 철저히 관철하는 데 대하여』
2003.7.10.	공개서한『전국의 모든 선거자들에게』
2003.7.26.	조선인민군최고사령관명령 제00160호『위대한 조국해방 전쟁 승리 50주년을 즈음하여 조선인민군 지휘성원들의 군사칭호를 승격시키는 데 대하여』

일자	노작 종류, 제목, 내용 등
2003.8.28.	불구의 고전적 노작『당이 제시한 군사우선시대의 경제건설노선을 철저히 관철하자』
2003.10.15.	불구의 고전적 노작『당의 과학기술중시노선을 철저히 관철하는 데 대하여』
2003.10.28.	당중앙위원회 책임간부들과 한 담화『간부들은 인민을 위해 헌신하는 인민의 참된 복무자가 되어야 한다』
2003.12.28.	새로 개조, 확장된 계남목장을 시찰하고 간부들과 한 담화『계남목장은 인민생활향상에 크게 기여하는 대규모적인 근대적 축산기지이다』
2004.2.14.	불구의 고전적 노작『기관, 기업소와 지방에서 연혁사를 통한 교육사업을 잘하는 데 대하여』
2004.4.7.	당중앙위원회 책임간부들과 한 담화『혁명적 동지애는 일심단결의 기초이며 우리 혁명의 추진력이다』
2004.4.14.	조선인민군최고사령관명령 제00165호『조선인민군 지휘성원들과의 군사칭호를 승격시키는 데 대하여』
2004.5.10, 11, 13.	조선인민군 제7차 군인가족 예술소조 경연에 참가한 각 단위의 공연을 관람하고 인민군 지휘성원들과 한 담화『군인가족 예술소조 경연은 군사우선시대의 대중문화예술의 모범이다』
2004.5.16.	낙원기계연합기업소를 현지지도하고 간부들과 한 역사적 담화『낙원의 노동계급은 자력갱생의 자랑스러운 전통을 이어 빛내어 가야 한다』
2004.6.1.	역사적 노작『균성공작기계공장은 우리나라의 기계공업의 근대화의 모범이다』
2004.6.20.	역사적 노작『민족요리를 적극적으로 장려하여 발전시켜야 한다』
2004.8.11.	당·국가경제기관의 책임간부들과 한 담화『기본건설에서 새로운 전환을 일으키는 데 대하여』
2004.10.12, 12.10.	당중앙위원회 책임간부들과 한 담화『콩재배로 전환을 일으키는 데 대하여』
2004.12.11.	불구의 고전적 노작『함경북도의 경제사업에서 제기되는 몇 가지 과제에 대하여』
2004.12.12.	역사적 노작『칠보산은 세계에서 자랑할 만한 명산이다』
2005.1.12	역사적 노작『평안북도의 중요공장·기업의 근대화를 서두르는 데 대하여』
2005.3.19.	노작『간부들이 예의도덕을 잘 지키는 데 대하여』
2005.4.6.	조선노동당중앙위원회 선전선동부 책임간부들과 한 담화『"김일성화"는 자주시대의 인류의 마음속에 핀 불멸의 꽃이다』
2005.4.13.	금진강흥봉발전소 건설에서 큰 위훈을 세운 건설자와 지원자들에게 보낸 감사문
2005.4.14.	조선인민군최고사령관명령 제00172호『조선인민군 지휘성원들의 군사칭호를 승격시키는 데 대하여』
2005.5.25.	역사적 담화『원산청년발전소를 만년대계의 창조물로 잘 건설해야 한다』
2005.7.2.	불구의 고전적 노작『환경보호사업은 나라와 민족을 위한 숭고한 애국사업이다』
2005.9.16.	역사적 노작『제약공업을 발전시켜 의약품 생산으로 혁명적인 전환을 일으키는 데 대하여』
2005.11.19.	창립 60주년을 즈음하여 김일성정치대학 교직원, 학생들에게 보내는 역사적인 서한

일자	노작 종류, 제목, 내용 등
2005.12.4.	역사적 노작 『백마=철산수로는 노동당시대, 군사우선시대의 위대한 창조물이다』
2005.12.×.	전국 인민보안 활동가 열성자 대회 참가자들에게 보낸 역사적인 서한
2006.1.9.	고전적 노작 『김책공업종합대학은 우리나라의 과학기술인재양성의 최고전당이며 정보산업혁명의 개척자이다』
2006.4.14.	조선인민군최고사령관명령 제004호 『조선인민군 지휘성원들의 군사칭호를 승격시키는 데 대하여』
2006.4.30.	고전적 노작 『창조와 건설에서 지식은 최대의 재화이며 무지는 최대의 빈곤이다』
2006.9.12, 9.30.	담화 『우리식 체육경기의 원칙과 경기방법을 구현화하여 나라의 체육수준을 결정적으로 높이자』
2006.11.5.	역사적인 담화 『원산목장은 실리주의의 원칙을 구현하여 장래를 내다보고? 건설한 자랑스러운 창조물이다』
2007.2.28.	전국 법무 활동가 대회 참가자들에게 보낸 서한
2007.4.4.	노작 『인민생활을 결정적으로 높이는 것은 오늘 우리 당에 내걸린 최중요 혁명과제이다』
2007.4.11.	노작 『인민대학습당은 위대한 수령의 고귀한 유산이며 전민학습의 대전당이다』
2007.4.14.	조선인민군최고사령관명령 제0010호 『조선인민군 지휘성원들의 군사칭호를 승격시키는 데 대하여』
불명	노작 『청년들은 주체청년혁명의 전통을 이어 군사우선시대의 청년전위의 영예를 높이 떨쳐 나가자』
2007.×.×.	불구의 고전적 노작 『계몽기 가요는 우리 민족의 귀중한 음악유산이다』
2008.4.15.	조선인민군최고사령관명령 제0019호 『조선인민군지휘성원들의 군사칭호를 승격시키는 데 대하여』
2008.5.×.	사회주의강성대국건설의 요구에 맞게 교육사업에서 혁명적 전환을 일으키는 것과 관련한 역사적인 담화
2008.9.5.	당 기관지 『노동신문』과 정부기관지 『민주조선』에 준 담화 『조선민주주의인민공화국은 불패의 위력을 갖춘 주체의 사회주의국가이다』
2008.×.×.	노작 『경제사업에서 사회주의원칙을 고수하고 사회주의경제의 우월성을 높이 발양하는 데 대하여』
2009.1.11.	원산청년발전소 건설에서 빛나는 노동의 위훈을 세운 건설자와 지원자들에게 보낸 감사문
2009.2.17.	공개서한 『전국의 모든 선거자들에게』
2009.4.14.	조선인민군최고사령관명령 제0029호 『조선인민군 지휘성원들의 군사칭호를 승격시키는 데 대하여』
2009.6.25.	당·군대·국가·경제기관의 간부들에게 한 담화 『김일성민족의 위대한 정신력으로 강성대국건설의 모든 전선에서 혁명적 대고조의 불길을 더 힘차게 태우자』
2009.8.×.	노동교화형을 받은 미국기자 2명에게 대해 사회주의헌법 제103조에 기초하여 특사를 실시하고 석방하는 데 대한 공화국 국방위원회 위원장의 명령

일자	노작 종류, 제목, 내용 등
2010.1.12.	희천발전소의 모든 건설자들에게 보낸 특별 감사문『희천반전소의 건설에서 군사우선조선의 기개를 높이 떨치는 모든 건설자들에게』
2010.×.×.	공화국 국방위원회 위원장 명령『조선대풍국제투자그룹의 활동을 보장하는 것에 대하여』
불명	노작『곡물생산을 결정적으로 늘려 토지정리의 위대한 활력을 높이 발휘하자』
불명	노작『양돈을 근대화, 과학화하는 데 대하여』
불명	노작『근대적인 농촌주택을 많이 건설하고 농촌취락을 사회주의의 선경으로 변모시키자』

부록 3. 북한의 출판사 현황

건설출판사

기본건설, 건재공업, 도시경영, 임업부문의 일군들과 근로자들의 정치사상수준과 경제실무수준, 기술기능수준을 높이는 데 필요한 신문과 잡지, 기술경제서적들을 편집·발행하는 출판기관. 1954년 6월 2일에 창립되었다. 평양시 평천구역 봉남동에 있었다. 평양시복구위원회기관지 신문 <건설자>를 창간한 때로부터 자기사업을 시작한 출판사는 1957년 4월에 국가건설위원회 <건설자> 잡지편집부, 공업기술서적출판사의 건설도서편집부와 통합하여 국립건설출판사로 되었으며 그 규모와 사업범위가 확대되었다.

1958년 4월에는 건설성과 국가건설위원회 중앙 건설 및 건재 과학연구소의 출판부서들이 국립건설출판사에 통합되었으며 그해 12월에는 조선건축가동맹중앙위원회 기관잡지 <건축과 건설> 편집부가 국립건설출판사에 들어왔다.

1963년 5월부터 출판사이름이 건설출판사로 고쳐졌다.

1964년 6월에는 건설출판사안의 원림편집부와 도시경영편집부가 내무출판사로 넘어갔으며 그해 12월에는 임업출판사가 건설출판사에 통합되었다.

1966년 3월에는 건설출판사와 중공업출판사, 경공업출판사, 수산출판사가 통합되어 공업출판사로 되었다가 1968년에 다시 분리되어 건설출판사로 되었다.

1975년 4월 인민경제부문별 기술경제출판사들을 통합할 데 대한 국가적 조치에 의하여 건설출판사는 중공업출판사, 경공업출판사, 수산출판사, 지질탐사출판사와 다시 통합되어 공업출판사로 되었다.

경공업출판사

식료공업, 방직공업, 일용품공업 등 경공업부문과 제지 및 수매량정부문의 기술경제도서들과 전문기술잡지들을 편집·발행하는 출판기관. 1958년 2월에 경공업사로 창립되었다. 평양시 선교구역 강안동에 자리 잡고 있었다.

창립 당시 잡지<경공업>을 편집·발행하던 경공업사는 1959년 7월에 경공업잡지사로 되었다가 1961년 7월에는 국립공업기술서적출판사의 경공업도서편집부와 통합되어 경공업출판사로 개편되었다. 1966년 3월 경공업출판사는 중공업출판사, 건설출판사, 수산출판사와 통합하여 공업출판사로 되었다가 1968년에 다시 분리되었다. 1975년 4월에 인민경제부문별로 된 기술경제출판사들을 다시 하나로 통합할 데 대한 국가적 조치에 따라 경공업출판사는 중공업출판사, 건설출판사, 수산출판사, 지질탐사출판사와 함께 통합되어 경공업출판사로 되었다.

경제출판사

경제관리부문과 인민봉사부문, 수매량정부문, 도시경영부문, 대외무역부문의 경제기술도서들과 잡지들을 편집·발행하는 출판기관. 1964년 11월 24일에 창립되었다. 평양시 중구역 남문동에 자리 잡고 있었다. 경제출판사는 처음에 국가계획위원회의 계획경제편집부, 재정성의 재정금융편집부, 상업성의 상업편집부, 수매량정성의 수매량정편집부가 통합되어 조직되었다.

1966년 1월에 노동도서출판사가 경제출판사에 통합되어 1970년 7월에는 경제출판사에서 사회주의상업편집부가 상업출판사로 분리되어 나갔다.

1972년 2월에는 출판인쇄과학연구소의 인쇄공업기능교재편집부가 경제출판사에 편입된 것을 비롯하여 노동안전교양자료를 편집·발행하기 위한 기구가 새로 늘어나게 되었다.

1975년 4월에는 혁명과 건설이 심화 발전하는데 맞게 인민경제부문별 출판사들을 하나로 합칠 데 대한 국가적 조치에 의하여 경제출판사와 상업출판사, 무역출판사가 통합되어 1976년 7월에는 경제출판사가 다시 공업출판사와 통합되었다.

고등교육도서출판사

고등교육부문의 교과서와 참고서, 과외도서들을 편집·발행하는 출판기관.

1960년 12월 12일에 창립되었다. 평양시 서성구역 장경2동에 자리 잡고 있다. 고등교육도서출판사는 혁명가, 공산주의자, 현대과학지식과 기술을 가진 쓸모 있는 기술자, 전문가로 교육 교양함으로써 온 사회의 인테리화와 사상, 기술, 문화의 3대 혁명수행에 적극 이바지하는 것을 기본사명으로 하고 있다.

고등교육도서출판사는 우리나라의 모든 기술대학들과 공장대학, 농장, 어장대학들 그리고 전문학교 학생들을 위한 사회정치과목, 자연기초과목, 전문기술과목의 교과서들, 사전과 편람류들, 문제집과 문제풀이집, 공식집과 도해집, 논문집 등 학습참고서와 과외도서들을 교육강령의 요구에 맞게 출판하고 있으며 다른 나라의 최신과학기술도서들을 번역출판하고 있다.

공업종합출판사

중공업과, 경공업, 수산업, 건설, 운수, 체신, 도시경영, 인민봉사를 비롯한 인민경제 여러 부문과 경제관리부문의 도서와 잡지들을 편집·발행하는 출판기관.

1948년 8월 16일에 창립되었다. 평양시 보통강구역 봉화거리 보통강2동에 자리 잡고 있다.

1948년 10월에 산업출판사로 되었다가 1950년 8월에는 국립출판사에 들어가게 되었다. 1956년 10월 공업부문의 기술도서들을 편집·발행하는 국립공업기술서적출판사가 따라 나오게 되었으며 1961년 7월에는 국립공업기술서적출판사와 공업기술잡지사가 통합되어 중공업출판사로 되었다.

1966년 3월 중공업출판사, 경공업출판사, 건설출판사, 수산출판사가 통합되어 공업출판사로 되었다가 1968년 9월 다시 분리되어 나왔다.

1975년 4월 중공업출판사, 경공업출판사, 건설출판사, 수산출판사, 지질탐사출판사가 통합되면서 공업출판사로 개칭되었다.

1976년 7월에는 경제출판사가 공업출판사와 통합되고 1990년 10월부터 공업종합출판사로 되었다.

교육도서출판사

우리나라 보통교육부문 각급 학교들의 교과서와 참고서를 비롯한 여러 가지 교재들을 편집·발행하는 출판기관. 1945년 11월 25일에 창립되었다. 평양시 중구역 외성동에 자리 잡고 있다.

교육도서출판사의 전신은 북조선행정10국의 하나인 교육국안에 교과서편찬출판기관으로 발족되어 교과서편찬부이다. 교육도서출판사는 보통교육부문의 11년제 각급 학교들과 사범대학, 교원대학 교과서들과 참고서, 과외도서, 지도, 걸그림 등 여러 가지 교육도서출판물들을 편집·발행하고 있다.

국립출판사

정치, 경제, 과학기술, 문화부문의 잡지 및 도서들을 비롯한 여러 가지 출판물들을 편집·발행한 종합적인 출판기관. 1946년 9월에 창립되었다. 평양시 남구역(1959년 9월 이후 외성구역) 외성동에 자리 잡고 있었다. 처음에 민주조선출판사의 이름으로 창립된 이후 1947년 6월에 조서인민출판사로, 1948년 2월에는 국립조선인민출판사로, 1948년 10월에는 국립인민출판사로 개편되면서 사업범위와 기구가 확대 강화되었다.

국립출판사는 <새조선>, <국제평론>, <아동과학>과 같은 여러 종의 잡지와 정치, 경제, 문호, 예술, 자연과학 도서들과 청소년과외교양도서, 그림책 등 각 부문에 걸치는 많은 출판물들을 편집·발행하는 종합적인 국가출판기관의 임무를 수행하였다. 부문별 전문출판기관들이 나옴에 따라 1962년 초에 해산되었다.

근로단체출판사

노동자, 농업근로자, 근로여성들과 근로단체일군들을 위한 신문, 잡지들과 도서, 교양자료들을 편집 출판하는 종합적인 출판기관. 우리나라에서의 첫 근로자단체출판물인 <노동자신문>이 창간된 1946년 2월 9일을 출판사의 창립일로 기념하고 있다.

1975년 3월 13일 당시의 노동자 신문사, 농업근로자출판사, 근로여성신문사가 하나로 통합되어 근로단체출판사로 되었다. 모란봉구역 긴마을 1동에 자리 잡고 있다.

과학백과사전종합출판사

사회과학, 자연과학, 의학과학 분야의 과학 이론 및 기술 도서들과 잡지들, 백과사전과 과학부문별 사전들을 편집·발행하는 종합적인 출판기관. 1953년 9월 15일에 창립되었다. 평양시 서성구역 버드나무거리 장경2동에 자리 잡고 있다.

1953년 9월에 처음으로 종합학술잡지인 <조선민주주의인민공화국 과학원학보>가 발행될 때로부터 자기 사업을 시작한 과학원출판부는 1955년 4월에 편집국으로, 1957년 6월에는 과학원출판사로, 1972년 9월부터 과학출판사로 강화 발전되었다.

1976년 9월 16일 사회과학출판사, 과학출판사, 의학출판사, 백과사전출판사가 통합되어 과학, 백과사전출판사로 확대 발전되어 1987년 7월 23일 과학백과사전종합출판사로 되었다.

농업출판사

농촌경리부문과 국토건설, 간석지건설, 기상과 수문, 자연보호부문의 경제기술도서들과 잡지들, <농업신문>과 각종 참고자료들을 편집·발행하는 출판보도기관. 1946년 9월 25일에 창립되었다. 평양시 중구역 영광거리 역전동에 자리 잡고 있다. 1956년 10월 26일 농업부문 출판보도기관과 편집부서들이 통합되면서 '국립농업출판사'로 개칭되었다가 1963년 5월 7일 '농업출판사'로 되었다. 농업출판사에서는, 농산, 축산, 과수, 잠업 등 농촌경리의 여러 분야에 필요한 여러 가지 경제 및 과학기술 도서들과 참고자료들, 사전, 편람류들, 도해집들과 걸그림들, 학습제강들을 편집·발행하고 있으며 농업부문 경제관리일군들을 위한 사업일지들도 출판하고 있다.

문학예술종합출판사

문학예술부문의 작품들과 도서들, 신문, 잡지들을 편집·발행하는 출판기관.

1946년 9월 2일에 창립되었다. 평양시 선교구역 청년거리 선교3동에 자리 잡고 있다. 문학예술종합출판사는 문화전선사로 발족하여 1953년 9월 전국작가, 예술인대회를 계기로 조선작가동맹출판사를 비롯하여 각 예술동맹의 출판사들이 나오게 되었고 1992년 3월 18일 문학예술종합출판사로 되었다.

출판사에서는 <조선문학>, <청년문학>, <아동문학>, <조선예술>, <조선영화> 등 문예잡지들과 대중종합잡지 <천리마>를 정기간행물로 발행하고 있다.

사회과학출판사

사회과학부문의 과학이론도서들과 잡지들, 사전류들을 편집·발행하던 출판기관. 과학원출판부와 그 산하에 있던 편집부를 전신으로 하여 1953년 9월 15일에 창립되었다. 평양시 중구역 남문동에 자리 잡고 있다. 1955년 4월에 과학원편집국으로 개편, 1957년 6월에 과학원출판사로 확대 발전되었다. 1972년 2월 15일 사회과학출판사로 개칭되었다.

상업출판사

상업부문 일군들의 정치사상 수준과 경제실무수준, 기술기능수준을 높이는 데 필요한 신문과 잡지, 경제기술도서들과 제강류들을 편집·발행한 출판보도기관. 1970년 7월에 창립되었다. 평양시 보통강구역 보통강동에 자리 잡고 있었다.

상업출판사는 <상업신문>을 비롯한 경제기술 출판물들의 편집·발행을 통하여 상업부문 일군들을 인민의 참다운 봉사일군으로 교양하는 한편 그들을 우리 당의 상업정책 관철에로 고무추동하는 데 적극 이바지하였다. 상업출판사는 경제출판사에 통합되었으며 1976년 7월에 경제출판사가 다시 공업출판사에 통합되었다.

수산출판사

수산부문 일군들의 정치사상수준과 경제실무 수준, 기술기능수준을 높이는 데 필요한 신문과 잡지, 경제기술도서들과 제강류들을 편집·발행하던 출판보도기관으로1955년 4월 15일에 창립되었다. 평양시 동대원구역에 자리 잡고 있었다.

처음에 수산출판사는 1955년 2월 23일 '조선수산사'의 이름으로 창립되었다가 1961년 7월 7일 <수산신문> 창간호가 발행되면서부터 출판사 이름이 '수산신문사'로 개칭, 1963년 1월 <수산신문>이 폐간되면서 1963년 5월 7일 '수산출판사'로 되었다.

수산출판사는 <수산신문>과 경제기술출판물들의 편집·발행과 수산업을 주체화·현대화·과학과하는 데서 나서는 과학기술적 문제들과 거기에서 얻은 경험, 기업관리와 지도경험들을 소개 선전함으로써 우리 당의 수산정책을 철저히 관철하도록 하는 데 적극 이바지하였다.

외국문도서출판사

외국어 교육 도서, 외국어 대역사전, 외국어 학습 참고서 및 최신 과학기술 번역도서들을 편집·발행하는 출판기관으로 1963년 7월 9일 평양시 모란구역 인흥거리에서 외국문교육도서출판사의 이름으로 창립되었다. 1966년 3월에 고등교육도서출판사에 통합되었다가 1969년 12월 25일 25일 외국문교육도서출판사로 분리되었으며 1975년 4월 9일 당의 방침에 따라 번역출판사와 통합되어 오늘의 외국문도서출판사로 자리 잡게 되었다. 노어, 중어, 일어, 프랑스어, 독어, 에스파냐어, 아랍어 등 8개 어종의 학년별, 교종별 교과서들과 학습 참고서, 자습교재, 사전, 어휘집 등을 편집·발행하고 있다.

외국문출판사

대외 선전을 위한 외국문 도서들과 정기간행물을 편집 출판하는 출판기관으로 1949년 12월 4일 평양시 서성구역 서천동에서 창립되었다. 창립 당시 '새 조선사'로 불리다가 내각명령 제42호에 따라 '새 조선사'에 '인민조선사'와 '전우사'가 통합되어 외국문출판사가 되었다. 1984년 2월 2일 외국문출판사에 외국문인쇄공장이 통합되어 외국문종합출판사가 되었다가 다시 2001년 7월부터 외국문출판사로 돌아왔다. 김일성저작집과 김정일선집, 총서 <불멸의 역사> 중에서 <1932년>, <혁명의 여명>, <고난의 행군>, <백두산기슭>을 비롯한 혁명소설들과 수많은 문예작품들을 여러 나라 말로 번역 출판하였으며 <조선혁명박물관>을 비롯한 여러 가지 화첩들과 달력, 엽서 등을 만들어 대외에 배포하고 신문 <평양시보>, 잡지 <오늘의 조선>, 화보 <조선>을 정기간행물로 발간하고 있다. 국기훈장 제1급과 김일성 훈장 등 여러 차례 표창을 받았다.

의학출판사

의학과학부문의 정기간행물과 과학이론 도서들을 편집·발행하는 출판기관으로 1955년 4월 27일 조선의학사의 이름으로 평양시 중구역에서 창립되었다. 여러 과정을 거쳐 1961년 조선의학출판사로 1963년 5월부터 의학출판사로 개칭되었다가 1976년 9월 사회과학출판사, 과학출판사, 백과사전출판사와 통합되어 과학, 백과사전출판사로 1987년에는 과학백과사전종합출판사로 2001년 7월에는 과학백과사전출판사로 이름이 변경되었다. <림상의전>, <조선민주주의인민공화국 약전>, <동의보감>을 비롯하여 다양한 사전류와 편람이 발행되었다.

인민보건사

신문 <인민보건>과 위생지식 선전 자료들을 출판하고 위생선전 표본물들을 만들며 도, 시, 군에서의 위생선전사업에 대한 기술적 방법을 지도하는 기관으로 1968년 4월 1일 평양시 모란봉구역 '위생선전사'라는 이름으로 창설되었다. 1988년 12월 22일 방침에 따라 인민보건사로 개칭되었으며, 근로자들의 과학적 자질을 높이고 당의 보건 정책을 관철시키는 것을 기본 사명으로 하고 있다. 정기간행물로서 대내 주간 신문인 <인민보건>과 <위생과 건강>을 편집·발행하고 있으며 강연강강, 위생달력, 위생선전해설담화자료들, 걸그림들, 위생지식 보급을 위한 상식 도서들과 그림책 등을 편집 출판하고 있다.

조선인민혁명군 출판소

김일성의 항일무장투쟁시기 조선인민 혁명군 안에 설치하였던 혁명적 출판물 발간 및 보급 기지. 소왕청 유격구의 리수구를 비롯하여 유격구들과 유격대 안에 출판소들이 설치되었다. 출판소들에서는 <조국광복회10대강령>, <조선공산주의자들의 임무>를 비롯하여 조국광복회 기관지인 월간잡지 <3.1월간>, 조선인민혁명군 대내기관지인 정치신문 <서광>, 대내주간신문 <종소리>, 반일청년동맹기관지인 신문 <철혈> 그리고 소책자, 교재, 선전문, 삐라들도 상당한 부수로 발간하였다.

철도출판사

철도일군들을 위한 교양자료들과 철도운수 부문 기술도서들, 기능교재, 철도규정 및 주민선전 자료들을 편집·발행하는 출판기관. 1951년 12월 31일 창립되었다. 평양시 중구역 영광거리 동안동에 자리 잡고 있다. 1953년 12월 철도성이 교통성으로 개편되면서 교통출판사로 되었다가 1973년 10월에 교통출판사와 체신출판사가 통합되어 교통통신출판사가 되었으며 1977년 2월 철도운수부문 출판물들을 전문으로 취급하는 철도출판사가 다시 나오게 되었다.

철도출판사는 철도운수부문의 과학기술출판물들을 편집·발행하는 사업을 통하여 교통운수정책을 널리 선전하고 인민경제의 주체화·현대화·과학화를 실현하는 데 이바지하는 것을 기본임무로 하고 있다.

철도출판사에서는 철도운수부문 과학기술도서들과 기능교재들, 각종 주민선전자료, 철도규정, 학습제강, 강연제강, 객차와 역대기실표어, 선전화, 여객열차시간표와 여행상식 등을 편집·발행하고 또한 잡지 <철도운영>, <철도차량>, <철길>, <철도 전기화 및 자동화> 등을 편집·발행하고 있다.

체신출판사

통신, 방송 설비와 운영수단 등 체신부문의 기술도서와 잡지를 편집·발행하던 출판기관. 1948년 6월 20일에 창립되었다. 평양시 외성구역 외성동에 자리 잡고 있었다. 1948년 6월 북조선인민위원회 체신국기관잡지 <체신>을 창간한 때부터 시작한 출판사는 1956년부터 '체신사'로 명칭이 고쳐졌다. 1973년 10월에 체신출판사는 교통출판사와 통합되어 교통체신출판사로 되었다가 1977년 2월 5일에 교통체신출판사는 철도출판사로 개편되었다.

부록 4. 북한의 분야별 연구소 및 유관기관 현황

건축공학연구소

건축계획, 건축물리 및 건설구조 분야에서 제기되는 이론과 실천적 문제들을 연구하는 과학연구기관. 국가과학원 건설건재분원 산하 연구소이다. 과학원산하 공학연구소 건축연구실로 조직되었다가 1961년 8월 7일 건설과학위원회산하 중앙건설과학연구소의 건축학연구실과 건설구조연구실을 모체로 하여 건축건설연구소로 창립되었다. 평양시 승호구역에 자리 잡고 있다. 연구소에는 건축연구실, 도시계획연구실을 비롯하여 현대적인 연구실들과 실험실들이 있다. 연구소에서는 주체적인 사회주의건축창작에서 제기되는 이론적 문제들과 건축계획 및 건설구조 설계에서 실천적으로 제기되는 구체적인 방법론, 도시와 마을의 계획설계방법론을 연구하는 것을 기본사명으로 하고 있다. 건축공학연구소는 지난 기간 우리나라의 건축건설사업을 주체성 있게 발전시켜 나가는 데서 나서는 과학연구성과들을 현실에 실현하여 나라의 경제 발전에 크게 기여하였다. 연구소는 우리 당이 제시한 사회주의건축 미학사상과 창작원칙들을 더욱 깊이 있게 연구하여 민족적 형식에 사회주의적 내용을 담은 건축물을 창작하는 데 더 잘 이바지할 수 있도록 건축창작이론들을 더욱 발전시키기 위한 연구사업을 강화하고 있다.

기계공학연구소

기계공업발전에서 나서는 기계공학적문제들을 풀기 위한 전문과학연구기관. 평양시 은정구역에 자리 잡고 있다. 기계공학연구소는 1961년 12월 14일에 창립되었다. 이 연구소에는 기계동력학연구실을 비롯한 여러 개의 연구실들과 설계실, 실험실이 있다. 연구소에는 최신기계공학연구에 필요한 현대적인 설비들과 실험 및 측정 장치들이 충분히 갖추어져 있다. 기계공학연구소는 기계와 장치(설비)들, 측정계기와 공구들의 이론적 기초를 연구하고 설계 및 제작과 운영을 위한 기계동력학, 유체역학적 문제들과 기계설비들의 정밀화, 고속도화, 전자계산기화, 로봇화를 실현하고, 기계공업부문에서 형단조화, 프레스화, 주물혁명, 공구혁명을 촉진하는 데서 나서는 기계공학적문제들을 종합적으로 연구하는 것을 사명으로 하고 있다. 기계공학연구소는 과학연구사업에서 주체를 튼튼히 세움으로써 무산광산 정광수송관 등을 비롯하여 가치 있는 기계와 설비들의 제작에서 요구되는 과학기술적 문제들과 인민경제 여러 부분에서 제기되는 기계공학적 문제들을 풀어 나가는 데 크게 기여하였다.

기상수문기계연구소

기상, 수문 기계들을 개선하고 새롭게 개발하며 그에 따르는 관측 및 검정 방법을 연구하는 과학연구기관. 기상수문국 산하 연구소이다. 1980년 4월 기상수문연구소의 관측기계 및 관측방법 연구실을 모체로 하여 창립되었다. 연구소는 평양시 선교구역에 자리 잡고 있다. 기상기계연구실과 수문기계연구실을 비롯한 부문별 연구실과 기상, 수문 기계의 검정을 담당하는 측정실 및 설계실이 있으며 중간시험공장과 실험관측장을 가지고 있다. 연구소에서는 수자식바람계와 자동습도계를 비롯한 현대적인 기상, 수문 관측기계들을 연구개발하였으며 <조선구름도>를 만들어 기상, 수문 관측사업에 이바지하였다. 기상수문기계연구소는 관측방법들과 관측기계들을 우리나라의 실정에 맞게 끊임없이 개선하며 관측기계들과 측정수단들을 현대화·자동화하며 원격화하며 기상전파탐지기와 기상위성을 비롯한 현대적 수단들을 옳게 이용하기 위한 연구사업에 힘을 넣고 있다.

농업기계화연구소

농촌경리의 기계화를 실현하는 데서 나서는 과학기술적 문제들을 연구하는 연구기관. 평양시 사동구역에 자리 잡고 있다. 1947년 4월에 중앙농사시험장의 한 부서로 조직되었다. 1958년 11월 8일 중앙농사시험장에서 분리되어 농업과학연구원 농업기계화연구소로 창립되었다. 농업기계화연구소는 논밭갈이로부터 가을걷이 및 낟알 털기에 이르는 농업생산에서 제기되는 당면한 실천적 문제들과 농촌경리의 종합적 기계화를 실현하기 위한 과학기술적 문제들을 연구 해명하여 생산에 적극 받아들이기 위한 사명을 지니고 있다. 연구소는 전문화된 연구소로서 토양관리기계연구실을 비롯한 과학부문별 로 세분화된 연구실들, 설계실 및 실험공장들과 유능한 연구성원들로 조직되어 있다. 연구소에서는 작물별 기계화기술공정체계수립을 위한 연구사업과 함께 지대적 특성에 맞는 중소형 농기구들과 각종 현대적 연결 농기계를 제작하기 위한 연구사업, 농업생산의 매 공정별, 요소별로 되는 기계화를 완성하기 위한 연구사업을 진행한다. 그리하여 우리나라 농촌 경리의 기계화작업의 종류와 범위를 확대하며 논밭갈이로부터 가을걷이 및 낟알 털기, 짐 싣고 부리는 작업 등 모든 작업공정을 기계화하는 데 적극 이바지하고 있다. 연구소는 1983년 11월 25일 창립 25돐을 맞으며 국기훈장 제1급을 받았다.

농업수리화연구소

농업수리화 분야에서 제기되는 과학기술적 문제를 연구 해명하는 것을 기본사명으로 하는 농업과학연구기관. 평안남도 온천군에 위치하고 있다. 1956년 농업과학연구원에 새로 조직된 토지건설 및 관개 연구실을 전신으로 하고 있다. 창설 초기에는 작은 연구실에 지나지 않았던 농업수리화연구소지만 지금은 현대적으로 만들어진 연구실들과 실험실, 분석실, 시험공장과 간석지시험장 등이 있다. 이 연구소에서는 관개공사에서 제기되는 과학기술적 문제들을 수많이 해결함으로써 건설의 속도와 질을 보장하는 데 크게 기여하였으며 관개용수의 이용률을 높이기 위한 방도를 세워 생산에 도입할 수 있게 하였다. 또한 논물관리에서 이상기후현상을 극복하기 위한 과학기술적 문제들과 부루도저에 의한 토지정리, 중소하천정리, 시루식에 의한 간석지토양개량 등 과학연구사업에서 커다란 성과를 이룩하였다. 농업수리화연구소에서는 농촌경리의 수리화에서 이룩한 성과를 공고히 하며 물대기와 물빼기, 간석지토양개량 등에서 나서는 과학기술적 문제를 풀기 위한 과학연구사업에 힘을 넣고 있다.

동물학연구소

동물학의 과학이론적 문제들과 동물자원을 인민경제와 인민생활에 합리적으로 이용하는 데서 제기되는 이론 실천적 문제들을 연구하는 기관. 국가과학원 생물분원 아래 연구소이다. 평양시에 있다. 김일성이 하달한 1966년 11월 29일 "생물학을 더욱 발전시킬 데 대하여"란 교시를 관철하기 위하여 1967년 1월 생물학연구소 동물학부문 연구실들을 모체로 하여 창립되었다. 이로운 동물의 보호증식대책, 해로운 동물의 구제대책, 동물학의 기초이론, 동물성약재의 개발이용에 대한 연구사업을 진행하며 그 실현방도를 세우는 것을 기본사명으로 한다. 또한 동물학지식보급사업, 동물자원보호증식에 대한 교양사업을 진행한다. 연구소에는 분소와 부문별 연구실, 표본실, 중간공장, 동물시험장들이 있다. 동물학연구소에는 전임 및 통신 박사원이 있다. 동물학연구소에는 김일성이 사용하던 사냥총과 손수 길렀던 뱀장어의 표본을 비롯하여 수십 종에 달하는 선물들을 보존하는 혁명사적물보존실이 있다. 동물학연구소는 새로운 종 및 아종의 발견, 과학적인 분류체계의 확립, 여러 동물종의 인공증식 및 이주풍토순화, 보호동물의 보호증식대책과 사양관리체계의 확립, 물고기를 비롯한 일련의 수산자원의 보호증식 및 이용 분야에서 나서는 과학기술적 문제를 푸는 데서 성과를 거두었다. 연구소는 효능이 높은 생물농약들을 연구 개발하고 나라의 생물농약공업을 튼튼히 만드는 데 기여하였다. 1980년 조선로동당 중앙위원회 축하문을 받았다.

동해수산연구소

조선 동해와 그에 잇닿은 한반도 수역의 산업적 물고기자원을 효과적으로 개발하기 위한 과학기술적 문제들을 연구하는 기관. 강원도 원산시에 있다. 1946년 2월 20일에 창립되었다(당시 국립중앙수산시험장). 연구소에는 수산자원, 어장해양, 어로기술, 어선장비 등을 연구하는 연구실들과 실험실들, 중간시험공장이 있다. 연구소는 조선동해의 해양상태와 물고기회유상태, 기상조건과 해양상태와의 관계, 기상조건과 물고기 회유상태와의 관계를 비롯하여 바다의 변화 과정과 법칙들을 연구하고 있다. 또한 수산자원변동의 합법칙성, 그 분포와 회유, 물고기의 생리생태, 어장 형성과 관련한 해양물리, 해양화학, 수생물의 분포 등을 연구 해명하여 물고기 떼의 이동정형을 수산 기업소들에 통보하며 선진적인 어구와 어로방법, 물고기잡이의 종합적 기계화와 자동화를 위한 연구사업을 진행하여 수산업의 주체화·현대화·과학화를 실현하는 데 적극 이바지하고 있다. 연구소는 1971년 11월에 조선로동당 중앙위원회와 조선민주주의인민공화국 내각의 공동축하문, 1986년 2월에 조선로동당 중앙위원회 축하문을 받았다.

로동안전공학연구소

노동안전 및 노동환경보호에 관한 과학기술적 문제들을 연구하는 과학연구기관. 평양시 은정구역에 있다. 연구소는 1949년 8월 19일 노동법과 노동조건 및 노동환경에 관한 과학연구기관으로서 당시 노동성 산하 노동연구소로 창설되었다. 연구소는 갓 해방된 우리나라에서 인민적인 노동법과 노동안전기술규정 등을 작성하는 데 필요한 과학기술자료들을 연구하며 선진경험들을 받아들이는 데 크게 기여하였다. 또한 전후 노력을 절약하고 노동생산능률을 높이며 노동보호사업을 개선하기 위한 연구사업에서와 물질기술적 토대를 쌓는 데서 성과를 이룩하였다. 노동연구소는 발전하는 현실에 맞게 여러 단계를 거쳐 1965년에 노동보호과학연구소로 발전하여 노동보호에 대한 연구사업을 전문으로 하는 과학연구기관으로 되었다. 1972년 과학원산하의 이 노동보호과학연구소에 석탄분원 산하의 노동보호연구소가 통합되어 연구소명칭을 노동안전공학연구소로 바꾸고 채굴공업, 금속공업, 화학공업 등 인민경제 모든 부문에서 제기되는 노동안전 및 노동보호에 대한 과학연구사업을 종합적으로 그리고 폭넓게 진행하게 되었다. 오늘 이 연구소에는 갱내통기연구실, 가스 및 탄진폭발방지연구실, 산업환기 및 제진연구실, 내폭설비연구실 등 수많은 연구실들과 과학통보연구실, 물리화학실험실, 설계실, 시작품 직장 그리고 여러 연구실을 가진 분소로 이루어져 있다. 지난 기간 연구소는 성흥광산, 만년광산, 검덕광업련합기업소 등에서 새로운 통기체계의 확립, 탄광들에서 자연발화방지기술와 가스뽑이기술의 연구도입, 회리식공기랭각기에 위한 막장기상조건의 개선 등에 대한 과학연구성과를 이룩하여 생산에 크게 기여하였다. 또한 김책제철련합기업소를 비롯한 금속공업부문 공장, 기업소들과 건재공장 등의 생산공정에서 나오는 먼지를 없애는 합리적인 방법과 내폭전기설비, 유해가스 경보기, 측정계기, 노동보호봉구 등의 연구, 세작 및 도입에서 싱과를 이룩하였다. 연구소는 창립 40돌에 즈음하여 국기훈장 제1급을 받았다.

림업과학연구소

림업부문의 과학기술발전에 복무하는 과학원 아래 과학연구기관. 량강도 혜산시에 있다. 1954년 9월 1일 창립되었다. 연구소는 산림, 채벌, 나무나르기, 목재가공 등을 연구하는 전문화된 연구실들과 큰 규모의 중간공장, 여러 개의 분소들과 시험장 등으로 이루어졌다.
연구소는 지난 기간 우리나라의 림업지대구분과 림지류형별 기술공정확립, 순환식 채벌에서 생산의 집중화, 나무나르기방법의 합리화와 기계화, 목재의 종합적 이용을 비롯한 많은 과학연구사업을 진행하여 생산에 받아들이도록 함으로써 림업 발전에 크게 기여하였다.

목재화학연구소

목재화학부문에서 나서는 과학기술적 문제들을 풀며 여러 가지 목재화학제품을 생산하기 위한 연구사업을 하는 과학연구기관. 량강도 혜산시에 있다. 1979년 10월 11일에 창립되었다. 연구소는 목재와 그 부산물을 화학적으로 처리하여 여러 가지 목재화학제품을 만들기 위한 연구사업을 한다. 연구소에는 목재의 가스분해, 열분해, 추출 등의 연구를 위한 연구실들과 중간공장 등이 있다.

무기화학연구소

무기화학 및 무기화학공업 발전에서 나서는 과학기술적 문제들을 해결하기 위한 과학연구기관. 함경남도 함흥시에 있다. 과학원 함흥분원에 소속되어 있다. 무기화학연구소는 우리나라의 자연부원을 보다 효과적으로 개발이용하고 국내원료에 튼튼히 의거한 현대적인 화학공업을 창설하는데서 나서는 과학기술적 문제들을 원만히 해결할 데 대한 위대한 수령 김일성동지의 원대한 구상에 의하여 1962년 3월 19일에 창립되었다.

무기화학연구소에는 비료연구실, 전기화학연구실을 비롯하여 무기화학공업발전에 필요한 수많은 연구실들이 있으며 연구사들의 연구사업을 보장하기 위한 부서들이 조직되어 있다. 특히 중간시험공장들이 있어 달성한 과학연구성과들이 제때에 중간시험단계를 거쳐 생산에 도입되고 있다. 지난 기간 무기화학연구소는 무기화학공업의 현존 경제토대를 효과적으로 이용하며 우리나라 화학공업의 주체성을 더욱 강화하고 기술혁명을 새로운 높은 단계에로 발전시키기 위한 과학기술적 문제들을 해결하며 새로운 무기화학 분야들을 적극 개척하여 나가는 데서 커다란 성과를 이룩하였다.

무기화학연구소에서는 화학공업부문에서 전력과 연료를 적게 쓰기 위한 연구사업, 자체의 원료원천에 의거하여 여러 가지 비료들을 공업적으로 만들기 위한 연구사업, 기초무기 화학제품, 인민생활에 절실히 필요한 화학제품들을 만들기 위한 연구사업들이 진행되고 있다.

문화보존연구소

우리나라 문화유적유물들과 천연기념물들을 보존, 관리하는 데서 나서는 과학기술적 문제들을 연구하는 과학연구기관. 평양시 중구역에 서 1958년 5월 30일에 창립되었다. 창립 당시는 문화유물보존연구소의 명칭을 가지었으며 1974 10월 문화보존연구소로 개칭되었다. 1986년 12월 4일 문화유산선전을 전문으로 하던 출판기관인 문화보존사가 그에 통합되었다. 문화보존연구소는 문화유산을 애호하고 계승 발전시키는 방안을 해설선전하는 사업과 함께 전국의 력사 유적과 유물을 빠짐없이 체계적으로 조사, 등록하고 평가함으로써 그에 대한 국가적 보존대책수립의 기초자료를 마련하고 있다.

연구소는 유적유물의 복구보존을 위한 과학연구사업을 적극 추진하여 묘향산 보현사 대웅전과 만세루, 안주 백상루, 갑산 진북루를 비롯한 여러 유적들을 원상대로 복구하는 데 필요한 설계를 작성하고, 그 시공지도를 맡아하였으며, 동명왕릉과 정릉사, 안학궁 등 유적들을 복구보존하는 데서 발생되는 과학기술적 문제들을 해결하는 데도 적극 기여하고 있다. 또한 고인돌, 고구려의 적석무덤과 벽화무덤, 신계사터를 비롯한 집터 등 원시, 고대, 중세의 수많은 유적들을 발굴하고 귀중한 자료들을 찾아내어 가치 있는 과학논문들을 발표하였으며, 그 유적유물들을 복원하고 보존하기 위한 기술적 처리도 직접 수행하고 있다. 연구소의 과학자들은 과학연구사업에서 주체를 세워 비바람과 광선, 미생물에 의한 목재, 석재, 금속, 종이로 된 유적유물의 부패, 변질, 퇴색을 방지하여 그것들을 보존하기 위한 사업을 우리 식의 기술과 방법으로 과학적인 기초위에서 진행할 수 있는 연구를 성과적으로 추진하고 있으며 각 도의 문화유적 및 천연기념물의 영구보존에 도움을 줄 수 있는 기술지도서들을 작성하여 내려 보내는 한편 현재 일군들과 협력하여 보존처리를 직접 진행하고 있다. 연구소는 <조선유적유물도감>, <우리나라력사유적>을 비롯한 수많은 과학도서들과 연구자료들을 편찬, 발행하였다. 연구소는 외국의 학자 및 학술단체들과 학술교류를 활발히 벌리며 국제하고 있다. 연구소는 1998년에 조선문화보존사로 개칭되었다.

물리학연구소

조선민주주의인민공화국 과학원에 속하는 물리학부문의 전문과학연구기관. 1952년 12월 1일 과학원과 함께 창설된 기초과학부문연구기관으로서 창설 당시에는 물리수학연구소이던 것이 그 후 수학부문이 발전적으로 분리되어 나가면서 1983년부터 지금의 명칭으로 불리게 되었다. 물리학연구소는 조선로동당의 주체적인 과학정책에 입각하여 물리학을 발전시켜 인민경제와 과학기술 발전에 적극 이바지하기 위하여 투쟁하여 왔다.

창설 당시 이론물리학과 분광학의 연구로부터 시작된 물리학연구소는 오늘 물리학의 거의 모든 분야를 포괄하는 연구기관으로 성장하였다. 이미 1960년대 말에는 인조금강석을 합성하는 데 성공하였다. 1970년대 초에는 He−Ne레이자, CO_2레이자를 비롯한 기체 레이자와 큰 규모의 인공수정이 개발되고 초음파기술이 널리 연구 도입되었다. 특히 조선로동당 제6차대회 이후 시기에 와서는 물리학발전의 추세에 맞게 초고압물리학과 극저온물리학, 레이자와 플라즈마, 고체전자재료와 여러 새로운 재료연구에서 커다란 연구성과들이 이룩되었고 인민경제의 과학화, 현대화에 이바지하게 되었다. 즉 무정형자성체와 홀로그라피의 개발, 여러 가지 강유전체와 결정의 성장, 고온초전도재료와 박막의 개발, 레이자열처리기술 등을 성과적으로 도입하였다. 이 밖에 량자마당론과 비평형통계력학, 고체량자론을 비롯한 이론물리학분야에서도 많은 전진이 있었다. 물리학연구소는 핵물리학과 전자공학, 전자재료, 레이자를 비롯한 인접 과학기술 분야의 모체연구소로서의 사명도 훌륭히 수행하고 있다. 물리학연구소는 자체의 과학간부양성기지를 가지고 이 분야의 과학간부들을 양성하고 있으며 연구논문들을 정기간행물에 출판하고 있다. 다른 나라 과학연구기관과의 과학교류사업도 활발히 진행하고 있다.

방직연구소

방직공업발전에서 나서는 과학기술적 문제들을 연구하는 기관. 평양시 선교구역에 자리 잡고 있다. 1954년 7월 14일 경공업중앙연구소가 창설될 때 한 개 연구실로 발족되었다. 1960년 7월까지 이 연구소의 방직연구실로 있다가 8월에 독립적인 방직연구소로 발전되었다. 그 후 연구소 안의 피복연구실은 피복연구소로, 아마연구실은 아마연구소로 분리되었다. 그리고 기계 및 자동화 연구실에서 일부 분리되어 방직설비고속화연구소로 발전되었다. 방직연구소는 오늘 방직연구실, 기직연구실, 염색연구실을 비롯한 여러 개의 전문연구실들과 현대적 기계설비를 갖춘 중간시험공장 등으로 이루어져 있다.

연구소는 지난 기간 방직공업의 주체성을 강화하며 비날론으로 여러 가지 방직제품을 만들어 연구사업에서 많은 성과를 거두었다. 그리하여 면방직 설비에서의 순비날론실 생산, 비날론의 물들이기, 비날론편직물 생산, 합성틸가죽 생산, 비날론 견적실에 의한 발관개용호스를 비롯한 여러 가지 공업용 천생산, 저온플라즈마처리에 의한 비날론 약솜생산, 금실 및 은실 생산과 이용 등에 대한 연구성과를 거두어 방직공업발전에 크게 기여하였다. 이 밖에 비단실과 비단천의 가공에 대한 연구소에서도 많은 성과를 거두었다. 오늘 연구소는 방직공업부문에서 제기되는 현행 과학기술적 문제들을 성과적으로 풀면서 새로운 과학기술적 문제들을 전망성 있게 연구함으로써 방직공업의 주체화·현대화·과학화에 적극 이바지하고 있다.

분석화학연구소

분석화학의 기초이론과 방법들을 연구하며 인민경제 여러 부문에서 나서는 분석문제들을 푸는 데 종사하는 과학연구기관. 1958년 8월 29일 조선민주주의인민공화국 내각결정 제101호로 과학원 중앙분석연구소가 조직되고 1966년 5월 1일에 과학원 분석화학연구소로 발전하였으며, 1960년 8월 30일부터 과학원 함흥분원에 속하여 있다. 현재 함경남도 함흥시 회상구역에 자리 잡고 있다.

분석화학연구소는 최신과학의 성과를 토대하여 분석화학의 기초이론을 연구하고 새로운 분석방법들을 개척하며 주체적인 분석화학 발전과 인민경제 여러 부문에서 제기되는 분석문제들을 해결하며 현장분석일군들을 육성하는 데서 커다란 역할을 놀고 있다.

연구소에는 무기분석연구실, 유기분석연구실, 구조분석연구실을 비롯한 여러 연구실들과 중간공장이 있고 박사원이 있으며 100여 종에 달하는 수백 대의 현대적인 분석설비들이 갖추어져 있다. 연구소는 창립 후 주체적인 분석방법의 연구와 새로운 분석화학분야들을 개척하기 위한 연구에서 많은 성과들을 이룩하였다. 연구소는 인민경제발전에서 제기되는 과학기술적 문제들을 해결하기 위하여 채취공업, 화학공업, 금속공업, 기계공업, 전자 및 자동화공업, 농업 등을 과학적으로 관리 운영하는 데서 제기되는 분석문제들과 나라의 자연부원을 개발이용하며 현존경제토대를 효과적으로 이용하는 데서 제기되는 분석문제들을 해결함으로써 인민경제의 주체화, 현대화, 과학화를 다그치는 데 크게 이바지하고 있다. 연구소는 우리나라 분석화학의 중심기관으로서 생산현장들과 대학, 과학연구기관들과의 긴밀한 연계 밑에 나라의 분석화학을 전반적으로 선진수준으로 끌어올리기 위한 사업을 힘 있게 밀고 가면서 새로운 분석방법들을 연구하는 데서도 커다란 성과를 거두고 있다. 최근년간 연구소에서는 분석화학에서 컴퓨터와 현대적 수법들을 이용하기 위한 연구에 힘을 넣은 결과 인자분석, 모양인식, 자료검색법, 분석자료해석법, 분석방법의 최적화 등에서 많은 성과들이 이룩되고 있다. 연구소는 지난 기간 인민경제발전에서 긴급하게 제기되는 수많은 의뢰분석을 담당 수행하였으며 전국적 범위에서 분석일군 강습, 실습 등을 조직하여 수많은 현장분석일군들을 양성하였다. 연구소는 <분석화학사전>(Ⅰ, Ⅱ)을 비롯하여 수십 권의 분석전문참고서들을 집필하여 나라의 분석화학 발전에 기여하였다. 분석화학연구소는 인민경제의 주체화, 현대화, 과학화를 실현하는 데서 나서는 분석문제를 푸는 데 계속 주되는 힘을 넣으면서 특히 인민경제의 기술개건과 현존경제토대를 효과적으로 이용하는 데서 나서는 현실문제를 푸는 데 모를 박으며 전망적으로 새로운 재료와 첨단기술개발에서 나서는 분석, 전자화학재료개발와 환경보호를 위한 초미량성분분석, 분석의 컴퓨터화, 최적화, 자동화에 대한 연구 등 보다 높은 목표의 요구를 해결하기 위하여 분석화학연구를 더욱 심화시켜 나가고 있다.

비날론연구소

고분자화학공업부문의 과학연구사업을 전문하는 연구소. 함경남도 함흥시에 자리 잡고 있으며 과학원 함흥분원에 소속되어 있다. 비날론생산능력을 확장하기 위한 건설이 본격적으로 벌어지고 있던 1973년 11월 비날론연구소의 창립이 이루어졌다. 이때 연구소는 비날론섬유부문의 전문연구실과 중간시험공장 등으로 구성되었다.

연구소는 이미 창설된 비날론공업의 능력을 더욱 확장하고 그 생산을 정상화하여 제품의 질을 높이고 품종을 늘이기 위한 연구사업과 비날론 생산과정에 나오는 중간제들을 다양하게 이용하기 위한 연구사업에서 많은 성과를 이룩하였다. 또한 염화비닐계 합성섬유인 무비론에 대한 공업화기술과제를 완성하고 공업화를 실현하였으며 그 생산정상화에서 제기되는 과학기술적 문제들도 원만히 해결하였다. 1998년 7월 21일 비날론연구소에 고분자화학연구소가 합쳐짐으로써 연구소는 비날론과 관련한 연구와 함께 합성수지와 합성고무에 대한 과학연구사업을 담당수행하는 종합적인 고분자화학연구기관으로 발전되었다. 연구소에는 섬유연구실들과 고분자합성연구실, 합성고무연구실, 일용품연구실 등의 많은 연구실들과 비날론중간공장, 수지합성작업반이 있다.

산업의학연구소

산업부문근로자들의 건강을 보호 증진시키기 위한 예방치료대책을 연구하는 의학과학원 산하 과학연구기관. 함흥시 사포구역에 자리 잡고 있다.

과학연구사업을 전문적으로 담당 수행하는 기관으로서 1947년에 산업의학연구소를 창설하였으며 1964년 5월에는 노동위생학분야를 연구대상으로 하는 기초연구실들과 산업성 질병에 대한 림상연구를 하는 림상연구실들 갖춘 규모가 큰 연구소로 발전하였다.

연구소에는 기초연구실들과 림상연구실들 그리고 연구보조부서들이 있으며 주요산업지구에는 연구소분소들을 두고 있다. 분소들에는 노동위생연구실과 림상연구실들이 있다. 기초연구실들에서는 산업기업소들에서 생길 수 있는 산업성 유해인자들에 대한 노동위생학적 평가사업을 진행하고 그것을 막거나 없애기 위한 개선대책을 제기하고 그 효과를 판정한다. 또한 산업성 유해인자들(생산성먼지, 여러 가지 화학물질들, 전자기마당, 나쁜 조명 등)이 생체에 작용할 때 몸 안에서 일어나는 생리적 및 생화학적 변화와 그것이 미치는 영향을 밝히고 그것으로부터 올 수 있는 산업성질병들을 예방치료하기 위한 의학적 대책들을 연구한다. 또한 우리나라 실정에 맞는 산업성유해인자들의 위생학적허용기준을 선정하며 여러 가지 독풀이 약과 의학적 대책의 효과를 실험적으로 검토하고 림상에 적용하도록 한다. 림상연구실들에서는 산업성질병들에 대한 노동능력감정사업을 진행하며 산업성질병환자들에 대한 기술협의도 한다. 또한 산업성질병을 치료하기 위한 특이적인 치료약과 독풀이 약을 합성하여 림상에 적용하도록 하는 한편 새로운 약제들을 적극 개발하여 일반화하고 있다. 연구소에서는 과학연구사업에서 달성한 우수한 성과들을 책으로 묶어 출판하는 한편 과학토론회, 경험교환회, 기술협의회 및 강습 등을 통하여 일반화하며 각급 위생방역기관들과 산업병원들에 대한 과학기술적 지도와 방조를 준다. 오늘 산업의학연구소는 주체적인 산업의학을 더욱 발전시키기 위한 연구사업을 줄기차게 벌려 나가고 있다.

서해바다가양식연구소

조선서해에서 바다동식물들을 양식하며 그 자원을 보호 증식시키기 위한 과학기술적 문제들을 연구하는 과학연구기관. 황해남도 옹진군에 있다.

1946년 2월 20일 평안북도 철산수산시험장을 창설하여 여기에 바다가양식을 연구하는 부서를 설치하였다. 이 부서는 1948년 2월 18일 중앙수산시험장 철산지장으로 되었으며, 전후에는 해주시험장의 연구실로 되었다. 1963년 4월 바다가양식을 과학적으로 널리 진행할 데 대한 교시에 따라 1963년 11월 서해수산연구소 옹진천해양식분실로 되었으며 1979년 3월에는 서해수산연구소의 옹진천해양식분소로 개편되었다. 그리고 1983년 11월에 서해바다가 양식연구소로 독립되었다.

연구소에는 김, 다시마, 바다동물 양식연구실을 비롯한 여러 연구실이 있으며 철산, 부포 등 여러 곳에 분소와 시험장들을 가지고 있다. 연구소는 다시마 보 기르는 방법을 개선하고 새로운 양식방법을 받아들여 그 생산량을 훨씬 늘릴 수 있게 하였다. 또한 김양식에서 새로운 품종을 육종하고 여러 가지 양식방법을 연구함으로써 그 생산량을 훨씬 늘릴 수 있게 하였다. 조선동해에만 있던 보라섭조개를 조선서해에 옮겨 기르기 위한 연구사업을 하여 조선동해에서보다 그 생산량을 1.5배나 늘릴 수 있게 하였다. 참미역 인공종자받이 기술을 확립하였으며 이에 토대하여 참미역 양식사업이 진행되었다. 이 밖에 연구소는 해삼, 전복, 굴치, 밥조개 등의 양식방법을 연구하였다.

서해수산연구소

조선서해와 그 인접수역의 산업적 수산자원을 효과적으로 개발이용하기 위한 과학기술적 문제들을 연구해명하는 과학연구기관. 남포시에 있다. 1946년 2월 20일에 평안북도 철산군 등곶포에 서해수산연구소의 전신인 철산시험장을 창설, 1955년 2월에 철산시험장을 서해수산연구소로 개편하고 1960년 4월에는 남포시에 연구소를 옮겼다.

서해수산연구소는 튼튼한 물질 기술적 토대를 갖춘 서해수산업의 믿음직한 과학기술연구기지로 발전하였다. 서해수산연구소는 조선서해의 해양 및 수산자원 변동의 합법칙성을 밝히고 서해의 실정에 맞는 새로운 어구와 어로방법을 연구도입하며 소산물가공의 현대화, 공업화, 어구재료생산의 주체화, 현대화, 어로 및 가공생산 공정의 기계화, 종합적 기계화를 실현하는 데서 나서는 과학기술적 문제들을 연구 해명함으로써 서해수산업발전에 적극 이바지하는 것을 자기 사명으로 하고 있다.

연구소에는 해양, 자원, 어로, 어구재료, 수산물가공, 수산기계에 대한 연구를 진행하는 연구실들과 시험연구선박, 현대적인 실험측정기구, 중간시험공장이 있다. 연구소는 수많은 과학기술적 문제들을 연구하고 생산에 받아들임으로써 서해수산업과 수산과학의 발전에 적극 이바지하고 있다.

석탄채굴공학연구소

석탄채굴 분야에서 제기되는 과학기술적 문제들을 연구하는 과학연구기관. 평양시 대성구역에 있다. 1952년 12월 29일 과학원 공학연구소의 명칭으로 창립되었다. 창립 당시 연구소는 지질학, 채굴공학, 금속공학, 기계공학, 전기공학 등 여러 부문의 연구실을 가진 공학부문의 종합적인 연구기관이었다. 나라의 과학기술을 급속히 발전시켜야 할 현실적 요구에 따라 1956년부터 1961년 사이에 이 연구소에서 지질 및 지리학연구소, 수리공학연구소, 금속연구소, 기계연구소 등이 독립적인 과학연구기관으로 분리되고 강전부문과 갱건설 분야의 연구실 등이 새로 생겨났다. 그 후 채굴공학 분야의 연구실들을 확대 강화하는 한편 다른 공학 분야의 연구실들을 해당 부문의 연구소들에 넘겼으며, 1981에는 연구소의 이름을 무연탄채굴공학연구소로 바꾸고, 석탄채굴부문에서 제기되는 과학기술적 문제들을 전문적으로 연구하는 과학기관으로 발전하였다. 1986년에는 암석력학연구소로, 1991에는 석탄채굴공학연구소로 되어 우리나라 석탄채굴부문의 과학기술발전에 크게 기여하는 과학연구기관으로 발전되었다. 오늘 이 연구소에는 채굴공정연구실, 갱도동발연구실, 암반력학연구실, 발파공학연구실, 기계 및 일용품연구실, 과학실험기구연구실, 기술경제 및 통보연구실 등과 박사원이 있다. 연구소에는 또한 시작품직장과 시험갱이 있어 연구사업에서 이룩한 성과에 대한 반공업적규모에서의 시험도입사업을 자체로 진행하고 있다. 지난 기간 연구소에서는 수력채탄법을 적용하는 데서 나서는 과학기술적 문제들을 해명한 데 기초하여 그것을 무연탄광의 고굴잔탄 채굴에 도입하였으며 탄광들에서 지압측정법을 확립하고 갱도주위암반의 안정성을 평가한 데 기초하여 합리적인 동발구조를 새롭게 결정하였다. 연구소는 또한 무산ー청진사이 정광관 수송계통을 세우고 그 운영을 정상화하는 데서 나서는 과학기술적 문제들을 해명하였다. 연구소는 이밖에 무잔주채탄법과 강제붕괴식채탄법 등 우리나라 탄상조건에 맞는 합리적인 채탄법과 방향성 날림발파법을 비롯한 새로운 발파법을 연구 도입하는 등 수많은 연구성과들을 이룩함으로써 우리나라 과학기술발전과 석탄생산에 크게 기여하였다. 연구소는 국기훈장 제1급을 받았다.

선광공학연구소

선광공학 분야에서 제기되는 과학기술적 문제들을 연구하는 과학연구기관. 1962년 6월6일 당시 과학원산하 연구소로 창립되었다. 평양시 은정구역에 있다.

이 연구소는 광물자원의 선광학적 특성에 맞는 선광법과 성능이 높은 현대적인 선광설비들을 연구개발하고 선광지표를 부단히 개선하기 위한 과학연구성과들을 생산에 도입함으로써 우리나라 선광기술을 높은 수준으로 발전시키고, 광업발전에 이바지하는 것을 기본사명으로 하고 있다. 연구소에는 현재 부유선광연구실, 중력선광연구실, 자력선광연구실, 화학선광연구실 등 여러 개의 연구실들과 통보실, 설계실 등이 있다. 또한 중간시험공장, 공무작업반 등이 있어서 연구사업에서 이룩한 성과들을 중간시험단계를 거쳐 공고히 한 다음 생산에 도입하고 있다. 연구소는 지난 기간 마그네사이트의 중액선광법과 티탄광석의 강자력선광법, 교질운반체부선법, 이온부선법 등 새로운 선광기술과 선광법 등을 연구개발하여 생산에 받아들임으로써 우리나라 선광기술을 새로운 높은 단계에로 발전시키고 광물원료를 적극 개발 이용하는 데 크게 기여하였다. 오늘 연구소는 최신과학기술성과에 기초하여 새로운 선광법과 선광기술을 연구개발함으로써 유가광물의 선광지표들을 부단히 개선하며 아직 이용되지 못하고 있는 금속 및 비금속 광물에 대한 선별법을 연구완성하기 위하여 연구사업을 힘 있게 다그치고 있다.

수리공학연구소

물자원의 종합적 이용과 수리구조물건설에서 제기되는 과학기술적 문제들을 전문적으로 연구하는 과학연구기관. 평양시 사동구역에 있다.

1959년 12월 23일 당시 동력화학공업성 전기연구소의 수력연구실과 중앙전력설계연구소의 수력구조물실험실, 수력자원탐사부 그리고 과학원공학연구소의 수리실험실을 통합하여 조직되었다. 수리공학연구소에서는 하천수력자원과 조수력자원의 개발, 수력 및 조수력 발전소건설과 그 운영, 강하천, 항만, 간석지 건설 등 수리구조물건설에서 나서는 수리공학적문제들을 종합적으로 연구한다. 연구소에는 대동강, 강하천, 해양공학, 수력구조물, 자료통보 연구실 등 10여 개 연구실과 수력학실험실을 비롯하여 여러 개의 실험실이 있다. 연구소는 또한 야외수리실험장과 현대적인 실험 장치와 설비, 수만 부의 장서를 가진 도서실이 있다.

수리공학연구소는 창립 20돌(1979년)을 맞으면서 조선로동당 중앙위원회와 정무원의 공동명의로 된 축하문과 국기훈장 1급을 받았으며 창립 30돌(1989년)에는 '김일성훈장'을 받았다.

수문연구소

수문학과 인민경제발전에서 나서는 응용수문학적 문제들을 연구하는 과학연구기관. 수문연구소는 1980년 10월 1일에 당시 기상수문국 기상수문연구소의 연구단위와 중앙예보연구소의 수문연구단위를 모체로 창립되었다. 연구소는 평양시 중구역에 자리 잡고 있다.

연구소에는 수문예보 연구사업을 성과적으로 진행할 수 있는 인원과 물질기술적 토대가 갖추어져있다. 수문예보, 류출, 저수지, 물자원, 운반물, 수문화학 등을 비롯한 여러 개의 연구실들과 종합실험실을 가지고 있다. 수문연구소는 우리나라 하천, 호수, 저수지, 지하수 등 전반적 수역의 수문학적 특성을 조사연구하며 나라의 수력자원을 비롯한 물자원을 평가하고 그 변동특성을 밝히며 그것을 인민경제발전에 종합적으로 이용하기 위한 수문학적 문제들을 연구한다. 또한 대동강을 비롯한 전국 주요 하천, 호수, 저수지들의 큰물예보, 갈수량예보, 결해빙예보를 담당하고 있으며 재해성 수문학적 현상들을 극복하기 위한 연구사업과 하천과 저수지에서의 운반물의 형성, 운동, 퇴적에 대한 연구, 강수특성과 증발, 설계 무더기비와 큰물, 설계수문량의 계산방법, 물온도와 얼음현상, 지하수류출, 지표수와 지하수의 호상관계 등을 연구하고 있다. 연구소는 국제수문학계획(IHP)과 다목적현업수문학계획(HOMS) 등 수문학과 관련된 국제기구의 활동에도 적극 참가하고 있다. 연구소는 인간활동의 영향을 고려한 하천류출과 물자원의 변화특성과 그 이용에 대한 연구와 재해성 수문학적 현상에 대한 예보에 힘을 넣고 있다.

수산기계연구소

수산부문의 작업을 기계화, 종합적기계화, 자동화, 로봇화하는 데서 나서는 과학기술적 문제들을 해결하는 과학연구기관. 함경남도 신포시에 있다. 1961년 10월 1일에 연구집단의 연구조건을 마련하여 1969년 10월 16일 이 연구집단을 개편 발전시켜 수산기계연구소를 창립하였다.

수산기계연구소는 어로기계, 가공기계, 양식양어기계, 냉동기계, 수산기계자동화 연구실을 비롯한 연구실들과 현대적인 기계설비들을 갖춘 중간시험공장과 실험실들, 설계실, 도서실들을 가지고 있다.

수산물가공연구소

수산물가공을공업화, 현대화하는 데서 나서는 과학기술적 문제들을 연구 해명하는 과학연구기관. 함경남도 신포시에 있다. 1968년 9월에 동해수산연구소의 수산물가공연구실이 분리 개편되어 수산물가공연구소가 창립되었다.

연구소는 수산물로 냉동품, 통졸임, 절임품 및 젓갈품, 말린제품, 물고기가루를 비롯하여 어린이 영양제를 가공하는 방법을 연구하는 연구실들과 최신과학실험설비들로 꾸려진 실험실들, 최신가공설비들로 이루어진 중간시험공장 등을 가지고 있다.

수학연구소

조선민주주의인민공화국 과학원에 속하는 수학부문의 전문과학연구기관. 평양시 은정구역에 자리잡고 있다. 1952년 12월 1일 과학원과 함께 물리수학연구소를 창립, 1983년 3월에는 물리수학연구소로부터 수학연구소를 분리시켰다.

수학연구소는 대수학, 해석학, 미분방정식, 계산수학, 수리운영학을 비롯한 수학분야의 여러 연구실들과 계산류체력학, 계산고체력학, 기계진동, 파괴력학을 비롯한 력학 분야의 연구실들, 화상처리, 음성처리, 인공지능, 자연언어, 망체계 연구실과 같은 컴퓨터프로그람분야의 연구실들을 가지고 있다. 수학연구소에는 박사원이 있다. 수학연구소는 잡지 <수학>을 통하여 수학부문에서 이룩된 연구성과들을 발표하고 있으며 다른 나라 수학연구집단과의 과학교류도 널리 벌리고 있다.

수의학연구소

수의방역 부문 앞에 나서는 과학기술적 문제들을 전문으로 연구하는 연구기관. 평양시 룡성구역에 자리 잡고 있다. 수의학연구소는 1963년 8월에 창설되었다. 농업과학원에 속하는 기관이다.

수의학연구소에서는 우리나라에서 소역, 소폐역, 구제역, 돼지페스트, 돼지단독, 계역, 계두, 소결핵, 브루쩰라병, 일본뇌염, 미친개병 등 전염병들을 예방, 없애는 데 크게 기여하였다. 수의학연구소에는 전염병연구실, 기생충연구실 등 여러 연구실들과 현대적인 설비를 갖춘 종합실험실, 시험목장 등이 있다. 수의학연구소는 수의학 분야의 최첨단기술을 우리나라의 실정에 맞게 적극 받아들이면서 수의과학을 주체성 있게 발전시키고 수의방역사업에서 제기되는 과학기술적 문제를 푸는 데 적극 이바지하고 있다.

순금속연구소

순금속의 물성과 그것의 생산, 이용에서 제기되는 과학기술적 문제들을 연구하는 과학연구기관. 과학원산하 연구기관이며 함경남도 함흥시에 위치하고 있다. 1970년 5월 18일에 유색금속연구소 흥남분소를 모체로 하여 창립되었다. 순금속연구소는 전자공업과 자동화공업에 요구되는 희유금속과 순금속소재를 자체로 원만히 생산보장할 데 대한 김일성의 지시에 따라 여러 가지 순금속과 화합물반도체재료, 회유금속 등을 연구개발하고 이용하기 위한 연구사업을 진행함으로써 나라의 과학기술발전에 이바지하고 있다. 연구소는 창립 당시 물성연구실, 순금속연구실, 반도체재료연구실 등 몇 개의 연구실로 구성되었었으나 지금은 그 밖의 여러 개의 연구실들과 중간공장, 설계실, 공무 직장 등을 가진 연구기관으로 확대 발전되었다. 지난 기간 연구소에서는 전자판재료, 자성재료, 초전도재료, 화합물반도체재료로 널리 이용되는 수십 종의 순금속들과 반도체첨가제들, 고순도화합물 등을 연구하여 생산에 적용하였다. 연구소에서는 적외선 수감 및 투과 재료로 쓰는 일부 반도체재료와 고순도화합물, 단결정재료 등을 정제하여 필요한 부분에 공급하고 있다. 연구소는 창립 20돌에 즈음하여 국기훈장 1급을 받았다.

식료연구소

식료품공업발전에서 나서는 과학기술적 문제들을 연구하는 경공업부문 연구소. 평양시에 자리 잡고 있다. 이 연구소는 경공업성중앙연구소식료연구실을 모체로 하여 1960년 8월 10일에 창립되었다. 그 후 경공업과학원(현재 과학원 경공업과학분원)의 창립과 함께 그 산하에 속하는 연구소로 되었다.

식물학연구소

식물학부문에 대한 과학이론적 문제들을 연구하며 나라의 식물자원을 조사체계화하고 인민경제 여러 분야에서 이용하기 위한 이론실천적 문제들을 연구하는 과학기관. 평양시 대성구역에 있다. 1966년 11월 30일 당시 과학원 생물학연구소 식물학연구실을 모체로 하여 식물학연구소가 창립되었다. 연구소에는 식물분류, 식물생태학, 식물성분화학, 세포학, 식물발생학, 식물보호 등을 연구하는 수많은 연구실들이 있다. 연구소에서는 나라의 식물자원을 조사체계화하기 위한 연구사업을 진행하여 우리나라 식물을 약 1만종으로 확정하였고 그것들을 보다 효과적으로 개발이용하기 위한 학술적자료를 마련하였으며 <조선식물지>(전 7권)와 <조선포자식물>(전 10권), <조선식물피복도>, <조선식물분류명집>, <조선식물원색도감>, <백두산총서>(식물)를 만들었다. 또한 기름식물과 먹이 식물을 비롯한 여러 가지 유용식물의 특성과 합리적인 재배방법을 연구하였으며 새 품종을 만들어 내어 생산에 받아들이고 나라의 식물자원을 이용하여 효능 높은 의약품과 식료품을 만들기 위한 연구사업에서 성과를 이룩함으로써 나라의 경제발전과 인민생활향상에 이바지하였다.

약학연구소

대중의약품을 비롯한 여러 가지 의약품을 연구하는 기관. 의약과학원에 속하는 연구기관. 평양시 선교구역 강안2동에 있으며, 1947년 4월 8일에 창립되었다. 광복 후 술파티아졸과 술파구아니딘을 비롯한 합성의약품 생산을 위한 연구와 페니실린을 비롯한 항생소의 약품 연구사업을 진행했다. 전후에는 풍부한 약초와 공업에서의 부산물을 이용하여 합성의약품 생산을 늘리는 등 제약공업을 발전시켜 치료예방기관들의 의약품 수요를 기본적으로 충족시키고자 했다. 또한 약학연구소는 과학연구기관으로서뿐만 아니라 의학과학 간부 양성 기관으로 역할을 수행했으며 창립 40돌에 국가훈장 1급을 수여받았다.

양어과학연구소

강하천들과 물웅덩이, 호수, 저수지와 못, 간석지 등 수역들에 물고기 자원을 조성하고 효과적으로 이용하는 데 필요한 과학 기술적 문제들을 연구하는 과학연구기관. 평양시 승호구역에 있으며 1946년 2월에 립석담수시험장으로 창립되어 오늘에 이르렀다. 이 연구소에서는 메기를 비롯한 20여 종의 산업적 물고기의 인공 번식과 양어방법, 금붕어의 새 품종을 얻기 위한 연구 및 생산, 집짐승 배설물로 물고기가 잘 먹는 미생물을 발생시켜 양어하는 방법을 비롯하여 호수, 저수지, 강하천에서의 입체양어, 알낳이자극제, 물자원보호, 서해갑문 저수지의 어종판정 등의 과제를 연구, 해결하였다.

연료연구소

연료화학공학부문의 과학기술 문제들을 연구하는 과학연구기관으로 황해북도 송림시에 있으며, 1961년 2월에 창립되었다. 이 연구소는 콕스화연구실, 알탄연구실, 가스화연구실, 석탄화학연구실, 초무연탄연구실 등이 있다. 주요 사업으로 석탄에 기초한 야금용 연료를 연구하여 공업화하였고, 석탄화학제품들의 가짓수와 생산을 늘렸으며, 천연 비석의 가공과 이용에 대한 기술공학적 성과를 이루어 내었다.

유색금속연구소

유색야금공업을 발전시키는 데 있어서 과학 기술적 문제들을 해결하기 위해 설립된 과학원 아래의 전문적인 과학연구 기관으로 남포시에 있다. 유색금속연구소는 유색금속야금과 유색금속재료, 유색금소가공과 일용 부분을 담당한다. 1961년 2월 6일 강선에 중앙금속연구소와 함께 남포, 홍남 등지에 유색금속분소를 두었고, 1963년 12월 26일 유색금속분소를 통합하여 남포시에 새로 과학원유색금속연구소를 창설하였다. 1978년 1월 28일 정무원지시로 남포시에 이미 있던 유속급속합금연구소를 통합하여 발전해 왔다.

유기화학연구소

유기화학 및 유기화학공업 발전에 필요한 과학기술적 문제들을 해결하기 위한 과학연구기관으로 1960년 8월에 창립되어 함경남도 함흥시에 있는 과학원 함흥분원에 소속되었다. 연구소는 여러 가지 살초제와 농약, 물감, 원유가공 및 석유화학, 전자재료, 기본유기 합성 그리고 생물유기합성 유기화학 공업 발전에 필요한 과학기술적 문제들을 담당하고 있다. '26호 모범기대연구서' 칭호를 받은 바 있다.

의료기구연구소

의료부문에 쓰이는 여러 가지 기구에 대한 연구사업을 담당 수행하는 기관으로 의학과학원 산하 과학연구기관이다. 평양시 동대원구역에 있으며 1963년 12월 23일 창설되었다. 의료기구 생산을 위한 설계사업을 위주로 수천종의 의료도구, 설비, 재료 문제를 해결하고 있다. 연구소에는 전자의료기구 연구실, 광학의료기구연구실, 의료기구설비연구실, 레이저의료기구연구실, 재료연구실, 생체정보연구실, 전자기구실, 중간시험생산공정 등이 있다.

일용품연구소

일용품 공업발전에서 제기되는 과학 기술적 문제들을 전문으로 하는 연구기관으로 과학원 경공업 과학분원에 속하며 평양시 선교구역에 자리 잡고 있다. 1963년 7월 내각결정 제41호에 따라 일용품공업 분야의 연구소들이 합쳐 현재의 일용품연구소가 되었다. 이 연구소는 일용품 재료와 일용품 형태에 관한 연구, 제품의 도금과 어린이 놀이감을 비롯한 세소상품에 대한 연구를 진행하고 있다.

자동화연구소

자동화부문의 과학연구사업을 전문하는 연구소. 평양시 은정구역에 자리 잡고 있다. 1967년 1월 23일 당시 과학원안의 전기연구소, 물리수학연구소, 기계공학연구소의 자동화관계연구실들을 발전적으로 통합개편하여 인민경제 여러 부문에서 반자동화, 자동화를 실현하는 데서 나서는 과학기술적 문제들을 풀기 위한 목적으로 창립되었다. 창립 초기 연구소는 중요 공장, 기업소 들에서 측정, 검사설비와 자동화체계의 완성과 정상가동을 보장하며 국내산 원료와 자재에 의거하여 자동화기구와 장치들을 개발하기 위한 기초 연구사업을 기본으로 하면서 우리나라 실정에 맞는 자동화의 방향과 방법을 규정하며 자동화부문의 기술인재양성사업을 진행하였다. 1973년 9월에 일부 연구실들이 다른 연구소로 분리되어 나가면서 공정조절과 기계조종분야의 자동화를 위한 연구사업에 역량을 집중하였다. 이와 함께 새로운 반도체기술에 기초하여 생산공정의 자동화에 요구되는 수감요소, 변환기, 계측기구, 자동조종장치들과 전동장치조종에 쓰이는 변환장치에 대한 개발연구사업을 진행하였으며 금속, 화학, 채취 공업부문에서 생산공정의 모형화, 조종알고리즘에 대한 연구사업을 심화시켜 인민경제발전에 기여하였다. 그 후 전자, 자동화 기술이 급속히 발전하는 세계적 추세에 맞게 반도체, 집적 소자에 기초한 생산공정의 자동화와 사무자동화에 대한 연구사업을 진행하였으며 우리나라에 건설되는 현대적인 공장, 기업소들의 조업과 자동화체계의 정상가동을 보장하기 위한 과학기술적 문제들을 성과적으로 해결하였다. 또한 상사식 계량으로부터 수자식 계량으로 넘어가기 위한 연구사업, 공정조종 기술 분야에서 정보의 집중화, 생산공정의 분산형 조종체계도입을 위한 연구사업에서 성과를 이룩하였다. 오늘 자동화연구소는 이미 거둔 성과에 토대하여 지능형 요소의 개발과 복잡한 대상에 대한 모형화, 새로운 조종알고리즘의 개발, 발전하는 우리나라 현실에 맞는 자동화 체계와 방식에 대한 연구사업 등 인민경제의 주체화, 현대화, 과학화를 위한 연구사업을 힘 있게 밀고 나가고 있다.

잠학연구소

누에고치생산에서 나서는 과학기술적 문제들을 연구하는 과학연구기관. 농업과학원에 속한다. 평안북도 동림군에 자리 잡고 있다. 1946년 5월 25일 차련관잠업시험장으로 창설되었다. 1947년 3월 북조선 국립잠업시험장으로 개편되었다. 1952년 과학원 농학연구소의 잠학연구실로 되어 있다가 독립적인 잠학연구소로 개편되었다. 1961년에 농업과학원 잠학연구소로 되었다.

잠학연구소는 누에먹이연구실, 누에치기연구실, 육종연구실을 비롯한 여러 연구실별로 전문화, 세부화하여 연구사업을 진행하고 있으며, 그 아래에 지대적 조건에 맞게 연구성과들을 생산에서 검증하고 지대별 연구사업을 심화시키기 위한 여러 개의 시험장들을 가지고 있다. 연구소에는 과학간부 양성기지로서의 연구원이 있으며 여기에서 준비된 과학연구일군들을 체계적으로 육성하고 있다.

전기연구소

전력공업을 발전시키는 데서 제기되는 과학기술적 문제들을 해결하는 연구소로 평양시 은정구역에 자리 잡고 있다. 이 연구소는 1949년 9월 14일에 창립되었다.

연구소는 1952년에 내각 전기국 중앙전기연구소로, 1971년에 과학원 전기연구소로 되었다. 전기연구소는 전력공업을 주체화, 현대화, 과학화하기 위한 연구사업과 인민경제 여러 부문의 전기설비들의 정상운전, 전기공학응용부문에 대한 연구사업을 기본 사명으로 하고 있다. 연구소에는 전기기계, 전기기구, 전기재료, 계전보호, 전력계통자동화, 전력통신, 전자장치 등의 많은 연구실들과 현대적인 중간시험공장들, 설계실, 자료통보실 등이 있다.

전자공학연구소

전자공학부문을 전문적으로 대상하는 연구소. 1973년 6월 29일 과학원 산하 전자공학 연구역량을 모체로 전자공학연구소가 창립되었다. 연구소는 평양시 은정구역에 자리 잡고 있다.

조선문제연구소

재일 조선사회과학자들을 망라한 총련의 연구기관. 1952년 10월 15일 일본 도쿄에서 창립되었다. 조선문제연구소는 학술연구와 선전활동을 통하여 총련 일군들과 재일동포들에게 주체사상을 널리 해설선전하고, 이를 통해 소위 총련의 제반 '애국사업' 추진을 기본임무로 삼고 있다.

조선문제연구소는 정기간행물로서 <월간조선자료>(일문판), <연구년보 조선문제연구>(일문판), <남조선정세자료> 등을 발행하고 있다. 또한 1979년~81년 사이에 <현대조선문제강좌>(일문판, 전 5권), 1980년~81년 <남조선편람>(전 4권)을 발행하였으며, 1989년부터 비정기간행물<코리아북크스>를 발간하고 있다. 조선문제연구소는 1975년 5월 총련결성 20돐을 맞으며 국기훈장 제1급을 받았다.

조선미술연구소

총련중앙 직속의 종합적 미술창작기지. 1976년 10월 6일에 창설되었다. 조선미술연구소는 총련의 주전과 조선민주주의인민공화국의 주체미술의 선전자적 역할을 하는 해외의 유일한 미술창작기지이다. 조선미술연구소는 창설 후 총련의 주체사상화 방침수행과정에서 제기되는 일련의 창작과업을 책임적으로 수행함으로써 귀중한 창작성과를 거두었다.

종양연구소

암성질병에 대한 연구사업과 함께 치료예방사업을 기술방법적으로 지도하는 과학연구 및 치료예방기관. 평양의과대학의학연구소 종양연구실을 모체로 1966년 2월 12일에 창설되었다. 평양시 평천구역에 자리 잡고 있다.

종양연구소에는 암이 생기는 것을 미리 막기 위한 대책을 세우며 암환자들에 대한 의료봉사사업을 장악지도하는 전문예방과가 조직되어 있다. 또한 암을 일찍이 진단, 치료할 수 있도록 생화학연구실, 면역연구실, 세포진연구실 등 기초연구실들과 위연구실, 간연구실, 유선연구실을 비롯한 림상연구실들이 꾸려져 있고 약국, 실험실 등 보조시설들이 모두 갖추어져 있다.

종이공학연구소

팔프 및 종이 공업발전에서 나서는 과학기술적 문제들을 풀기 위한 과학연구기관. 평안남도 안주시에 있다. 이 연구소는 과학원아래 연구기관으로서 1978년 9월 13일에 창립되었다. 종이공학연구소의 전신은 경공업성 중앙연구소안의 팔프연구실이었다. 이 팔프연구실은 1963년 6월 당시 과학원 화학섬유연구소에 종이연구실로 소속되었다가 1978년 9월에는 과학원 종이공학연구소(평안북도 신의주시에 있었다)로 발전하였다. 당시 과학원 종이공학연구소는 주로 중앙공업을 대상으로 연구사업을 진행하였다. 한편 67년 1월에 창립된 경공업과학원 종이연구소(황해북도 사리원시에 있었다)는 지방공업을 대상으로 연구사업을 진행하고 있었다.

종이공학연구소의 과학자들은 종이원료문제의 해결, 화학약재와 열동력을 적게 쓰는 문제, 종이생산설비들을 현대화하며 종이의 질을 높이고 품종을 늘리기 위한 과학연구사업을 힘 있게 벌이고 있다.

중앙광업연구소

광업발전에서 제기되는 과학기술적 문제들을 연구하는 과학연구기관. 과학원에 속해 있으며 평양시 대동강구역에 있다. 북한의 첫 과학연구기관이다. 1946년 9월 1일 중앙광업연구소라는 명칭이 붙어졌다. 연구소는 굴진과 채광, 선광 등 광물생산의 기본공정과 광산설비, 광산경영활동, 광산노동보호 등에서 제기되는 과학기술적 문제들을 연구대상으로 하는 광업부문의 종합적인 연구기관으로 발전하였다. 연구소에는 수십 개의 전공부문별 연구실들과 한 개의 분소를 가지고 있으며 채굴설비시제품직장과 중간시험선광장, 현대적인 연구수단들과 분석설비를 가지고 있다. 연구소는 자체의 박사원을 통하여 많은 과학자들을 키워 내고 있으며 매월 <광업연구통보>를 발간하여 전국의 광산들에 보내 줌으로써 광업기술발전에 기여하고 있다. 연구소는 국내외의 많은 연구기관 및 광산, 제련소들과 공동연구사업을 적극 벌여 생산실천에서 제기되는 과학기술적 문제들을 해결하고 광산들의 전반적기술수준을 높이는 데 도움을 주고 있다. 연구소는 1986년 9월 영예의 '김일성훈장'을 받았다.

중앙예보연구소

우리나라의 전반적인 대기상태와 바다상태의 변화를 연구, 예측하는 일기예보기관. 평양시 중구역에 자리 잡고 있다. 국제 및 국내기상자료를 수집하고 전송하는 민족기상자료중심이며 우리나라 예보과학연구의 중심이다. 1946년 7월 10일에 창립된 조선민주주의인민공화국 중앙기상대의 예보처를 모체로 하여 1968년 7월 중앙기상수문예보소로 창립되었다가 1984년 중앙예보연구소로 개칭되었다. 연구소에는 단기, 중기, 장기, 해상, 계산, 대기오염예보연구실과 위성 및 탐지기연구실 등 여러 개의 연구실들이 있다.

중앙예보연구소는 국제기상전신망을 통하여 다른 나라들과의 기상자료를 정상적으로 교환하며 접수된 지면 및 자유대기층의 기상자료에 기초하여 여러 가지 일기도를 작성하고 지방의 예보소에 기상자료를 제공한다. 또한 일기도와 탐지기자료, 위성자료에 기초하여 예견되는 단기(24~36시간), 중기(3~5일), 장기(월, 계절, 연) 해상예보를 작성하여 인민경제 여러 부문에 알려 준다. 그리고 컴퓨터에 의한 자료처리 및 자료기지를 창설하여 인민경제 여러 부문에 대한 자료봉사를 한다. 연구소는 일기예보의 과학성을 더욱 높이기 위한 역학적 및 종람-통계적 예보방법을 연구하여 현업에 도입하며 이 부문의 전문가들을 양성하는 한편 보다 새로운 예보방법의 연구와 우리나라의 정확한 일기예보를 내는 데 모를 박고 자기 사업을 진행하고 있다.

지리학연구소

지리학 분야에서 제기되는 과학기술적 문제들을 연구하는 과학원산하 연구소. 평양시 은정구역에 있다. 지리학연구소는 1961년 3월 23일 내각비준 제190호 <과학원산하 일부 연구소들을 개편할 데 대하여>에 따라 지질 및 지리학연구소로 창립되었다가 1983년 2월 25일 방침에 따라 지질 및 지리학연구소에서 지리학연구소가 갈라져 나왔다.

연구소는 지리적 환경과 자원의 분포 특성, 국토의 이용과 자연요소와 창조된 요소들의 변화발전 과정을 밝히고 자연보호와 자연개조 사업, 국토건설총계획 작성에 필요한 과학적 기초자료를 제공 하는 사명을 지니고 있다. 연구소는 나라의 자연조건과 자연자원을 종합적으로 연구하고 그 자료를 집대성하여 국가지리지와 국가지도첩을 체계적으로 만든다. 또한 주요 자연개조 대상지들과 경제적 개발대상지역들의 지리적 조건 및 자연환경변화전망을 과학적으로 밝힘으로써 국토건설총계획을 비롯한 설계와 계획화사업에 필요한 지리적 기초자료를 제공한다. 지역들의 자연환경을 특징 짓는 물질순환과 그 변화과정을 밝힌 데 기초하여 국토의 합리적 이용과 개조방도를 연구 해명한다. 이와 함께 연구소는 우주사진을 비롯한 현대적인 과학기술 성과를 도입하고 물리, 화학, 수학 등 인접 과학부문의 성과를 광범하게 응용하여 지리적 환경을 정량적으로 평가하여 자원의 합리적 이용과 자연개조계획을 세우는 데 이바지한다.

지질학연구소

지질부문과학을 연구하는 기관. 과학원에 속해 있으며 평양시 은정구역에 자리 잡고 있다. 1961년 3월 23일에 창립되었다. 초기에는 과학원 산하 공학연구소 지질연구실이 지질 및 지리학연구실로, 1958년 7월에 생물 및 지질지리학연구실로, 59년 12월에는 자연조사연구소로 되었다가 지질, 지리 부문연구실은 지질 및 지리학연구소로 그 후 지질부문연구실들을 모체로 지질학연구소로 확대 발전되었다.

지질학연구소는 지질부문의 기초과학연구에 힘을 넣으며 지구화학, 지구물리학 등 앞선 탐사방법을 적극 받아들이는 데 필요한 현대과학이론을 깊이 연구하여 실천활동에 도움을 주며 주체적 입장에 튼튼히 서서 나라의 지질구성을 체계화하고 지하자원을 더 많이 찾아냄으로써 인민경제의 주체화, 현대화, 과학화를 실현하는 데 적극 이바지할 사명을 지니고 있다. 지질학연구소에는 광물, 암석, 지구화학, 고생물 등 기초부문연구실들과 층서, 해양지질을 비롯한 지질구성부문연구실들, 광상, 유용광물자원 등의 연구실들, 지구물리 부문의 연구실 등이 있다.

연구소는 우리나라에 없거나 적다고 하던 린회석, 람정석, 보크사이트, 니켈 등 많은 자원을 새롭게 찾아냈으며 나라의 경제발전에서 중요한 의의를 가지는 유색금속광상들을 비롯한 현행광상들에서 확보매장량을 늘이고 개발에서 제기되는 과학기술적 문제들을 해결하고 있다.

제염연구소

주로 벌소금생산에 대하여 연구하는 과학기관. 평안남도 온천군에 있다. 1964년 4월에 창립되었다. 연구소는 오늘 생산공학연구실, 구조공학연구실을 비롯한 여러 연구실들과 공무기지, 시험장을 갖춘 현대적인 연구기지로 발전되었다. 연구소에서는 소금밭의 짠물 속에서 잘 자라는 풀색말과 남색말의 이용에 대한 연구사업을 진행하여 축산업을 비롯하여 농업과 의학부문에 도입하였다.

축산학연구소

축산업의 전문화, 집약화, 현대화를 실현하는 데서 나서는 과학기술적 문제들을 연구하는 과학연구기관. 조선민주주의인민공화국 농업과학원에 속해 있다. 황해북도 사리원시 성문동에 자리 잡고 있다. 1963년 9월에 창설되었다.

축산학연구소에서는 우리나라의 기후풍토조건에 맞는 피현돼지, 자모돼지, 흰띠돼지, 자산돼지, 화대가는 털양, 조선염소, 자산갈색토끼, 자산회색토끼 등의 품종을 만들어 냈으며 우리나라에서 먹이영양가치평가와 집짐승 종류별 먹이기준, 애국풀, 칡 등 영양가치가 높은 먹이작물을 연구하여 널리 보급하였다. 축산연구소는 새로운 집짐승 품종 및 계통의 육성과 합리적인 섞붙임방법, 주체적인 사양수준결정, 완전가배합먹이처방, 새로운 먹이첨가제, 집짐승우리의 합리적인 형태와 구조, 집짐승관리공정의 자동화 등의 연구에서 커다란 성과를 이룩하고 있다. 그리하여 나라의 축산업을 전문화, 집약화, 현대화하는 데 크게 기여하였다. 연구소는 1988년 12월 국기훈장 제1급을 받았다.

체육과학연구소

나라의 체육과학과 기술을 연구하는 종합적인 체육과학연구기지. 평양시 평천구역에 자리 잡고 있다. 1959년 2월 14일에 창립되었다. 나라의 체육사업을 과학적인 토대 위에서 발전시키며 체육기술을 높이고 근로자들의 체력을 증진시키는 데 기여하는 것을 기본사명으로 하고 있다. 창립 당시 연구소는 기본적인 몇 개의 연구실을 가지고 있었으나 65년에는 거의 3배로 늘어났으며 연구성원은 5배로 증가되었다.

체육과학연구소에서는 체육과학발전계획을 바로 세우고 상징종목인 롱구, 축구와 마라손을 비롯하여 파악 있고 전망성 있는 종목들과 승산 있는 종목들의 기술을 발전시키는 데서 나서는 과학기술적 문제들을 연구하고 있으며 세계 여러 나라들과의 체육과학교류사업도 활발히 벌이고 있다.

토양학연구소

나라의 토양자원을 합리적으로 이용하며 부침땅의 지력을 높이는 데서 나서는 과학기술적 문제들을 연구하는 농업과학연구기관. 농업과학원에 속해 있으며 평양시 룡성구역에 자리 잡고 있다. 1959년 10월에 창설하였다.

토양학연구소는 부침땅의 지력상태를 주기적으로 조사분석하고 농업생산의 실천적 요구에 맞게 분류하며 토양관리체계를 확립하고 생산성이 낮은 논밭토양과 간석지토양의 개량, 비탈밭보호, 토양과 작물의 특성에 따르는 포전별 과학적 시비체계수립 등 지력을 유지하고 높이기 위한 방도를 연구한다. 토양연구소는 농업생산이 고도로 집약화된 현실조건에 맞게 지력을 더욱 높이기 위한 과학연구사업을 힘 있게 벌이고 있다.

함흥림상의학연구소

외과학을 비롯한 여러 임상의학분야에서 제기되는 과학기술적 문제들을 연구하는 과학연구기관으로 함흥시 동흥산 기슭에 자리 잡고 있다. 1962년 10월 13일 함흥의학대학병원을 임상기지로 하여 창립되었다. 그 후 1985년 7월 의학과학원 함흥분원으로 되었다가 1994년 2월 함흥림상의학연구소로 개칭되었다. 이 연구소는 최신 과학의 성과들을 예방 치료사업에 적극 받아들이기 위한 연구사업을 진행하며 그것을 통해 임상 실천과정에 도입하고 있다.

항생소연구소

평안남도 순천시 소재 항생소의약품 연구기관으로 생물, 특히 미생물을 이용하여 생물학적 및 반합성방법으로 만드는 항생소의약품에 대한 연구를 담당한다. 이 연구소는 1958년 1월 2일 페니실린연구소를 모체로 창립하였다. 이는 1961년 페니실린 연구소를 생물학연구소 순천분소로, 1968년에는 항생고연구분소로, 1972년 12월에는 항생소연구소로 개편, 확장한 것으로 현재 균종연구실, 생합성연구실, 화학정제연구실을 비롯한 여러 연구실로 구성되어 있다.

흑색금속연구소

흑색금속공업 분야의 과학기술적 문제들을 연구하는 과학연구기관으로 남포시 천리마구역에 위치하고 있다. 1961년 2월 6일 과학원 공학연구소의 야금연구실과 금속재료연구실을 모체로 하여 큰 금속공장들의 연구실을 통합하여 중앙금속연구소로 창설되었다. 이후 이 연구소로부터 유색금속연구소가 분리되면서 현재의 이름의 개칭되었다. 연구소에는 흑색야금부문과 흑색금속재료부문, 정밀합금부문, 금속가공부문의 전문연구실과 금속물리연구실, 분석연구실 등이 있다.

화학공학연구소

화학공업 분야의 과학기술적 문제들을 해결하기 위한 과학연구기관으로 함경남도 함흥시에 자리잡고 있다. 1966년 11월 30일에 창립되었고, 현재 과학원 함흥분원에 소속되어 있다. 이 연구소는 전열공학연구실, 화학기계연구실, 공정자동화 및 요서연구실을 비롯하여 많은 전문분야 견구실들과 중간시험공장, 장치설계공무기지 등으로 구성되어 있다.

화학섬유연구소

화학섬유부문에서 제기되는 과학기술적 문제들을 해결하는 과학원에 속하는 연구기관으로 평안남도 신의주에 자리 잡고 있다. 새로운 화학제품 생산, 식물성 원료와 그 분해생성물을 효과적으로 이용하는 문제를 연구한다. 1954년 7월 경공업성 중앙연구소로 창립되어 1956년 8월 평양 선교구역으로 옮기고 1964년 5월 화학섬유와 경공업 전반에 대한 연구를 진행하다가 1964년 6월 여러 분야로 분리되었다. 이때 화학섬유연구소는 과학원에 속하는 연구기관으로 신의주로 이전했다. 1986년 4월 화학 및 경공업위원회 직속 연구소로 되었다가 1991년 4월에 다시 과학원에 속하는 연구소로 자리 잡았다.

황해남도 농업과학분원

황해남도의 농업부문에서 제기되는 과학기술적 문제들을 연구하는 과학연구기관으로 황해남도 해주시에 자리 잡고 있다. 1993년 11월 21일 국가과학원 농업과학연구원 황해남도 농업과학분원으로 개칭되었다가 1999년 2월 1일 농업과학원 황해남도 농업과학분원으로 되었다. 이 분원에서는 농작물의 새 품종 개벌, 재배기술 육성, 도 실정에 맞는 농사방법 등을 연구, 발전시켜 왔다.

국제광물학회

광물학 분야의 과학기술협조를 강화하기 위하여 조직된 국제적인 학술단체. 1958년 에스빠냐의 마드리드에서 창설되었다. 학회에는 국가적 성격을 띤 매개 나라 광물학분야의협회 또는 조직체만 들어갈 수 있다. 총회는 2~3년에 한 번씩 진행하며 한 나라에서 한 개의 협회 또는 조직체가 참가한다. 총회에서는 광물학발전과 관련된 여러 가지 학술문제가 토의되며 이와 함께 지질견학사업을 조직한다.

사회과학연구회

김일성의 지도하에 항일혁명투쟁초기 남만의 여러 현에 조직되었던 혁명적 계몽단체. 1928년 7월 류하현 고산자 동성학교에 특별반(사회과학연구회)이 나왔으며 이어 왕청문을 중심으로 홍경현, 류하현, 반석현을 비롯한 남만의 여러 지역들에 사회과학연구회가 조직되어 운영되었다.

사회과학연구회의 강의에서는 유물사관, 유물변증법, 인류진화사, 문학, 음악, 세계정치 지리, 산수, 지리, 중어 등 과목들과 자본주의사회의 모순과 혁명이 일어나게 되는 원인, 사회주의, 공산주의는 어떤 사회인가, 조선혁명의 당면과업과 국제국내정세 등 여러 가지 사회정치적 문제들과 자연과학상식문제들도 취급하였다.

사회과학연구회는 위대한 수령님의 혁명사상과 혁명이론을 연구학습하는 한편 그것을 대중 속에 널리 보급하는 사업을 적극 벌이었다. 사회과학연구회에는 반재청년동맹지부를 내오고 일체 생활을 이 지부가 장악지도하였다. 사회과학연구회는 그 운영방법이 독특하고 참신한 것으로 하여 수많은 청년들을 시대의 선각자, 력사의 개척자로 훌륭히 키워 낼 수 있었다.

조선건축가동맹

우리나라 건축가들과 건설기술자들의 사회적 조직. 1954년 3월 26일 조직되었다. 조선건축가동맹은 주체적인 건축 사상과 이론으로 동맹원들을 튼튼히 무장시키며 그 빛나는 실현을 위하여 투쟁하는 것을 사명으로 하고 있다. 그러므로 조선건축가동맹에서는 다음과 같은 내용의 사업들을 힘있게 벌인다. 1) 동맹원들에 대한 사상교양사업, 2) 동맹원들의 건축시야를 넓혀 주고 자질을 높여주기 위한 학술발표회, 합평회, 토론회, 강습회, 견학, 창작경험발표회, 전시회 등, 3) 전국적 범위에서 설계현상모집사업, 4) 건축창작에 대한 사회적 관심을 높이기 위한 사업과 동맹원들을 건축창작에 적극 조직 동원하는 사업, 5) 동맹원들이 동맹규약을 자각적으로 지키며 동맹에서 주는 분공을 성실히 수행, 6) 국제건축가동맹을 비롯한 다른 나라 건축가동맹과 건축교류사업조선건축가동맹은 중앙에 동맹중앙위원회, 도(직할시)에 도(직할시)동맹위원회 그리고 기관, 기업소들에 기관, 기업소동맹위원회 초급단체들로 이루어졌다.

조선과학기술총련맹

인민경제 부문별 협회들과 과학기술부문별 학회들의 련합조직으로서 광범한 과학자, 기술자들과 고급기능공들을 망라한 사회단체. 조선과학기술총련맹은 1946년 4월 14일에 창립되었다. 46년 11월 산하에 인민경제 부문별협회를 가지게 되면서 북조선공업기술총련맹으로, 51년 10월 남조선공업기술련맹을 통합하여 조선공업기술총련맹으로개편되었다. 조선과학기술총련맹은 맹원 및 법인맹원으로 구성된다.
조선과학기술총련맹은 상설기구로서 총련맹중앙위원회, 도(직할시)위원회가 있고 비상설기구로서 시(구역), 군 및 련합기업소 위원회 그리고 기층조직들인 공장, 기업소, 협동농장, 기관 련맹위원회가 있다.

재일본조선사회과학자협회

재일 조선인사회과학자들과 전문가들을 교양하고 그들의 활동을 통일적으로 장악지도하는 단체. 총련의 산하단체로 1959년 6월 28일에 창립된 재일본조선인과학자협회가 85년 7월 14일에 사회과학, 자연과학, 의학과학의 세단체로 갈라져 재일본조선사회과학자협회(약칭 사협)가 새로 나왔다. 사협은 무엇보다도 일군들과 회원들을 영생불멸의 주체사상으로 튼튼히 무장시키고 공화국정부의 두리에 굳게 묶어세우며 조국의 북과 남 사회과학자, 전문가들과의 련계를 강화하기 위하여 적극 활동하고 있다. 또한 연구사업에서 주체를 확립하고 사회과학의 모든 분야에서의 연구성과가 조국의 륭성발전과 조국통일, 재일동포들의 애국운동발전에 이바지하도록 하기 위해 힘쓰고 있다. 사회과학자들은 위대한 주체사상에 기초하여 옳은 방법론을 세우고 정력적인 연구활동을 벌여 왔다. 그리하여 주체사상선전을 위한 연구활동을 비롯하여 사회주의조국에 대한 연구, 재일조선인운동에 관한 연구사업에서 귀중한 성과를 이룩하였다. 재일조선사회과학자들은 주체사상국제토론회와 국제학회에 참가하여 세계 여러 나라 주체사상 연구조직과 기관들 및 저명한 인사들과의 교류를 강화하고 있다.

재일본조선인의학협회

재일조선인의료일군들의 민주주의적이며 애국적인 의학과학기술단체. 1977년 8월 21일에 결성되었다. 재일본조선인의학협회(약칭 의협)는 총련의 산하단체이다. 동포의료일군들 속에서 의학과학연구 사업과 의학기술을 발전시키기 위한 활동을 적극 벌여 나라와 민족의 륭성번영과 재일동포들의 건강증진에 기여하고 있다. 의협은 중앙기관을 도쿄에 두고 도쿄와 오사카에 각각 본부를 7개 도, 부, 현에 지부조직을 두고 있다.

조선가금과학협회

우리나라 가금부문의 과학기술협의기구. 1967년 5월에 결성되었다. 협회는 가금부문의 과학기술발전과 최신과학의 성과와 선진기술을 생산에 적극 받아들이고 생산자들의 기술기능 수준을 높이는 사업을 도와주며 여러 나라 가금과학자, 기술자들과의 과학기술교류사업을 진행한다. 협회의 최고 기관은 대회이다.

협회중앙위원회는 위원장, 부위원장, 서기장 및 위원들로 상무위원회를 조직한다. 조선가금과학협회에서는 과학기술연구발표회, 경험교환회, 연구토론회, 견학 등을 조직한다. 조선가금과학협회는 가금업부문의 과학기술적 문제들을 성과적으로 풀어 나가도록 함으로써 우리나라 가금업발전에 적극 이바지하고 있다.

조선의학협회

보건일군들을 망라하여 조직된 학술적인 사회적 조직. 1970년 6월 19일에 조직되었다. 조선의학협회는 근로자들의 생명과 건강을 보호 증진시키기 위한 과학기술사업에 적극 이바지한다. 조선의학협회는 보건일군들 속에서 당의 보건정책 관철에서 제기되는 과학기술적 문제들을 집체적으로 풀며 의학과학기술 분야에서 세계적 추세를 해석, 연구하고 과학기술통보를 진행하며 국제의학협회기구들과 다른 나라 의학협회조직들과의 과학기술교류사업을 비롯하여 보건일군들의 급수사정사업 등을 학술적으로 방조하는 것을 기본임무로 한다.

체육협회

체육기술을 보급 발전시키기 위한 사회적인 조직. 매개 나라마다 체육종목별로 조직되어 있는데 그 이름은 해당 나라의 실정에 맞게 체육협회, 련맹, 동맹 등으로 각이하게 부르고 있다.

우리나라 체육협회에서는 무엇보다 먼저 체육기술발전과 관련한 일련의 문제들, 즉 체육훈련에서 주체를 세우며 과학성을 높이기 위한 사업, 우리나라 선수들의 체질적 특성에 맞는 기술, 전술 체계를 세우며 독창적인 훈련방법을 창안도입하기 위한 사업, 해당 종목의 기술발전계획을 세우는 사업 등을 진행한다. 또한 해당 종목의 국제, 국내경기대회를 성과적으로 보장하기 위한 사업과 함께 경기규칙을 선수들에게 제때에 알리는 사업을 조직하며 그에 따르는 지도서와 세칙을 작성한다.

부록 5. 북한의 대학 현황

〈종합대학〉

학교명	성 격 (특징)	연 혁
고려 성균관	· 개성시 방직동 소재 · 고려인삼학부, 고려도자기학부, 고려방직학부, 고려수예학부 및 경공업부문 관련 학과를 갖춤	· 고려의 최고교육 기관이었던 '성균관'을 계승한 경공업종합대학 · 1992.5.5. '고려성균관'으로 명명
김책 공업 종합 대학	· 평양시 중구역 교구동 소재 · 과학기술 인재양성의 종합적기지 · 광산지질학부, 금속공학부, 기계공학부, 전기공학부, 섬유공학부 등으로 구성 · 15층 본교사, 15층 기숙사, 집적회로 실습장, 도서관, 체육관 등의 편의 시설을 갖춤 · 고성능전자계산기, 작도기, 시청각설비 등 각종 실험기구 등을 갖춤 · 지질탐사학부, 광업공학부, 금속공학부, 재료공학부, 기계공학부, 동력기계학부, 열공학부, 선박공학부, 체신학부, 공업경영학부 등으로 구성 · 지질연구소, 광업연구소, 금속연구소, 로봇연구소, 반도체집적회로연구소 등 과학부문별 연구소와 박사원이 있음	· 1948.9.27. 김일성종합대학의 공학부, 철도공학부를 모체로 '평양공업대학'으로 창설 · 1951.2. '김책공업대학'으로 개명 · 1988. '김책공업종합대학'으로 승격
김일성 종합대학	· 평양시 대성구역 소재 · 최초의 인민 대학이며 학교교육의 최고의 전당, 민족간부양성의 중심기지 · 현대과학지식을 깊이 소유한 민족간부들과 사회과학, 자연과학 부문의 과학핵심을 키우는 것을 기본 사명으로 삼음 · 김일성의 100여 차례의 현지지도와 500여 차례의 강령적 교지를 주지 · 도서관, 체육관, 출판사, 인쇄공장, 실험실습공장, 기숙사, 식당 등 각종 편의시설 운영 · 1948년 '김책공업종합대학', '평양의학대학', '원산농업대학'으로 해당 학부를 분리 · 경제학부, 력사학부, 철학부, 법학부, 조선어문학부, 외국어문학부, 수학력학부, 물리학부, 원자력학부, 자동화학부, 화학부, 생물학부, 지리학부, 지질학부, 재교육학부 등 15개 학부로 구성 · 자연과학부문의 계산연구소, 전자계산기연구소, 전자물리연구소, 전자재료연구소, 촉매연구소, 생물공학연구소, 분석연구소, 과학실험기구연구소, 원자에네르기연구소 등 10여 개의 연구소 운영	· 1946.10.1. 창립

학교명	성 격 (특징)	연 혁
김일성 종합대학	·학생 수는 1만 2천 명, 박사원생 수는 850명, 교원·연 구사 수는 2,000여 명, 학위학직소유자는 200여 명의 원 사, 후보원사, 교수, 박사를 포함하여 1,000여 명이 있음 ·1995년 48회에 걸쳐 6만여 명의 졸업생 배출 ·면적은 156만m²으로 대학본관과 1호 교사, 2호 교사, 도 서관, 자연박물관, 출판사, 인쇄공장 기숙사 시설을 갖춤 ·'김일성종합대학과학도서관'은 연건평 11,900m²의 3층 건물로 열람좌석 수는 1,000여 석으로 수백만 권의 장 서를 갖춤 ·1965년부터 1990년까지 7,200여 종의 8천여 만 부의 도서를 출판한 '김일성종합대학출판사', 인쇄공장, 종 합편의시설, 대학병원, 야간 대학 등이 있음 ·경지면적 150여 정보를 가진 대학실습농장, 해양실습 소, 3,300정보의 학술림이 있음 ·5,500여 명의 교직원이 과학교육사업과 관리운영사업 에 종사 ·100여 개 나라의 1,800여 개 도서관들과 도서 교류를 진행	·1946.10.1. 창립

〈공산대학〉

학교명	성 격 (특징)	연 혁
공산 대학	·지방의 당, 정권기관, 경제기관, 근로단체 일군들을 양 성 및 재교육하는 간부양성기관	·1946. 각 도소재지에 도 당학교의 이름으로 창설 ·1954.3. 도인민위원회 간 부학교와 통합하여 '도 간부학교' ·1960.4.1. '공산대학'으 로 빌진
개성 공산 대학	·개성시 내성동 소재 ·조선로동당의 상설적인 간부양성기관 ·개성시안의 당, 정권 기관, 근로단체, 경제가관에서 일 하는 일군들을 김일성의 혁명사상으로 무장시키고, 정 치실무적으로 튼튼히 준비시켜 온 사회의 주체사상화 를 실현하는 주체형의 공산주의 혁명가를 키우는 것을 기본사명으로 삼음	·1959.4.1. '개성시간부학 교'로 창립 ·1960.9.1. '개성공산학교' 로 개편

〈공장대학〉

학교명	성 격 (특징)	연 혁
강선 공업 대학	· 강선 소재 · 흑색야금학과, 압착가공학과, 압착가공기계학과, 자동공학과, 전기공학과 및 관리일군양성반을 따로 운영 · 사회과학강좌 및 외국어, 기초과학강좌 등 개설	· 1960.9.1. 창립
검덕 공업 대학	· 함경남도 단천시 금골 소재 · 채굴공학과, 선광공학과, 기계공학과, 공업경영학과 등의 학과가 있음	· 1961.9.1. 창립 · 1962년부터 1976년 '룡양공업대학'이 창설될 때까지 '룡양분교' 운영
고건원 공업대학	· 고건원탄광 소재 · 채취공학과 기계공학과, 전기공학과 등의 학과가 있음	· 1981.9.1. 창립
기양 공업 대학	· 남포시 강서구역 소재 · 사회과학강좌, 기계공학강좌, 공업경영학강좌 및 기계공학과, 자동화공학과 등의 학과로 구성 · 『공장기계총서』등 각종 출판 및 참고서 집필	· 1960.9.1. 창립
남포 공업 대학	· 남포제련종합기업소에 있는 공장대학 · 유색야금학과, 화학공학과, 기계공학과 및 남포유리공장분교가 있음	· 1960.9.1. 창립
단천 공업 대학	· 함경남도 단천시 항구동에 있는 공장대학 · 규산염공학과, 기계공학과, 전기공학과 등으로 구성	
덕천 공업 대학	· 평안남도 덕천시 소재 · 자동차공업부문의 기술자를 양성하는 공장대학	· 1960.9.1. 창립
대흥 공업 대학	· 함경남도 단천시 대흥로동자구에 있는 공장대학 · 대흥청년종합기업소에서 일하고 있는 근로자등을 교육시키기 위해 창립 · 기계공학과, 전기공학과, 규산염공학과, 채취공학과 등의 학과로 구성	
라남 공업 대학	· 라남탄광기계련합기업소에 있는 공장대학	· 1984.8.10. 창립
락원 공업 대학	· 평안북도 신의주시 소재 · 기계제작부문의 기사, 관리일군들을 양성하는 공장대학	· 1960.9.1. 창립
룡등 공업 대학	· 평안북도 구장군 룡동로동자구에 있는 공장대학 · 채취공학과, 기계공학과, 전기공학과 등을 두고 현장기사를 양성	· 1979.10.1. 창립

학교명	성 격 (특징)	연 혁
룡성 식료 공업 대학	·평안시 룡성구역에 있는 공장대학 ·식료공학과, 기계공학과 및 예비학과 등이 있음	·1960.9.1. '룡성공업대학'으 로 창립 ·1982.8. '평양공업대학 룡 성분교'로 개편 ·1982.9.1. '룡성식료공업대 학'으로 개명
룡양 공업 대학	·룡양광산에 세워진 공장대학 ·광업공학과, 기계공학, 전기공학 등으로 구성	·1961.9.1. '검덕공업대학 룡양분교' 창설 ·1976.8.7. '룡양공업대학'으 로 발전
마동 공업 대학	·황해북도 봉산군에 있는 공장대학 ·기계공학과, 전기공학과, 규산염공학과 등으로 구성	·1961.9.1. 창립
무산 공업 대학	·무산광산련합기업소에 있는 공장대학 ·기계과, 채광과, 선광과, 전기과, 공업경영학과 등으로 구성	·1960.9.1. 창립
문평 공업 대학	·문평제련소에 있는 공장대학 ·유색야금과, 기계공학과, 전기공학과 등으로 구성	·1960.11.3. 창립
북중 공업 대학	·평안북도 룡천군 북중로동자구에 자리 잡고 있 는 공장대학 ·기계공학과, 금속가공학과, 자동차공학과 등으로 구성	
사포 공업 대학	·함경남도 함흥시 흥덕구역에 있는 공장대학 ·화학공학과, 화학 기계 및 장치학과, 기계공학과, 전기공학과, 자동차공학과 등으로 구성	·1960.9.1. '흥남공업대학' 본궁분교로 창립 ·1961.12.20. '본궁공업대 학'으로 개편 ·1972.8.7. '사포공어배학'으 로 개칭
서성 공업 대학	·평양시 서성구역에 자리 잡고 있는 목재가공공 업부문을 비롯한 여러 공업부문의 기술자 및 관 리일군들을 양성하는 공장대학	·1976.8.30. 창립
성진 공업 대학	·성진제강련합기업소에 있는 공장대학 ·흑색야금학과, 금속가공학과, 금속재료학과, 기 계공학과 등으로 구성	·1949.9.1. 창립
성진내화물 공업 대학	·함경북도 김책시 청학동에 있는 공장대학 ·규산염공학과, 기계공학과, 전기공학과 등으로 구성	·1983.8.9. '성진공업대학' 제1분교를 발전시켜 창립
송림 공업 대학	·황해북도 송림시에 있는 공장대학 ·흑색야금공학과, 금속가공학과, 기계공학과, 자 동화공학과, 금속가공학과 등으로 구성	·1960.9.1. 창립

학교명	성 격 (특징)	연 혁
순천 공업 대학	• 평안남도 순천시에 있는 공장대학 • 화학공학과, 기계공학과, 공업경영학과 등으로 구성	• 1961.9.1. 창립 • 1971.9.~1990.8. '공장고등화학전문학교' 가 대학전문부로 병설 • 1993.9.1. '순천공업대학 비날론분교' 설립
순천 규산염공업 대학	• 평안남도 순천시에 있는 공장대학 • 규산염공학과, 기계공학과, 자동차공학과 등으로 구성	• 1977.9.1. 창립
승호 공업 대학	• 평양시 승호구역에 있는 공장대학 • 규산염공학과, 규산염기계공학과, 전기공학과, 자동차공학과 등으로 구성	• 1961.9.7. 창립
신창 공업 대학	• 평안남도 은산군의 신창탄광에 있는 공장대학	• 1961.9.1. 창립
신의주공업 대학	• 평안북도 신의주시에 있는 공장대학 • 화학공학과, 화학기계공학과, 기계제작학과, 전 기공학과, 방직공학과, 피복공학과 등으로 구성	• 1960.9.1. 창립
안주 공업 대학	• 안주지구 석유화학공업부분 기술자들을 양성하 는 공장대학(평안남도 남흥청년화학련합기업소) • 화학공학과, 기계공학과, 자동화공학과, 전기공 학과 등으로 구성	• 1976.8. 창립
운흥 공업 대학	• 량강도 운흥군 대동로동자구에 있는 공장대학 • 기계공학과, 채취공학과, 관리일군 양성반이 있 고, 사회과학강좌, 기초과학강좌, 기계공학강좌, 채취공학강좌 등으로 구성	• 1985.9.1. 창립
청진 공업 대학	• 금속공업부문의 기술자 및 관리일군들을 양성하 는 공업대학 • 흑색야금학과, 금속가공학과, 자동화공학과, 기 계공학과 등으로 구성	• 1960.9. 창립
평천 공업 대학	• 평양시 평천구역 소재 • 기계, 자동화, 전자 및 전기공학부문의 기술자들 을 양성하는 공장대학 • 기계공학과, 자동화공학과, 전자공학과, 전기공 학과 등으로 구성	• 1970.9.1. 창립
형동 공업 대학	• 덕천탄광에 있는 공장대학으로 덕천지구 탄부들 과 근로자들을 현장 기사로 양성하는 대학 • 채취공학과, 기계공학과 등을 두고 있고 덕천분 교, 서창분교, 덕성분교가 있다.	• 1979.9.1. 창립

학교명	성 격 (특징)	연 혁
흘동 공업 대학	· 흘동광산에 있는 공장대학으로 광부들과 인접 기업의 근로자들을 현장 기사로 양성하는 대학 · 채광과, 선광과, 기계과, 화학과 등으로 구성	· 1986.10.1. 창립
해주 공업 대학	· 황해남도 해주시에 있는 공장대학으로 해주 세 멘트공장 노동자들을 대상으로 함 · 화학공학과, 기계공학과, 전기공학과 등의 관리 일군 양성반을 운영	· 1961.9.1. 창립
흥남 공업 대학	· 함경남도 함흥시 흥남구역에 있는 공장대학으로 함흥화공업대학 안의 야간대학이 그 전신임 · 흥남비료련합기업소를 비롯한 주변 근로자들에 게 화학, 기계, 전기부문 기사들을 양성하고자 함	· 1960.9. 창립
혜산 광업 대학	· 함경도 혜산시에 있는 광업부문의 기술인재 양성 을 기본으로 하는 공업대학 · 지질학부, 광업공학부, 기계공학부, 경공업학부가 있고 북부 내륙지대의 유색금속자원 개발을 지원	· 1988.9.1. 창립

〈기술대학〉

학교명	성 격 (특징)	연 혁
경성 도자기단과 대학	· 함경북도 경성군 경성읍 소재 · 도자기공학과, 도자기공예과, 전기설비과, 전기 공학과 등이 있음	· 1946.9.23. '경성공업기술학 교' 창립 · 1948.10. '경성화학전문학교' 로 개편 · 1952.4. '경성전기공업전문 학교'로 개편 · 1970.9. '경성고등도자기공 업학교'로 개편 · 1975.9. '경성고등도자기공 업전문학교'로 개편 · 1987.9. '경성도자기단과대 학'으로 개편
광산 금속 대학	· 함경북도 청진시 포함구역 소재 · 채굴공업부문과 금속공업부문의 기술인재를 양 성하는 기술대학 · 지질공학부, 광업공학부, 석탄공학부, 광산자동 화학부 등으로 학부로 구성	· 1959.9.1. '청진광산금속대 학' 창립 · 1990.10.31. '광산금속대학'으 로 개명
남포 수산 대학	· 조선서해수산부문의 기술자들을 양성하는 3년 제 기술대학 · 수산학부, 양어양식학부, 기계공학부 등의 학과 로 구성	· 1977.9.1. '남포고등수산전문 학교'가 '남포수산대학'으로 개편

학교명	성 격 (특징)	연 혁
라진 해운 대학	·수상운수부문의 기술자, 전문가들과 경영일군들을 양성하는 기술대학 ·항해학부, 선박기관학부, 선박전기공학부, 수상운영학부 등의 학과로 구성	·1968.7.3. '해운대학'으로 창립 ·1977년 '라진해운대학'으로 개명
신의주경공업 대학	·평안북도 신의주시에 자리 잡고 있는 경공업부문의 기사들을 양성하는 기술대학 ·식료공학부, 방직공학부, 일용화학공학부, 기계공학부 등으로 구성	·1982.5.27. '신의주고등경공업전문대학'을 모체로 창립
장철구평양 상업 대학	·인민봉사부문의 과학기술인재를 전문적으로 양성하는 대학	·1970.9.18. '평양상업학원'을 모체로 '상업대학' 창립 ·1990.10. '장철구대학'으로 개칭 ·1997.2. '장철구평양상업대학'으로 개칭
조군실원산 공업 대학	·강원도 원산시 소재 ·강원도안의 기술자, 전문가들을 양성하는 대학 ·일용전자공학과, 자동화공학과, 무선공학과, 전기통신학과, 프로그람공학과 등으로 구성	·1947년 '원산고급중학교'를 전신으로 '고등기계공업학교(1962)', '고등전자자동화전문학교(1978)'로 개편 ·1988.9.1. '조군실전자자동화단과대학'으로 창립 ·1997.7.23. '조군실원산공업대학'으로 개편
청진 광산 금속 대학	·채굴공업부문과 금속공업부문의 기술인재를 양성하는 기술대학	·'광산금속대학'이 1997년 '청진광산금속대학'
평양 기계 대학	·기계공업부문의 기술인재를 종합적으로 키워내는 기술대학 ·기계제작학부, 기계공학부, 건설기계학부, 금속가공학부, 자동화공학부 등으로 구성	·1959.9. 창립
평양 철도 대학	·철도운수부문의 기술일군들을 키워 내는 기술대학 ·철도기계공학부, 철도건설학부, 철도전기공학부 등으로 구성	·1959.9.1. '평양운수대학'으로 창립
함흥 수리 대학	·함경남도 함흥시 소재 ·수리 및 동력 부문의 기술자, 과학자, 교육자를 길러내는 기술대학 ·수리 및 항만 건설학부, 관개학부, 전기공학부, 기계공학부 등으로 구성	·1959.9.1. 창립 ·건설건재대학의 수력건설학부와 원산농업대학의 관개학부가 분리되어 발족

학교명	성 격 (특징)	연 혁
함흥 화학 공업 대학	· 함경남도 함흥시 소재 · 화학공업부문의 기사, 과학자를 양성하는 기술대학 · 무기화학공학부, 유기화학공학부, 고분자화학공학부, 화학기계공학부 등으로 구성	· 1947.9.15. 최초의 공업대학으로 창립
해운 대학	· 함경북도 라진시 소재 · 수상운수부문의 기술인재를 키워 내는 기술대학 · 5년제 대학으로 항해학부, 선박기관학부, 선박전기공학부, 수상운영학부 등으로 구성	· 1968.7.3. 창립
혜산 농림 대학	· 량강도 혜산시 소재 · 우리나라 북부 고산지대의 농업부문과 나라의 림업부문 기사를 양성하는 기술대학 · 농학부, 산림학부, 림산공학부, 목재가공학부 등으로 구성	· 1959.9.1. '원산농업대학'의 산림학부와 림학부를 분리하여 '혜산림업대학'으로 창립 · 1963.9.1. '농림대학'
희천 공업 대학	· 자강도 희천시 전신동 소재 · 전자, 기계 및 자동화 부문의 기술인재를 양성하는 기술대학 · 전자기구공학과, 무선공학부, 유선통신공학부, 기계공학부, 자동화학부 등으로 구성	· 1959.9.1. '평양체신대학'으로 창립 · 1965.4. 공업대학으로 발전
평성 공업 대학	· 평성시 중덕동 소재 · 평안남도안의 인민경제 여러 부문에서 요구되는 기술인재들을 양성하는 기술대학 · 경공업학부, 건설공학부, 전기공학부, 기계공학부, 화학공학부 등으로 구성	· 1989.9.1. '평성경공업단과대학'을 모체로 창립 · 1998.4.1. '평성공업대학'
평성 석탄 공업 대학	· 평안남도 평성시 소재 · 석탄공업부문의 기술인재들과 과학자들을 전문적으로 양성하는 기술대학 · 석탄지질탐사학부, 무연탄채굴공학부, 무연탄채굴공학구, 유연탄채굴공학부, 탄광기계공학부, 탄광자동차공학부 등으로 구성	· 1968.10.30. '평남석탄공업대학'으로 창립 · 1997.2. '평성석탄공업대학'으로 개명
건설 건재 대학	· 평양시 대동강구역 소재 · 건축학부, 건축공학부, 건설재료학부 및 도시계획과 무기선새학과, 도시경영학 등 20여 개의 학과가 있음 · <김일성동지혁명사상연구실>, <혁명사적물보존실> 등 각종 부속연구실을 갖춤	· 1953. 10. 1 <김책공업대학>의 건설공학부가 분리 확장되면서 신설 · 1970. 7 건설대학을 <건설건재대학>으로 강화 · 1997년 평양건설건재대학으로 개칭
리과 대학	· 평양시 온정구역 소재 · 기초과학부분의 과학자들을 키워 내는 대학 · 수학부, 물리학부, 화학부, 생물학부, 자동화학부, 전자계산기학부 등과 각종 연구소가 있음	· 1967. 1. 17 창립
라수복순천 화학 전문 학교	· 평안남도 순천시에 자리 잡고 있는 화학공학기술자들을 양성하는 전문학교	· 1984. 4 창립

학교명	성 격 (특징)	연 혁
사리원공업 대학	· 황해북도 사리원시 소재 · 도안에 필요한 공업부문 기술자들을 종합적으 로 양성하는 대학 · 전기공학과, 경공업학부, 건설공학부, 기계공학 부 등으로 구성	· 1984. 4. 26 <평양전기단과 대학>으로 창립 · 1995. 3. 26 <사리원전자자 동화단과대학>으로 개칭 · 1997. 10 .11 <사리원공업대 학>으로 개칭
사리원지질 대학	· 황해북도 사리원시 소재 · 지질탐사부문의 기술인재를 키워 내는 대학 · 지질탐사학부 및 지질조사강좌, 광물탐사강좌 등으로 구성	· 1970. 9. 28 창립
함흥 수리 동력 대학	· 함경남도 함흥시 소재, 수리 및 동력부문의 과 학자, 기술자들을 양성하는 대학 · 수력 및 항만 건설학부, 관개학부, 전기공학부, 기계공학부, 수력건설학과 등으로 구성됨	· 1959.9.1 평양수리대학으로 창립 · 1961년 함흥시로 옮기면서 함흥동력대학과 병합, 함흥 수리대학이 됨 · 1990.10.31 최종 개칭
함흥 화학 공업 대학	· 함흥시 회상구역 소재, 화학공업부문의 과학자, 기술자를 양성하는 종합적 성격의 기술대학 · 기초화학공업을 비롯 비료공장설비의 대형화, 현대화에 공헌 · 무기화학공학부, 유기화학공학부, 고분자화학공 학부 등으로 구성	· 1946.9. 고등공업기술원양성 소를 모체로 흥남공업대학 으로 창립 · 1947.9.15. 최초 공업대학으 로 재창립 －국기훈장 등 수여

〈농수산대학〉

학교명	성 격 (특징)	연 혁
금야 대학	· 함흥시 사포구역 소재 · 농학부, 파수학부, 수의축산학부, 농업기계화학 부 및 각종 연구소를 갖추고 있음	· 1958.10.9. '기술사범대학' 으로 창립 · 1973.11. '함흥농업대학'으 로 개명 · 1990.10.31. '금야대학'으로 개명
김보현대학	· 평양시 락랑구역 소재 · 농업관리일군들을 양성하고 재교육하는 농업부분 관리일군양성기관 · 만4천여 평방미터의 규모로 각종 교육시설 제공 · 농업재정부기전문반, 농업설계전문반 등이 있음	· 1947.3.11. '북조선농업간부양 성소'로 창립 · 1958.2.10. '농업성간부학교' 로 개명 · 1967.9.15. '농업위원회 중 앙간부학교'로 개명 · 1990.10.31. '농업간부재교육 대학'으로 개명 · 1994.8.11. '김보현대학'으 로 개명

학교명	성 격 (특징)	연 혁
김제원대학	·황해남 해주시 소재 ·황해남도 내 농촌경리부문의 과학기술일군들을 키워 내는 농업대학 ·농학부, 과수학부, 산림하천학부, 수의축산학부, 농기계학부, 농업경영학부 등으로 구성 ·농업과학연구소 및 도서실, 종합실습목장, 농기계실습공장 등의 설비를 갖춤	·1960.12.1. '해주농업대학' 으로 창립 ·1990.10.31. '김제원대학'으로 개명
계응상대학	·황해북도 사리원시 소재 ·농촌경리부문의 과학기술인재를 키워 내는 종합적 성격을 띠는 농업대학 ·농학부, 수의축산학부, 농업생물학부, 농업화학학부, 파수학부, 잠학부, 산림하천학부, 농업기계화학부, 농업경영학부, 통신학부와 50여 개의 전문강좌 및 연구원, 박사원이 있음 ·각종 실험실과 표본실, 현대적인 종합실습농장을 갖춤 ·농업생물공학연구소, 작물재배학연구소, 잠학연구소, 수의축산학연구소, 경제식물학연구소, 농업공학연구소 등의 연구소를 갖춤 ·100여만 권의 장서를 소장한 도서관, 출판소 등이 있음 ·3만 명의 농업과학기술일군을 양성 ·국제교육과학기구와 활발한 연계	·1959.9.1. '사리원농업대학' 으로 창립 ·1990.10.31. '계응상대학'으로 개명
과일 대학	·과수부문과 과일가공부문의 기술일군을 양성하는 단과대학 ·과수학과, 식료학과, 통신학과로 구성 ·서해안지대의 과수업을 발전시킴 ·현대적인 실험기구와 설비를 갖춘 실험실, 과목연구실, 실습과수원과 온실, 과일저장 및 가공시설 등을 구비	·1962.4. '송화고등원예학교' 전신 ·1969년 '과일고등과수학교' 로 개편 ·1977년 '과일고등과수전문학교'로 개편 ·1988.3.24. '과일과수단과대학'으로 개편 ·1993.7.19. '과일대학'으로 개명

학교명	성 격 (특징)	연 혁
곽산 농업 대학	· 평안북도 관산군 소재 · 군내 농업기업소, 협동농장들의 농업기술일군들을 키워 내는 대학 · 본학부와 전문학부로 나누어 교수 교양 사업을 진행 · 본학부에서는 교육체계의 의하여 농업기사를 키워 내며 전문학부에서는 전문적인 교육체계에 의하여 농업준기사를 키워 냄 · 겨울에는 대학에 등교하여 강의를 받고 여름에는 생산현장에서 강의를 받음 · 사회과학강좌, 기초기술학강좌, 농학강좌, 축산학강좌, 농업기계화강좌 및 실험실실습실과 시험농목장 등을 있음	· '곽산농업전문대학'의 전신 · 1994.12.1. 창립
남포 농업 대학	· 남포시 항구구역 소재 · 평안남도와 남포시의 농촌경리부문 과학기술일군들을 키워 내는 농업대학 · 농학부 및 통신학부 등이 있음	· 1967.6.1. '남포농업대학'으로 창립
농장 대학	· 농업부분 근로자들을 위한 일하면서 배우는 고등교육기관 · 농기계학과, 수의축산학과는 5년제이며 농산학과는 4년 6개월의 과정을 가짐	· 1981.11.1. 청산리에 창립
룡연 공업 대학	· 황해남도 룡연군 룡연읍 소재 · 룡연군안의 농업부문일군 등을 키워 내는 농장대학	· 1993.3.24. '룡연고등농업전문학교'를 모체로 창립
숙천 농업 대학	· 평안남도의 농업부문일군들을 키워 내는 고등교육기관 · 수의축산학과, 과수학과, 잠업학과 등으로 구성	· 1984.4. '숙천농업단과대학' · 1997.10. '숙천농업대학'
신포 수산 대학	· 신포수산사업소를 비롯한 여러 수산부문 기업소들의 근로자들을 유능한 수산부분기술인재로 키우는 어장대학 · 학제는 예과 1년, 본과 5년 · 수산학과, 선박기관과, 양식학과, 수산물가공과 등으로 구성	· 1979.12.1. 창립
신의주농업 대학	· 평안북도 신의주시 소재 · 평안북도 내 농업기술일군들을 양성하는 고등교육기관 · 농학부, 과수학부, 농기계학부, 수의축산학부 등으로 구성	· 1969.10. 창립
원산 농업 대학	· 강원도 원산시 소재 · 농촌경리부문 과학, 교육, 기술일군들을 양성하는 농업대학 · 농학부, 수의축산학부, 농업기계화학부, 수리공학부, 원림 및 경제식물학부, 농업경영학부 등으로 구성	· 1948.9.1. 김일성종합대학 농학부를 모체로 한 첫 농업대학 창립 - 김일성훈장, 국기훈장제1급 등 수여

학교명	성 격 (특징)	연 혁
원산 수산 대학	· 강원도 원산시 소재 · 수산부문의 기술인재를 키우는 대학 · 수산학부, 양어양식학부, 기계공학부 등으로 구성	1959.9. '원산농업대학' 수산학 부를 모체로 창립
청산 농업 대학	· 남포시 강서구역 청산리 소재 · 강서구역내 농업부문 일군들을 키워 내는 고등 교육기관 · 농학과, 농기계과, 수의축산과 등으로 구성	· 1981.12.1. 창립
청진 농업 대학	· 함경북도 청진시 라남구역 소재 · 함경북도의 농업부문 일군들을 키워 내는 고등 교육기관	· 1970.9.1. '함북농업대학'으 로 창립
평성 수의 축산 대학	· 평안남도 평성시 소재 · 수의축산부문의 과학자, 기술자들을 길러내는 고등교육기관 · 가금학부, 축산학부, 수의학부 등으로 구성	· 1955.7.26. 창립
함흥 농업 대학	· 함경남도의 농업부문 과학자, 기술자들을 육성 하기 위한 고등교유기관	· 1977년 금야대학에서 현재 이름으로 개칭됨

〈단과대학〉

학교명	성 격 (특징)	연 혁
강선 금속 단과대학	· 남포시 천리마구역 소재 · 흑색야금공학과, 유색야금공학과, 금속재료공학 과, 용접공학과, 압연공학과, 금속공정자동화공학 과, 금속공장기계설비공학과 등의 학과로 구성	· 1959.9.1. '강선고등금속전 문학교'에서 1984.4.26. '강 선금속단과대학'으로 개편
구장 석탄 단과 대학	· 평안북도 구장군 소재 · 무연탄채굴공학과, 탄광기계공학과, 측량학과, 탄 강자동화공학과 등의 학과로 구성	· 1988.9.1. 창립
길주 림업 단과 대학	· 함경북도 길주군 소재 · 림업공학과, 목재가공학과, 펄프 및 종이공학과, 산림과, 목재과 등의 학과로 구성	· 1947.9. '길주농림전문학교' 로 개편 · 1949.9. '길주림업전문학교' 로 개편 · 1963.4. '길주고등화학공업 학교'로 개편 · 1971.9. '길주고등림학교' 로 개편 · 1974.9. '길주고등림업전문 학교'로 개편 · 1984.4.26. '길주고등림업전문 학교'에서 단과대학으로 개편

학교명	성 격 (특징)	연 혁
김책 금속 단과 대학	·함경북도 김책시 소재 ·금속공업부문의 기술자들을 양성하는 단과대학 ·흑색야금학과, 유색야금학과, 금속재료학과, 기계 제작학과 등으로 구성 ·사회과학강좌, 기초과학강좌, 기술기초과학강좌, 외국어강좌 등 여러 강좌를 갖춤 ·각종 실험실, 연구실, 설계 및 제도실, 외국어시청 실, 도서관, 출판소 등의 시설을 갖춤	·1952.9. '성진금속전문학교' 이후. '김책고등금속공업학 교', '김책고등금속공업전문 학교'로 개편 ·1984.4.26. '김책고등금속공업 전문학교'를 발전시켜 창립
단천 광업 단과 대학	·함경남도 단천시에 있는 광업부문의 기술자를 양 성하는 단과대학 ·시추공학과, 유색야금학과, 분석화학과 등으로 구성	·1984.4.26. '단천탐사단과대 학'으로 창립 ·1994.9.1. '단천광업단과대 학'으로 개편

〈사범대학〉

학교명	성 격 (특징)	연 혁
교양원 대학	·유치원교양권을 양성하던 사범교육기관 ·5년제 중학교 졸업생을 대상으로 3년간의 교육을 받음 ·사회정치과목, 예능과목, 유치원교육학, 아동심리 학과 등의 학과목으로 구성 ·전반적10년제고중의무교육과 1년제학교전의무교 육이 실시됨에 따라 1972~1973년 발전적으로 교 원대학으로 통합	·1967년 창립
교원 대학	·인민학교교원과 유치원교양원을 양성하는 사범 교육기관 ·교원학과, 체육학과, 교양원학과 등의 학과목으로 구성 ·고등중학교 졸업생을 입학대상으로 함	·1946년 창립 ·2년제 대학으로 시작 ·1959년 3년제의 사범과를 둠 ·1967년 4년제 대학으로 개편 ·1972년 교양원대학과 통합 하여 인민반교원과 유치원 교양원을 키워 내는 2년제 대학으로 개편됨에 따라 교 원대학은 중등반교원을 양성 하는 제2사범대학으로 개편

학교명	성 격 (특징)	연 혁
금강 대학	· 원산시 소재 · 강원도의 고등중학교 교원을 양성하는 5년제 사범대학 · 역사지리학부, 어문학부, 외국어문학부, 수학학부, 물리학부, 통신학부 등의 학부로 구성	· 1949.9.1. '원산교원대학'으로 창설 · 1958.8.9. 3년제 교원대학으로 개편 · 1961.9.1. '원산사범대학'이 창설되면서 통합 · 1963.9.1. 2년제. '원산교원대학'으로 개편 · 1972.9.1. 4년제. '원산제2사범대학'으로 개편 · 1976.9.1. 고등중학교 교원을 양성하는 5년제 대학으로 개편 · 1988.9.1. '원산제1사범대학'과 통합하여 · '원산사범대학'으로 개편 · 1990.10.31. '금강대학'으로 개명
김정숙교원 대학	· 함경북도안의 인문학교 교원과 유치원 교양원을 양성하는 3년제 사범교육기관 · 교원학과, 교양원과, 체육학과, 통신학과 등으로 구성 · 물리실험실, 교수법학습실, 도서관, 출판소 등 부속기관 및 편의시설을 갖춤	· 1972.9.1. 회령군 금생리에 2년제 '회령교원대학'으로 창립 · 1978.4.15. 회령군 회령읍으로 이전 · 1990.10.30. '김정숙교원대학'으로 개명
김정숙사범 대학	· 량강도 혜산시 소재 · 량강도안의 고등중학교교원을 양성하는 5년제 사범대학 · 김일성동지혁명력사학부, 청년동맹지도원학부, 력사지리학부, 조선어분학부, 외국어문학부, 생물화학부, 음악미술학부, 예비교육학부, 통신학부 등으로 구성 · '김일성동지혁명사상연구실', '경애하는 수령 김일성동지께서 보내주신 선물진렬관' 등이 있음 · 각종 교육시설 및 편의시설을 갖춤 · 유일사상교양을 강화	· 1961.9. '혜산교원대학'으로 창설 · 1972.9. '혜산제2사범대학'으로 개명 · 1981.8.17. '김정숙사범대학'으로 개명
김종태대학	· 황해남도안의 고등중학교 교원을 양성하는 5년제 사범대학 · 김일성동지혁명력사학부, 어문학부, 외국어학부, 수학부, 물리학부, 생물화학부, 체육학부 등으로 구성	· 1961.9.1. '해주사범대학'으로 창립 · 1969.7.12. '김종태사범대학'으로 개명 · 1990.10. '김종태대학'으로 개명

학교명	성 격 (특징)	연 혁
김철주 사범대학	· 평양시 선교구역 소재 · 평양시안의 고등중학교 교원을 양성하는 사범교 육기관 · 김일성동지혁명력사학부, 력사지리학부, 국어문 학부, 외국어학부, 청년동맹지도원학부, 예비학부 등 11개 학부로 구성 · 각종 연구실 및 편의시설을 갖춤	· 1946.10.1. 2년제. '평양교원 대학' 창립 · 1960.9. 인민학교 교원과 유 치원교양원을 양성하는 3~ 4년제 대학으로 확대 · 1972.9. 4년제 '평양제2사범대 학'으로 개편 · 1989.4.12. 4~5년제 '평양 사범대학'으로 개편 · 1990.10.31. '김철주사범대 학'으로 개명
김형권사범 대학	· 함경남도 신포시 소재 · 함경남도안의 고등중학교 교원을 양성하는 5년제 사범교육기관 · 김일성동지혁명력사학부, 국어문학부, 외국어학 부, 수학부, 물리학부, 생물화학부, 체육학부, 예 비학부, 재교육학부, 박사원, 연구원 등이 있음 · 각종 실험실기실과 실습장, 도서관, 출판소 및 교 사와 기숙사 등의 편의 시설을 갖춤	· 1961.9.1. 창설 · 1963.4. '함흥기술사범대학' 으로 개편 · 1965.4. 중학교, 고등기술학 교의 일반과목교원을 양성하 는 신흥사범대학으로 개편 · 1967.4. '심포사범대학'으로 개편 · 1972.9. 고등중학교 교원을 양성하는. '함남제1사범대 학'으로 발전 · 1990.10. '김형권사범대학' 으로 개명
김형직사범 대학	· 평양시 동대원구역 소재 · 대학교원을 양성하는 사범교육기관 · 김일성동지혁명력사학부, 철학부, 교육학부, 어문 학부, 외국어학부, 수학부, 물리학부, 생물학부, 화학부, 지리학부, 음악학부, 미술학부, 체육학부, 재교육학부 등과 3년제 제통신학부 등으로 구성 · 100여 개의 연구실, 실험실, 수십만 권의 장서를 가진 도서관, 출판사를 갖춤 · 강당, 체육관, 교재원, 야외체육문화시설, 기숙사, 등 종합편의시설을 갖춤	· 1946.10.1. 2년제의. '평양교 원대학'으로 창립 · 1948.10.1. 4년제. '평양사범대 학'으로 발전 · 1972.9. '평양제1사범대학' 으로 개편 · 1975.3.23. '김형직사범대학' 으로 개명 · 1980.6. 전국 교원양성부문 대학교원을 키워 내는 5년 제 대학으로 개편 · 1987.9.24. 전문가자격을 가 진 대학교원을 양성하는 대 학으로 발전

학교명	성 격 (특징)	연 혁
관서 대학	· 신의주시 본부동 소재 · 평안북도안의 고등중학교교원을 양성하는 5년제 사범교육기관 · 청년동맹지도원학부, 력사지리학부, 어문학부, 수학부, 물리학부, 음악미술학부, 예비교육학부와 일하면서 배우는 통신교육체계가 수립 · 도서관, 출판소 및 각종 편의시설을 갖춤	· 1947.10.10. 2년제 '정주교원대학'으로 창립 · 1948.4. '신의주교원대학'으로 개편 · 1961.9. '신의주사범전문학교'와 통합하여 4년제사범대학으로 개편 · 1964.9. '신의주교원대학'으로 개편 · 1972.9. '신의주제2사범대학'으로 발전 · 1990.10. '관서대학'으로 개칭
남포 교원 대학	· 남포시 와우도구역 마산동 소재 · 남포시안의 인민학교 교원과 유치원 교양원을 양성하는 3년제 사범 교육기관 · 교원학과, 교양원학과, 체육학과 등이 있음 · 총 건평 3,348㎡으로 교수법학습실, 각종 실험실 기실 등을 구비	· 1968.9. '남포교양원대학'으로 창립 · 1972.9. '남포교원대학'으로 발전
남포 사범 대학	· 남포시 항구구역 문화동 소재 · 전국 중등중학교 기술과목교원과 남포시안의 고등중학교 교원을 양성하는 4~5년제 사범교육기관 · 총건평 5만 여㎡ 각종 부속기관을 갖춤	· 1963.4.1. 3년제 '남포교원대학'으로 창립 · 1967.4.1. 4년제 '평남제1사범대학'으로 개편 · 1980.1. '남포사범대학'으로 개편
리계순 사리원 제1사범 대학	· 황해북도 사리원시 소개 · 황해북도안의 고등중학교 교원을 양성하는 사범교육기관	· 1953.9. '해주교원대학', '원산교원대학'이 합쳐져 '강계교원대학'으로 창설 · 1985.3. '사리원사범대학'으로 발전 · 1972.9. '사리원제1사범대학'으로 개칭 · 1997.2. '리계순사리원제1사범대학'으로 개칭
리수덕원산 교원대학	· 강원도 원산시 소재 · 강원도안의 인민학교 교원들과 유치원 교양원을 양성하는 사범교육기관	· 1968.7.1. 창설 · 1972.9.1. '원산교원대학' 개편 · 1977.2. '리수덕원산교원대학'으로 개명
북청 사범대학	· 함경남도 북청군 북청읍 소재 · 함경남도안의 고등중학교 교원을 양성하는 4년제 사범교육기관 · 력사지리학부, 어문학부, 물리학부, 수학부, 예능학부 등으로 구성	· 1961.9.1. '함흥사범대학(현재 김형권신포사범대학)'에 병설된 3~4년제 교원대학반으로 창설 · 1963.4. '함흥교원대학'으로 개칭 · 1997.2. '북청사범대학'으로 개칭
사리원 교원대학	· 황해북도 사리원시 소재 · 황해북도안의 인민학교교원과 유치원 교양원을 양성하는 3년제 사립교육기관	· 1968.9. '사리원교양원대학'으로 창립 · 1972.9. '사리원교원대학'으로 개편

학교명	성 격 (특징)	연 혁

사리원
제2사범
대학
	· 황해북도 사리원시 신양동 소재
	· 황해북도안의 고등중학교 교원을 양성하는 사범
	  교육기관
	· 력사지리학부, 어문학부, 수학학부, 물리학부, 음
	  악미술학부, 청년동맹 및 소년단지도원학부 등으
	  로 구성
		· 1963.4. '사리원교원대학'으
		  로 창설
		· 1972년 '사리원제2사범대
		  학'으로 개칭

선천
교원
대학
	· 평안북도 선천군 선천읍 소재
	· 평안북도안의 인민학교 교원과 유치원 교양원을
	  양성하는 3년제사범교육기관
		· 1968.9. '선천교약원대학'으
		  로 창설
		· 1972.9. '선천교원대학'으로
		  개편

송도
사범
대학
	· 개성시안의 보통교육부문교원들과 고등전문학교
	  교원을 양성하는 대학
	· 33,290평방미터의 규모
	· 유치원교양원과 인민학교 교원을 양성하는 체계
	  (3년제), 고등중학교 교원, 고등전문학교의 일부
	  과목교원을 양성하는 체계(5년제), 외국어학원(6
	  년제 중등반)이 병설되어 있음
	· 혁명력사학부, 어문학부, 물리수학부, 생물화학부,
	  예능학부 등으로 구성
		· 1961.9. '개성교원대학'으로
		  창립
		· 1973년 '송도대학'으로 개칭
		· 1997년 '송도사범대학'으로
		  개칭

신의주교원
대학
	· 신의주시 평화동 소재
	· 평안북도안의 인민학교 교원, 유치원 교양원을
	  키워 내는 대학
	· 교원학과, 체육학과, 교양원학과 등으로 구성되어
	  있으며 학제는 3년임
		· 1972.9. '신의주교원대학'으
		  로 창립

오중흡청진제
1사범대학
	· 함경북도 청진시 송평구역 소재, 고등중학교교원
	  을 양성하는 사범교육기관
	· 학교는 혁명력사학부, 력사지리학부, 어문학부,
	  외국어학부, 수학부, 물리학부, 생물화학부, 체육
	  예능학부, 재교육학부와 박사원 등으로 구성됨
		· 1961.9. '청진사범대학'으로
		  창설, 1972. '청진제1사범대
		  학'을 거쳐, 1997.1. 최종 개칭
		· 1985. 국기훈장 1급수여

원산 사범
대학
	· 강원도 안의 고등중학교 교원을 양성하는 보통
	  교육기관
		· 금강대학으로 불리다가
		  1997년 1월부터 현재 이름
		  으로 개칭

조옥희해주
교원대학
	· 황해남도안의 인민학교교원과 유치원교양원을
	  양성하는 3년제 사범교육기관
	· 교원학과, 교양원학과, 체육학과, 체육무용학과
	  등 13개의 강좌로 구성
		· 1968.9. 창립
		· 1972.9. 3년제 교원대학으로
		  개편
		· 1972.12. '해주제1교원대학'
		  으로 개편
		· 1987.10.31. '조옥희대학'으
		  로 개명
		· 1997.2. '조옥희해주교원대
		  학'으로 개명

학교명	성 격 (특징)	연 혁
차광수신의주 제1사범 대학	· 남신의주 련상2동 소재 · 평안북도안의 고등중학교교원을 양성하는 4년제 사범교육기관 · 총면적 6,300m^2 · 혁명력사학부, 국어문학부, 외국어학부, 수학부 등으로 구성	· 1961.9.1. '신의주 사범대학'으로 창립 · 1972년 '신의주제1사범대학' · 1980년 '차광수대학' · 1997.1. '차광수신의주제1사범대학'
최희숙함흥 제1교원 대학	· 함경남도 안의 인민학교교원, 유치원교양원을 키워 내는 3년제 고등교육기관 · 교원학과, 체육학과, 교양원학과, 체육무용학과 등으로 구성	· 1968.9. '함흥교양원대학'으로 창설 · 1990년 '최희숙대학' · 1997년 '최희숙함흥제1교원 대학'
평성 교원 대학	· 평안남도 평성시 중덕동 소재 · 평안남도안의 인민학교교원, 유치원교양원을 양성하는 3년제 대학	
해 주 제2사범대학	· 황해남도안의 고등중학교 교원양성기관 · 청년동맹 및 소년단지도원학부, 국어국문학부, 력사지리학부, 물리학부, 수학부 등으로 구성	· 1948.10.5. 해주교원대학으로 창설(2년제) · 1961.4. 해주사범대학으로 개편(4년제) · 1962.6. 황해남도 교육간부학교와 병합 · 1972.9. 현 이름으로 개칭
혜산 교원 대학	· 량강도안의 인민학교 교원과 유치원 교양원을 양성하는 3년제 교육기관	· 1968.9. 혜산교양원대학으로 창설 · 1972.6. 혜산교원대학으로 개편

〈의 · 약학대학〉

학교명	성 격 (특징)	연 혁
가림천대학	· 혜산시 소재 · 량강도 보건일군 양성 · 의학부, 고려의학부, 인체해학부 등 전문과별강좌와 연구실 등 부속 시설을 갖춤	· 1971년 9월 1일 '혜산의학대학'으로 창립 · 1990년 10월 31일 '가림천대학'으로 개명
강건 대학	· 사리원 소재 · 의학부, 고려의학부, 인체해학부, 등 부속시설을 갖춤	· 1971년 12월 31일 '사리원의과대학'으로 창립 · 1990년 10월 31일 '강경대학'으로 개명
경성 대학	· 청진시 소재 · 함경북도 보건일군양성 · 인체해부학, 내과진단학, 정형외과학, 보약학 등의 전문과별 강좌와 연구실 등 부속 시설을 갖춤	· 1948.9.1. '청진의학대학'으로 창립 · 1990.10.31. '경성대학'으로 개명

학교명	성 격 (특징)	연 혁
고려 약학 대학	·함흥시 소재 ·제약 및 의료기구 공업부문과 약학부문의 전문가를 양성하는 교육기관 ·합성연구실, 항생소연구실, 종합실습공장 등 부속시설을 갖춤	·1968.10.1. 창립
원산 의학 대학	·원산시 소재, 강원도 의료일군들을 육성하기 위한 고등교육기관 ·기초의학부, 임상의학부, 고려의학부 등이 있으며 강원도인민병원을 임상실습센터로 이용	·1971.9.1. 창립 1973년부터 통신학부 운영
청진 의학 대학	·함경북도 보건일군양성을 기본으로 하는 의학교육기관	·'경성대학'의 모체로 1997년 '청진의학대학'으로 변경
평양 의학 대학	·의학부문기술일군을 종합적으로 키워 내는 대학 ·기초의학부, 림상의학부, 동의학부, 위생학부, 약학부, 국강학부 등으로 구성	·1948.9.28. '김일성종합대학'에서 의학부가 분리되어 '평양의학대학' 창립
함흥 의과 대학	·함흥시 회상구역 소재, 함경남도 보건간부양성기관인 의학교육기관 ·함경남도 중앙병원을 함흥의학대학병원 임상실습센터로 발전시킴(1954.7.1)	·1946.10.15. 함흥의과대학으로 창립 ·1960.1.1. 함흥의학대학으로 개편 ·국기훈장, 김일성훈장 수여
해주 의학 대학	·황해남도 개성시 보건일군 양성을 위한 대학으로 해주시 수양산 남쪽 기슭에 자리 잡고 있음 ·의학부, 고려의학부, 위생학부를 비롯하여 본학부와 특설학부, 통신학부, 의사재교육학부가 있음	·1959.9.1. 창립
혜산 의학 대학	·량강도에 필요한 보건일군 양성을 위한 의학대학	·1997년부터 가림천대학이 혜산의학대학으로 개칭

〈인문대학〉

학교명	성 격 (특징)	연 혁
정준택원산 경제 대학	·강원도 원산시 세길동 소재 ·경제관리일군을 전문적으로 키워 내는 고등교육기관 ·총면적 2만 4,361평방미터	·1960.9.1. '원산경제대학'으로 창립 ·1990.10.31. '정준택경제대학', '정준택원산경제대학'으로 개칭
평양 외국어대학	·대외사업과 정치, 경제, 문화 등 여러 부문에 필요한 외국어전문가들을 키워 내는 대학 ·중등교육단계, 평양외국어학원, 3개의 대학본학부로 구성	·1949.11.15. '로어대학'으로 창립 ·1952년 '외국어대학'으로 개편

학교명	성 격 (특징)	연 혁
인민 경제 대학	·국가경제관리간부들을 양성 및 재교육하는 조선 로동당의 간부양성기관	·1946.7.1. 창립
원산 경제 대학	·강원도 원산시 소재 ·나라의 경제를 과학적으로 합리적을 관리운영할 수 있는 경제관리일군들을 키워 내는 종합적인 대학 ·재정경제학부, 자재공급학부, 로동행정학부, 상 업경영학부, 재교육학부 등으로 구성	·1960.9. 창립

〈정치간부양성대학〉

학교명	성 격 (특징)	연 혁
강반석유자녀 대학	·평양시 만경대구역 칠골 2동 소재 ·혁명가유자녀들을 혁명인재로 키워 내는 조선로 동당의 중앙급간부양성기관 ·당정치사업과 사회주의 경제관리운영에 필요한 전문지식, 사회정치이론, 일반기초지식 교육	·1958.9.1. '남포유자녀학원' 으로 창립 ·1962.4. '남포혁명학원'으로 개명 ·1968.10. 3년제 대학반 창설 ·1972.3. '강반석혁명학원'으 로 개명 ·1981.1. 4년제 대학반으로 변경 ·1982.12. '강반석정치대학'으 로 개명 ·1992.8. '강반석유자녀대학' 으로 개명
국제 관계 대학	·평양시 대동강구역 의암동 소재 ·대외부분일군을 교육, 양성하는 상설적인 중앙 급 간부양성기관	·1960.9.1 창립
금성 정치 대학	·평양시 동대원구역 문신1동 소재 ·조선노동당의 상설적인 중앙급 간부양성기관	·1946.11.5. '중앙청년간부학 교' 창립 ·1950.5.5. '민청중앙학교'로 개편 ·1974.11.1. '금성정치대학'으 로 개편
송도 정치 경제 대학	·남반부 출신일군들을 유능한 민족간부로 키우기 위하여 창립	·1953.10.1. 창립

학교명	성 격 (특징)	연 혁
인민 경제 대학	• 처음 중앙고급지도간부학교로 발족되었다가 국 가 및 경제관리 전문가 육성기관으로 변경 • 국가 및 경제관리를 정규화하는 간부양성 기지 로 발전 • 간부 양성을 위한 4년제 기본반과 2년제 일반대 학과정, 간부 등 6개월 재교육반, 별도의 연구원 으로 구성.	• 1946년 중앙고급지도간부학 교 창립 • 1954년 중앙고급지도간부학 교와 정치경제대학을 합쳐 인민경제대학 창립 • 김일성훈장 수여(1972, 1996)

〈기타 대학〉

학교명	성 격 (특징)	연 혁
영예군인학교	• 우리나라 상이군경과 같은 영예군인들을 교 육교양하는 학교 • 영예군인통계학교, 영예군인설계학교, 영예 군인체신학교, 영인군인농업학교 등 직업교 육실시 • 최종적으로 단과대학으로 통합되었으며 계 획통계학과, 재정부기학과, 로동행정학과 등 이 있으며 졸업하면 경제사자격을 준다,	• 1951.4.3. 1∼2년제로 창립(내각결 정 254호) • 1954.3.1. 4년제로 변경, 5개 학교 로 개편 • 1977.10. 1개 학교로 통합 • 1988.6. 신의주영예군인단과대학, 1999.12. 신의주 영예군인학교로 개편
온천군당학교	• 평안남도 온천군 소재 • 조선로동당의 상설 초급간부양성기관으로 군안의 당, 국가, 경제기관, 근로단체초급일 군과 핵심당원들을 대상으로 함	• 1963.12. 창설 • 1981.5. 김일성표창 수여

부록 6. 전국 대학 통일문제연구소 현황

(2009년 말 기준)

연번	대학	연구소(원)	소(원)장 (漢字)	전 공	연구소 전화	연구소 Fax
					(우편번호) 주 소	
1	강릉대	환동해 연구센터	김홍길	사학과	033-640-2141	033-640-2470
					(210-702) 강릉시 지변동 123	
2	강원대	사회과학 연구소	이인혜	심리학	033-250-7212	033-256-4696
					(200-701) 춘천시 효자2동 192-1	
3	건국대	민족통일 연구소	한상희	법학	02-450-3929	02-450-3591
					(143-701) 서울시 광진구 화양동 1번지	
4	경기대	민족사상연구소	노태구	정치학	031-249-9319	(02)585-0218
					(442-763)경기도 수원시 팔달구 이의동 산94-6	
5	경남대	극동문제 연구소	이수훈	사회학	02-3700-0700	02-3700-0707
					(110-230) 서울시 종로구 삼청동 28-42	
6	경북대	평화문제 연구소	엄재호	정치학	053-950-6626	053-950-6887
					(702-701) 대구시 북구 산격동 1370번지	
7	경상대	사회과학 연구원	장상환	경제	055-751-5184	055-754-6395
					(660-701) 진주시 가좌동 900 사회과학연구원장 앞	
8	경성대	사회과학 연구소	김용종	행정학	051-663-4506	051-625-0657
					(608-736) 부산시 남구 대연동 314-79	
9	경원대	사회과학 연구소	곽일천	환경학	031-750-8786	031-750-5581
					(461-701) 성남시 복정동 산 65 경원대학교 경의관 507호 사회과학 연구소	
10	경희대	사회과학정책연구원	김한원	경제학	031-201-2128	
					(449-701) 경기도 용인시 기흥읍 서천리 1	
11	고려대	평화연구소	임혁백	정치학	02-3290-1644	02-925-3906
					(136-701) 서울시 성북구 안암동 5가 1	
12	관동대	동북아 평화연구소	정규섭	북한학과	033-641-7855	033-641-1010
					(210-701) 강릉시 내곡동 522	

연번	대학	연구소(원)	소(원)장 (漢字)	전 공	연구소 전화	연구소 Fax
					(우편번호) 주 소	
13	국민대	사회과학 연구소	이창현	언론학	02-910-4260	02-910-4429
					(136-702) 서울시 성북구 정릉동 861 북악관 602호	
14	단국대	정책과학 연구소	김성윤 (金成允)	정치학 (정치이론)	041-550-1814	041-550-1808
					(330-714) 천안시 안서동 산 29	
15	대구가 톨릭대	통일문제 연구소	이학수 (李學守)	행정학 (정책학)	053-850-3321	053-850-3302
					(712-702) 경산시 하양읍 금락1리 330	
16	대구대	사회과학 연구소	김상호	문헌정보	053-850-6300	053-850-5829
					(712-714) 경산시 진량읍 내리리 15	
17	대전대	지역협력 연구원	최효철	행정	042-280-2272,3	042-271-0502
					(300-716) 대전시 동구 용운동 96-3	
18	동국대	북한학 연구소	강성윤	정치학	02-2260-3508	02-2275-2785
					(100-715) 서울시 중구 필동 3가 26	
19	동신대	동북아연구소	최영표 (崔榮杓)	교육학	061-330-3652	061-330-3609
					(520-714) 나주시 대호동 252	
20	동아대	동아시아 연구소	전상희	행정	051-200-8461~2	051-200-8405
					(602-103) 부산시 서구 부민동 2가 1	
21	동의대	지방자치연구 소	조영훈	사회복지	051-890-1788	051-890-2158
					(614-714) 부산시 부산진구 엄광로 995	
22	명지대	사회과학 연구소	박천오	법학	02-300-0653	02-300-1840
					(120-728) 서울시 서대문구 남가좌동 50-3	
23	목포대	통일문제 연구소	우성대	정치학	061-450-2263	061-450-6469
					(534-729) 전남 무안군 청계면 도림리 산 61	
24	배재대	통일문제 연구소	김욱	정치학 (한국정치)	042-520-5251	042-520-5661
					(302-735) 대전시 서구 도마 2동 439-6	
25	부산대	한국민족 문화연구소	김동철	사학과	051-510-1882	051-581-3655
					(609-735) 부산시 금정구 장전동 산 30	
26	(부산) 동의대	국제관계 연구소	권선홍	정치사상	051-640-3416	051-640-3416
					(608-738) 부산시 남구 우암동 산 55-1	

연번	대학	연구소(원)	소(원)장 (漢字)	전 공	연구소 전화	연구소 Fax
					(우편번호) 주 소	
27	상명대	통일문제 연구소	김영미	행정학	02-2287-5063	02-394-2643
					(110-743) 서울시 종로구 홍지동 7 인문사회 과학대학 114호	
28	상지대	인문사회 연구원	신영명	국문학	033-730-0285	033-730-0203
					(220-702) 강원도 원주시 우산동 산 660	
29	서강대	동아연구소	신윤환	비교정치	02-705-8227	02-718-4353
					(121-742) 서울시 마포구 신수동 1	
30	서경대	통일문제 연구소	정현영	행정학	02-940-7176	02-919-0345
					(136-704) 서울시 성북구 정릉동 산 16-1	
31	서울대	통일평화연구 소	박명규	사회학	02-880-4052~4	02-3700-0707
					(151-742) 서울시 관악구 신림9동 산 56-1	
32	서원대	미래창조연구 원	박규홍	수학교육	043-299-8112	043-299-8112
					(361-742) 청주시 흥덕구 모충동 231	
33	선문대	평화사상 연구원	허태회	국제정치	041-530-2505	041-530-2075
					(336-708) 아산시 탕정면 갈산리 100	
34	성균 관대	사회과학 연구소	공동성	행정학	02-760-0375	
					(110-745) 서울시 종로구 명륜동 3가 53	
35	성신 여대	동아시아 연구소			02-920-7089	
					(136-742) 서울시 성북구 동선동 3가 249-1	
36	세종대	인문사회 연구소 (통일문제)	김영시 (金泳植)	정치학 (한국정치, 남북관계)	02-3408-3346	02-3406-3154
					(133-747) 서울시 광진구 군자동 98 다산관 328호	
37	숙명 여대	다문화통합연 구소	유진석	정치 외교학	02-710-9180	02-710-9793
					(140-742) 서울시 용산구 청파동 2가 53-12 숙명여대 순헌관 415호	
38	순천대	사회과학 연구소	한강호	법학 (형사법)	061-750-3972, 3430	061-750-3408
					(540-742) 순천시 매곡동 315	
39	순천향	사회과학 연구소	문승래	경제학	041-530-1635	041-530-1492
					(337-880) 아산시 신창면 읍내리 산 646	
40	숭실대	사회과학 연구소	오윤석	행정학	02-820-0835	02-822-3486
					(156-743) 서울시 동작구 상도 5동 1-1	

연번	대학	연구소(원)	소(원)장 (漢字)	전 공	연구소 전화	연구소 Fax
					(우편번호) 주 소	
41	신라대	국제지역 연구소	전동진	국제	051-309-5236	051-309-5579
					(617-736) 부산시 사상구 괘법동 산 1-1	
42	아주대	사회과학 연구소	강명구	경제학	031-219-2194	031-219-2195
					(442-749) 수원시 영통구 원천동 산 5번지	
43	안동대	사회과학 연구소	이성로	행정	054-820-7464	054-823-1623
					(760-749) 안동시 송천동 388	
44	안양대	복지행정 연구소	이범걸	무역유통 학	031-467-0988	031-467-0789
					(430-714) 안양시 만안구 안양 5동 708-113	
45	여수대	통일문제 연구소	전남대학교 여수 캠퍼스		061-659-3555	061-659-3003
					(550-749) 여수시 둔덕동 산 96-1	
46	연세대	통일연구원	진영재	정치외교	02-2123-4895	02-338-6729
					(120-749) 서울시 마포구 동교동 178-9 김대중 도서관 3층	
47	영남대	통일문제 연구소	김학노	정치외교	053-810-3707, 3697	053-813-8315
					(712-749) 경북 경산시 대동 214-1 중앙도서관 1701호	
48	용인대	인문사회 과학연구소	박종수	국문학	031-330-2867	
					(449-741) 용인시 삼가동 117-6	
49	우석대	한국학 연구원	정 광	국문학	063-290-1036	063-290-1028
					(565-701) 전북 완주군 삼례읍 삼례로 333	
50	울산대	사회과학 연구소	김주홍	정치외교	052-259-2630	052-277-1710
					(680-749) 울산시 남구 무거동 산 29	
51	원광대	통일문제 연구소	김정기	정치학	063-850-7159	063-852-8366
					(570-749) 전북 익산시 신룡동 344-2	
52	이화 여대	통일학연구소	최대석	정치학	02-3277-4353	02-3277-4354
					(120-750) 서울시 서대문구 대현동 11-1	
53	인제대	통일학연구소	진희관	정치학	055-320-3325	055-337-1302
					(621-749) 김해시 어방동 607	
54	경인 교대	통일교육 연구소	오기성	윤리 교육학	032-540-1200	032-542-9630
					(407-753) 인천시 계양구 교대길 45번지	

연번	대학	연구소(원)	소(원)장 (漢字)	전공	연구소 전화	연구소 Fax
					(우편번호) 주 소	
55	인천대	평화통일 연구소	윤찬원	철학	032-770-8358	032-770-8301
					(402-749) 인천시 남구 도화동 177	
56	인하대	국제관계 연구소	김의곤 (金義坤)	국제정치	032-860-8265	032-868-1163
					(402-751) 인천시 남구 용현동 253 정석학술정보관 6층 국제관계 연구소	
57	전남대	아태지역 연구소	국민호	사회학	062-530-2705	062-530-2709, 2639
					(500-757) 광주 북구 용봉동 300	
58	전북대	사회과학 연구소	김창희	정치외교	063-270-3586	063-270-2933
					(561-756) 전주시 덕진구 덕진동 1가 664-14	
59	전주대	사회과학 종합연구소	고준섭	법학	063-220-2799	063-220-2786
					(560-759) 전주시 완산구 백마길 45	
60	제주대	평화 연구소	김진호	정치학	064-754-2321	064-725-2073
					(690-756) 제주시 제주대학로 66번지	
61	조선대	동북아 연구소	오수열	정치학	062-230-6706	062-232-7883
					(501-759) 광주시 동구 서석동 375 조선대 사회과학 대학 1층	
62	중부대	인문사회과학 대학	김용철	경제	041-750-6691	041-752-5813
					(312-940) 충남 금산군 추부면 마전리 산 2-25	
63	중앙대	민족통일 연구소	이조원	정치 외교	02-820-6141	02-817-7680
					(156-756) 서울시 동작구 흑석동 211	
64	진주교대	초등교육 연원	김성규	담당: 과학교육	055-740-1403	055-745-8741
					(660-756) 진주시 신안동 380	
65	창원대	사회과학 연구소	김명용	법학	055-279-7870	055-279-7871
					(641-773) 창원시 사림동 9번지 소나무 5길 65번지	
66	청주대	국제협력처	김영재 (처장님)	정치학	043-229-8814	043-229-8944
					(360-764) 청주시 내덕동 36	
67	충남대	통일문제 연구소	정연택	사회복지학	042-821-6125	042-823-6348
					(305-764) 대전시 유성구 궁동 220	
68	충북대	사회과학 연구소	이기주	행정	043-261-2221	043-275-1343
					(360-763) 청주시 개신동 산 48	

연번	대학	연구소(원)	소(원)장 (漢字)	전 공	연구소 전화	연구소 Fax
					(우편번호) 주 소	
69	한국 외대	글로벌정치 연구소	남궁영	정치학	02-2173-2542	02-957-9566
					(130-791) 서울시 동대문구 이문동 270	
70	한남대	국방전략 연구소	김연철	정치학	042-629-8356	042-629-8357
					(300-791) 대전시 대덕구 오정동 133	
71	한림대	국제문제 연구소	김재한	국제정치	033-248-1782	033-248-2903
					(200-702) 춘천시 옥천동 1 한림대학교 다사관 10316호	
72	한성대	사회과학 연구원	최용일	무역학	02-760-4173	02-760-4173
					(136-792) 서울시 성북구 삼선동 2가 389	
73	한신대	신학연구소 평화연구부	김경재		031-370-6603	031-370-6479
					(447-791) 오산시 양산동 411	
74	한양대	통일정책 연구소	김경민	정치 외교	02-2220-0805	02-2220-2220-6
					(133-791) 서울시 성동구 행당동 산 17 한양대 사회과학대학308호 통일정책연구소	
75	호남대	인문사회 과학연구소	심연수	경찰학	062-940-5636	062-940-5227
					(506-714) 광주시 광산구 서봉동 여등로 330	
76	호서대	통일문제 연구소	채경석	행정학(정 책학)	041-560-8515	041-560-8517
					(336-795)충남 아산시 배방면 새출리 산29-1	
77	홍익대	인문과학 연구소	이승복	국어교육	02-320-1783	02-322-2294
					(121-791) 서울시 마포구 상수동 72-1	
78	한국한 중앙 연구원	평화문화 연구센터	이서행	한국철학	031-709-8325	031-709-2246
					경기도 성남시 분당구 운중동 50	
79	대진대	통일문제 연구소	이경원	북한핵 정치학	031-539-1710	031-539-1719
					경기도 포천군 대진대학교 미국학과(487-711)	
80	충남대	평화안보 연구소	김학성	국제정치	042-821-6958	042-822-5236
					(305-764) 대전시 유성구 궁동 220	

부록 7. 남북 회담일지

2010년 8회	
· 개성공단 관련 남북 당국 간 실무회담(1회)	— 제4차 실무회담: 2010.2.1. (개성, 남북경제협력협의사무소)
· 금강산·개성관광 관련 남북 당국 간 실무회담	— 금강산·개성관광 관련 남북 당국 간 실무회담: 2010.2.8. (개성, 남북경제협력협의사무소)
· 개성공단 3통문제 해결을 위한 남북실무 접촉	— 개성공단 3통문제 해결을 위한 남북실무 접촉: 2010.03.02. (개성, 남북경제협력협의사무소)
· 남북적십자 실무 접촉	남북적십자 실무 접촉(1차): 2010.9.17. (개성, 자남산 여관)
	남북적십자 실무 접촉(2차): 2010.9.24. (개성, 자남산 여관)
	남북적십자 실무 접촉(3차): 2010.10.1. (개성, 자남산 여관)
· 제38차 남북군사실무회담	제38차 남북군사실무회담: 2010.9.30. (판문점, 평화의 집)
· 남북적십자회담(10.26.~27.)	남북적십자회담: 2010.10.26.~27. (개성, 자남산 여관)

2009년 7회	
· 개성공단 관련 남북 당국 간 실무회담(3회)	— 제1차 실무회담: 2009.6.11. (개성, 남북경제협력협의사무소)
	— 제2차 실무회담: 2009.6.19. (개성, 남북경제협력협의사무소)
	— 제3차 실무회담: 2009.7.2. (개성, 남북경제협력협의사무소)
· 남북적십자회담	— 남북적십자회담: 2009.8.26.~8.28. (금강산, 금강산호텔)
· 임진강 수해방지 실무회담	— 임진강 수해방지 실무회담: 2009.10.14. (개성, 남북경제협력협의사무소)
· 남북적십자 실무 접촉	— 남북적십자 실무 접촉: 2009.10.16. (개성, 남북경제협력협의사무소)
· 4.21 개성 접촉	— 4.21 개성접촉: 2009.4.21. (개성, 중앙특구개발지도총국)

2008년 6회	
· 남북군사실무회담(2회)	─ 제36차: 2008.1.25. (판문점, 남측 평화의집)
	─ 제37차: 2008.10.02. (판문점, 남측 평화의집)
· 남북철도협력분과위원회 회의	─ 2008.1.29.~30. (개성, 남북경제협력협의사무소)
· 베이징올림픽 공동응원단 경의선 열차 이용 관련 실무접촉	─ 제2차: 2008.2.4. (개성, 자남산여관)
· 금강산관광 활성화 당국 간 실무 접촉	─ 제2차: 2008.2.5. (개성, 남북경제협력협의사무소)
· 남북도로협력분과위원회 회의	─ 2008.2.12.~13. (개성, 남북경제협력협의사무소)

2007년 55회	
· 남북단일팀 구성을 위한 남북체육회담	─ 제4차: 2007.2.13. (개성, 자남산여관)
· 제20차 남북장관급회담 개최를 위한 실무대표 접촉	─ 2007.2.15. (개성, 자남산여관)
· 남북장관급회담(2회)	─ 제20차: 2007.2.27.~3.2. (평양, 고려호텔)
	─ 제21차: 2007.5.29.~6.1. (서울, 그랜드힐튼호텔)
· 남북적십자 제6차 실무 접촉(이산가족면회소 건설추진을 위한)	─ 제6차: 2007.3.9.~3.10. (금강산, 금강산호텔)
· 남북경제협력추진위원회 위원급 실무 접촉	─ 제5차: 2007.3.14.~15. (개성, 남북경제협력협의사무소)
· 북한구제역 방역지원을 위한 남북실무 접촉	─ 2007.3.30. (개성, 봉동관)
· 안중근의사 유해공동발굴 및 봉환을 위한 실무 접촉	─ 제4차: 2007.4.10. (개성, 중앙특구개발지도총국 개성공업지구사무소)
· 남북적십자회담(2회)	─ 제8차: 2007.4.10.~4.13. (금강산, 금강산호텔)
	─ 제9차: 2007.11.28.~11.30. (금강산, 금강산호텔)
· 남북경제협력추진위원회	─ 제13차: 2007.4.18.~4.22. (평양, 고려호텔)
· 남북철도·도로연결 실무 접촉(2회)	─ 제13차 · 제1차 회의: 2007.4.27.~4.28. (개성, 남북경제협력협의사무소) · 제2차 회의: 2007.5.13. (개성, 남북경제협력협의사무소)
· 남북 경공업 및 지하자원개발 실무협의(2회)	─ 제2차: 2007.5.2.~5.4. (개성, 남북경제협력협의사무소) ─ 제3차: 2007.5.22.~5.23. (개성, 남북경제협력협의사무소)
· 북한 산림병충해방제 지원을 위한 남북실무 접촉	─ 2007.5.8. (개성, 남북경제협력협의사무소)
· 남북장성급군사회담(3회)	─ 제5차: 2007.5.8.~11. (판문점, 북측 통일각) ─ 제6차: 2007.7.24.~26. (판문점, 남측 평화의집) ─ 제7차: 2007.12.12.~14. (판문점, 남측 평화의집)

· 남북 경공업 및 지하자원개발 협력 이행기구 실무협의(2회)	-2007.6.7.~8. (개성, 남북경제협력협의사무소)
	-2007.7.5.~7. (개성, 남북경제협력협의사무소)
· 남북군사실무회담(7회)	-제29차: 2007.6.8. (판문점, 남측 평화의집)
	-제30차: 2007.7.10. (판문점, 북측 통일각)
	-제31차: 2007.7.16. (판문점, 남측 평화의집)
	-제32차: 2007.11.12. (판문점, 북측 통일각)
	-제33차: 2007.11.20.~21. (판문점, 남측 평화의집)
	-제34차: 2007.11.24. (판문점, 남측 평화의집)
	-제35차: 2007.12.5. (판문점, 북측 통일각)
· 남북개성공단건설 실무 접촉	-제3차: 2007.6.12.~6.13. (개성, 남북경제협력협의사무소)
· 중유 5만 톤 제공을 위한 남북실무 접촉	-2007.6.29.~6.30. (개성, 남북경제협력협의사무소)
· 남북정상회담 개최 관련 남북특사 접촉(2회)	-제1차: 2007.8.2.~3. 평양
	-제2차: 2007.8.4.~5. 평양
· 남북정상회담 준비 접촉	-2007.8.14. (개성, 자남산여관)
· 남북정상회담 관련 분야별 실무 접촉(2회)	-제1차: 2007.8.14. (개성, 자남산여관)
	-제2차: 2007.8.16. (개성, 자남산여관)
· 남북정상회담	-2007.10.2.~4. (평양, 백화원초대소)
· 남북총리회담 예비접촉(3회)	-제1차: 2007.10.26. (개성, 자남산여관)
	-제2차: 2007.11.9. (개성, 자남산여관)
	-제3차: 2007.11.11. (개성, 자남산여관)
· 남북농업협력 실무 접촉(2회)	-제1차: 2007.11.5. (개성, 자남산여관)
	-제2차: 2007.12.18. (개성, 자남산여관)
· 남북총리회담	-2007.11.14.~16.(서울, 쉐라톤워커힐호텔)
· 남북철도협력분과위원회실무 접촉	-2007.11.20.~21. (개성, 자남산여관)
· 남북국방장관회담	-제2차: 2007.11.27.~29. (평양, 송전각초대소)
· 남북도로협력분과위원회실무 접촉	-2007.11.28.~29. (개성, 자남산여관)
· 남북철도운영공동위원회	-2007.12.1. (개성, 자남산여관)
· 남북경제협력공동위원회	-2007.12.4.~6. (서울, 그랜드힐튼호텔)
· 남북농수산협력분과위원회	-2007.12.14.~15. (개성, 자남산관)
· 남북기상협력 실무 접촉	-2007.12.17.~18. (개성, 자남산관)
· 개성공단협력분과위원회	-2007.12.20.~21. (개성, 남북경제협력협의사무소)
· 남북보건의료·환경보호협력 분과위원회	-2007.12.20.~21. (개성, 자남산여관)

· 금강산관광 활성화 당국 간 실무 접촉	- 제1차: 2007.12.25. (개성, 남북경제협력협의사무소)
· 남북조선 · 해운협력분과위원회	- 2007.12.25.~28. (부산, 웨스틴조선호텔)
· 베이징올림픽 공동응원단 경의선 열차 이용 관련 실무 접촉	- 제1차: 2007.12.28. (개성, 자남산여관)
· 서해평화협력특별지대 추진위원회	- 2007.12.28.~29. (개성, 남북경제협력협의사무소)

2006년 23회	
· 남북경제협력추진위원회 위원급 실무 접촉(3회)	- 제2차: 2006.1.19.~20. (개성, 자남산여관) - 제3차: 2006.5.3.~4. (개성, 남북경제협력협의사무소) - 제4차: 2006.5.18.~19. (개성, 남북경제협력협의사무소)
· 남북장성급군사회담 실무대표회담 수석대표 접촉 -> '제27차 남북군사실무회담'으로 변경	- 제3차: 2006.2.3. (판문점 북측지역 통일각) -> 제27차 남북군사실무회담
· 남북적십자회담(1회)	- 제7차: 2006.2.21.~2.23. (금강산)
· 남북철도, 도로연결실무 접촉(2회)	- 제11차 2006.2.27.~2.28. (개성 남북경제협력협의사무소) - 제12차 2006.5.11.~5.12. (개성 남북경제협력협의사무소)
· 남북장성급군사회담(2회)	- 제3차: 2006.3.2.~3.3. (판문점 북측 통일각) - 제4차: 2006.5.16.~5.18. (판문점 남측 자유의집)
· 안중근의사 유해공동발굴사업 남북실무 접촉(1회)	- 제3차 2006.3.20. (개성, 자남산여관)
· 남북적십자 실무 접촉(1회)	- 제5차: 2006.3.17.~22. (금강산)
· 남북장관급회담(2회)	- 제18차: 2006.4.21.~24. (평양, 고려호텔) - 제19차: 2006.7.11.~13. (부산, 웨스틴조선호텔)
· 김대중 전 대통령 방북 관련 실무 접촉(2회)	- 제1차: 2006.5.16.~17. (금강산, 금강산호텔) - 제2차: 2006.5.29. (개성, 자남산여관)
· 2006년 6.15 남북당국공동행사 실무 접촉(1회)	- 제1차: 2006.5.23. (개성, 자남산여관)
· 남북경제협력추진위원회(1회)	- 제12차: 2006.6.3.~6.6. (제주, 롯데호텔)
· 개성공단건설 실무 접촉	- 제2차: 2006.6.20.~21. (개성 남북경제협력협의사무소)
· 임진강수해방지 실무 접촉(1회)	- 제1차: 2006.6.26.~27. (개성 남북경제협력협의사무소)
· 남북단일팀 구성을 위한 남북체육회담(2회)	- 제2차: 2006.06.29. (개성 자남산여관) - 제3차: 2006.11.30.~12.2. (카타르 도하 인터콘티넨탈호텔)

· 대북 수해복구지원 관련 남북적십자 실무 접촉	-제1차: 2006.8.19. (금강산 금강산호텔)
· 남북군사실무회담 수석대표 접촉 -> '제28차 남북군사실무회담'으로 변경('07.6.15.)	-제2차: 2006.10.2. (판문점 통일각) -> 제28차

2005년 34회	
· 북측 조류인플루엔자 관련 남북실무 접촉(1회)	-2005.4.22. (개성, 자남산여관)
· 남북차관급회담(1회)	-2005.5.16.~19. (개성, 자남산여관)
· 6 · 15 남북당국공동행사 실무 접촉(3회)	-2005년도 제1차: 2005.5.24. (개성, 자남산여관) -2005년도 제2차: 2005.5.27. (개성, 자남산여관) -2005년도 제3차: 2005.5.28. (개성, 자남산여관)
· 특사 방문(1회)	-2005.6.17. (평양)
· 남북경제협력추진위원회(2회)	-제10차: 2005.7.9.~12. (서울) -제11차: 2005.10.28. (개성공단내 남북경협협 의사무소)
· 8 · 15 남북당국공동행사 실무 접촉(2회)	-제1차: 2005.7.22. (개성, 자남산여관) -제2차: 2005.8.2. (개성, 자남산여관)
· 남북수산협력실무협의회(1회)	-제1차: 2005.7.25.~27. (개성, 자남산여관)
· 남북철도도로실무협의회(1회)	-제5차: 2005.7.28.~7.30. (개성, 자남산여관)
· 남북해운협력실무 접촉(1회)	-제5차: 2005.8.8.~8.10. (문산)
· 남북적십자회담(1회)	-제6차 2005.8.23.~25. (금강산)
· 남북 경공업 및 지하자원개발 실무협의(1회)	-제1차 2005.8.24~27. (평양)
· 남북농업협력위원회(1회)	-제1차 2005.8.18.~19. (개성, 자남산여관)
· 남북장성급군사회담 실무대표회담 (2회) -> '남북군사실무회담'으로 변경('07.6.15.)	-제3차 2005.7.20. (판문점, 평화의 집) -> 제24차 -제4차 2005.8.12. (판문점, 통일각) -> 제25차
· 이산가족 화상상봉 적십자 실무 접촉(3회)	-제1차 2005.7.12.~13 (개성, 자남산여관) -제2차 2005.10.5. (개성, 자남산여관) -제3차 2005.10.7. (개성, 자남산여관)
· 8 · 15 통일축구경기 실무 접촉(2회)	-제1차 2005.7.26. (개성, 자남산여관) -제2차 2005.7.28. (개성, 자남산여관)
· 안중근의사 유해공동발굴사업 남북실무 접촉 (2회)	-제1차 2005.9.7. (개성, 자남산여관) -제2차 2005.11.22. (개성, 자남산여관)
· 남북장관급회담(3회)	-제15차: 2005.6.21.~24. (서울, 워커힐호텔) -제16차: 2005.9.13.~16. (평양, 고려호텔) -제17차: 2005.12.13.~16. (제주, 롯데호텔)

· 남북경제협력추진위원회 제11차회의 관련 위원급 준비 접촉(2회)	‒ 제1차: 2005.10.20.~21. (개성, 자남산여관) ‒ 제2차: 2005.10.25.~26. (개성, 자남산여관)
· 남북해운협력협의회(1회)	‒ 제1차: 2005.9.29.~30. (개성, 자남산여관)
· 단일팀 구성을 위한 남북체육회담	2005.12.7. (개성)
· 장성급군사회담 실무대표회담 수석대표 접촉 ‒> '제26차 남북군사실무회담'으로 변경 ('07.6.15.)	‒ 제2차: 2005.11.3. (판문점, 자유의집) ‒> 제26차
· 남북경제협력추진위원회 위원급 실무 접촉	‒2005.11.23.~24. (개성)

2004년 23회	
· 남북경제협력제도실무 접촉(1회)	‒ 제1차: 1.27.~29. (개성, 자남산여관)
· 남북청산결제실무협의(2회)	‒ 제2차: 1.27.~29. (개성, 자남산여관) ‒ 제3차: 4.20.~22. (파주, 홍원연수원)
· 남북장관급회담(2회)	‒ 제13차: 2.3.~6. (서울, 신라호텔) ‒ 제14차: 5.4.~7. (평양, 고려호텔)
· 남북철도.도로연결 실무 접촉(2회)	‒ 제9차: 2.25.~26. (개성, 자남산여관) ‒ 제10차: 6.30.~7.2. (금강산, 김정숙휴양소)
· 남북해운협력실무 접촉(1회)	‒ 제4차: 2.25.~2.26. (개성, 자남산여관)
· 남북경제협력추진위원회(2회)	‒ 제8차: 3.2.~5. (서울, 그랜트 힐튼 호텔) ‒ 제9차: 6.2.~5. (평양, 양각도 호텔)
· 남북철도 · 도로연결실무협의회(1회)	‒ 제4차: 4.8.~10. (개성, 자남산 여관)
· 임진강수해방지실무협의회(1회)	‒ 제3차: 4.8.~10. (개성, 자남산 여관)
· 용천 재해 구호 실무회담(1회)	‒4.27. (개성, 자남산여관)
· 남북적십자 실무 접촉(1회)	‒ 제4차: 5.24.~25. (금강산, 김정숙휴양소)
· 남북장성급군사회담(2회)	‒ 제1차: 2004.5.26. (금강산, 금강산초대소) ‒ 제2차: 2004.6.3.~4. (설악산, 켄싱턴 스타 호텔)
· 남북장성급군사회담 실무대표 접촉(3회) ‒> '남북군사실무회담'으로 변경('07.6.15.)	‒ 제1차: 6.10.~12. (개성, 자남산여관) ‒> 제21차 ‒ 제2차: 6.29.~30. (파주, 홍원연수원) ‒> 제22차 ‒ 수석대표 접촉: 7.5. (개성, 자남산여관) ‒> 제23차
· 아테네올림픽 남북공동입장을 위한 실무 접촉 (1회)	‒6.23.~25. (북경, 켐핀스키 호텔)
· 개성공단건설실무협의회(1회)	‒ 제2차: 6.24.~25. (개성, 자남산여관)

· 남북장성급군사회담 군사통신실무 접촉(2회). -삭제('07.8.12.)	- 제1차: 6.25. (서해지구 남북관리구역 도로연결지점) - 제2차: 6.29. (파주, 홍원연수원) -> 국방부와 협의에 따라 회담에서 제외
· 남북청산결제 거래에 관한 은행 간 실무 접촉 (2회)	- 제1차: 5.18.~19. (개성, 자남산여관) - 제2차: 6.24.~25. (개성, 자남산여관)

2003년 36회	
· 남북특사회담(1회)	- 1.27.~29. (평양)
· 남북장관급회담(4회)	- 제9차: 1.21.~24. (서울) - 제10차: 4.27.~29. (평양) - 제11차: 7.9.~12. (서울) - 제12차: 10.14.~17. (평양)
· 남북군사실무 접촉(4회) -> '남북군사실무회담'으로 변경('07.6.15.)	- 제7차: 1.27. (통일각) -> 제15차 - 제8차: 6.4. (평화의집) -> 제16차 - 제9차: 11.14. (평화의집) -> 제18차 - 제10차: 11.28. (통일각) -> 제19차
· 남북군사실무회담(2회)	- 제8차: 9.17. (통일각) -> 제17차 - 제9차: 12.23. (평화의집) -> 제20차 로 변경 ('07.6.15.)
· 동해선 통신선연결 실무 접촉(2회). -삭제 ('07.8.12.)	- 제1차: 6.20. (동해지구 남북관리구역 도로연결지점) - 제2차: 11.21. (동해지구 남북관리구역 도로연결지점) -> 국방부와 협의에 따라 회담에서 제외
· 남북경제협력추진위원회(4회)	- 제4차: 2.11.~14. (서울) - 제5차: 5.19.~23. (평양) - 제6차: 8.26.~28. (서울) - 제7차: 11.5.~8. (평양)
· 남북철도-도로연결실무협의회(2회)	- 제2차: 1.22.~25. (평양) - 제3차: 7.2.~7.4. (문산)
· 남북철도·도로연결실무 접촉(5회)	- 제4차: 3.10.~12. (개성) - 제5차: 6.7.~9. (개성) - 제6차: 8.21.~23. (개성) - 제7차: 10.27.~28. (개성) - 제8차: 12.2.~5. (속초)

·남북경제협력제도실무협의회(3회)	-제2차: 7.29.~31. (개성)
	-제3차: 10.11.~12. (문산)
	-제4차: 12.17.~20. (평양)
·남북해운협력실무 접촉(1회)	-제3차: 10.11.~12. (문산)
·남북원산지확인실무협의회(1회)	-제1차: 12.17.~20. (평양)
·남북청산결제실무협의(1회)	-제1차: 12.17.~20. (평양)
·남북적십자회담(1회)	-제5차: 11.4.~6. (금강산)
·남북적십자회담 실무 접촉(1회)	-제3차: 1.20.~22. (금강산)
·금강산면회소건설 관련 비공식접촉(2회)	-제1차: 9.5.~7. (금강산)
	-제2차: 10.23.~25. (금강산)
·금강산면회소건설추진단 회의(3회)	-제1차: 2.13.~15. (금강산)
	-제2차: 3.3.~5. (금강산)
	-제3차: 8.21.~23. (금강산)
·2003 대구하계U대회 북한선수단 참가를 위한 실무 접촉(1회)	-제1차: 7.4.~6. (금강산)

2002년 32회	
·남북특사회담(1회)	-4.3.~4.5. (평양)
·남북장관급회담 실무대표 접촉(1회)	-8.2.~4. (금강산)
·남북장관급회담(2회)	-제7차: 8.12.~14. (서울), 제8차: 10.19.~22. (평양)
·부산아시아경기대회 참가를 위한 실무 접촉(2회)	-제1차: 8.17.~19. (금강산)
	-제2차: 8.26.~28. (금강산)
·남북경제협력추진위원회(2회)	-제2차: 8.27.~30. (서울), 제3차: 11.6.~9. (평양)
·남북적십자회담(1회)	-제4차: 9.6.~8. (금강산)
·남북적십자회담 실무 접촉(2회)	-제1차: 10.31.~11.2. (금강산)
	-제2차: 12.15.~17. (금강산)
·금강산관광 당국회담(1회)	-제2차: 9.10.~12. (금강산)
·남북철도-도로연결실무협의회(1회)	-제1차: 9.13.~17. (금강산)
·남북철도-도로연결 실무 접촉(3회)	-제1차: 10.12.~14. (금강산)
	-제2차: 11.18.~20. (금강산)
	-제3차: 12.15.~17. (금강산)
·남북임진강수해방지 실무협의회(1회)	-제2차: 10.30.~11.2. (평양)
·남북개성공단건설 실무협의회(1회)	-제1차: 10.30.~11.2. (평양)
·남북개성공단건설 실무 접촉(1회)	-제1차: 12.6.~8. (금강산)
·남북임남댐공동조사 실무 접촉(1회)	-제1차: 9.16.~18. (금강산)
·남북해운협력 실무 접촉(2회)	-제1차: 11.18.~20. (금강산), 제2차: 12.25.~28. (평양)

· 남북경제협력제도실무협의회(1회)	− 제1차: 12.11.~13. (서울)
· 남북군사실무회담(2회)	− 제6차: 9.14. (판문점 평화의 집) − 제7차: 9.17. (판문점 평화의 집) −> 제8차로 변경('07.6.15.)
· 남북군사실무회담 수석대표 접촉(1회) −> '제7차 남북군사실무회담'으로 변경('07.6.15.)	− 제1차: 9.16. (통일각) −> 제7차
· 남북군사통신실무자접촉(1회). '−삭제('07.8.12.)	− 제1차: 9.16. (통일각) −> 국방부와 협의에 따라 회담에서 제외
· 남북군사실무 접촉(6회) −> '남북군사실무회담'으로 변경('07.6.15.)	− 제1차: 10.3. (통일각) −> 제9차 − 제2차: 10.11. (평화의집) −> 제10차 − 제3차: 10.16. (통일각) −> 제11차 − 제4차: 10.25.~26. (평화의집) −> 제12차 − 제5차: 11.13. (통일각) −> 제13차 − 제6차: 12.23. (평화의집) −> 제14차

2001년 8회	
· 남북군사실무회담(2회)	− 제4차: 1.31. (판문점 평화의 집) − 제5차: 2.8. (판문점 통일각)
· 남북공동선언 이행을 위한 남북적십자회담(1회)	− 제3차: 1.29.~1.31. (금강산)
· 남북전력협력실무협의회(1회)	− 제1차: 2.7.~10. (평양)
· 남북임진강수해방지실무협의회(1회)	− 제1차: 2.21.~2.24. (평양)
· 금강산관광 당국 간 회담(1회)	− 제1차: 10.3.~5. (금강산)
· 남북장관급회담(2회)	− 제5차: 9.15.~18. (서울), 제6차: 11.9.~14. (금강산)

2000년 27회	
· 남북정상회담 개최 관련 남북특사 접촉(4회)	− 제1차: 3.9.~11. (싱가포르) − 제2차: 3.17. (상하이) − 제3차: 3.23. (베이징) − 제4차: 4.8. (베이징)
· 남북정상회담 차관급 준비 접촉(5회)	− 제1차: 4.22. (평화의 집) − 제2차: 4.27. (통일각) − 제3차: 5.3. (평화의 집) − 제4차: 5.8. (통일각) − 제5차: 5.18. (평화의 집)
· 남북정상회담 관련 경호 · 의전 실무협의 접촉(1회)	− 제1차: 5.16. (판문점 통일각)

· 남북정상회담 관련 통신·보도 실무협의 접촉 (2회)	− 제1차: 5.13. (판문점 통일각)
	− 제2차: 5.17. (판문점 평화의 집)
· 남북정상회담(1회)	− 제1차: 6.13.~6.15. (평양)
· 남북공동선언 이행을 위한 남북적십자회담(2회)	− 제1차: 6.27.~30. (금강산)
	− 제2차: 9.20.~23. (금강산)
· 남북장관급회담(4회)	− 제1차: 7.29.~7.31. (서울)
	− 제2차: 8.29.~9.1. (평양)
	− 제3차: 9.27.~9.30. (제주)
	− 제4차: 12.12.~12.16. (평양)
· 남북특사회담(1회)	− 제1차: 9.11.~14. (서울)
· 남북국방장관회담(1회)	− 제1차: 9.25.~9.26. (제주)
· 남북경제협력실무 접촉(2회)	− 제1차: 9.25.~9.26. (서울), 제2차: 11.8.~11.11. (평양)
· 남북군사실무회담(3회)	− 제1차: 11.28. (판문점 통일각)
	− 제2차: 12.5. (판문점 평화의 집)
	− 제3차: 12.21. (판문점 통일각)
· 남북경제협력추진위원회 제1차 회의(1회)	− 1차: 12.27.~12.30. (평양)

1999년 8회	
· 4자회담 본회담(3회, 제네바)	− 제4차: 1.18.~22. 제5차: 4.22.~28. 제6차: 8.5.~9.
· 베이징 남북비공개접촉(3회)	− 4.23.~6.3. (베이징)
· 남북 차관급당국회담(2회, 베이징)	− 제1차: 6.22.~26. 제2차: 7.1.~3.

1998년 5회	
· 4자회담 본회담(2회, 제네바)	− 제2차: 3.16.~21. 제3차: 10.21.~24.
· 남북당국 대표회담(1회)	− 제1차: 4.11.~17. (베이징)
· 대북구호물자전달을 위한 제5차 남북적십자 대표 접촉(1회)	− 제5차: 3.25.~27. (베이징)
· 남북당국대표회담을 위한 비공개접촉(1회)	− 3.28.~30. (베이징)

1997년 11회	
· 대북 구호물자 전달을 위한 남북적십자 대표 접촉(4회, 북경)	− 제1차: 5.3.~5. 제2차: 5.23.~26. 제3차: 7.23.~25. 제4차: 12.23.~24.
· 4자회담 공동설명회(1회)	− 제1차: 3.5. (뉴욕)
· 4자회담 공동설명회 후속협의(1회)	− 제1차: 4.16.~21. (뉴욕)
· 4자회담 차관보급 3자협의(1회)	− 제1차: 6.30. (뉴욕)

· 4자회담 예비회담(3회, 뉴욕)	-제1차: 8.5.~7. 제2차: 9.18.~19. 제3차: 11.21.
· 4자회담 본회담(1회)	-제1차: 12.9.~10. (제네바)

1995년 3회	
· 대북 쌀지원을 위한 북경회담(3회, 북경)	-제1차: 6.17.~21. 제2차: 7.15.~19. 제3차: 9.26.~10.1.

1994년 10회	
· 특사교환을 위한 실무대표 접촉(5회)	-제4차: 3.3. (평화의집), 제5차: 3.9. (통일각), 제6차: 3.12. (평화의집)
	-제7차: 3.16. (통일각), 제8차: 3.19. (평화의집)
· 남북정상회담 예비접촉(1회)	-제1차: 6.28. (평화의집)
· 남북정상회담 실무절차협의를 위한 대표 접촉(2회)	-제1차: 7.1. (통일각), 제2차: 7.2. (평화의집)
· 남북정상회담 개최를 위한 통신실무자접촉(1회)	-제1차: 7.7. (평화의집)
· 남북정상회담 개최를 위한 경호실무자접촉(1회)	-제1차: 7.8. (통일각)

1993년 4회	
· 남북고위급회담 핵통제공동위원회 위원장접촉(1회)	-제1차: 1.25. (중감위회의실)
· 특사교환을 위한 실무대표 접촉(3회)	-제1차: 10.5. (통일각), 제2차: 10.15. (평화의집), 제3차: 10.25. (통일각)

1992년 88회	
· 이산가족 노부모방문단 및 예술단 교환 관련 석십사실무대표 집촉(8회, 중감위회의실)	-제1차: 6.5. 제2차: 6.12. 제3차: 6.22. 제4차: 7.8. 제5차: 7.14.
	-제6차: 7.20. 제7차: 7.25. 제8차: 8.7.
· 남북고위급회담 본회담(3회)	-제6차: 2.18.~21. (평양), 제7차: 5.5.~8. (서울), 제8차: 9.15.~18. (평양)
· 남북고위급회담 비핵화공동선언 문본 교환을 위한 대표 접촉(2회, 중감위회의실)	-제1차: 1.14. 제2차: 1.21.
· 남북핵통제공동위원회 구성·운영문제 협의를 위한 대표 접촉(7회)	-제1차: 2.19. (평양), 제2차: 2.27. (통일각), 제3차: 3.3. (평화의집)
	-제4차: 3.4. (통일각), 제5차: 3.6. (평화의집), 제6차: 3.10. (통일각)
	-제7차: 3.14. (평화의집)

・남북고위급회담 정치분과위원회 회의(7회)	− 제1차: 3.9. (평화의집), 제2차: 3.27. (통일각), 제3차: 4.23. (평화의집) − 제4차: 5.19. (통일각), 제5차: 6.9. (평화의집), 제6차: 7.2. (통일각) − 제7차: 8.28. (평화의집)
・남북고위급회담 정치분과위원회 위원접촉(5회, 중감위회의실)	− 제1차: 4.29. 제2차: 7.18. 제3차: 7.30. 제4차: 8.5. 제5차: 8.19.
・남북고위급회담 정치분과위원회 위원장접촉(3회)	− 제1차: 7.10. (평화의집). 제2차: 9.4. (통일각). 제3차: 9.8. (평화의집)
・남북고위급회담 군사분과위원회 회의(8회)	− 제1차: 3.13. (통일각). 제2차: 3.31. (평화의집). 제3차: 4.30. (통일각) − 제4차: 5.25. (통일각). 제5차: 6.19. (통일각). 제6차: 7.16. (평화의집) − 제7차: 8.26. (평화의집) 제8차: 9.5. (통일각)
・남북고위급회담 군사분과위원회 위원접촉(3회, 중감위회의실)	− 제1차: 8.3. 제2차: 8.12. 제3차: 8.20.
・남북고위급회담 위원장접촉(1회)	− 제1차: 7.23. (통일각)
・남북고위급회담 교류・협력분과위원회 회의(7회)	− 제1차: 3.18. (평화의집). 제2차; 4.18. (통일각). 제3차: 4.27. (평화의집) − 제4차: 5.30. (통일각). 제5차: 6.26. (평화의집). 제6차: 7.28. (통일각) − 제7차: 9.3. (평화의집)
・남북고위급회담 교류・협력분과위원회 위원장접촉(1회)	− 제1차: 9.7. (통일각)
・남북고위급회담 교류・협력분과위원회 위원접촉(6회)	− 제1차: 3.25. 제2차: 4.2. 제3차: 4.10. 제4차: 4.28. 제5차: 8.10. − 제6차: 8.21.
・남북고위급회담 핵통제공동위원회 회의(13회)	− 제1차: 3.19. (통일각). 제2차: 4.1(평화의집). 제3차: 4.21. (통일각) − 제4차: 5.12. (평화의집). 제5차: 5.27. (통일각). 제6차: 6.30. (평화의집) − 제7차: 7.21. (통일각). 제8차: 8.31. (평화의집). 제9차: 10.22. (통일각) − 제10차: 11.18. (평화의집). 제11차: 11.27. (통일각). 제12차: 12.10. (평화의집) − 제13차: 12.17. (통일각)
・남북고위급회담 핵통제공동위원회 위원접촉(8회, 중감위회의실)	− 제1차: 5.15. 제2차: 5.20. 제3차: 5.23. 제4차: 9.19. 제5차: 9.30. − 제6차: 10.14. 제7차: 10.29. 제8차: 12.14.
・남북고위급회담 이인모문제와 이산가족면회소설치문제협의 대표 접촉(2회)	− 제1차: 10.1. (통일각). 제2차: 10.5. (평화의집)

·남북고위급회담 남북군사직통전화 설치·운영을 위한 통신실무자접촉(1회)	─제1차: 10.28. (중감위회의실)
·남북고위급회담 분과위원회 구성·운영문제 협의를 위한 대표 접촉(3회)	─제1차: 1.23. (평화의집). 제2차: 1.29. (통일각). 제3차: 2.7. (평화의집)

1991년 19회	
·국제경기 단일팀 구성·참가위한 남북체육회담(3회)	─제2차: 1.15. (평화의집). 제3차: 1.30. (통일각). 제4차: 2.12. (평화의집)
·국제경기 단일팀 구성·참가위한 탁구단일팀실무위원회(2회)	─제1차: 2.21. (통일각). 제2차: 2.27. (평화의집)
·국제경기 단일팀 구성·참가위한 축구단일팀실무위원회(2회)	─제1차: 2.22. (평화의집). 제2차: 2.26. (통일각)
·남북고위급회담 본회담(2회)	─제4차: 10.22~25. (평양). 제5차: 12.10~13. (서울)
·제4차 남북고위급회담 준비를 위한 실무대표 접촉(3회)	─제1차: 8.5. (평화의집). 제2차: 8.10. (통일각). 제3차: 8.16. (평화의집)
·남북고위급회담 단일합의서 문안정리를 위한 대표 접촉(4회)	─제1차: 11.11. (통일각). 제2차: 11.15. (평화의집). 제3차: 11.20. (통일각) ─제4차: 11.26. (평화의집)
·남북고위급회담 핵문제협의를 위한 대표 접촉(3회)	─제1차: 12.26. (통일각). 제2차: 12.28. (평화의집). 제3차: 12.31. (통일각)

1990년 24회	
·'90북경 아시아 경기대회 단일팀 구성·참가 관련 남북체육회담 본회담(3회)	─제7차: 1.18. (평화의집). 제8차: 1.29. (통일각). 제9차: 2.7. (평화의집)
·'90북경 아시아 경기대회 단일팀 구성·참가 관련 실무대표 접촉(3회, 중감위회의실)	─제4차: 1.10. 제5차: 1.15. 제6차: 1.22.
·국제경기 단일팀 구성·참가위한 남북체육회담(1회)	─제1차: 11.29. (통일각)
·남북국회회담 준비 접촉(1회)	─제10차: 1.24. (평화의집)
·남북고위급회담 예비회담(3회)	─제6차: 1.31. (통일각). 제7차: 7.3. (평화의집). 제8차: 7.26. (통일각)
·남북고위급회담 예비회담 실무대표 접촉(2회, 중감위회의실)	─제1차: 7.6. 제2차: 7.12.
·남북고위급회담 본회담(3회)	─제1차: 9.4.~7. (서울). 제2차: 10.16.~19. (평양). 제3차: 12.11.~14. (서울)
·남북고위급회담 UN가입관련 실무대표 접촉(3회, 중감위회의실)	─제1차: 9.18. 제2차: 10.5. 제3차: 11.9.

· 제3차 남북고위급회담 개최를 위한 실무대표 접촉(3회)	− 제1차: 11.21. (통일각). 제2차: 11.27. (평화의 집). 제3차: 12.1. (통일각)
· 제2차 고향방문 및 예술공연단 교환 관련 실무대표 접촉(2회, 중감위회의실)	− 수석대표단독접촉: 11.7. 제8차: 11.8.

1989년 24회

· 제2차 고향방문 및 예술공연단 교환 관련 실무대표 접촉(8회, 중감위회의실)	− 제1차: 9.27. 제2차: 10.6. 제3차: 10.16. 제4차: 11.8. 제5차: 11.13. − 제6차: 11.21. 제7차: 11.27, 수석대표 단독접촉: 12.4.
· '90북경 아시아 경기대회 단일팀 구성·참가 관련 남북체육회담 본회담(6회)	− 제1차: 3.9. (평화의집). 제2차: 3.28. (통일각). 제3차: 10.20. (평화의집) − 제4차: 11.16. (통일각). 제5차: 11.24. (평화의 집). 제6차: 12.22. (통일각)
· '90북경 아시아 경기대회 단일팀 구성·참가 관련 실무대표 접촉(3회, 중감위회의실)	− 제1차: 12.1. 제2차: 12.6. 제3차: 12.15.
· 남북국회회담 준비 접촉(2회)	− 제8차: 10.25. (평화의집). 제9차: 11.29. (통일각)
· 남북고위급회담 예비회담(5회)	− 제1차: 2.8. (평화의집). 제2차: 3.2. (통일각). 제3차: 10.12. (평화의집) − 제4차: 11.15. (통일각). 제5차: 12.20. (평화의집)

1988년 8회

· 남북국회회담 준비 접촉(8회)	− 제1차: 8.19. (통일각). 제2차: 8.20. (평화의집). 제3차: 8.22. (통일각) − 수석대표단독접촉: 8.24. (평화의집). 제4차: 8.26. (평화의집) − 제5차: 10.13. (통일각). 제6차: 11.17. (평화의 집). 제7차: 12.29. (통일각)

1987년 1회

· 서울올림픽 관련 IOC중재 남북체육회담(제1회)	− 제4차: 7.14.~15. (스위스 로잔느)

1986년 2회

· 서울올림픽 관련 IOC중재 남북체육회담(제2회, 스위스 로잔느)	− 제2차: 1.8.~9. 제3차: 6.10.~11.

1985년 13회	
· 남북적십자회담 본회담(3회)	-제8차: 서울. (5.27.~30.). 제9차: 평양. (8.26.~29.). 제10차: 서울. (12.2.~5.)
· 제1차 고향방문 및 예술공연단 교환관련 실무 대표 접촉(3회, 중감위회의실)	-제1차: 7.15. 제2차: 7.19. 제3차: 8.22.
· 남북국회회담 예비접촉(2회, 중감위회의실)	-제1차: 7.23. 제2차: 9.25.
· 남북경제회담(4회, 중감위회의실)	-제2차: 5.17. 제3차: 6.20. 제4차: 9.18. 제5차: 11.20.
· 서울올림픽관련 IOC중재 남북체육회담(1회)	-제1차: 10.9.~10. (스위스 로잔느)

1984년 6회	
· 수해물자 인도·인수 관련 남북적십자실무 접촉(1회)	-제1차: 9.18. (중감위회의실)
· LA올림픽 단일팀구성관련 남북체육회담(3회, 중감위회의실)	-제1차: 4.9. 제2차: 4.30. 제3차: 5.25.
· 남북적십자 본회담 재개를 위한 예비접촉(1회)	-제1차: 11.20. (중감위회의실)
· 남북경제회담(1회)	-제1차: 11.15. (중감위회의실)

1980년 10회	
· 남북총리회담을 위한 실무대표 접촉(10회)	-제1차: 2.6. (중감위회의실). 제2차: 2.19. (판문각). 제3차: 3.4. (자유의집)
	-제4차: 3.18. (판문각). 제5차: 4.1. (자유의집). 제6차: 4.18. (판문각)
	-제7차: 5.6. (자유의집). 제8차: 5.22. (판문각). 제9차: 6.24. (자유의집)
	-제10차: 8.20. (판문각)

1979년 7회	
· 변칙대좌(3회, 중감위회의실)	-제1차: 2.17. 제2차: 3.7. 제3차: 3.14.
· 남북탁구협회 회의(4회, 중감위회의실)	-제1차: 2.27. 제2차: 3.5. 제3차: 3.9. 제4차; 3.12.

1978년 0회	

1977년 5회	
· 남북적십자 실무회의(5회, 중감위회의실)	-제21차: 2.11. 제22차: 4.28. 제23차: 7.15. 제24차: 10.14. 제25차: 12.9.

1976년 6회	
· 남북적십자 실무회의(6회, 중감위회의실)	─ 제15차: 2.12. 제16차: 4.10. 제17차: 6.9. 제18차: 8.20.
	─ 제19차: 10.19. 제20차: 12.10.

1975년 10회	
· 남북적십자 실무회의(8회, 중감위회의실)	─ 제7차: 1.24. 제8차: 2.28. 제9차: 3.26. 제10차: 5.8. 제11차: 7.21.
	─ 제12차: 8.22. 제13차: 10.23. 제14차: 11.28.
· 남북조절위 부위원장 회의(2회)	─ 제9차: 1.8. (판문각). 제10차: 3.14. (자유의집)

1974년 18회	
· 남북적십자 실무대표 접촉(6회, 중감위회의실)	─ 제2차: 2.25. 제3차: 3.11. 제4차: 4.3. 제5차: 4.29.
	─ 제6차: 5.22. 제7차: 5.29.
· 남북적십자 실무회의(6회, 중감위회의실)	─ 제1차: 7.10. 제2차: 7.24. 제3차:8.28. 제4차: 9.25.
	─ 제5차: 11.5. 제6차: 11.29.
· 남북조절위 부위원장 회의(6회)	─ 제3차: 1.30. (판문각). 제4차: 2.27. (자유의집). 제5차: 3.27. (판문각)
	─ 제6차: 4.24. (자유의집). 제7차: 6.28. (판문각). 제8차: 9.21. (자유의집)

1973년 11회	
· 남북적십자회담 본회담(3회)	─ 제5차: 3.20~23. (평양). 제6차: 5.8~11. (서울). 제7차: 7.10~13. (평양)
· 남북적십자 실무대표 접촉(1회)	─ 제1차: 1.28. (중감위회의실)
· 남북조절위 본회담(2회)	─ 제2차: 3.14~16. (평양). 제3차: 6.12~14. (서울)
· 남북조절위 간사회의(3회)	─ 제1차: 3.10. (판문각). 제2차: 4.24. (자유의집). 제3차: 5.23. (판문각)
· 남북조절위 부위원장회의(2회)	─ 제1차: 12.5. (판문각). 제2차: 12.19. (자유의집)

1972년 36회	
· 남북적십자 예비회담(12회, 중감위회의실)	─ 제14차: 1.10. 제15차: 1.19. 제16차: 1.28. 제17차: 2.3.
	─ 제18차: 2.10. 제19차: 2.17. 제20차: 6.16. 제21차: 7.10.
	─ 제22차: 7.14. 제23차: 7.19. 제24차: 7.26. 제25차: 8.11.

· 남북적십자 의제문안 실무회의(13회, 중감위 회의실)	− 제1차: 2.21. 제2차: 2.24. 제3차: 2.28. 제4차: 3.6. − 제5차: 3.10. 제6차: 3.17. 제7차: 3.24. 제8차: 4.17. − 제9차: 5.9. 제10차: 5.12. 제11차: 5.19. 제12차: 5.22. − 제13차: 6.5.
· 남북적십자 진행절차 실무회의(3회, 중감위회 의실)	− 제1차: 7.27. 제2차: 8.3. 제3차: 8.9.
· 남북적십자회담 본회담(4회)	− 제1차: 8.29~9.2. (평양). 제2차: 9.12.~9.16. (서울) − 제3차: 10.23.~26. (평양). 제4차: 11.22.~24. (서울)
· 남북조절위 공동위원장회의(3회)	− 제1차: 10.12. (판문점). 제2차: 11.2.~4. (평양). 제3차: 11.30. (서울)
· 남북조절위 본회담(1회)	− 제1차: 11.30.~12.2. (서울)

1971년 18회	
· 남북적십자 파견원 접촉(5회, 중감위회의실)	− 제1차: 8.20. 제2차: 8.26. 제3차: 8.30. 제4차: 9.3. 제5차: 9.16.
· 남북적십자 예비회담(13회, 중감위회의실)	− 제1차: 9.20. 제2차: 9.29. 제3차: 10.6. 제4차: 10.13. 제5차: 10.20. − 제6차: 10.27. 제7차: 11.3. 제8차: 11.11. 제9차: 11.19. 제10차: 11.24. − 제11차: 12.3. 제12차: 12.10. 제13차: 12.17.

*출처 : 남북회담본부 홈페이지

색인

송승섭

송승섭은 명지대학교 도서관학과와 성균관대학교대학원 도서관학과(문학석사)를 거쳐 상명대학
교대학원 문헌정보학과(문학박사)를 졸업하였다. 숭의여자대학과 명지대학교 문헌정보학과에서
겸임교수를 하였으며, 상명대학교, 대진대학교대학원, KELIS, 국립중앙도서관 등에도 출강하였
다. 한국기록관리학회 이사, 한국정보관리학회 이사, 명지대학교문헌정보학회 회장, 평화문제연
구소 자문위원, 성결대학교 북한학연구소 연구위원, 문화관광부 도서관정보정책기획단 평가위
원을 역임한 바 있다. 현재 (사)사랑의책나누기운동본부 병영도서관연구위원회 위원장, 통일부
북한자료센터 센터장으로 활동하고 있다.

저서로는『북한 도서관의 이해』(2008),『병영도서관의 이해』(2007),『대학도서관의 정보기술 도
입과 사서의 직무만족도』(2005)가 있다. 주요 논문으로는「국가기록물로서의 '통일사료'의 관리
방안」,「문헌정보학 분야에서의 적실한 '독서치료' 연구와 강의를 위한 사례연구」,「북한 도서관
의 발전과정에 김일성이 미친 영향」,「북한의 정보화 기반과 과학기술정보시스템」,「북한의 대
외용 인터넷 사이트와 내부 네트워크」,「한국 신문에 나타난 '도서관' 관련 기사에 관한 분석적
연구」,「북한의 도서관 건축 유형과 특징」,「병영도서관의 역사와 발전방향」,「공공도서관에서
의 일반열람실 이용자의 자료 이용 유인에 관한 연구」,「북한의 관종별 도서관 현황과 전산화」,
「인민대학습당의 발전과정에 관한 문헌적 고찰」,「북한의 문화시설에 관한 연구(도서관부문)」,「미
국의 병영도서관의 발전과정과 한국전쟁 중의 병영도서관 서비스에 관한 연구」,「병영도서관 운
영모델에 관한 연구」,「군 장병들의 독서실태 조사연구」,「북한의 도서관학 연구 동향」,「북한자
료의 이용확대를 위한 협력모형 구축 방안」,「북한자료의 현황과 수집 및 활용」등 30여 편이
있다.

북한자료의 수집과 활용

초판인쇄 | 2011년 12월 1일
초판발행 | 2011년 12월 1일

지 은 이 | 송승섭
펴 낸 이 | 채종준
펴 낸 곳 | 한국학술정보㈜
주   소 | 경기도 파주시 문발동 파주출판문화정보산업단지 513-5
전   화 | 031) 908-3181(대표)
팩   스 | 031) 908-3189
홈페이지 | http://ebook.kstudy.com
E - m a i l | 출판사업부 publish@kstudy.com
등   록 | 제일산-115호(2000. 6. 19)

ISBN   978-89-268-2773-4 93020 (Paper Book)
          978-89-268-2774-1 98020 (e-Book)